法務部廖正豪前部長
七秩華誕祝壽論文集

總召集人 ── 蔡德輝

主　編 ── 鄧煌發、許福生

作　者 ── 丁榮轟、沈敬慈、周愫嫻、張平吾、張淵菘、章光明、許華孚
許福生、陳慈幸、陳瑞旻、曾正一、黃富源、楊士隆、詹德恩
廖有祿、劉育偉、樓文達、蔡田木、蔡庭榕、鄧煌發、鄭瑞隆
盧映潔、賴擁連、謝立功、顧以謙

犯罪學與刑事政策卷

慶賀廖前部長正豪精彩人生七秩華誕

　　廖前部長一向爲政剛正不屈。寧爲台灣光明未來，不惜與狷狂黑道迎戰的鐵漢，竟是來自質樸偏僻的嘉義六腳鄉潭墘村鄉野中，出身清寒農家，苦學有成，實爲社會青年之楷模，個人尤幸與之同爲嘉義鄉親而倍感光彩、榮幸。

　　廖前部長係台灣大學法律系學士、碩士、博士，大學二年級即以二十歲之齡，通過司法官高考，並於三、四年級，通過留學日本考試與律師高考，創大學生連中三元之特例，其後一邊攻讀台灣大學法律研究所碩士、博士，一邊執業律師，並於中央警官學校（現中央警察大學）、中興大學（現台北大學）、東海大學、東吳大學、中國文化大學、銘傳大學等大學任教。1979年離開律師生涯轉入政界，擔任台灣省政府地政處主任秘書，旋即開啓頻獲層峰委以重任的公務生涯，歷任行政院第一組組長、新聞局副局長、行政院副秘書長、調查局長、法務部部長等重要職務；擔任行政院第一組組長時，主辦影響台灣民主制度建立、開創法治社會之跨時代重大革新政策，即解除戒嚴、開放黨禁、中央民意代表退職、地方自治法治化以及改善社會風氣與社會治安，均殫精竭智，宵旰勤勞，全力以赴，圓滿完成任務，奠定台灣民主法治基石，開啓社會多元發展新局面。其後擔任法務部長期間，檢討並修訂國家刑事政策，提倡兩極化刑事政策，奠定今日台灣刑法、刑事訴訟法與刑事政策之基礎；重視被害人保護，主張「公平正義」；改革獄政；尤以掃除黑金等工作，最爲全國民眾愛戴，讚譽爲「掃黑英雄」。1998年瀟灑地辭去台灣政壇史上民調最高（97%）

的法務部長，也婉拒任何職務安排，他說出讓大家動容的一句話：「我來自民間，回到民間；來自社會，回到社會；來自家庭，回到家庭。」卸下公職後，即積極投入民間公益社團活動與法學教育，更奔走於海峽兩岸和平文化、學術交流，而2010年因心血管繞道手術輸血排斥反應陷於生死交關，所幸平素積極爲善積大福報奇蹟而癒，旋即爲免多次勞駕親友，爰低調爲三個出嫁女兒同時舉辦「三合一」歸寧宴，一時傳爲美談。

　　從廖前部長以往所擔任之重要職務，可知廖前部長對社會國家之貢獻是多方面的，應可包括下列幾個重要層面：

（一）出身清寒農家，成長於質樸之嘉義縣六腳鄉，於台大法律系大學生期間即通過非常艱難之國家司法官高考、律師高考，及留學日本考試，創台灣大學生連中三元之首例，1981年又考取國家公務員甲等特考，法制組最優等及格，值得做爲社會青年楷模及學習之好榜樣。

（二）1979年從律師轉入政界，深獲長官倚重，擔任行政院第一組組長，主辦許多影響國家民主法治之重大革新政策。

（三）擔任法務部長期間即努力籌備國家犯罪防治研究院，此爲我國犯罪學及刑事政策多年來建構之目標，將對國家犯罪與治安政策之研究會有重大貢獻，幾乎即將實現之際，卻因故被擱置，令犯罪學及刑事政策學者爲之扼腕，深感遺憾！

（四）擔任法務部長不畏艱難與壓力，掃除黑金，被社會讚譽爲「掃黑英雄」，是台灣政壇史上民調最高的法務部長。此外，廖前部長亦積極改革國家刑事政策，推動兩極化刑事政策；對輕微初犯者，推動社區處遇及緩起訴

制度。

（五）致力於教職、獻身教育事業，為國家培育人才。廖前部長於公務繁忙之餘，仍擔任刑事法雜誌社基金會董事長，並持續在國內各大學任教，不少學生在學術界、司法界、警察界均有傑出表現，真可說是作育英才，桃李滿天下。

（六）廖前部長卸下公職之後，即積極投入民間公益社團活動，創辦「向陽公益基金會」及「新竹市向陽學園」，輔導中輟生及偏差行為少年預防犯罪，更生復建重入社會，有極大貢獻。

（七）廖前部長亦創辦海峽兩岸法學交流協會，努力奔走兩岸和平文化及法學教育交流，協助很多台灣法律系畢業生赴大陸考取律師，對從事兩岸法律服務，不遺餘力，令人敬佩。

　　待人誠懇、客氣的廖前部長，仍保持低調行事風格，不敢叨擾諸位，多次辭謝、婉拒親友、學術界的隆情盛意，惟吾輩經多次會議，咸認法政界廖前部長學養深厚、蒼松勁骨，對國家社會有極大深遠影響，仍堅持出版此一祝壽論文集，以做為答謝廖前部長對國家社會的超凡貢獻於萬一。

　　經發起之後，響應者眾，計三大類，論文49篇，分刑法、刑事訴訟法、犯罪學與刑事政策三卷出版。煩請多位知名教授擔任編輯委員及分類召集人、審稿。刑法卷編輯委員：林東茂教授、黃源盛教授、王乃彥教授；刑事訴訟法卷編輯委員：劉秉鈞教授；犯罪學與刑事政策卷編輯委員：鄧煌發教授、許福生教授；執行編輯：廖尉均秘書長。每一卷均按體系編輯排列論文順序。

　　本祝壽論文集得以順利印行出版，特此向所有發起人、編輯委員暨所有撰稿人表達由衷感謝，五南圖書出版公司熱心承辦本論文集出版事宜，特此一併表達謝意。

　　再次恭祝　廖前部長福壽康寧，松柏長青。

廖前部長正豪七秩華誕祝壽論文集編輯委員會
總召集人

蔡德輝　敬上
中華民國105年3月

廖正豪先生簡歷

　　廖正豪先生，1946年生，台灣省嘉義縣人，國立台灣大學法學士、法學碩士、法學博士，日本國立東京大學研究，美國史丹佛（Stanford）大學訪問學者，曾任中華民國第十二任法務部部長（1996年～1998年）。

　　南台灣長大的廖正豪先生，個性質樸敦厚，極富正義感，對於社會不公、不義的情形，始終懷抱「濟弱扶傾，除暴安良」的使命精神。廖先生於高中時期便已立定志向，以服務社會、實現正義之法律為終身職志，其後亦順利以第一志願考取國立台灣大學法律系法學組。廖先生的成就不凡，曾創造台灣多項第一的紀錄。大學時期參加多項國家考試，均名列前茅：大二高考司法官及格，以二十歲之齡成為全國最年輕的司法官，至今仍維持此一紀錄；大三考取留學日本資格；大四考上律師；其後更成為全國第一位文人法務部調查局局長、最具民間聲望的法務部部長等，表現出其卓越的學識才能。

　　大學畢業後，廖正豪先生順利考取國立台灣大學法律研究所，一邊修習碩、博士課程，一邊開始執業擔任律師，並於取得碩士學位後，以二十六歲之齡，開始在中央警察大學、中國文化大學、東吳大學、東海大學、國立中興大學、法務部調查局訓練所等大學及研究單位擔任教職，作育英才。廖先生執業十年期間，為全國排名前十名之律師，後因友人力邀，毅然放棄收入優渥的律師生涯，投身公職，服務廣大民眾。

　　二十年的公職生涯中，廖正豪先生曾任台灣省政府地政處主任秘書、行政院法規會參事、台灣省政府主席辦公室主任、

台灣省政府法規暨訴願委員會主任委員、行政院第一組組長、行政院新聞局副局長、行政院顧問、行政院副秘書長、法務部調查局局長、法務部部長。廖先生於服務台灣省政府期間，規劃辦理台灣省農村土地重劃及市地重劃、促進地方發展、整理台灣省法規、推動法治下鄉工作；於行政院服務期間，規劃辦理解除戒嚴、開放黨禁、中央民意代表退職、地方自治法制化、改善社會治安與社會風氣等重大事項，並為因應巨大時代變革，制訂相關政策及法令規章，對台灣民主化、法制化、現代化與多元化之發展，有重要貢獻。

廖正豪先生擔任行政院新聞局副局長時，多次代表中華民國與美國就侵犯著作權之報復法案——「301條款」，進行智慧財產權保護之談判，其表現使對手深深折服，維護國家及人民之利益；於行政院副秘書長任內，一本「人溺己溺、人飢己飢」之心，為民眾解決許多問題。因表現優異，能力非凡，獲任命為第一位台籍文人法務部調查局局長，任內積極推動依法行政，使調查局成為「國家的調查局」、「人民的調查局」、「大家的調查局」。並積極推動反毒、查賄、肅貪，加強掃蕩經濟犯罪、偵辦多項重大弊案，績效卓著，隨即被拔擢為法務部部長。

廖正豪先生就任法務部部長後，不計個人安危，不畏艱難險阻，大力掃除黑金，整頓台灣治安，檢肅流氓黑道，重建社會價值，主導推動組織犯罪防制條例、犯罪被害人保護法、證人保護法之立法，嚴格依據法律規定，執行台灣治安史上最有名之治平專案與綠島政策，使黑道首腦聞風喪膽，紛紛走避海外，締造97%的民意支持度。同時秉其深厚之法學素養，全面檢討刑事政策，奠定台灣刑事法之基礎，其後至今台灣二十年

來的刑法、刑事訴訟法相關法規修正，以及整體刑事司法之方向，仍大體上依循他在法務部任內所訂立的兩極化刑事政策。除了打擊犯罪，掃蕩黑金，廖先生亦重視矯正之功能，改革獄政及假釋制度，其有魄力又具遠見之作為，至今仍對台灣影響深遠，並屢受國外政府與相關單位重視。因其正義形象深入人心，民間乃稱之為「掃黑英雄」，更有媲美中國古代名人包公公正無私之美譽——廖青天。

　　廖正豪先生於1998年7月辭卸法務部長職務，辭職時聲明謝絕任何安排，並宣告「美好的仗，我已打過。」「凡走過的必留下痕跡。」「我來自民間，回到民間；來自社會，回到社會；來自家庭，回到家庭。」謝絕一切黨、政、企業、律師事務所等職務之邀請，完全回歸教育與公益，即所謂「裸退」，迄今仍堅守此一原則，開創風氣之先，傳為佳話。

　　廖正豪先生現在是中國文化大學、銘傳大學講座教授、國立台北大學法學研究所兼任教授，離開公職之後，基於對台灣人民之大愛，為繼續奉獻斯土斯民，乃於民間創辦財團法人向陽公益基金會，以實現其犯罪防制之一貫理念，從事法治教育推動、研擬治安改善政策、設立中輟生中途學校、協助輔導更生人等實際工作，並領導社團法人海峽兩岸法學交流協會、財團法人刑事法雜誌社基金會、中華民國身心障礙者藝文推廣協會、財團法人泰安旌忠文教公益基金會、社團法人國際尊親會、社團法人台灣犯罪被害人人權服務協會、中華民國道教總會、中華民國博遠文化經濟協會、中華民國化石礦物協會、中華民國專案管理協會、中華民國就業服務協會、台北市嘉義同鄉會等各民間團體，足跡遍及海內外。卸任公職後的廖先生，秉著一貫為民服務的熱忱，發揮其在民間所具有相當大的影響

力及號召力，投身於公益事業，在文化、教育、殘障、青少年等各個弱勢領域，帶領有志之士服務人群，盡一己之力整合社會資源，希冀能創造人民福祉、建設美麗寶島。

　　廖正豪先生為促進兩岸和平不遺餘力，於2002年曾獨力接洽、主導籌畫大陸特級國寶——陝西省法門寺珍藏二千餘年之釋迦牟尼佛指骨真身舍利來台巡禮，創下兩岸交流史上最多人次參與之空前絕後紀錄。2010年廖正豪先生再將法門寺地宮唐代皇家敬獻佛指舍利之文物，請來台灣展出半年。廖先生因法務部部長任內之輝煌表現及深厚的法學素養，於國際間受到相當推崇，屢次舉辦兩岸重要法學論壇與研討會，協助立法與司法實務問題，對兩岸法治建設貢獻卓著，並獲聘為北京大學、吉林大學、廈門大學、華東政法大學、西北政法大學、南昌大學等大陸知名高校榮譽客座教授，經常受邀至國際知名學府及重要活動發表演說。廖正豪先生以其正義形象、高尚人格、豐富學養與卓越遠見，極受人民愛戴與尊敬。

目錄

1
兩極化刑事政策之回顧與展望[*]

黃富源^{**}

祝壽文

筆者因所學的關係，與廖前部長正豪相識甚久，特別是廖前部長於法務部任職期間，鑑於近年來各國的刑事政策有朝向兩極化刑事政策發展之趨勢，於是指示組成「法務部檢討暨改進當前刑事政策研究小組委員會」，筆者亦受邀擔任此研究小組委員，親自參與此討論會議。因此，為恭賀廖前部長七秩華誕，特以廖前部長所極力推行之兩極化刑事政策為主題來加以探討，並祝福廖前部長福如東海、壽比南山。

---

[*] 本文得以完成，特別感謝中央警察大學許福生教授在基本架構與實務措施之提供與協助。

^{**} 行政院人事行政總處人事長。

目　次

壹、前言

　　廖前部長於法務部任職期間，鑑於近年來各國的刑事政策有朝向嚴格的刑事政策與緩和的刑事政策即兩極化刑事政策發展之趨勢，為期早日朝此目標前進，建構現代刑事政策的藍圖，於1997年10月間，指示組成「法務部檢討暨改進當前刑事政策研究小組委員會」，邀集學者、專家及實務界人士，針對刑事政策之相關議題，分別予以討論，而筆者亦受邀擔任此研究小組委員，親自參與此討論會議。

　　此會議迄1997年10月11日計召開十五次會議，且為落實此會議之結論，積極推動「兩極化的刑事政策」（後改稱為寬嚴並進的刑事政策），法務部於1999年8月起，復組成「刑事政策研究小組」，研提具體可行之刑法修正草案，迄2000年8月14日止，計再召開九次會議研商；為期慎重，再於2000年12月6日起，至2001年3月16日止邀集各界，召開七次「刑法總則修正草案」公聽會後，擬具刑法部分條文修正草案送行政院審查。行政院鑑於刑法為刑事實體法之基本大法，自應極為審慎，乃自2002年3月28日起，至同年7月11日止密集召開八次審查會，始行擬定本次之刑法

部分條文修正草案[1]。

　　此草案於立法院司法委員會審議草案期間，由於提案版本多達三十一案（刑法二十九案，刑法施行法二案），審查困難，為凝聚修法共識，法務部邀集學者專家整合意見，並促請立法院司法委員會決議由陳召集委員進興主持召開會外協調會，邀請立法委員、行政機關及刑法學者多人共同協力討論，歷經三次協調會之充分討論，始整合各修正版本，建立修法共識，經司法委員會委員之努力，積極審查，終獲各黨委員支持，於2004年12月23日經司法委員會順利審查完成中華民國刑法暨刑法施行法部分條文修正草案之重大立法工程，並分別於2005年1月4日及7日經院會二、三讀完成審議，正式通過。至於此次修正公布之刑法，則自2006年7月1日施行[2]。

　　縱觀2005年刑法修正之刑事政策基礎，即為兩極化的刑事政策（寬嚴並進的刑事政策），縱使這十年來刑法繼續有些修正，但基礎的結構上，仍圍繞在此嚴格的刑事政策與緩和的刑事政策兩者同時存立之思維上，如易服社會勞動之引進及性侵防治法制之修正均是此思維之延伸。

　　因此，本文特以廖前部長所極力推行之兩極化刑事政策為主題，加以檢視回顧，最後並提出未來展望，以作為本文之結論與建議。

貳、兩極化刑事政策之概念

　　所謂兩極化刑事政策，亦即是對於重大犯罪及危險犯罪者，採取嚴格對策之嚴格刑事政策；對於輕微犯罪及某種程度有改善可能性者，採取寬

---

[1] 廖正豪，刑法之修正與刑事政策之變遷，刑事法雜誌，第50卷第6期，2006年8月，頁9。

[2] 由於此次刑法條文修正之幅度甚大，總則部分計修正六十一條、刪除四條、增訂二條，分則部分修正十五條、刪除七條，其中刪除連續犯、牽連犯之規定及累犯、保安處分之修正，對偵查、審判實務之運作影響深遠，為避免修正後適用之困擾，宜有適當之過渡時期，以資適用，故增訂自2006年7月1日施行。

鬆對策之寬鬆刑事政策。如此之刑事政策，等於寬嚴並進的刑事政策[3]。

一、寬鬆刑事政策之概念

　　寬鬆刑事政策，即從刑罰謙抑性思想為出發，國家儘可能抑制其刑罰權之行使，而以其他替代措施來代替刑罰。對於輕微犯罪事件處理，儘可能避開正常刑事司法處罰程序；且對某種程度有改善可能性犯罪者，採取謙和及社會內處遇等對策，以達到防止再犯及使犯罪者能重新復歸社會為目的之刑事政策。而其基本策略與目的，則為對於輕微犯罪者於刑事立法上考量非犯罪化、刑事司法上考量非刑罰化、刑事執行上考量非機構化，以達到防止再犯及促成犯罪者再社會化。

　　至於寬鬆刑事政策犯罪類型，主要為輕微犯罪或比較輕微犯罪，一般乃指法益侵害性比較小的犯罪而言，例如輕微財產犯罪、輕微傷害犯罪、無被害人犯罪等，均為寬鬆刑事政策捕捉之犯罪類型。再者，寬鬆刑事政策之對象者，為輕微犯罪者。在我們日常生活中常常發生，例如在超市行竊、侵占遺失物、普通傷害、輕微交通事故、觸犯無被害人犯罪等，一般社會大眾因偶發或過失而犯此罪的機會相當高，因而對於觸犯輕微犯罪而有改善可能性犯罪者，均為寬鬆刑事政策捕捉之對象者。

二、嚴格刑事政策之概念

　　嚴格刑事政策，即從維持法社會秩序及保護國民法益的觀點為出發，嚴格地使用國家獨占之刑罰權以壓制重大犯罪。對於帶來凶惡且重大法益侵害的犯罪者，採取嚴格處遇，以達到撲滅同種犯罪並達到預防作用之刑事政策。而其基本策略與目的，則為對於重大犯罪及危險犯罪者於刑

---

[3] 有關兩極化刑事政策之概念，可參照森下忠，刑事政策の論點Ⅱ，成文堂，1994年9月1日，頁1-3；加藤久雄，刑事政策の二極化頃向について，載於變動時期的刑事政策——森下忠古稀祝賀下卷，成文堂，1995年，頁553；加藤久雄，ボーダーレス時代の刑事政策，有斐閣，1999年改訂版，頁164-7；鄭善印，兩極化的刑事政策，載於罪與刑——林山田教授六十歲生日祝賀論文集，五南圖書出版有限公司，2008年10月，頁734；許福生，論兩極化刑事政策，警政學報，第29期，2006年7月，頁56；廖正豪，同註1，頁12。

事立法上採取應報思想，於刑事司法上從重量刑或剝奪其犯罪所得，於刑事執行上則從嚴處遇，以維持法社會秩序及保護國民法益而壓制重大犯罪再發生。

至於嚴格刑事政策之犯罪類型，主要為影響社會治安最大的重大犯罪。重大犯罪，一般乃指伴隨有重大法益侵害的犯罪而言，例如暴力犯罪、恐怖主義、組織犯罪、惡質毒品犯罪、運輸販賣槍械、重大經濟犯罪、惡質交通犯罪等，均為嚴格刑事政策所捕捉之犯罪類型。再者，嚴格刑事政策之對象者，主要為有違犯重大犯罪危險之「危險犯罪者」（dangerous offenders）及「處遇困難之犯罪者」（hard-core offerders），例如恐怖主義及其同伙、組織犯罪成員、藥物濫用者及性格異常者等，均成為嚴格刑事政策捕捉之對象者。

事實上，兩極化刑事政策之發展，乃為「調和」監禁具有「復歸社會」和「應報」與「威嚇」之「社會防衛」功能；以及回應批判犯罪學派所主張，國家刑事司法應對於輕微犯罪及少年犯罪採取不干涉政策，便帶動了「刑事政策」典範之改變。於是產生保留「自由刑」以制裁重大犯罪及常習犯罪者，以及導入「社區處遇」或「轉向處分」，做為替代刑事自由刑的手段或擴大運用罰金刑。況且對犯罪嫌犯人、被告及有罪犯罪者，應依照法律的規定，以保障其「正當程序」（Due Process）。換言之，即產生一方基於公平應報，須以刑罰適切對應處罰之必要；以及另一方則儘可能迴避刑事處罰，即對於犯罪者儘量避免國家的過度干預之「兩極化刑事政策」出現[4]。

因此，在現代的刑事政策觀念下，如果將兩極化的刑事政策理解為「如果不是輕罪，就是重罪」或是「朝向重刑化進行的刑事政策」這兩者，均非正確。兩極化刑事政策之發展，之所以受到法治先進國家的肯定，雖然有社會背景以及制度因素之考量，但是，真正的關鍵，乃在於趨向於嚴格的「社會防衛」目的，與趨向於緩和的「犯罪人的社會復歸」，

---

[4] 石塚伸一，刑事政策の危機について—その危機論的位相の再檢討，中央大學大學院研究年報第十三號 I－2，1984年3月，頁60。

這兩者能夠在兩極化刑事政策的彈性架構下，與中間刑事政策互動而得到調和[5]。這也正是當初廖前部長於法務部服務時，將兩極化刑事政策引入我國的最核心理由。

參、兩極化刑事政策之回顧

一、作為刑法修正之指導方針

　　研究刑事政策最主要目的，乃在於防制犯罪。就以我國而言，拘役及短期自由刑受刑人比率偏高，輕罪受刑人人數逐年上升，以2003年及2004年為例，新收入監受刑人而言，其中有期徒刑六個月以下及單科拘役或罰金者，約占四成以上，另占全部在監受刑人總數的將近三分之一。另外，新入監受刑人之累再犯比例，約占全部新入監受刑人將近半數。因而如何改善我國短期自由刑之適用及降低新入監受刑人之累再犯比例，便成為我國現行刑事政策的重要課。

　　有鑑於此，法務部為了達成訴訟經濟、合理使用司法資源，及有效抑制重大犯罪之再犯、嚴懲重罪的受刑人，同時紓解監獄的擁擠，發覺目前國際間的刑事政策有朝向「兩極化刑事政策」的發展趨勢，乃將「兩極化刑事政策」名稱修正為「寬嚴並進的刑事政策」，作為此次中華民國刑法部分修正草案刑事立法政策之指導方針[6]。

　　縱使當初行政院所提修正草案，引起學者極大的反彈，認為此次修正草案完全偏重於「重刑重罰化」，看不出「緩和」的刑事政策何在[7]。

5　廖正豪，同註1，頁13。

6　蔡碧玉，二○○五年新刑法修正修正綜覽，載於刑法總則修正重點之理論與實務，元照出版，2005年9月初版，頁9。

7　本草案一提出，引起學者廣泛的批評，其中批判最多的當屬於刑度的提高及累犯加重相關規定的修正。有學者認為，此一刑法修正草案整體觀之，「只是加重處罰的陳舊刑法」（林山田，刑法改革與刑事立法政策，月旦法學雜誌，第92期，2003年1月，頁25）。亦有學者認為，刑度提高的立法理由乃認為國人平均壽命提高，是以

典型例子如：1.將單一犯罪的有期徒刑及其加重的最高上限，分別提高為二十年及三十年。至於數罪併罰有期徒刑執行的上限，則提高為四十年。2.酌採美國「三振法案」之精神，對曾犯最輕本刑五年以上有期徒刑的累犯特別加重其刑，並明定這類累犯「加重本刑二分之一」，三犯者，「加重本刑一倍」。3.為符合刑罰之公平性，刪除連續犯、牽連犯之規定。4.配合有期徒刑上限的提高及「特別累犯」的修正，而提高假釋之門檻為無期徒刑須服刑逾三十年，累犯者須服刑逾四十年，始得許假釋，並將現行假釋後滿十五年未經撤銷假釋者，其未執行之刑以執行論，提高為二十年。

　　然而，刑法最新修正之條文是集團協調出來的結果，最終已大幅降低本法朝向「重刑化」傾斜，例如：1.維持現行單一犯罪的有期徒刑最高上限為十五以及其加重的最高上限為二十年。2.數罪併罰有期徒刑執行的上限，則降為三十年。3.刪除特別累犯（應是重罪累犯）「加重本刑二分之一」，三犯者，「加重本刑一倍」之規定；而將酌採美國「三振法案」之精神，適用至重罪三犯不得假釋。4.將無期徒刑的假釋門檻不分初、累犯均降為二十五年。同時就刑法理論與實務多年來討論之問題，做一總檢討及修正，以符合罪刑法定主義、法益保全主義、責任主義等刑法的三大根本原理原則。例如拘束人身自由之保安處分適用罪刑法定主義及從舊從輕

對於刑度範圍仍應加以提高，此種想法不就應驗「漲價歸公」的說法了嗎？至於累犯的規定係屬犯罪本身的連坐處罰，三振累犯的處罰，更是連坐的連坐，其謬論更甚於累犯（柯耀程，刑罰相關規定之修正方向——刑法修正草案提高刑度及累犯修法之評釋，月旦法學雜誌，第92期，2003年1月，頁71-74）。亦有學者認為刑事之執行，既無法矯正犯罪行為人之人格，則屬刑事機構之責任。若其行為時所犯之行為，既已受刑事制裁，則應已為其罪行負責，殊無執行完畢或赦免後，於另外之犯罪更考量行為人之「前科」，而構成加重事由。此種加重事由，已違反「罪刑法定原則」與「罪責原則」之內涵（陳志龍，刑法發展新趨勢與修法之扞格，刑法修正草案學術研討會論文，台灣大學法律學院刑事法研究中心主辦，2003年3月8日）。另有學者從刑法學的觀點及自由主義的立場，來反對此項規定。認為累犯制度是純粹的行為人刑法，可能違反罪責原則。此外，創設特別累犯，乃是建立在功利主義的基礎上，企圖營造最大多數人的愉快情感經驗，將悖逆自由主義的精神，為集體主義與集權主義造橋鋪路（林東茂，累犯與三振出局，刑法修正草案學術研討會論文，台灣大學法律學院刑事法研究中心主辦，2003年3月8日）。

原則、違法性錯誤有正當理由而屬無法避免者免除其刑事責任、不能犯不罰、採共犯從屬性說、無身分或特定關係之正犯、共犯得減輕其刑、擴大裁判上得免除其刑之範圍等均是。

　　因此，誠如法務部的說帖指出：「緩和」的刑事政策部分，並不完全在刑事實體法中展現，更多係在刑事程序法及行政除罪化之措施上具體展現。例如2002年已建立了緩起訴制度，引進了社區處遇；2001年修正刑法第41條大幅擴大得易科罰金的範圍，更直接限制了短期自由刑的適用；此外法務部透過「轉向」政策的推行及行政刑罰的除罪化等，均是「緩和」的刑事政策在立法及實務上的具體實踐。此次刑法修正，僅係就尚不足的部分予以補強，雖份量並不顯著，但綜合上述各項不同法律的修正及轉向措施的採行，當可明瞭「緩和」的刑事政策在法務部的刑事政策中並未偏廢，而是已透過刑法以外的其他配套措施同時進行。而從法務部近年來推動漸近廢除死刑的政策，並未以「治亂世用重典」的思維來建構刑事政策，此次修正的「重刑重罰」部分，其適用對象也僅止於少數重罪犯罪人而已，對於多數人的犯罪，刑罰並未更嚴屬。故認為本次修正草案之基調，事實上並未偏離「寬嚴並進」刑事政策的主軸[8]。

　　從而可知，兩極化刑事政策等於寬嚴並進的刑事政策，確實是我國刑法修正之指導方針，而此理念之引進，正是出自廖前部長之推行，深值肯定。

二、在「輕者恆輕」方面

　　如何改善我國短期自由刑之適用，降低新入監受刑人之累再犯比例及解決超收問題，以避免刑事司法輕重失衡現象，一直是我國現行刑事政策改革的重要課題。特別是短期自由刑之弊端，誠如筆者常言：「威嚇無功、教化無效、學好不足、學壞剛好」，因而各國刑法的改革無不致力於

---

[8]　參照法務部，寬嚴並進的刑事政策簡介，載於2003年6月立法院第五屆第三會期司法委員會中華民國刑法及其施行法部分條文修正草案等案公聽會報告，頁548；蔡碧玉，刑法之修正與當前刑事政策，載於戰鬥的法律人——林山田教授退休祝賀論文集，元照出版，2004年1月，頁28。

謀求改善短期自由刑的方法。

　　因此，為解決刑事司法輕重失衡現象，2005年刑法修正有關寬鬆刑事政策部分之主要內容包含如下：

(一) 短期自由刑的代替方式

　　按易科罰金制度旨在救濟短期自由刑之流弊，性質屬易刑處分，故在裁判宣告之條件上，不宜過於嚴苛，現行刑法除已將易科罰金的標準由最重本刑三年以下提高到五年以下，相當程度擴大易科罰金罪名適用的範圍外，尚須具有「因身體、教育、職業或家庭之關係或其他正當事由，執行顯有困難」之情形，似嫌過苛，故刪除「因身體、教育、職業或家庭之關係或其他正當事由，執行顯有困難」之限制。

　　此外，緩刑制度，既為促使惡性輕微之被告或偶發犯、初犯改過自新而設，自應擴大其適用範圍，使其及於曾因過失犯罪受徒刑以上刑之宣告者，而放寬緩刑條件，使緩刑的宣告更趨彈性。並參照緩起訴的規定，將刑罰以外的社會性處遇，如命犯罪行為人向被害人道歉、立悔過書、向被害人支付相當數額、向公庫支付一定之金額、提供四十小時以上二百四十小時以下之義務勞務、完成戒癮治療、精神治療、心理輔導等處遇措施、其他保護被害人安全或預防再犯之必要命令，以達緩刑對於犯輕罪者促其改過自新，並兼顧預防犯罪的精神。

(二) 罰金之分期繳納

　　罰金受刑人中，無力一次完納或一時無力完納者，在實務上，時有所見。我國關於罰金執行，准許分期繳納，試行有年，頗有績效，惟尚乏明文依據，故此次刑法修正將予以明文化。

(三) 擴大裁判上得免除其刑之範圍

　　刑法第321條之竊盜罪、第336條第2項之侵占罪、第341條之詐欺罪、第342條之背信罪及第346條之恐嚇罪，實務上不乏有情輕法重之情形，且本條之規定，宜配合刑事訴訟法第253條及第376條之規定而規定。

故增列上開各罪，使其亦得免除其刑，並增加法官適用上之彈性。

　　此外，我國以往對於犯最重本刑為五年以下有期徒刑之罪而受六月以下有期徒刑、拘役之宣告者，雖可易科罰金，以減少短期自由刑之入監執行。然而，隨著貧富差異的擴大，造成無錢易科罰金者只能入監服刑的不公平現象，而無法有效避免短期自由刑的流弊；況且依據法務部的統計資料，未聲請易科罰金的人數及占得易科罰金人數的比率，從2001年的1萬2,515人占25.0%，增加至2007年的4萬2,030人占43.3%，顯示約有四成的人，因經濟困難無力繳納等因素而未聲請易科罰金，終致入監服刑，可見易科罰金制度仍有其不足。因此，為彌補易科罰金制度上的不足，參酌外國社區服務制度及我國現行刑法第74條及刑事訴訟法第253條之2關於緩刑及緩起訴處分附帶義務勞務制度，立法院於2008年12月30日三讀通過修正刑法第41條增訂「社會勞動」制度，藉以提供勞動或服務之方式，作為短期自由刑之易刑處分，替代短期自由刑之執行（參照法務部新聞稿，2008年12月30日）。

　　再者，鑑於刑法第41條已增訂徒刑、拘役易服社會勞動之立法意旨，民國2009年6月10日又公布增訂刑法第42條之1罰金易服勞役之再易服社會勞動刑處分，即將社會勞動作為罰金易服勞役後之再易刑處分，使無法繳納罰金者，得以提供社會勞動之方式，免於入監執行罰金所易服之勞役。此外，由於司法院於2009年6月19日作成釋字第662號解釋，因而2009年12月30日又修正公布刑法第41條及第42條之1，以符合釋字第662號解釋意旨。

　　事實上，易服社會勞動之構想，也是出自當時廖前部長於1997年10月成立「法務部檢討暨改進當前刑事政策研究小組」，全面性深入探討包括嚴格的刑事政策與寬容（或緩和）的刑事政策，犯罪被害人之保護以及訴訟經濟等課題，其中第三大項「輕刑犯罪人處遇方式之對策」，便包含如下子題：1.加強運用職權不起訴及聲請簡易判決。2.加強緩刑之宣告。3.加強易科罰金之運用。4.研究「緩起訴制度」之可行性。5.研究對輕罪

受刑人採行社會內處遇之可行性。6.強化鄉鎮市調解功能[9]。這些子題均在後續的修法中加以落實，如此亦可觀知當時廖前部長的高瞻遠矚。

三、在「重者恆重」方面

　　根據美國賓州大學教授渥夫幹（Marvin Wolfgang）及其同事（Robert Figlio; Thorsten Sellin）等研究人員，利用官方的紀錄來追蹤一群1945年出生於賓州費城的9,945名男孩，並且持續追蹤此一同生群青少年至十八歲，也就是一直到1963年為止。他們收集研究對象的在學資料（包括智商、在校成績及操行等）、社經地位（以其居住地及家庭收入為衡量），甚至醫院的健康資料及警方記錄等。研究資料顯示，在3,475位青少年時期即曾和警方至少有一次以上接觸的群體中，有54%（1,862位）的研究樣本有再犯的犯行紀錄，有46%（1,613位）則只有一次犯行紀錄。此外，1,862位再犯者，又可以更進一步的加以區分為「非慢性習慣犯」及「慢性習慣犯」（chronic offenders）兩種。前者「非慢性習慣犯」中，有1,235人的犯行紀錄為二至四次；後者「慢性習慣犯」中，則有627人觸犯五次以上的犯行紀錄，占所有研究人數（9,945位）的6%。而所謂6%的慢性習慣犯，觸犯了驚人的犯罪行為比例，他們犯下總共5,305的罪行，占樣本全部犯罪行為的51.9%（如表1-1）。更令人吃驚的是，這一群人慢性習慣犯，牽涉極為嚴重的犯行，在所有的研究樣本中，他們犯了71%的謀殺罪、73%的強姦罪、82%的強盜搶奪罪及69%的嚴重傷害行為[10]。

---

[9] 廖正豪，同註1，頁25。

[10] Marvin E.Wolfgang, Robert Foglio and Thorsten Sellin, Delinquency in a Birth Cohort, University of Chicago Press, 1972；許春金，犯罪學，中央警察大學印行，2007年12月5版，頁133。

表1-1　渥夫幹等同生群研究

	人數	原始樣本的百分比	所有犯行	所有犯行的百分比
原始樣本	9,945			
非行	3,475	34.9%	10,214	
官方資料上僅一次與警察接觸	1,613	16.2%	1,613	15.8%
接觸二至四次	1,235	12.4%	3,296	32.3%
接觸五次以上	627	6.3%	5,305	51.9%

資料來源：Marvin E.Wolfgang, Robert Foglio and Thorsten Sellin, Delinquency in a Birth Cohort, University of Chicago Press, 1972.

　　既然犯罪學的慢性習慣犯研究指出，少部分的人犯了大多數的犯罪，倘若我們能夠成功的分辨並且有效回應那少數的慢性犯罪者，將可以大幅度的降低嚴重犯罪。至於自由派和保守派對此的刑事政策則有不同的看法，自由派相信若能成功的處遇那些少數的慢性犯罪者使其改過遷善，便能大幅降低犯罪；惟保守派認為若能成功的長期監禁那些少數慢性犯罪者使其無法再犯罪，應可對犯罪率產生相當大的影響而大幅降低犯罪。由於慢性習慣犯幾乎都一再歷經不同刑事司法程序，已成為刑事政策重點所在，因而刑事司法機關均會制定一套程序，來集中資源追訴或逮捕這些慢性犯罪者，甚至於科刑處遇上設計出一套長期監禁且不得假釋或緩刑之量刑政策。認為對這些少部分的慢性習慣犯，採取嚴屬的措施，或是將這些人長期隔離（Incapacitation），應可對犯罪率產生影響。

　　事實上，廖前部長任職於法務部前，早已注意到犯罪學上「慢性習慣犯」的研究，以及美國已積極推動所謂「三振法案」之「暴力犯罪控制暨執行法（Violent Crime Control and Law Enforcement Act）與紐約市市長朱里安尼強力配合執行破窗理論後大幅改善紐約市治安狀況；再加上部長任內發生震驚社會之白曉燕被綁架的重大案件，該案主嫌之一陳進興，因從小即因家庭功能的不健全，及國小時代的經常逃學逃家，十三歲即被裁定保護管束，十四歲進入感化院三年，及前後共十七年的監所生活，逐漸

養成其具有典型的反社會人格，而屬於慢性習慣犯。特別是嫌犯陳進興自十七歲起即不斷犯罪，每進入監獄一次，假釋後即更犯更為重大的案件，至1997年4月14日犯下此人神共憤之滔天大罪[11]。鑑於此理論及實務運作之影響，並參照當時國內重刑犯、累犯及習慣犯之比例居高不下，而且發現法院「從輕量刑」、假釋執行太寬、刑罰完全失去威嚇及約束之力，重大犯罪層出不窮，是以廖前部長認為，應全面改弦更張，對於重大犯罪及累犯、連續犯，主張應長期與社會隔離，如此作法，雖未必能減少其所犯之51.9%全部犯罪，但至少可以減少20%或30%，則治安狀況必有重大之改善，大眾之生活安全必能獲得更大之保障[12]。

因此，為強化刑罰威嚇力，2005年刑法修正有關嚴格刑事政策部分之主要內容包含如下[13]：

(一) 罰金易服勞役之期限由六個月提高至一年

按目前國民所得較諸過去為高，且犯罪所得之利益，亦顯然增加，此觀諸特別刑法所定併科或科罰金之金額，較諸刑法為高，而依現行法規定易服勞役之期限僅六個月，即便以最高額度300元（即新台幣900元）折算一日，六個月亦不過16餘萬元（亦即宣告罰金超過16萬元，受刑人僅須服刑六個月即可免繳罰金），罰金超出此數額者，即以罰金總數與六個月比例折算，殊有不公平。況現行特別法所定之罰金刑，有數十萬元，甚至數百萬元之數額，如仍依現行規定，則宣告再高額之罰金刑，受刑人亦僅執行六個月，實無法嚇阻犯罪，與高額罰金刑之處罰意旨有悖，故將易服勞役之期間由六個月提高至一年，以求允當。

(二) 提高數罪併罰執行上限至三十年暨死刑、無期徒刑減刑之刑度

為兼顧數罪併罰與單純數罪之區別及刑罰衡平原則，數罪併罰有期徒

---

[11] 有關陳進興個案之研究，可參照黃富源、黃徵男等，性侵害加害人之特質與犯罪手法之研究，內政部性侵害防治委員會委託研究報告，1999年。

[12] 廖正豪，同註1，頁23-24。

[13] 許福生，犯罪與刑事政策學，元照出版，2011年9月，頁101-103。

刑執行的上限，從現行規定二十年，提高為三十年，以資衡平。另外，鑑
於現行刑事政策已陸續將絕對死刑之罪，修正為相對死刑，而相對死刑之
罪遇有減輕事由，可減輕為無期徒刑或有期徒刑，況且為避免刑度輕重失
衡，並顧及死刑、無期徒刑、有期徒刑的減輕結果應有合理差別，將死刑
減輕後的刑度，規定為無期徒刑；無期徒刑減輕者，為二十年以下十五年
以上有期徒刑。

(三) 廢除連續犯、牽連犯及常業犯

為符合刑罰公平性原則，不讓犯罪者存僥倖心理，將原本本質上為
數罪、法律上卻僅論以一罪之連續犯及牽連犯規定予以刪除，改為一罪一
罰。至於刑法分則之常業犯乃連續犯之特別態樣，配合刑法總則連續犯之
廢除，亦刪除所有常業犯之規定。然而，此並不意味往後不處罰以犯罪為
常業之人，而是以後類此常業犯罪行為均採一罪一罰，經常犯罪者即會被
科處數罪，併合處罰之結果，反而較現今常業犯規定之法定刑度更高，以
符罪責均衡原則。

(四) 自首改為「得」減輕其刑

按自首之動機不一而足，有出於內心悔悟者，有由於情勢所迫者，亦
有基於預期邀獲必減之寬典者。對於自首者，依現行刑法一律必減其刑，
不僅難於獲致公平，且有使犯人恃以犯罪之虞。在過失犯罪，行為人為獲
減刑判決，急往自首，而坐令損害擴展之情形，亦偶有所見。必減主義，
在實務上難以因應各種不同動機之自首案例。因而將自首「應」減輕其刑
改為「得」減輕其刑，既可委由裁判者視具體情況決定減輕其刑與否，運
用上較富彈性。真誠悔悟者可得減刑自新之機，而狡黠陰暴之徒亦無所遁
飾，以符公平。

(五) 緩刑之效力不及於從刑與保安處分

按沒收雖為從刑，但與主刑並非有必然牽連關係，其依法宣告沒收之
物，或係法定必予沒收者，或係得予沒收而經認定有沒收必要者，自與緩

刑之本旨不合，故不受緩刑宣告之影響。

　　另外，褫奪公權係對犯罪行為人一定資格之剝奪與限制，以減少其再犯罪機會（例如對犯瀆職罪者，限制其於一定期間內再服公職），其性質上兼有預防犯罪與社會防衛之目的，故規定緩刑效力不及於褫奪公權，以避免依現行規定，受緩刑宣告者於緩刑期間仍可行使公權之不合理現象。

　　再者，保安處分兼有社會防衛及改善教育之功能，如法官依各項情形綜合判斷，就主刑部分為緩刑宣告，惟基於社會防衛及改善教育之目的，同時為保安處分之宣告時，則保安處分之宣告與本條暫不執行為適當之緩刑本旨不合，故規定緩刑之效力不及於保安處分，俾資明確。

(六) 提高無期徒刑之假釋門檻

　　為達到防衛社會之目的，現行無期徒刑之假釋門檻偏低，爰將其得假釋之門檻提高至執行逾二十五年，始得許假釋，並將現行假釋後滿十五年未經撤銷假釋者，其未執行之刑以執行論之期間，提高為二十年，以期待廢除死刑政策完成前，能以無期徒刑來替代死刑的選科，實質取代死刑判決，以作為漸進廢除死刑之配套措施。

(七) 建立重罪三犯及性侵害犯罪受刑人治療無效果者不得假釋之制度

　　為社會之安全，酌採美國「三振法案」的精神，對下列有期徒刑受刑人之執行不得假釋：1.曾犯最輕本刑五年以上有期徒刑（如殺人、強盜、海盜、擄人勒贖等罪）的累犯，於假釋期間、受徒刑之執行完畢，或一部之執行而赦免後，五年以內故意再犯最輕本刑為五年以上有期徒刑之罪者（即第三犯）。2.性侵害犯罪受刑人於執行有期徒刑期間接受治療後，經評估其再犯危險未顯著降低者。

(八) 修正追訴權時效停止進行之時點並延長追訴權及行刑權時效期間

　　明定追訴權時效因起訴而停止進行，變更目前實務上以開始偵查作為

追訴權時效停止進行時點之見解。同時為避免追訴權時效停止進行之時點
延後，導致追訴權期間過短，有礙犯罪追訴，而造成寬縱犯罪之結果，自
有必要平衡行為人之時效利益及犯罪追訴之目的，乃依最重法定刑輕重酌
予以提高追訴權時效期間；並配合修正延長行刑權時效期間，以求衡平。

(九) 建立性侵害犯罪治療處分及預防再犯

對於性侵害犯罪者的強制治療，由現行規定的刑前治療，修正為刑
後治療，亦即犯罪行為人在徒刑的執行期間曾接受以防治其再犯性侵害犯
罪為目的的輔導治療，或者接受身心治療或輔導教育後，經鑑定、評估而
有施以治療的必要者，得令入相當處所，施以強制治療。治療期間亦不以
現行規定的三年為上限，而修正為強制治療至行為人再犯危險顯著降低為
止，以預防再犯。況且執行期間，應每年鑑定、評估有無停止治療之必
要。

肆、未來展望

一、再次啟動刑事政策變革

我國自2006年刑法修正施行以來，即標榜兩極化刑事政策，即採取
「輕者恆輕、重者恆重」的寬嚴並進刑事政策。因此，「輕者恆輕」便可
緩起訴、緩刑、易科罰金、易服社會勞動等為社區處遇或轉向處分以限制
短期自由刑的適用，以及推行行政刑罰的除罪化等，讓監獄資源能更集中
於重大犯罪或危險犯罪者，再無法轉向處遇時才將其監禁，且注重其矯治
及正當法律程序保障。只是法律的實踐，總會與立法初衷產生很大落差，
其中最大的落差，便是具有成癮性的醉酒駕車者及施用毒品者占據大量監
禁比例，導致監獄擁擠狀況一直無法有效疏解，縱使透過減刑條例疏解，
但因其治療及社會復歸配套的不足，促使減刑後不久後又很快回籠，監獄
擁擠程度又回到減刑前的狀況。就以統計近五年新入監受刑人前二大罪

名，2010年至2013年皆以毒品罪人數為最多排名第一，但2014年新入監受刑人之罪名以公共危險罪1萬168人最多（占29.57%），其次為違反毒品危害防制條例罪9,681人（占28.15%）[14]。

　　至於，「重罪重罰」部分雖降低重刑犯假釋的機會，提高長期自由刑的效益，以降低社會大眾因有治安疑慮而形成抵制廢止死刑的心理，有其可取之處。惟如此難免會產生下列獄政問題：1.在監人口增加，增加監所營運成本，且需增建新監所。2.受刑人出獄無望，在監所內成為高危險群，增加戒護困難。3.受限於監獄的容量，反而使其他重刑犯獲得提前假釋機會，反而不利於社會治安。4.年老受刑人將日益增加，增高監所的營運成本及困難度。特別是2015年2月11日高雄監獄受刑人挾持人質事件，從挾持受刑人聲明中，可知現行刑法修正後運作這十年來，難免出現減刑不公、三振法案假釋無望、在監無法自給沒尊嚴等問題[15]。

　　因此，亡羊補牢，藉此機會，再次啟動刑事政策變革。重新思考酒駕者及施用毒品者之刑事政策，如以治療處遇並輔以社區觀護為主，以減輕監所擁擠壓力。針對重罪者，除強化在監的矯治功能外，更重要的是如何避免其再犯，觀護及更生保護便相當重要。因而可將更生保護結合於觀護制度中，以使少年觀護、成年觀護及更生保護此三制度能一元化，以統一之獨立機構與組織體系確立社區處遇之完整性，而與監獄等行刑體系，構成國家犯罪矯治刑事政策之兩大支柱。甚至將來可參照諸外國之矯正專責機關已將觀護體系納入（例如美國許多州設有「矯正署」（Department of Corrections）並將觀護體系納入），讓社區處遇與機構處遇相結合，即使牆裡與牆外能連結在一起，而將「矯正署」合併觀護體系成為「矯正觀護署」或將現行「矯正署」納入觀護體系，是一值得努力的方向。再者，若針對這些少數慢性習慣犯（chronic offenders）須走向長期隔離的政策時，也該讓他們能有自主自給的能力，不用再靠家人接濟，在無望下也能活的有尊嚴些，以防止其以此藉口施暴。

---

[14] 犯罪狀況及其分析（中華民國103年），法務部司法官學院，2015年12月出版，頁71。

[15] 許福生，犯罪學與犯罪預防，元照出版，2016年2月，頁430。

　　最後，我們期盼法務部能仿照當年廖前部長在法務部期間所成立的研究小組，再次成立「法務部檢討暨改進當前刑事政策研究小組」，從根源去思考當前刑事政策，特別是重新思考酒駕者及施用毒品者之刑事政策，以因應時代之變動而適時之調整。

二、成立犯罪防治研究院強化早期的預防措施

　　事實上，廖前部長縱使提出兩極化刑事政策等於寬嚴並進的刑事政策，強調「輕者恆輕」、「重者恆重」之理念，但他亦非常重視犯罪預防工作，諸如建立正確價值觀念、加強法治教育、創設中輟生學園、推動反毒戒毒工作，特別是應即成立國家犯罪防治研究院，如一時不及成立，亦應迅速設置刑事政策專案小組，網羅各界碩彥，專責於刑事政策相關各事項之整理、分析、研討，並提出對策，以建立良好的政策內容，解決刑事法律與政策目前所面對的諸多困難，而最終之妥善做法，仍應建立制度內組織之「國家犯罪防治研究院」，始為正確[16]。筆者身為犯罪學者之一，非常贊成迅速成立國家犯罪防治研究院，以為改善台灣地區之治安，正確推動刑事政策，建立完善刑事法制。

　　之所以如此，我們可發現犯罪現象具有下列幾個主要特性：1.犯罪現象的普遍性（規則性）：犯罪始終存在，有社會就有犯罪，犯罪只能控制無法消滅。2.犯罪現象的相對性：犯罪行為會因時間、空間、文化背景的不同而有不同的評價。3.犯罪原因的複雜性（多元性）：即犯罪行為之發生其原因具有多元性，非單一因素即可導致犯罪。4.刑罰威嚇的弱效性：即犯罪行為縱使透過刑罰的威嚇及制裁，仍層出不窮、日新月異。5.犯罪現象的變異性：犯罪成因會因社會變遷而有所不同[17]。須根據時代變遷，而提出不同對策與法律修正，如此才能與時俱進。此外，研究發現慢性習慣犯的成因多因年少罪性萌芽之時，未獲適當處遇機會所致，特別是現行政府正大力提倡要朝廢止死刑而行時，應更深切地深思為何會有「死刑

---

[16] 廖正豪，同註1，頁27-33。

[17] 黃富源、范國勇、張平吾，犯罪學新論，三民書局，2012年1月，頁68-69。

犯」出現。面對這些求其生而不可得的死刑犯，更應思考在其成長背景及整個生命歷程中，社會是否已投入足夠資源協助其再復歸社會。

因此，國家社會不應將犯罪預防政策焦點置於生命後期，而應將資源置於生命早期的預防措施，包括家庭健康的增進和各種行為處遇方案等。再者，政府及社會大眾應努力協助犯罪者促成其個人生活結構和情境脈絡及個人意志的改變，不限於處罰與控制，又應強調協助與改變，以協助其終止犯罪，均值得未來我們努力的方向，深值注意。

2

台灣近三十年刑罰的底蘊

周愫嫻[*]

[*] 台北大學犯罪學研究所特聘教授

目　次

壹、前言

一、觀賞懲罰犯錯者之快感

　　暴力、情慾、金錢、權力、突發犯罪之發生，刺激了觀看者的好奇心，邪惡、暴力、色欲、無情、貪婪、弄權、瘋狂的犯罪人，滿足了旁觀者自身壓抑的原始慾望，被害人家屬的眼淚、激情、創傷，引發觀看者做為人類的基本同情心，社會對於犯罪期待的懲罰，乃基於前述好奇心、原始慾望與同情心，非常符合Bentham（1781）在18世紀指出的人類自然的痛苦與快感。這些情緒與慾望動物性多於人性，感性大於理性。刑罰的誕生多半來自前述動物性與感性，但刑罰之所以從個人、家族、宗族、村落的私人行為，走向國家司法壟斷的當代面貌，一方面是當代國家興起，另一方面也是文明之所以發展，乃是人類長期與這種動物性與感性抗拒與被反噬的結果。

　　本文主要討論台灣從1987年解嚴以後至現今的刑罰實踐與反射。本文

認為民主國家的刑罰係構築在國家（與司法）、加害人、被害人、公民社會四雙眼睛下，各自在本地找尋到懲罰犯罪的正義觀與實踐，台灣也不例外。但過去三十年來台灣刑事政策的制訂與刑罰實踐，忽略了刑罰的必要與適量性，並擴大了犯罪圈。終究尚未能將台灣當代刑罰帶離原始的動物性與情感性，反而被領進了民粹刑罰的天地。

二、近三十年台灣擴大犯罪圈，並懸置社區處遇的現象

　　2006年我國刑法進行了第十六次修正，號稱是自1935年來變動最大的修法作為。當時政府宣稱開展「兩極化刑事政策」或稱「寬嚴並濟刑事政策」，一方面「對危害社會的重大犯罪或是高危險性的犯罪人，採取重罪重罰的嚴格刑事政策，使其罪當其罰，罰得其罪，以有效壓制犯罪，目的在於防衛社會，有效維持社會秩序。」另一方面，「對於輕微犯罪或是法益侵害性微小之犯罪，以及具有改善可能性之犯罪行為人，採取非刑罰化的緩和手段，以抑制刑罰權之發動為出發點，採取各項緩和之處遇（如檢察官緩起訴制度、擴大緩刑範圍，以及社區處遇或是委託民間或是宗教機構進行輕罪行為人之犯罪矯治等）達成促使犯罪人回歸社會，並盡可能發揮防止再犯之功效的積極目的」（法務部，1999；廖正豪，2008）。但是這個重大政策宣示是否反映在刑罰的結果上？

　　表2-1是1987年至今地方法院刑事審理裁判結果，有罪案件被告，解嚴後1990年，死刑、十年以上有期徒刑、罰金等刑罰比例是至今三十年來的高峰，1995年無期徒刑刑罰到達高峰。2005年後增加最明顯的是一年以下短期徒刑與拘役刑。保安處分三十年來均不超過5%，緩刑、罰金比例更是逐年下降。

　　2005年的確在刑罰效果上有些重大變動，但似乎與寬嚴並濟刑事政策不完全吻合。首先，如死刑、無期徒刑等重大刑罰比例下降，沒有達成「重罪重罰」的效果。其次，短期刑比例上升看起來是「輕罪輕罰」，但這種短期刑擴張不是來自對重刑犯的寬容，而是羅織更大的輕刑網（如2011年11月修正公共危險罪第185條之3酒醉駕車調降酒測值，2013年6月再次修正該條文，加重法定刑）。第三，具有社區處遇意味的保安處分比

例一直很低，未展示政府「刑罰轉向」的效果。第四，罰金、緩刑比例逐年下降，更是背離微罪輕罪和緩刑罰的政策。

初解嚴時以及隨後的十年，台灣管理犯罪人手段，係從死刑、無期徒刑、十年以上有期徒刑等重刑上擴大重刑網，但自2005年後管理犯罪人手段雖然朝向縮小重刑網，但增加短期刑罰、又懸置社區處遇（如保安處分）或非刑罰轉向措施（如罰金與緩刑），加上1997年與2005年兩次修改假釋規定，兩度提高申請假釋之執行率，不但羅織了更大的輕刑網，且限縮徒刑網眼，亦即一旦進入監禁刑罰，停留的時間更長了。

表2-1　1987至2013年台灣各地方法院裁判結果

年度	死刑	無期徒刑	一年以下有期徒刑	一至十年有期徒刑	十年以上有期徒刑	拘役	罰金	保安處分	緩刑	總被告人數
1987	69	130	44,184	54,218	822	8,754	30,515	1,194	18,903	147,890
	(.05)	(.09)	(30)	(37)	(.6)	(6)	(21)	(1)	(13)	
1990	120	279	35,984	74,714	983	7,627	38,796	1,971	21,003	152,918
	(.08)	(.2)	(24)	(49)	(.6)	(5)	(25)	(1)	(14)	
1995	87	466	65,613	18,372	852	12,649	33,894	1,881	21,564	173,441
	(.05)	(.3)	(38)	(11)	(.5)	(7)	(20)	(1)	(12)	
2000	36	208	54,563	10,999	436	21,673	31,806	2,981	23,926	156,887
	(.02)	(.1)	(38)	(7)	(.3)	(14)	(20)	(2)	(15)	
2005	26	302	69,758	13,074	523	27,839	14,591	2,260	15,936	145,139
	(.02)	(.2)	(48)	(9)	(.4)	(19)	(10)	(2)	(11)	
2010	7	88	101,172	10,810	1,005	38,810	21,923	4,932	19,191	198,159
	(.003)	(.04)	(51)	(5)	(.5)	(20)	(11)	(3)	(10)	
2013	7	46	110,691	10,369	660	26,596	15,506	4,566*	15,853*	186,845
	(.004)	(.02)	(59)	(6)	(.4)	(14)	(8)	(2)	(8)	

註：括弧中數字為百分比。*數字為2012年數據。
資料來源：1990年之前，資料採自1991年地方法院刑事第一審案件裁判結果──按年
　　　　　別分。司法院：司法統計提要。1990年之後，資料採自2013年地方法院刑
　　　　　事訴訟第一審被告人數──按裁判結果分。司法院：司法統計。

　　二十多年來的刑事政策反映在表2-1簡單的數字上，我們看見所謂「必要的刑罰」就是「縮小重刑網、擴大犯罪圈、懸置社區處遇、縮小徒刑網眼、囤積監獄人口」。刑罰依法走向誰，痛苦就安置在那裡，台灣刑罰不論長短，向監禁走去，又傾向懸置社區處遇，意味刑罰之痛苦與方便，非以高塔圍牆、行全面監控，難以為之。

貳、刑罰的適切性與主權歸屬

一、必要的刑罰與適量的痛苦

　　從前一節台灣三十年刑罰掠影，浮現一個問題，國家（行政、司法、執法系統）、社會、加害人、被害人等喜好、認定的必要刑罰為何？刑罰在這四雙眼底，如何展現「適量」之痛苦？

　　國家因犯罪施加行為人的刑法懲罰稱為「刑罰」，其他違反國家法規行為的懲罰是「行政罰」，不在國家刑法與行政法範圍內的違規或脫軌行為的懲罰，約略可涵蓋稱之「處罰」。這些不同種類的懲罰中，其中對人的基本權利侵犯最大的是「刑罰」，帶來的痛苦也最深，因此需要秉持謙抑原則。換言之，刑罰之實施，是除非必要，才採取的最後手段；若真有必要，也以量少、最適之痛苦為之。但什麼是必要的刑罰（或本文稱為「適量的痛苦」）？

　　法理學的「正義論」（Rawls, 1971）曾提出相當多有關刑罰或量刑的論辯，以最常被引述的「正義與平等」兩原則為例，正義的定義，簡單的說是犯罪事件中當事人享有相同的權利，確保被告與檢方（或被害人）具備同樣防禦或攻擊的司法武器是實踐正義的基礎；而平等原則，則是確保相似案件受到同等刑罰。但主義或原則的辭藻向來華麗又容易，但常抽象到無法與個案之量刑實務接軌。譬如：同樣犯罪行為，相似犯罪人，導致被害人不同的損害，量刑是否應該仍保持一致？不同犯罪行為，不同犯罪人，但導致被害人損害程度一樣，其量刑結果不同的理由何在？哪一種

才是平等原則？另一個例子是前科對量刑的影響。量刑考量以本次行為單獨論處，或以過去前科素行酌予加重，哪一種符合平等原則？這些例子都顯示原則、主義、理論說起來輕鬆，但具體在司法上實踐很困難。

　　另一個正義平等原則無法回答的問題，如何連結罪與罰之間的關係？刑罰施加犯罪人的痛苦，界線為何？多少痛苦才能償還犯罪的代價？誰可以決定痛苦的適量性？亦即誰擁有定義與賦予刑罰的權力？在當代司法制度形成之前，很多犯罪事件由雙方當事人或家族、宗族、部落自己決定解決方式、刑罰種類與痛苦程度，但這個雙方自己解決衝突或犯罪的權力，在現代國家出現後，逐漸被國家取代，最後完全壟斷，導致今日有被害人被排除於刑事司法之說，甚至要求更為積極平等的參與刑事審判與量刑之運動，由加害人、被害人、社區共同參與的修復式司法取代傳統國家、被告、檢察官三方頂立的傳統刑事司法就是最好的例子，這個想法在2000年間由部分學者推廣，2010年後受到法務部青睞（法務部，2010），以一種注入流動的方式，緩緩滲入傳統刑事司法系統中。

二、擴大犯罪圈展示施加刑罰痛苦的主權所屬

　　刑罰的主權是誰，誰就擁有施加痛苦的權力。挪威學者Nils Christie（1977）在70年代提出一個非常後現代的看法，他認為犯罪是雙方當事人的事物，但當事人的事物卻被國家從當事人手中「偷走」了，當事人（特別是被害人）無法參與司法過程，在訴訟過程中成為局外人，雙方無法表達犯罪的意見，不論被害人想要重懲或原諒加害人，均無法成為決定刑罰結果的主權者。他認為國家不應該從當事人手中取走刑罰的所有權，主張將刑罰或解決衝突的權力還給雙方，透過對話、調解，達成共識後執行。追隨Christie（1977）主張，荷蘭學者Hulsman（1981, 1982）也認為現代國家讓政府主導了太多衝突或爭議，導致以犯罪事件與當事人為中心發展出來的司法系統，衍生了去主體化的結果，並以一種非日常語言的溝通技術對話。Hulsman進一步提出刑事案件「民事化」的主張，「民事化」一詞在英文語意上有雙重意義，既有「文明化」之意義，又有「私人化」意義。若將Christie與Hulsman的想法統合起來，兩階實踐犯罪事件主權回歸

當事人的具體作法是，第一階將刑法之犯罪行為全數告訴乃論化，第二階是刑事案件民事化，衝突雙方擁有案件發動權，這樣一來刑事案件應該減少，讓雙方自己決定，將國家角色移除，國家刑罰主權的退位。

　　但是當代刑事司法制度的設計正好跟前現代或Christie或Hulsman的後現代刑罰主張相反。現代的刑事司法制度，犯罪一旦發生，損及的雖為人民私人生命財產，但為了保障社區其他民眾的安全，維繫社會共存互賴關係，國家必需追訴犯罪，同時介入刑罰，因此多數刑事案件與刑罰成了公共事務者，被害人或犯罪人只是這個審理程序中的一個構成元素而已。有關刑罰主權歸屬在台灣最經典的例子就是2001年起刑法妨害性自主罪章各罪從告訴乃論改為非告訴乃論（除刑法第229條之1，對配偶犯強制性交罪外）。當時的論戰背後討論的其實就是強制性交罪之追訴與刑罰主權之爭，後來修法結果就是同意此罪雖發生於私人，危及私人生命身體權，但為了保障社區其他民眾安全，維持社會共存互賴關係，必須強制轉換刑罰主權範圍給國家。

　　從Max Weber的角度來看，國家壟斷了武力（包括刑罰）使用權，這樣設計不僅是從工具理性出發，使得司法具有可預測性，易於操作，同時還具有保護公民生命財產安全權益的目的（Owen and Strong, 2004）。Hobbes的看法也類似，他認為每個人縮減個人自由，交付部分權利給國家，才能讓千萬聲音形成「一個」強大的聲音（Harrison, 2003）。之所以需要這樣做，Hobbes認為非因人性本惡，乃因每個人交出部分權利給國家，才可讓這個強大的力量回頭保護個人的安全，但Hobbes也說，如果國家無能保護個人生命財產安全，個人可取回或無需交付自己天賦人權，這也是著名的「社會契約論」（Harrison, 2003）。

　　Hobbes倡導的是一個上位的「集體安全」問題（Harrison, 2003）。個人若希望他人跟自己合作，共存於社會中，自己必需先要跟他人合作共存。若無法保證這種共存關係，就會發生契約相互同意問題，且可能發生每個人未來都不願意合作，且自行報仇，社會進入一種弱肉強食、報復、貧窮、殘暴、兇狠、快速毀滅的狀態。為了保護每個人的安全，國家才會壟斷合法刑罰權。

此派想法，連自然法學者如Pufendorf（1991）或Locke（2003）等也支持，Pufendorf認為人有自私與自愛成分，自我保護是本性，但個人在面臨生存或安全危險時，根本不可能完全自我保護，一定需要他人協助或集體力量才能達成（Pudendorf, Tully and Silverthrone, 1991）。國家這個集合眾人力量的強大聲音，把每個人擁有的自然權集中起來，又將集體權力賦予以法院為代表的社會或公民力量，透過司法機制保障個人安全，讓個人可以自由在社會行動，免於受到他人侵害。

換言之，前述學者都同意為了讓大家可以自由安全生活，有衝突的雙方當事人必須將事件的所有權交給國家來仲裁，保障安全，讓社會生活可以運作，如此一來，國家才有存在的理由。一旦國家介入刑罰，形成理性機器，當事人與旁觀社群個人的動物性與感性就無關緊要，轉而由機關、規範、專業人員、術語集體運作的司法機器負起刑罰之責，這也是當代司法與刑罰制度的風貌。

三、選擇刑罰的種類與痛苦程度

在前述基本原則下，國家以保障個人安全之名，取得或「竊占」（以Christie的說法）了犯罪審判與量刑的主導權。但國家何以擁有訂定刑罰種類之權力？又何以決定痛苦長度？

成功又和平的社會合作契約關係，需有安全的社會條件為基礎。每個人能遵守約定，才能確保彼此之合作關係。所以國家需要制訂各種行政與刑法規範（包括罪之構成與刑罰種類、上下輻射度等），這些法規一方面作為決定與實施懲罰的標準，另一方面，可以事後監督，第三種功能是，當有爭議時，可以作為解釋與最後裁判之根據。

如果使用行政管理手段，可以維繫社會合作關係，那如何解釋國家要超越行政規定（或管理），將特定違反法規行為入罪化呢？這與刑法的特性有關。違反刑法的被告，需起訴並給予刑罰，不僅在於懲罰被告不遵守法律或與社會其他人合作共存之契約約定，另一個重要功能是以公眾之名譴責其不遵守合作約定行為（若犯行無其他正當或合理理由）。

學者Duff（2000）的看法是，違反刑法之行為，不論侵害的是國家、

社會或個人法益，行為與行為結果的所有權都自動歸類為「公共事務」。嚴重的犯行就是嚴重違反社區共享的規範，所以犯罪的被害人不僅是損害了其個人或家庭利益，也同時損害了整個社區的共存互信原則。若不加以譴責與懲罰，社會合作的機制也無法繼續維持。只有透過有權威機構與大眾的譴責、公評，才能再次確定確保社會合作契約的原則是不容違反的。這就是Locke學說（2003）的精神：「國家為了保障他人生命財產，所以有權宣判死刑或採取各種刑罰來管制破壞他人權利者。」（Harrison, 2003）。Locke賦予國家無限的刑罰權力，甚至包括可剝奪個人生命權或破壞他人基本人權，目的是保障他人生命財產權（Locke, 2003）。學者Rawls看法（1971）較為溫和，但也大約採用相同的觀點，認為國家需要回應保障民眾安全之事，但每人願意對國家做出的貢獻，取決於其他人貢獻程度（他人貢獻多少，我也貢獻多少）。所以確保大家相互合作的方式是「履行契約」。為了讓民眾信任國家，對於那些不履行契約或不遵守約定的個人，必須賦予國家行政罰或刑罰的功能。換言之，內心的義務必須轉化為外在義務。

　　前述觀點說明了國家為何選定重大違反社會契約行為「入罪」與成為刑罰的主體，但是還不能完全解釋犯罪事件當事人與國家在刑事司法上的相對角色。譬如：仍有部分刑事犯罪屬於告訴乃論罪，追訴與否可由被害人決定，發動權在於被害人。又如，以家事案件或侵權案件為例，國家可將案件仲裁權交給第三方公正機關（如衛生福利部）。如果國家可以將部分案件或爭議交由第三方機關處理，國家僅為監督執行角色，或在部分案件採取告訴乃論，值得深入討論的地方是，為何這些案件又不屬於公共事務？其追訴或刑罰所有權也不歸屬於國家？若以個人法益與社會國家法益來作為國家選擇案件所有權為判準，似乎又難以在本世紀交接時，將性侵害犯罪修法從告訴乃論轉化為非告訴乃論一事上自圓其說？非告訴乃論的原則若在於犯行嚴重之侵害社會或國家法益，國家必須擁有訴追之所有權。換言之，修法改為非告訴乃論罪的性侵害犯罪，是否等於宣告性侵害侵害了雖是被害人個人，但已經成是「公共事務」？但矛盾的是，當時改革者之所以新創「妨害性自主」替代「妨害風化」犯罪一詞，不外乎

主張「性」是個人自主、自由權，無從由國家或他人替代決定（劉邦繡，2001）。換言之，社會契約論還不足以說明刑罰主體的變動性。

我國刑罰種類大約與其他國家刑罰種類類似，以主刑與從刑來看，不外是生命權、自由權、財產權、名譽刑（如褫奪公權）、保安處分等。這些刑罰種類有的是剝奪性、有的是限制性、有的則是強制履行義務性質。剝奪性與強制履行義務性也可常見在行政程序中（如納稅、填寫各種政府表格）。但同性質的行為，一旦成為刑罰種類，就另外賦予了譴責、標籤、問責的意義，譴責犯行或可以作為國家決定刑罰種類與痛苦長度的合理化基礎。

（一）以比例應報與嚇阻為底蘊之生命、自由、財產罰

如何決定刑罰的比例或適量？Kant與Hegel認為每個人都應該為自己的行為負起道德責任，任何人犯罪都需要被懲罰，但也需要嚴守懲罰之比例原則（Brooks, 2004）。這也是刑罰應報主義的基本主張。在便利商店順手牽羊一瓶運動飲料的偷竊罪若處以五年有期徒刑，一般通念即不符合比例原則。所謂「通念」是當時的社會習慣與文化傳統。當然，習慣、文化看似存在，標準卻難以捉摸，且會隨時間與空間而改變。在實務上，真正運作刑罰尺度或痛苦程度的人，是犯行的評價者——法官，而法官論處標準則建立在自己對當時社會通念的認知或假設。

嚇阻理論對刑罰功能有不同的看法（Corlett, 2001）。國家對違法行為施加刑罰目的若是嚇阻犯罪再度發生，刑罰的尺度就應該依照嚇阻效果來決定。若嚇阻對象是已經犯罪者，刑罰考量的重點就不是犯行的嚴重性，而是前科次數。無前科之犯罪人，理論上應該免除其刑，或輕罰。但前科次數愈多者，需以更重的刑罰嚇阻其再次犯罪。但若嚇阻對象是其他潛在犯罪人，則刑罰尺度需要更為精細之計算，因為要能估計出其他潛在犯罪人的犯罪獲益與代價的算盤。英國學者Bentham（1789）提出12種痛苦，14種快樂[1]，認為刑罰代價的痛苦要超過犯罪獲益的快樂，就是適量

---

[1] Bentham（1781，第四章）提出的12種痛苦分別為剝奪、感官、無能、恨意、疾病、罪惡感、同情他人的苦難、看到他人幸福、痛苦的記憶、負面想像、壞運氣、期待

的刑罰。瞭解人類基本痛苦與快樂來源，操作刑罰之強度、長度、確定性與速度，就不難設計出適量的刑罰。

這個一般化嚇阻理論的論點認為刑罰目的是尋求最大多數人的最大利益，犯罪個人受到刑罰的痛苦是為了換取多數潛在犯罪人不敢再犯，因此，只要能達到嚇阻其他人犯罪的目的，犯罪人個人受到的刑罰之痛苦是否符合犯行嚴重性之比例就不重要了。台灣自解嚴以後刑事政策擴大入罪化範圍或朝向重刑化，基本上都是基於相信一般嚇阻理論而來。

(二) 以處遇為底蘊的社區矯治罰

不論是符合比例的應報主義或嚇阻理論，都可以解釋生命刑、自由刑、財產刑的由來，但卻無法解釋各國為何發展出監獄教化治療或其他社區處遇（如保護管束、在家電子監禁、勞役或社區勞動、強制治療等）的刑罰種類？這些不剝奪個人生命、自由與財產的限制性質刑罰，痛苦相對較低。其背後的矯治想法盛行於1960至1990年代的歐美社會（von Hirsch and Ashworth, 1998）。矯治理論認為施加犯罪人生命、自由或財產之高度痛苦，無法解決或預防破壞社會契約者的行為，因為這群人之所以破壞契約乃因各種生理、心理、社會壓力所致，診斷之後給予適當的矯治，可以讓他們停止破壞社會契約行為。施以重刑或剝奪刑罰，無助於預防犯罪。台灣的刑罰系統中開始實踐矯治概念是解嚴之後緩緩運作，2000年以後速度加快。但同一時間的重刑化民意與修法方向，終究還是以行動否定了矯治之效果。

(三) 以風險管控為底蘊之保安處分

保安處分是一種以保護安全措施為名之刑罰種類，有人破壞社會契約者，具有高度危險性，為了確保其不再危及社會，保障他人安全，施加之「保護」作為，這也是所謂「新刑罰學」的觀點。2003年英國刑事司法法案修訂的為公共安全之預防監禁刑（imprisonment for public protection,

---

壞事發生；14種快樂分別為感官、財富、能力、善意、聲譽、權力、信仰、仁慈、他人受報應、美好的記憶、正面想像、好運氣、期待好事發生、解脫。

IPP），就是一個很好的例子（Monahan, 2004）。這一條文中列出所謂「社會高危險份子」，以風險管控的角度來看，因為他們再犯風險極大，是以為了保障被害人或公共安全，可以施予無限期之保安處分，這個處分可以不符合犯行嚴重度的比例原則，可以不考量矯治可能性，也可以不顧及悔悔態度。我國的保安處分類型包括感化教育、禁戒、強制治療、監護、強制工作、保護管束、驅除出境等內容，大約也剝奪人身自由與限制其他自由的刑罰性質。英國的IPP或挪威的預防性監禁等刑罰之設計，都是風險管控的實踐，對於可能嚴重危害社會者，即使刑滿後仍可無限期使用行政手段監禁或強制安置在適當機構內。這種類型又從刑罰手段轉換到行政手段，是保護社會？治療無力自控之加害人？還是試圖脫離刑罰罪責原則？

如果行政罰納入刑罰是一種犯罪圈的擴張，這種刑罰結束後，以行政手段「長期」剝奪或限制犯罪人權益來管理高危險犯罪人，是否再度擴張了犯罪圈範圍？各國對行政處罰與刑罰界線愈來愈模糊，不無國家擴大處罰主權疆域之可能。在台灣當前刑罰中，除了性侵害犯罪有此趨勢外，新刑罰學的影響力還沒有展現在其他犯類上。

(四) 以修復式司法爲底蘊的刑罰

修復式司法制度中的刑罰決定權，有傳統刑事司法制度中國家與被告，另外還加入被害人、社區居民意見。這個理論相信經由被告對被害人、社區造成的損害，可以經由討論解決方案，達成修復。這個解決方案雖然也可能附帶各種刑罰或補償條件，但過程中可以讓被告表達破壞社會契約的原因，向被害人與社區道歉或提出補償方案，被害人或社區也可提出解決方案，從中獲得共識。論者認為即使刑罰還是刑罰，但有了這個過程，至少羞辱、標籤性的刑罰痛苦可以降低到最低，被告更可能復歸社會。但是部分學者認為修復式司法可能只是一個對現存刑事司法的失望使然，僅是想像中的司法香格里拉，因為在實踐時，時而背離傳統刑事司法之程序正義原則，且所獲之實質正義不盡大於傳統之刑事審判制度（Ashworth, 2002）。

　　本文認為修復式司法一刀兩刃，可以讓衝突雙方平等回到法庭對話，從國家手中取回訴訟事件的部分主權，但被害人與社區在法庭中的權利、角色與具體運作，也可能產生另一種權力不對等、訴諸民粹、回到懲罰的感性與快感、凝視犯罪的黑暗好奇心等的結果。

參、結論──刑罰只是國家實踐政治承諾手段之一，需傾城節制

　　總之，從表2-1來看，台灣刑罰種類之選擇與實踐，是四種存在狀態：（一）象徵性存在：裁判死刑案件實質上減少了，但情感與動物性上，人無法輕易割捨這個象徵終極懲罰的符號。（二）點綴性存在：因為與傳統刑罰文化差異較大，官僚體系較為陌生，故如風險管理與修復式司法等在台灣僅是點綴性存在。換言之，兩者可有可無，有者，增加科技與人權的妝點；無者，也不傷害民眾情感與司法需求。（三）懸置性存在：社區處遇立意雖可獲得頗多司法與各種專業人士共識，但需高度依賴非司法資源協助才能竟其功。故在以司法為主體的刑罰範圍中，這項非核心也非主流的業務，常被懸置處理。（四）實體存在：在所有刑罰中，傳統的自由刑還是屬於可理解、可操作、可管理的刑罰，不論是短期刑或長期刑，既有鄉愁的記憶，又有懲罰的直觀快感，還可作為政治之宏觀調控機制，因此過去三十年是台灣刑罰的主體。

　　每一種刑罰種類與痛苦長度背後，代表了制訂政策與立法者的管理犯罪與犯罪人之政治承諾。以公民共組的國家，必須承諾保證每個公民的自由與安全，國家發展各種政策就是為了實踐這個承諾而來。刑事政策或刑罰手段只是實踐這個承諾的一種方法而言，且不是唯一一種方法。施加或觀看他人受懲罰的痛苦是感性與動物性的，但是刑罰制度必須是高度理性且有節制的。如果我們任由感性與動物性、慣習帶領國家走向管理犯罪與犯罪人機制，刑罰設計就失去了抗拒不理性、氾濫肆虐痛苦的理想，背離文明司法之過程。

　　我們不應該忘記，刑法與刑事司法有其極限（Ashworth, Zender and Thomlin, 2013），其他政策也可以達到實踐這個政治承諾的目的。法理學、法哲學、法社會學者常以法律觀點提出以國家刑罰保障社會共存互信契約，但Garland（1990）、Hudson（1990）分析了刑罰歷史變遷後，認為良好的社會政策也可以成為回應犯罪問題的一種方法，英國牛津大學頂尖法學者也承認刑法的極限是有限（Ashworth, Zender and Thomlin, 2013）。換言之，對於抑制破壞社會契約者，共和國家的選項應該不是只問刑罰之痛要多長或多深？而是要問除了刑罰或刑事政策外，還有哪些政策可以讓公民信守社會契約，和平相處？

　　在繞著刑事政策論述時，常不免陷入國家與刑罰的倫理困境中，自我脫困的方法是隨時反省當代刑罰是否還是人類共同的生活經驗與價值？如果法律、刑法或刑罰從這個核心疏離出去，成為為國家政權說項、為政府管理主義服務、或創造另一種犯罪產業經濟的生產線、刑罰以投票或媒體頭版來決定痛苦程度，那麼我們不如現在就放棄所有理論、典範、主義、原則、證據之論述，直接向國家權力與經濟霸權兩個利維坦（Leviathan）投降。也許這樣，更能看見台灣刑罰底蘊？

參考文獻

一、中文

1. 法務部，法務部檢討暨改進當前刑事政策研究小組研究資料彙編，頁 2-3，法務部檢察司編輯。

2. 法務部，修復式司法試行方案，https://www.moj.gov.tw/lp.asp?ctNode=33533&CtUnit=10810&BaseDSD=7&mp=001，最後瀏覽日期：2014年3月4日。

3. 廖正豪，刑法之修正與刑事政策之變遷，向陽公益基金會網站，http://www.tosun.org.tw/president_03detail.asp?main_id=00002，最後瀏覽日期：2014年3月12日。

4. 劉邦繡，性侵害犯罪防治法之性侵害犯罪新解，律師雜誌，第267期，頁86-118。

二、外文

1. Ashworth, A. (2002). Responsibilities, Rights and Restorative Justice, British Journal of Criminology 42(3): 578-595.

2. Ashworth, A., L.H. Zedner and P.R. Tomlin (eds) (2013). *Prevention and the Limits of the Criminal Law. Oxford*: Oxford University Press.

3. Bentham, J. (1789). Principles of Morals and Legislation. London.

4. Brooks, T. (2004). Is Hegel a Retrivutivist? Bulletin of the Hegel Society of Great Britain, 49/50: 113-26.

5. Christie, N. (1977). Conflicts as Property, British Journal of Criminology, 17:1-15.

6. Corlett, A.J. (2001). Making Sense of Retributivism.Philosophy, 76:77-110.

7. Duff, R. A. (2000). Punishemnt, Communication and Community. NY: Oxford University Press.

8. Garland, D. (1990). Punishment and Modern Society. Oxford: Oxford University Press.

9. Harrison, R. (2003). Hobbes, Locke, and Confusion's Empire: an Examination of

Seventeenth-Century Political Philosophy. Cambridge, UK: Cambridge University Press.

10. Hudson, B. (1987). Justice through Punishment: A Critique of the Justice Model of Corrections. London: Macmillan.

11. Hulsman, L. H. C, (1981). Penal Reform in the Netherlands. Part 1-Bringing the Criminal Justice System under Control, *The Howard Journal of Penology and Crime Prevention*, 20(3): 150-159.

12. Hulsman, L. H. C, (1982). Penal Reform in the Netherlands. Part 2-Criteria for Deciding on Alternatives to Imprisonment, *The Howard Journal of Penology and Crime Prevention*, 21(1): 35-47.

13. Locke, J. (2003). Two Treatises of Government and A Letter Concerning Toleration. Yale: Yale University Press.

14. Monahan, J. (2004). The Future of Violence Risk Management, in M. Tonry (ed.) The Future of Imprisonment. NU: Oxford University Press.

15. Owen, D. and T. Strong (eds) (2004). Max Weber: The Vacation lectures-Science as a Vacation, Politics as a Vacation. Cambridge: Hackett.

16. Pufendorf, S., J. Tully and M. Silverthorne. (1991). Pufendorf: On the Duty of Man and Citizen according to Natural Law. Cambridge, UK: Cambridge University Press.

17. Rawls, J. (1971). A Theory of Justice, CA: Belknap Press.

18. von Hirsch, A. and A. Ashworth (eds) (1998). Principled Sentenced: Readings in Theory and Policy. Oxford: Hart.

3

人權防衛論與刑事司法改革
——以台灣地區犯罪被害保護之立法、執行及成效之評估為例

壹、前言

　　傳統的刑罰理論，不論是大陸法系的報應刑理論、預防刑理論與綜合理論，或是英美法系的功利主義、報應主義與混合理論，主要論點大抵從國家統治權觀點出發，認為統治者（階級、集團或個人）有權為了維護自己的統治地位而任意懲罰其人民。這些統治者把一切危害統治權的行為都視為犯罪行為，常透過慘絕人寰的刑求或不當的立法手段，毫不留情的對被統治者或弱勢者加以鎮壓和懲罰。因此，這些國家在刑事立法、刑事司法及刑事政策的發展歷程上，在不同程度上都留下了階級壓迫、民族壓迫、種族歧視、性別歧視和肆意侵犯人權、踐踏人權的烙印[1]。

　　2010年，由中國政法大學何秉松教授籌組發起的「全球化時代犯罪

---

[1] 全球化時代犯罪與刑法國際論壇關於「人權防衛論」的決議文獻，2010年。

與刑法國際論壇」，第二屆在北京西郊賓館舉行，主題為「全球化時代犯罪的主要趨勢與傳統刑罰理論及刑罰制度的反思與超越」。該次會議特別強調在批判傳統的刑罰理論（報應刑理論、預防刑理論和綜合理論）基礎上，希望創立新的刑罰理論。會議透過廣泛、充分且深入的討論與爭辯，企圖在各國學者之間，形成一個嶄新且共同性的刑罰理念，作為今後調整犯罪對策的理論根據。論壇最後通過了「關於『人權防衛論』的決議」，將「人權防衛論」作為全球化時代犯罪與刑法國際論壇的重要理念公諸於世，以推動全球化時代刑法理念的改革，並作為促進各國對本身國內法未來修法方向提供具體可行的理論依據。

台灣地區根據人權防衛論等論點，許多刑法在修法時已將絕對死刑廢除，或改為相對死刑，並儘量減少死刑之適用（判決與執行）。台灣在1950年至2001年期間，共執行死刑槍決680名死刑犯；其中1990年便槍決78人，為歷年之冠；而1999年10月6日，一天之中便槍決8名死囚。當時台灣司法單位所持理由為社會黑槍嚴重氾濫，為遏阻治安惡化，期間除公布十大槍擊要犯外，司法機關對重大刑案亦採取軍法審判或速審速決政策[2]。這種治亂世用重典的思維便是國家統治者，基於統治權及社會防衛觀點，採取報應刑罰與預防刑罰結果，嚴重違反人民應有的基本人權。

1991年以後，台灣在國際人權組織關注及學者撰文呼籲之下，逐步減少死刑之執行，甚至有連續幾年未執行死刑的記錄。相較於人權對加害者及受刑人的關注與重視，對犯罪被害人的基本人權及在刑事訴訟上的地位則長期被忽視。直到1998年，經由學者、媒體、檢察官及法官等的呼籲，引起政府高度重視，於是立法通過「犯罪被害人保護法」，該法於同年5月27日公布，10月1日正式施行。為台灣保護犯罪被害人基本人權提供更進一步的保障。

本文僅針對台灣政府對犯罪被害人的保護措施，從人權防衛觀點出發，並以「犯罪被害人保護執行成效之研究——以犯罪被害人保護法保

---

[2] http://tw.myblog.yahoo.com/jw!1JZP_FWYFRlT0MXbVes2cFI9/article?mid=22249，最後瀏覽日期：2010年9月4日。

護對象為例」[3]、法務部委託研究之「犯罪被害人保護政策體檢報告」[4]及「犯罪被害人及其家屬生活需求調查」[5]等三篇具代表性的實證科學專題研究內容為分析依據[6]，檢視人權防衛論在台灣地區之實踐情形，及提供未來法律或政策檢討及修改的方向。

貳、相關名詞解釋

一、人權防衛論

「世界人權宣言」是聯合國大會於1948年12月10日通過的第217號決議，旨在維護人類的基本權利，宣言中提到：「所有人權都是普遍、不可分割、相互關聯、互相依存和互相加強的，必須以公正、公平的方式平等對待所有人權，並給予同樣的重視。」這是一種普遍性的基本人權宣言。

2010年在北京召開的「第二屆全球化時代犯罪與刑法國際論壇」中關於「人權防衛論」提出以下基本理念、論點與決議：[7]

(一)刑罰（國家適用刑罰權）的唯一目的是防衛基本人權

即國家統治權以及作為其組成部分的刑罰權只有在「平等地維護所有公民的人權」時才是正義的。所謂基本人權主要指人的尊嚴、生命、安全（包括生命及其肢體安全）、自由、平等、財產權等。只有對非常重要人

3　王寬弘，我國犯罪被害人保護執行成效之研究——以犯罪被害人保護法保護對象為例，中央警察大學，警學叢刊，第41卷第4期，2011年，頁1-42。

4　許福生等，犯罪被害人保護政策總體檢報告，法務部委託研究案，2012年。

5　楊雅惠、林佳瑩、張平吾，犯罪被害人及其家屬生活需求調查，法務部委託研究案，2012年。

6　本文分析數據依據之儘量以前述「犯罪被害人保護執行成效之研究——以犯罪被害人保護法保護對象為例」等三篇具代表性的實證科學專題研究內容為主，但於必要部分仍輔以新的數據為之，特此敘明。

7　同註1。

權的侵犯，才應動用刑罰加以保護；如果對一般侵犯人權也動用刑罰，必然與「平等地尊重和維護所有人人權」的正義原則相違背。

(二) 刑罰對人權防衛，是全面且平等的

亦即人權防衛是一種雙向的概念，一方面防止國家濫用刑罰權，侵犯人權；另一方面防止犯罪人或潛在的犯罪人實施犯罪，侵犯人權。這與傳統刑罰理論所提的雙向（雙面）預防，即一般預防和特殊預防，是兩種截然不同的概念。

(三) 刑罰對人權的防衛，既包括對個人人權的防衛，也包括對集體人權的防衛

所謂集體人權，包括各種政治、民族、種族、宗教和其他共同體，也包括全人類。保護他們的人權，是全球化時代的必然要求。戰爭罪、滅絕種族罪、種族隔離罪等罪行都是對集體人權的侵犯。

(四) 刑罰對犯罪的預防，是通過善良人性的復歸和完善實現的

人權防衛論的理念反對把刑罰作為威脅或恫嚇他人、預防犯罪的手段。因為，這與「以人為本」的思想相背離。刑罰對罪犯的懲罰，是通過以善懲惡，劃清善惡界限，強化人性中的正義感並樹立以善勝惡的信心，使人們進一步分清善惡，揚善懲惡。在這種情況下，人們不僅不會實施犯罪，而且還會積極支持和參與打擊犯罪。刑罰防衛人權，還有一個更深刻意涵，即恢復罪犯人性的善，恢復他對自己和對他人人權的尊重，這是防衛人權的更高境界。

(五) 刑罰必須堅持中庸精神

人權防衛論把防衛人權確定為最高的價值目標，為實現這個目標所施以的刑罰，必須受到這個最高價值目標的制約，不能為了目的，不擇手段。事實上，任何刑罰的濫用，包括極端的刑罰、無度的刑罰、酷刑和懲罰無辜在內，都是對人權的侵犯，都是對「防衛人權」這個價值目標的嚴

重違反,因此,刑罰必須是「目的」與「手段」都是善的。這裡所講的善,並非說刑罰自身是善的,而是指它作為一種實現「防衛人權」目的的手段,必須是一種完善的手段,必須與防衛人權的目的相一致並有效地保證目的的實現,是一種完善的手段。要做到這一點,刑罰必須堅持中庸(道)精神。

(六)「人權防衛論」的兩大基石是「防衛人權」與「中庸精神」,兩者的完美結合與統一,就是人權防衛論。

當然,人權防衛論是否能取代傳統刑法理論?是否能有效帶動刑法理念的更新及促進各國刑法的修正及犯罪對策的調整,值得吾人持續關注與討論。

二、犯罪被害人保護

聯合國於1985年11月29日通過「聯合國犯罪與權力濫用下之被害人宣言」(United Nations Declaration on Victims of Crime and Abuse of Power),其所稱「犯罪被害人」,係指個別或集體因違反會員國現行刑法或禁止濫用職權犯罪下之法律的作為或不作為,而受到生理、心理或情緒上傷害、經濟損失或基本權利上重大損害之人。而本文所稱「犯罪被害人」,依台灣「犯罪被害人保護法」所規定,為「因犯罪行為被害而死亡者之遺屬、受重傷者及性侵害犯罪行為被害人,或犯罪被害人保護機構所提供保護措施之對象,如家庭暴力或人口販運犯罪、兒童或少年、以及大陸地區、香港、澳門或外國籍之配偶或勞工等犯罪被害人」。

本文所稱「犯罪被害人保護」,係指依台灣地區「犯罪被害人保護法」申請犯罪被害補償金行為或依該法第30條請求財團法人犯罪被害人保護協會提供協助之行為。所以,犯罪被害人保護有「犯罪被害補償」及「犯罪被害協助」二大類。「犯罪被害補償」係指國家依法代替犯罪人,補償因犯罪行為被害死亡者之遺屬或受重傷者損失之金錢的行為。依犯罪被害人保護法規定我國犯罪被害補償金有遺屬補償金及重傷補償金。另「犯罪被害協助」係指國家依法協助因犯罪行為被害死亡者之遺屬或受重

傷者重建生活之扶助行爲[8]。

三、被害人權論

　　根據聯合國在1985年11月29日例行會議通過「維護犯罪及濫用權力被害人正義之基本原則宣言」（Declaration of Basic Principles of Justice for victims of Crime and Abuse of Power）對各國重視犯罪被害人權益重視之呼籲，被害人權論係指犯罪被害人基於人權防衛觀點，具有獲得國家保護及協助權利的呼籲[9]。主要權利包括以下幾項：[10]

1. 應受到合理的安全、與防止被告侵害的保護。
2. 應收到正確的、即時的有關加害者監禁、釋放、司法程序狀態訊息的權利。
3. 在案件結案，或抗辯協議達成前，應有諮詢律師的權利。
4. 應獲得迅速審判的權利。
5. 應有出席罪犯公開司法程序的權利。
6. 透過聲請，即可聽聞有關抗辯內容、判決、假釋、釋放狀況的權利。
7. 對有關被害人、證人聯絡資訊保密的權利。
8. 接受所裁定的完整、即時補償的權利。
9. 應有被公平、尊重、尊嚴對待的權利。

　　另根據台灣「中華民國憲法」第二章人民之權利義務第15條規定，人民之生存權、工作權及財產權，應予保障。從人權及生存權觀點，人民有請求國家保障生命權及身體不受損傷的權利，相對的國家也有保障人民生

---

[8] 王寬弘，同註3，頁1-42。

[9] 宣言中所明訂之被害人權利不限於刑事司法相關權利，而是更廣泛的人權權利，如被害人應得到同理心的對待和尊重，並且對犯罪所造成的損害，有請求救助的權利（Victims should be treated with compassion and respect for their dignity and are entitled to redress for harm caused.）；被害人應可經由政府或志工方式，獲得他必要之物質的、醫療的、心理的及社會的救援（Victims should receive the necessary material ,medical ,psychological and social assistance through governmental and volunteer means.）。

[10] 許福生等，同註4，頁419。

命權及身體不受損傷的義務；亦即人民有權請求國家保障符合人性尊嚴生活的權利，國家也有保障人民符合人性尊嚴生活的義務。只要人民因國家未保障其生命權及身體不受損傷的權利，致其被害，犯罪被害人自然具有請求獲得國家被害保護協助的權利。此外，憲法第155條亦規定：「國家為謀社會福利，應實施社會保險制度。人民之老弱殘廢，無力生活，及受非常災害者，國家應予以適當之扶助與救濟。」因此，犯罪被害人具有獲得國家保護協助的基本權利。

四、執行成效

執行成效係指「執行績效與生產力如何？」本文犯罪被害人保護的執行成效，基本有六個面向，前三項效率、效果及足夠等較偏屬形而下的行政成效，後三項回饋、關係及正義等則較偏屬形而上的精神成效，其主要概念如下：[11]

（一）效率成效：指被害人請求保護協助的實際時效狀況與對時效的速度感受。

（二）效果成效：犯罪被害保護執行對被害人幫助的程度及受保護的滿意程度；並又分為心理保護、經濟保護、法律協助保護及司法保護等四種效果。

（三）供需足夠成效：政府、社會對犯罪被害人所提供的保護服務，對其解決被害所衍生的問題，與所提供的關注足夠程度情形。

（四）回饋合作成效：受到保護後，對幫助其他犯罪被害人意願與對犯罪被害人保護工作、司法機關及國家社會的態度、看法改變情形。

（五）關係修復成效：指犯罪被害人經被害保護後，修復其原本遭受破壞關係的程度。

（六）正義成效：指犯罪被害人經被害保護後，其得到正義的程度情形。

---

[11] 王寬弘，同註3。

參、研究方法

　　為蒐集台灣地區關於犯罪被害人保護措施之發展情形，本文研究方法除採取文獻探討及官方資料次級分析，蒐集有關犯罪被害人及其家屬保護法規、實務辦理執行之服務提供情況，相關犯罪被害調查研究報告等資訊，並由專案研究人進行資料蒐集及彙整，其內容分析則由研究團隊共同研讀進行內容分析工作外，所引述之三篇研究報告，主要研究方法包括問卷調查法、深度訪談法、政策德菲法及焦點座談等。「政策德菲法」是在一個特定議題範圍內以匿名或不匿名方式進行書面的結構式團體溝通的一種研究方法，目的在彙集各領域專家的專業知能、經驗與意見，針對複雜問題嘗試建立共識。政策德菲法是公共政策常用的一種政策問題認定方式，適用於問題結構不良、較複雜、資訊較少、性質專精以及後果較難預測評估時使用[12]。測量之信度和效度分析都符合研究統計上之要求。

　　在研究對象方面，王寬弘的調查樣本集中在接受犯罪被害保護協會接受保護的人；許福生等人研究則採取政策德菲法，第一回合德菲法問卷初稿先由研究團隊依六次焦點座談資料草擬後，再經由本研究案審查委員及法務部保護司同仁指導後，參酌專家意見，再由研究團隊修訂定稿，提供相關專家學者填寫。楊雅惠、林佳瑩、張平吾等人研究則針對犯罪被害人加以調查。

　　在研究樣本方面，王寬弘研究調查於2005至2007年間舉行，計發出問卷325份，回收有效問卷為200份，回收率61.5%。許福生等人研究於2011年10、11及12月三次專家問卷，均回收27份，回收率100%。楊雅惠、林佳瑩、張平吾等人所調查犯罪被害人為500份，被害人家屬為1,500份，總樣本計完成2,000份有效樣本。

---

12 吳定，公共政策，空中大學出版社，2005年。

肆、台灣犯罪被害人保護政策之立法

　　犯罪結果常導致被害者遭到身體傷害、精神創傷及財產損失；此外，也常擔心報案後是否會遭致報復及上醫院求診之治療費用、身體復健情形及恢復工作能力等。而在犯罪事件中，不論被害者所應分擔責任如何，對被害者及其眷屬而言，均是無以撫平之傷害。而早期對犯罪被害者之保護運動，大抵以「還被害者公道」（Give Crime Victims Justice）做為主要訴求，唯在民事求償方面，往往因加害者無力賠償或條件太苛而難以如願。

　　晚近因人權保障思潮興起，及在被害者保護運動者大力推動之下，聯合國及社會福利發達國家逐漸對犯罪被害者之救濟及補償問題加以關注，並專注投入研究其理論基礎，做為被害者司法保護立法上之依據；許多國家（如紐西蘭、英國、美國、加拿大等）遂先後相繼制定有關犯罪被害者補償之法案。

　　犯罪被害補償可提供犯罪被害者醫療照顧、心理諮詢、精神損失、薪資損失、葬禮及贍養費等費用，雖然金錢上的幫助無法對被害者因犯罪被害的損失完全復原，且許多損失無法以金錢衡量及取代，但至少可以使被害者免於生活立即陷於困境、保護尊嚴及協助復健之進行[13]，對正義之修復具有一定的影響。

　　而無論犯罪的直接被害者或一定範圍的間接被害者，原得依民法侵權行為規定，向加害者或其他依法應負賠償責任者求償，但由於有時不知加害者為何人，或因加害者及其關係人無資力賠償或不願意賠償，除造成司法制度上之不公平外，亦常使被害者生活陷於困境。

　　除民事侵權行為損害賠償制度及刑事附帶民事訴訟制度外，犯罪被害者的權利及損失常受到忽視，且大抵協助犯罪偵查而已；而對於犯罪加害者，自偵查、審判及執行，現行台灣法律均定有各項權益保障，出獄後亦

---

[13] 張平吾，被害者學新論，台灣警察學術研究學會出版，2012年。

能獲得更生保護。足見現行制度對被告及受刑人權益較被害人重視及保護情形，與犯罪被害者相較，實有違司法追求公平正義原則。因此，基於人道精神、人權保護及刑事政策立場，如何加強對犯罪被害者保護，提升被害者人權及對司法的信賴實刻不容緩[14]。

　　台灣地區於1998年通過「犯罪被害人保護法」，同年10月1日施行。另自2009年8月1日起新修正的犯罪被害人保護法將性侵害被害人納入犯罪被害補償及保護對象，並同時將家庭暴力與人口販運犯罪行為被害人、兒童及少年以及大陸地區、香港、澳門與外國籍配偶或勞工等被害人納入該法保護服務範圍。2011年再度修正，使在台之國內外犯罪被害人均享有同等保障，以有效落實人權防衛的基本精神。

伍、台灣犯罪被害人保護之執行情形

　　台灣推動犯罪被害人保護業務採取雙軌式保障，一方面由地方法院及其分院檢察署所設「犯罪被害人補償審議委員會」，高等法院及其分院檢察署所設「犯罪被害人補償覆審委員會」，補償保障犯罪被害人「經濟」權益；二方面由財團法人犯罪被害人保護協會協助受保護人生理、心理治療、法律協助及生活重建等保護措施[15]。另為健全犯罪被害人保護制度，強化政府各單位推展犯罪被害人保護業務的聯繫與整合，實施「加強犯罪被害人保護方案」，以彌補犯罪被害人保護法之不足，落實保護犯罪被害人各項權利。

一、犯罪被害人補償措施

　　台灣犯罪被害人補償制度主要法源為「犯罪被害人保護法」，行政命

---

[14] 江明蒼，我國犯罪被害人補償法草案之立法原則，法務部犯罪被害人保護研討會論文，1994年。

[15] 郭文東，台灣保護業務之概況，犯罪被害人保護業務國際交流研討會論文集，2008年。

令則有「犯罪被害人補償審議委員會及犯罪被害人補償覆審委員會設置要點」，主要規範及實施情形如下：[16]

(一)補償對象

補償客體包括因他人犯罪而被害之死亡者遺屬或重傷者，以及2009年修法後新納入的性侵害、家庭暴力、人口販運、兒童及少年、外籍配偶或勞工被害人。

(二)補償範圍與額度

犯罪被害補償金共分為三類：1.遺屬補償金：可請領醫療費40萬元、殯葬費30萬元、法定扶養費100萬元、精神慰撫金40萬元；2.重傷補償金：可請領醫療費40萬元、喪失或減少勞動能力或增加之生活上需要100萬元、精神慰撫金40萬元；3.性侵害補償金：可請領醫療費40萬元、喪失或減少勞動能力或增加之生活上需要100萬元、精神慰撫金40萬元。上述金額為法定最高金額，實際核發金額由地檢署審議委員會依法決定。

(三)補償審議情形

根據法務部統計資料顯示（如表3-1），自2005年至2015年底止，各地方法院檢察署犯罪被害補償審議委員會補償審議情形，共計受理犯罪被害補償金申請件數1萬1,343件，審議終結件數8,312，決定補償件數3,172件，決定補償人數4,032人，總計補償金額達新台幣13億9,066萬元（法務部，2006～2015）。[17]

---

[16] 王寬弘，同註3。

[17] 法務部統計處的法務統計資料，法務統計指標／司法保護統計／地方法院檢察署犯罪被害補償事件收結情形，其pdf檔網址為：http://www.rjsd.moj.gov.tw/RJSDWEB/common/WebList3_Report.aspx?list_id=910，最後瀏覽日期：2015年9月7日。

表3-1　台灣地區犯罪被害補償審議情形表

年度	新收件數	終結件數	決定補償件數	決定補償人數	補償金額（萬元）
2005	707	739	271	349	8,727
2006	639	730	216	258	6,154
2007	774	603	167	230	6,367
2008	861	615	196	227	8,367
2009	1,021	796	203	258	8,083
2010	1,025	817	243	319	12,255
2011	1,161	849	342	434	14,957
2012	1,451	935	434	505	17,735
2013	1,582	1,032	512	650	24,324
2014	1,662	1,196	588	751	33,096
合計	11,343	8,312	3,172	4,032	139,066

資料來源：法務部，2006～2015。

二、犯罪被害人保護措施

(一) 各國對犯罪被害人保護措施主要內容

　　各國對犯罪被害人各項保護措施，整理歸納如表3-2所示。通常在犯罪事件發生後，被害人必須面對的是一連串的訴訟過程，而法律對一般人來說又是相當晦澀難懂的專業，因此法律協助對於被害人權利而言，是一個相當重要的項目。而法律協助中最重要的，就是為了保障被害人的知悉權、程序參與權及受保護權[18]，也就是被害人的基本人權；讓被害人能夠知道與自己有關的訊息、參與訴訟程序並受到保護，以避免來自加害人，

---

[18] 盧建平、王麗華，日本的被害保護制度及啟示，理論探索，第167期，2007年，頁142-145。

表3-2　各國犯罪被害人保護措施

項目＼國別	台灣	日本	法國	美國	法國
提供單位或法源依據	犯罪被害人保護協會（犯罪被害人保護法）	被害人保護法	－	大眾正義法（The Justice for All Act）	「白環」協會（der Weißer Ring）
法律協助	法律協助、調查協助、出具保證書	法律諮詢、陪同出庭、查詢訴訟進度	法律諮商	專用候審室、確保證據完整、協助安排出庭、提供法庭資訊、告知案件處理進度	協助被害人出庭
經濟協助	申請補償、社會救助、信託管理、緊急資助	金錢援助、教育津貼、協助申請賠償金	緊急貸款	法定救濟、協助申請補償、鑑定費用	提供必要之金錢資助及服務
生活協助	安置收容、安全保護、生活重建	居所安置、人身安全扶助、協助就業	暫時居所	協助遷徙、協助安排被害人保護措施	提供犯罪被害人及其親屬必要之休閒方案，協助其離開被害現場
心理協助	心理輔導、訪視慰問	心理輔導、安撫情緒	心理輔導	協助心理諮商、心理治療事宜	提供犯罪被害人精神上之支持及特別照顧
醫療協助	醫療服務	緊急醫療、復健等醫療援助	－	被害人緊急就醫及社會救助	－
其他	查詢諮商	資訊提供	－	協助被害人儘速取回失物	協助聯繫有關單位聯繫、協助轉介其他機構、提供電話線上即時服務

資料來源：楊雅惠、林佳瑩、張平吾，犯罪被害人及其家屬生活需求調查，法務部委託研究案，2012年，頁20。

甚至司法與媒體所帶來的二度傷害[19]。而Freedy等人[20]於1994年的研究中

---

[19] 楊雅惠、林佳瑩、張平吾，同註5。

[20] Freedy, J,R., Resnick, H.S., Kilpatrick, D.G., Dansky, B.S., & Tidwell, R.P. (1994). The

也指出，有98.9%的被害人認為刑事司法體系應提供案件進度，有98.3%的被害人認為應提供警察偵訊及法院程序協助，94.4%的被害人認為應提供法律協助。

其次是經濟協助、生活協助、心理協助及醫療協助等需求，限於篇幅，不再贅述。

(二) 台灣對犯罪被害人保護措施主要內容

台灣犯罪被害人所須協助事項，除金錢賠償及補償外，尚需緊急救援、協助進行司法程序、防止犯罪人恐嚇、提供法律服務、心理諮商及醫療服務等項目。根據犯罪被害人保護法第29條規定，為協助重建被害人或其遺屬生活，法務部應會同內政部成立犯罪被害人保護機構。據此規定訂定的犯罪被害人保護機構組織及監督辦法而成立財團法人犯罪被害人保護協會。該協會主要針對犯罪被害人保護措施如下：[21]

1. 保護對象

(1)因犯罪行為被害而死亡者之遺屬、受重傷及性侵害被害者本人。

(2)依犯罪被害人保護法第30條第2項各款規定列為保護對象之被害人。

①家庭暴力或人口販運犯罪行為未死亡或受重傷之被害人。

②兒童或少年為第1條以外之犯罪行為之被害人。

③犯罪被害人為大陸地區、香港、澳門或外國籍之配偶或勞工。

④其他法律對前項保護對象，有相同或較優保護措施規定者，應優先適用。

2. 保護服務項目

根據犯罪被害人保護法第30條規定：犯罪被害人保護機構應辦理下列業務：(1)緊急之生理、心理醫療及安置之協助；(2)偵查、審判中及審判後之協助；(3)申請補償、社會救助及民事求償等之協助；(4)調查犯罪行

---

psychological adjustment of recent crime victims in the criminal justice system. Journal of Interpersonal Violence, 9(4), 450-468.

[21] 王寬弘，同註3，頁1-42。

為人或依法應負賠償責任人財產之協助；(5)安全保護之協助；(6)生理、心理治療及生活重建之協助。(7)被害人保護之宣導；(8)其他之協助。

陸、台灣犯罪被害人保護成效之評估與體檢

一、犯罪被害人保護成效之評估

（一）犯罪被害人申請犯罪被害補償金補償及服務人次情形

犯罪被害人請犯罪被害補償金補償金情形，以2005年起至2014年為止為例，件數自271件增為588件，人數自477人增為751人，金額自8,727萬元增為3億3,096萬元，成長約四倍，如表3-3所示。

表3-3　犯罪被害人申請犯罪被害補償金補償情形

年度	件數	人數	金額（NT萬元）
2005	271	477	8,727
2006	216	364	6,155
2007	167	349	6,367
2008	196	278	8,367
2009	203	258	8,082
2010	243	319	11,255
2011	342	434	14,957
2012	434	505	17,735
2013	512	650	24,324
2014	588	751	33,096

資料來源：法務部統計處的法務統計資料，2005～2014[22]。

---

[22] 同註17。

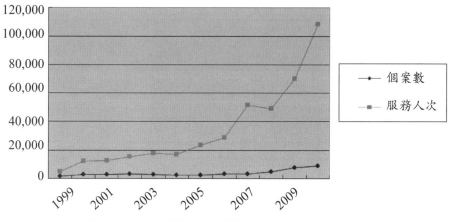

圖3-1 犯罪被害人保護協會受理個案及服務人次成效趨勢圖

　　至於保護業務受理的個案數及服務人次成效，犯罪被害人保護協會自1999年4月起至2010年為止，保護業務受理的個案數及服務人次成效如圖3-1所示，所受理個案數自1999年起呈逐年成長趨勢，個案數從1,543件，逐年增至2010年之8,904件達最高峰；在服務人次方面，從1999年的4,862次逐年成長至2010年之10萬8,306人次。顯示犯保協會這十多年來業務量成長很大，服務之成長成效更是顯著。

(二) 犯罪被害人保護協會各項保護服務人次成效

　　再以各項保護項目做為分析單位，犯罪被害人保護協會自1999年4月至2010年12月底止，總共保護案件計4萬2,542件，總計服務次數達40萬8,576人次。從表3-4之各項保護服務人次觀之，以社工服務項目占70%為最高，其次為法律服務項目之16.34%，再次為心理輔導項目之13.67%。就單項服務人次而言，以生活重建項目之8萬5,339人次為最高，訪視慰問項目之7萬3,138人次之，其他項目依序為其他服務、心理輔導、法律協助、查詢諮商、申請補助及調查協助等。由表中可知，犯罪被害人保護協會保護協助服務工作重心（1萬件以上）為：生活重建、訪視慰問、其他服務、心理輔導、法律協助、查詢諮商、申請補助及調查協助等八項。

表3-4　犯罪被害人保護協會各項保護服務人次成效表

項目		合　計		排次	總　計	
		人次	百分比		人次	百分比
法律	法律協助	40,045	9.80	5	66,778	16.34
	申請補助	14,957	3.66	7		
	調查協助	10,906	2.67	8		
	出保證書	691	0.17	13		
	安全保護	197	0.05	15		
心理	心理輔導	55,859	13.67	4	55859	13.67
社工	生活重建	85,339	20.88	1	285,939	70.00
	訪視慰問	73,138	17.9	2		
	其他服務	69,953	17.12	3		
	查詢諮商	37,306	9.13	6		
	緊急資助	8,376	2.05	9		
	社會救助	6,504	1.59	10		
	信託管理	4,095	1.00	11		
	醫療服務	797	0.19	12		
	安置收容	413	0.10	14		
總　計		408,576人次　　個案數 42,542件				

1.資料來源：財團法人犯罪被害人保護協會統計，2000～2011。
2.1999年僅統計4至12月。

(三) 犯罪被害事件對被害者本人生活之主要影響

　　犯罪被害事件發生對被害者本人生活最主要的影響以「生理功能受損影響正常生活」所占比例最高，參表3-5，為68.6%；其次為「收入減少影響家中經濟」者，占54.8%；再次依序為「中斷工作／求學」（28.9%）、「影響家中氣氛」（22.2%）、「心裡壓力、有陰影」（10.0%）。

表3-5　被害事件對被害者本人生活之主要影響（複選、百分比）

項目	樣本數	中斷工作／求學	影響人際關係	收入減少影響生計	影響家中氣氛	生理功能受損影響正常生活	訴訟過程影響正常生活	造成心理壓力	其他
總　　計	239	28.9	7.1	54.8	22.2	68.6	7.5	10.0	5.9
車　禍	150	30.0	6.7	54.0	24.0	72.7	8.7	6.0	6.7
故意殺人	8	12.5	12.5	75.0	37.5	62.5	12.5	25.0	12.5
強　盜	2	50.0	—	50.0	50.0	100.0	—	—	—
重傷害	67	22.4	7.5	52.2	13.4	62.7	4.5	17.9	4.5
職業傷害	7	71.4	1.43	71.4	14.3	42.9	—	—	—
其　他	5	40.0	—	60.0	60.0	60.0	20.0	20.0	—

　　再就案件類型而言，「車禍」者之「生理功能受損影響正常生活」的比例高於「非車禍」者，但其他犯罪類型者之「心理壓力」的比例則高於「車禍」者；進一步觀察「他犯罪類型案件類型發現，案件類型爲「故意殺人」者之樣本雖少，但造成被害者本人心理壓力之比例則最高[23]。

(四) 被害人及其家屬生活需求是否受到協助情形

　　生活需求協助包括法律、經濟、生活、心理及醫療協助等，根據法務部調查研究資料顯示，犯罪被害者本人表示在事件剛發生尚未進入訴訟（和解）階段時，有需求皆獲協助者占70.7%，未獲協助者占29.3%；在訴訟（和解）階段時，有需求皆獲協助者占72.8%，未獲協助者占27.2%；在完成訴訟（和解）階段時，有需求皆獲協助者占56.1%，未獲協助者占43.9%。在被害者家屬需求方面，只有在完成訴訟（和解）階段時，有需求皆獲協助者明顯高於被害者本人，達到68.9%。（參表3-6）

---

[23] 楊雅惠、林佳瑩、張平吾，同註5，頁79。

表3-6 被害人及其家屬生活需求是否受到協助情形（百分比）

項目	被害者本人			被害者家屬		
	樣本數	需求皆獲得協助	需求未獲得協助	樣本數	需求皆獲得協助	需求未獲得協助
事件剛發生，未進入訴訟（和解）階段	239	70.7	29.3	1,613	67.7	32.3
在訴訟（和解）階段	239	72.8	27.2	1,613	72.8	27.2
完成訴訟（和解）階段	239	56.1	43.9	1,613	68.9	31.1

(五) 犯罪被害人本人曾接受服務項目

根據調查結果如表3-7所示，被害者本人曾接受的服務項目以「法律協助」的比例最高，占75.0%，其次為「心理協助」，占71.9%，再次為「經濟協助」，占61.7%；而其他方面的需求除「生活協助」占11.2%外，其他服務項目皆不到一成；另有3.6%的被害者本人表示都沒有獲得

表3-7 犯罪被害者本人增接受服務項目（複選、百分比）

項目	樣本數	法律協助	經濟協助	生活協助	心理協助	醫療協助	其他服務
總　計	196	75.0	61.7	11.2	71.9	5.6	2.6
車　禍	124	71.8	58.1	9.7	69.4	2.4	0.8
故意殺人	6	83.3	83.3	16.7	66.7	16.7	—
強　盜	1	—	—	—	—	—	—
重傷害	54	81.5	66.7	11.1	77.8	11.1	5.6
職業傷害	7	85.7	71.4	42.9	71.4	14.3	14.3
其　他	4	75.0	75.0	—	100.0	—	—

協助。由此可知，被害者本人需求項目以法律、經濟及心理方面的協助為主[24]。

(六) 被害人對司法人員保護之滿意情形

由表3-8統計可知，受保護人對司法人員保護滿意情形，普遍不佳。尤其對刑事庭判決結果高達66.1%不滿意，對民事庭判決結果亦高達59.0%不滿意。受保護人對司法人員保護不滿意如此嚴重，究竟是受保護人對法律不瞭解所致，或是其他原因所致，值得進一步探討。

(七) 被害事件處理被害人獲得正義情形

在探討犯罪被害人保護的相關措施過程，許多學者不斷呼籲「修復式正義」應落實在被害保護之中，如在2008年犯罪被害人保護國際研討會中，即提出被害人保護的未來方向是朝向推動修復式正義，並列出若干推動修復式正義的具體項目：加強鄉鎮調解委員會功能、入監宣導、推動被害人參與假釋出獄審核小組、協調法官諭知緩刑前考量被害人損害是否受到補償、以及檢察官應曉諭加害人賠償道歉等。雖然如此，在刑事司法處

表3-8　司法人員保護被害人滿意度比較分析表

司法保護事項	警察		檢察官		刑事庭		民事庭	
	不滿意	滿意	不滿意	滿意	不滿意	滿意	不滿意	滿意
給予陳述意見時間機會	56.0	44.0	43.0	57.0	48.0	52.0	46.0	54.0
移送／起訴／判決時間	49.8	50.3	48.9	51.1	48.9	51.1	51.0	49.0
偵辦刑案能力／蒞庭表現	54.2	45.8	44.4	55.6	—	—	—	—
傳喚被害人到庭情形	—	—	—	—	43.3	56.7	45.2	44.8
偵查／移送／判決結果	52.6	47.4	45.9	54.1	61.1	38.9	59.0	41.0
處理案件整體滿意	55.6	44.4	46.5	53.5	57.6	42.4	57.3	42.7

資料來源：王寬弘，我國犯罪被害人保護執行成效之研究——以犯罪被害人保護法保護對象爲例，中央警察大學，警學叢刊，第41卷第4期，2011年，頁1-42。

---

[24] 同上註，頁79。

表3-9　犯罪被害人獲得正義分析

獲得正義事項	不同意		同意		平均數	標準差	排序
	N	%	N	%			
處理後委屈有得到抒解	126	67.7	60	32.3	2.05	.598	1
加害人得到應有的懲罰	149	77.2	44	22.8	1.83	.622	2
處理結果符合正義公道	152	79.4	39	20.6	1.79	.689	3

理犯罪被害事件時，被害人是否真能獲得「正義」？根據實證調查結果，被害事件處理被害人獲得正義情形如表3-9所示，有32.3%的被保護人認為處理後委屈有得到抒解，有22.8%受保護人認為加害人得到應有的懲罰，有20.6%受保護人認為處理結果符合正義公道[25]。此項研究結果顯示，台灣地區犯罪被害人在其被害事件處理後，獲得正義之情形並不彰顯，值得司法單位加以檢討改進。

二、犯罪被害人保護政策之整體評估

根據法務部2012年委託研究之報告，台灣犯罪被害人保護整體政策，仍面臨政策、法制、組織、資源及人力上之難題，茲摘要如下：

(一)重補償輕其他權益保護措施

被害人保護除金錢補償外，還包括心理上、精神上及生活上之長期支持與照顧，台灣犯罪被害人保護法之立法與實務運作，採取救急不救窮政策，雖然法制面在立法協商過程中，加入各項保護協助措施，修法時也擴大補償及保護對象與精神慰撫金，但仍未能順應國際發展趨勢，尊重被害人的尊嚴與人權，從被害人的基本人權作全般的立法考量。

(二)刑事司法程序仍忽視對犯罪被害人權利之保障

雖然被害人基本權益受到各國的重視，認為被害人權益運動被視為

[25] 王寬弘，同註11。

是一種重新賦予被害人公民權的過程，但在刑事司法程序的實際運作過程中，仍普遍缺乏對犯罪被害人權益保障之意識，經常發生犯罪加害人與被害人權益不對等，及造成司法上再度傷害的結果。

（三）在刑事訴訟制度上仍未給被害人一個合理定位

雖然目前在刑事訴訟程序中儘量考量被害人立場，設置了告訴、告訴代理人、告發、請求、自訴、再議、交付審判與附帶民事訴訟程序等制度，並修正刑事訴訟法第248條之1「偵查中受訊問之陪同」，及第271條第2項「審判期日之到場陳述意見機會」等相關條文。但被害人在刑事訴訟過程中，頂多僅能扮演消極與被動等證據角色，相較於犯罪加害人所享有的緘默權、辯護權、訊問權、詰問權等防禦權，犯罪被害人也難有與之抗衡的追訴權利，在追訴過程中亦常因追訴的挫敗而感到沮喪。

（四）在組織層面上，台灣保護組織之層級太低

台灣推動犯罪被害人保護業務採取雙軌式保障，一方面在地方法院及其分院檢察署設立「犯罪被害人補償審議委員會」，及在高等法院及其分院檢察署設立「犯罪被害人補償覆審委員會」，補償保障犯罪被害人「經濟」權益；另方面為協助重建被害人或其遺屬生活，法務部應會同內政部成立犯罪被害人保護機構。犯罪被害人保護機構為財團法人，受法務部之指揮監督；登記前應經法務部許可；其組織及監督辦法，由法務部定之。據此訂定犯罪被害人保護機構組織及監督辦法而成立「財團法人犯罪被害人保護協會」，負責協助受保護人生理、心理治療、法律協助及生活重建等保護措施。由此可知，現行的犯罪被害人保護協會是在受法務部指揮監督之下，負責協助受保護人生理、心理治療、法律協助及生活重建等保護措施[26]。如此雙軌式的組織層級，對涉及各部會的犯罪被害人保護業務，常有力不從心之憾。再者，目前犯罪被害人保護協會到底是官方機構或是民間組織？仍有定位不明問題。

---

[26] 許福生等，同註4，頁64。

(五) 在服務資源與人力方面，因組織編制之人力嚴重不足，經常導致以志工取代專業人力

　　犯罪被害人所須協助事項除金錢賠償及補償外，尚需緊急救援、協助進行司法程序、提供法律服務、心理諮商及醫療服務項目。目前犯罪被害人保護協會除依法律規定八項業務外，並提供十五項具體服務項目，而含概法律服務、心理服務及社工服務等三大類。且在受理的個案數從早期約1,543件成長至2010年之8,914件；服務人次則從1萬多人次成長至2010年之10萬8,306人次。顯見該協會這十多年來業務量成長很大，成果更是卓著。然而，目前該協會專任人員，總會有6人，分會39人，計45人；另聘有專案助理約20人及保護志工個人或團體共1,300多人。面對此不斷增加的業務量，人力嚴重不足，導致以志工取代專業人力的不足，且犯罪被害人面對相關司法保護之事宜，志工之法律素養常無法有效因應，對保護被害人人權方面更是不足。

柒、結論——人權防衛論在台灣之實踐與檢討

　　就罪刑法定主義觀點而言，法律製造了犯罪人，同時也產生了被害人。因此，對於犯罪加害人與被害人人權之保障，是現代化國家責無旁貸的任務，更是法治國家致力追求的目標。

　　人權防衛論的基礎是防衛人權及中庸精神，中庸之道並不是一分為二，而是「陰中帶陽，陽中帶陰，陰陽協調的『太極』中道」。換言之，一般犯罪行為是加害人與被害人互動的結果，犯罪加害人與被害人的人權同等重要，不可偏廢。而加害人人權的保障因受到國際社會及聯合國的關注較早，相關人權保障亦較為完備。但犯罪被害人在整個刑事司法體系的偵查、起訴、審判及執行過程中，是否立於同等地位及符合人權保障，仍待檢驗。

　　台灣雖然在法制上已先後制定與修正「犯罪被害人保護法」、「兒

童及少年性剝削防制條例」、「性侵害犯罪防治法」、「家庭暴力防治法」、「證人保護法」、「性別工作平等法」、「性別平等教育法」、「性騷擾防治法」、「人口販運防治法」；且為了有效整合政府與民間各單位力量，針對各類型犯罪被害人需要，建構完整的保護網絡，全面推動加強犯罪被害人保護工作，分別實施與推動「加強犯罪被害人保護方案」、「性侵害案件減少被害人重複陳述作業」、「溫馨專案」、「性侵害案件受保護管束人社區監督輔導網絡」及「持續推動處理性侵害案件改進方案」，並且設立「重大犯罪被害人申訴窗口」、「113婦幼保護專線」、「家庭暴力事件聯合服務處」等。此外，台灣目前在刑事訴訟上，也相當程度反映被害人意思，在每一個程序中儘量納入被害人為考量，設置了告訴、告訴代理人、告發、請求、自訴、再議、交付審判及附帶民事訴訟程序等制度，並修正刑事訴訟法第248條之1「偵查中受訊問之陪同」以及第271條第2項「審判期日之到場陳述意見機會」等條文。而為強化兒童及少年之保護，法院在處理少年事件之相關法制中針對被害人訂定相關保護之規定（許福生等，2012年，頁419-420）。但仍有許多法律或措施未盡符合被害人人權之保障，本文僅根據台灣相關研究文獻之研究結果與建議提出檢討，作為本文之結論，不周之處仍多，尚祈指正。

（一）仍有近兩成的被害者本人及家屬未接受相關單位服務，其原因以「沒有單位協助者」居多。從被害者立場而言，多數被害者認為相關協助單位應有高度的主動性，積極主動連繫被害人，並告知其應有的相關權益及可申請的相關協助，而非由被害者主動去尋求服務。

（二）家庭暴力犯罪被害人在完成訴訟（和解）階段後，長期性問題待克服：在完成訴訟（和解）階段前，約有四成左右的被害人生活需求尚待協助；而在完成訴訟（和解）階段，尚待協助的家庭暴力被害人比例增至六成，顯示完成訴訟（和解）後，仍有長期性的問題待克服。家庭暴力被害人服務需求項目，包括法律協助（如法律諮詢、律師申請、協助申請保護令、協調賠償金、提早告知加害人出獄日期）、經濟協助（如申請急難救助金、單親補助、子女教育費補助、房租租金補助、兒童福利補助、醫療費用補助、健保費用補助、社會福利補助等）、生活協助（包括托

育、申請社會福利身分、提供安置住所、協助求職、物資協助、心理諮商等）、醫療協助（包括免費的醫療服務申請、醫療費用減免等）。

（三）台灣仍缺乏保障被害人人權之專法：各國對犯罪被害人之保護措施均從經濟補償擴及各項保護協助，而保護措施愈來愈趨周延、具體且法律明文化。為保障被害人各項權益，有的國家以憲法位階保障，如美國一些州、英國等。有的以法律位階加以規範，如美國聯邦、日本等。相較之下，台灣的犯罪被害人保護法，雖有規定被害補償及協助等保護，但有關被害人人權及權利方面的規定較為不足，建議制定犯罪被害人權利法、被害人權利章程等基本法，以有效保護被害人基本人權。

（四）台灣欠缺被害人權保護團體之整合性組織：各國均有全國性的民間被害保護聯合組織，其功能具有整合協調各組織，辦理被害人保護的會議、論壇，具有促進政府及社會大眾重視被害保護之相關議題。如美國的「被害人協助全國組織」（NOVA）、英國「被害人支援組織」（Victim Support）及日本「全國被害人救援網」等。台灣雖有犯罪被害人保護協會，有21個地區分會，對台灣被害保護工作具有相當貢獻，但因定位不名，未有效發揮如外國民間組織推展保護被害人權益，及聯合組織各保護團體之功能。

（五）欠缺被害人權利保護人員之專業訓練機制：被害人權利保護具有高度專業性，如美國加州州立菲士諾（Fresno）大學的被害人服務訓練證書、美國犯罪被害人室（OVC）贊助成立的「國立被害人保護協助專科學校」；而日本被害保護由警察辦理，被害保護是日本警察訓練的必修課程。在台灣，被害保護主要人員為犯罪被害人保護協會的工作人員，但該協會礙於經費、人力及場地，並未辦理職前訓練與在職訓練，未能充分發揮專業服務功能。

（六）建議建立被害人參與的刑事訴訟制度：研究調查結果顯示，被害人對各刑事司法人員的滿意程度，其中給予陳述意見時間機會的滿意程度只有約五成受訪者，刑事判決滿意度更不到四成受訪者，由此可知，犯罪被害人認為刑事司法保護之成效仍不佳。其根本原因，除被害人不熟悉法律所造成之誤解外，被害人在刑事訴訟程序中常扮演消極、被動角色，

相較於犯罪加害人所享有的緘默權、辯護權、訊問權、詰問權等防禦權，犯罪被害人難有與之相抗衡的追訴權利。而犯罪被害人爲刑事訴訟結果的直接利害關係人，且爲該事件的當事人，應賦予更積極的參與地位，因此，應建立被害人參與的刑事訴訟制度，強化被害人之權利保護，提升被害人之地位爲「準當事人」或是「類似當事人」的地位。

參考文獻

一、中文

1. 王寬弘，我國犯罪被害人保護執行成效之研究——以犯罪被害人保護法保護對象為例。中央警察大學，警學叢刊，第 41 卷第 4 期，2011 年。

2. 江明蒼，「我國犯罪被害人補償法草案之立法原則」，法務部犯罪被害人保護研討會論文，1994 年。

3. 全球化時代犯罪與刑法國際論壇關於「人權防衛論」的決議文獻，2010 年。

4. 何秉松，新時代曙光下刑法理論體系的反思與重構，中國人民公安大學出版社，2008 年。

5. 何秉松，人權防衛論，中國民主法治出版社，2008 年。

6. 何秉松，全球化時代犯罪與刑罰新理念，中國民主法治出版社，2011 年。

7. 吳定，公共政策，空中大學出版社，2005 年。

8. 許福生等，犯罪被害人保護政策總體檢報告，法務部委託研究案，2012 年。

9. 張平吾，被害者學新論，台灣警察學術研究學會出版，2012 年。

10. 郭文東，台灣保護業務之概況，犯罪被害人保護業務國際交流研討會論文集，2008 年。

11. 楊雅惠、林佳瑩、張平吾，犯罪被害人及其家屬生活需求調查，法務部委託研究案，2012 年。

12. 盧建平、王麗華，日本的被害保護制度及啟示，理論探索，2007 年。

二、外文

Freedy, J,R., Resnick, H.S., Kilpatrick, D.G., Dansky, B.S., & Tidwell, R.P. (1994). The psychological adjustment of recent crime victims in the criminal justice system. *Journal of Interpersonal Violence, 9*(4).

4

104年台灣地區民眾犯罪被害暨政府維護治安施政滿意度調查研究[*]

楊士隆[①]、樓文達[②]、鄭瑞隆[③]、許華孚[④]、顧以謙[⑤]、陳瑞旻[⑥]

[*] 此項調查計畫經費來自於國立中正大學，特別感謝前校長吳志揚（現任元智大學校長）及校長馮展華教授之支持。
[①] 國立中正大學犯罪防治系特聘教授兼犯罪研究中心主任、亞洲犯罪學學會副主席。
[②] 國立中正大學民意及市場調查中心主任。
[③] 國立中正大學犯罪防治系教授兼本校學務長。
[④] 國立中正大學犯罪防治系教授兼系主任、研究所所長。
[⑤] 國立中正大學犯罪防治研究所博士候選人。
[⑥] 國立中正大學犯罪防治研究所碩士生。

目次

壹、緒論

一、前言

　　治安與犯罪問題往往是民眾最為關心、也是與社會大眾息息相關的議題，在民主國家中，探知民眾生活的實況及掌握民意的脈動，不但在學術上有其必要性，對於政府施政更具有參考價值。至於如何探知民意走向，

有賴於妥適地運用民意調查。在建構全民預防犯罪機制前，有必要先對國
內整體犯罪狀況進行瞭解，俾提供適切之預防措施。

　　如前所述，國內整體犯罪狀況包括了官方的犯罪統計數據之測量與
主觀的民眾治安滿意。由內政部警政署的官方犯罪統計數據可知，我國
的犯罪率從2005年的高點開始下降，降低2013年的低點，降低幅度約為
52%。2014年之犯罪率有些微上升，後於2015年又再度下降，全般刑案發
生數為29萬7,676件（警政署，2016），換算每十萬人約有1,267件犯罪案
件（詳圖4-1）。

　　在主觀的治安滿意度感受測量方面，以治安滿意度調查、被害調查
為主。國際上，以美國之犯罪被害調查（The National Crime Victimization
Survey, NCVS）最為代表。美國之犯罪被害調查以前又稱為全國犯罪調查
（National Crime Surveys, NCS），是美國司法部司法統計局所辦理全美
家戶及個人大型調查，其於1973年開始收集符合全國代表性之被害樣本，
企圖蒐集針對被害狀況及犯罪後果的詳細資訊，並估計那些未向警方報
案之不同犯罪種類的案件量。同時，犯罪被害調查也提供全美統一方法篩

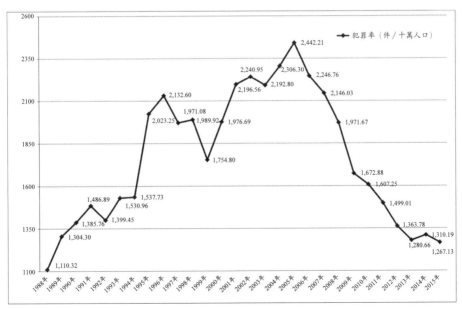

圖4-1　全般刑案犯罪率

選犯罪種類，並從不同時間及地區去比較。在NCVS最新公布之數據中，2014年暴力案件被害率為0.52%，涉及武器之暴力事件被害率為0.17%、財產犯罪如竊盜、強盜犯罪等被害率為11.8%。2014年有1.1%之12歲及以上者曾經歷一次以上之暴力被害事件。此外，56%的暴力事件被害者、46%的財產犯罪被害者會報案。

　　在台灣，除內政部警政署定期進行之民眾對治安滿意度內部調查外，民間之治安滿意度調查以國立中正大學進行之「全國民眾犯罪被害暨政府維護治安施政滿意度調查」最具代表性。從犯罪研究中心所執行的2012年全年度治安滿意度調查可知，2008年到2010年，台灣民眾對於治安的滿意度持續降低，不到三成的民眾對於台灣的治安觀感擁有正面的評價，直到2011上半年開始提升到三成，於2011年時大幅提升，約有44.2%的民眾認為台灣的治安狀況良好，而於2012～2013年又再度下跌至31%～32%左右（詳圖4-2）。2015年之民眾滿意度有持續上升，43.9%的民眾認為台灣的治安狀況良好，達歷年次佳之記錄。民眾整體滿意度於近年雖有明顯提升，但滿意度仍未達五成，仍需持續觀察。由此可見，過半數台灣民眾對於台灣的治安主觀感受仍呈現較不滿意的負面評價。

　　從此二種測量結果可知，當官方的犯罪率持續下降時，主觀的治安滿意度卻起伏不定，並無一致明顯的提升趨勢，兩者之間似乎擁有不一致的表現。針對此種現象，學者曾指出民眾恐懼的程度超過了官方犯罪測量，全國一半以上的民眾會有犯罪被害恐懼，但每年卻僅有6%的真實受害人（Skogan and Maxfield, 1981）。也有學者曾指出，國內的官方犯罪統計數據容易隨著政令及案件統計方式而起伏，且官方統計中所隱含的「犯罪黑數」也常會使人過度樂觀的看待台灣社會的治安現況（蔡德輝、楊士隆，2014）。由此可見，兩者之間落差的原因相當複雜，並非三言兩語可以道盡。綜上可知，主觀感受或官方的統計資料各有利弊且可以互補其不足之處，但在主觀層面，民眾的被害經驗、被害恐懼的最大強項為與社會治安滿意度間存在著緊密的關聯，也直接影響到了對於政府執政與維持治安的信心，作為民眾對於政府的觀感的一種有價值的呈現。

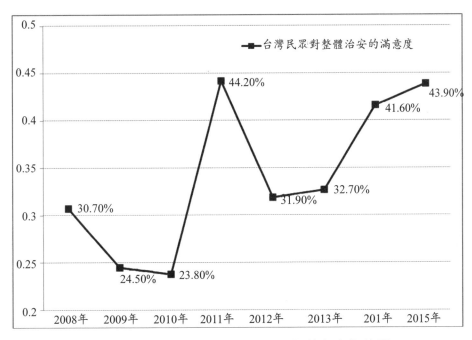

圖4-2　台灣民眾對整體治安狀況的滿意度趨勢圖

　　國立中正大學犯罪研究中心自2002年起，持續多年透過電話進行全國調查，針對台灣地區民眾對政府防治犯罪之滿意度，以及該家戶在過去半年當中所發生犯罪被害之境況進行分析，以作為補充官方犯罪統計資料之不足，期能提出適切之建議，供我國各政府相關刑事司法單位參考。

二、研究目的

　　「社會治安」，不僅僅代表著政府對社會秩序的維持，也意味著人民對於維繫社會安寧秩序的期許與要求，因此社會治安的測量為反應社會是否安定的重要指標。曾有學者指出在針對社會治安的測量上面，可以利用主觀與官方的測量來將研究社會治安的程度，主觀測量如民眾的被害調查、治安安全感和警察滿意度調查等，而另外之測量則以官方犯罪統計和犯罪被害調查為主（林燦璋、侯崇文，1996；蔡德輝、楊士隆，2014）。由此可見，社會治安滿意度是社會治安測量不可或缺的一環，人們主觀上

以犯罪事件的發生，作為一種衡量身處環境健康程度的標準。事實上，民眾對於犯罪或社會治安好壞程度的認知並不限於自身的經驗，而是包括了間接聽聞犯罪與被害等因素的影響，因此其所反應的乃是民眾對社會治安的一種觀感與認知。對於一般大眾而言，每當認識到重大或驚悚的犯罪事件發生時，就會擁有一種社會規範受到危害、破壞的感受。因此，在一定的程度上，一個社會的治安程度會反映於民眾所感受到的治安氛圍與對於犯罪無形的恐懼上面，當民眾對政府管理治安的滿意度愈高、感受到的治安愈好、恐懼愈低，就顯示了政府達到了民眾對於維持治安、維護和平社會的要求與期許，值得政府多加重視。

　　隨著全球化、高齡化、少子化、數位化等社會變遷的趨勢，台灣近年來經濟、政治與社會均受到一定影響，加上家庭與社會結構的變遷，人民價值體系之重構，治安與犯罪問題也愈趨多元，導致政府維持治安的效能愈來愈受到考驗。從一面來說，犯罪問題會擾亂治安；但從另外一面來說，治安的維繫也會抑制犯罪問題的產生。由於近幾年犯罪問題的發展趨勢可知，隨著產業與科技的進步，犯罪型態不但沒有受到控制，反而愈趨於多元化與暴力化。例如2015年1月份台北市西門停車場毒品槍擊雙屍案、2月份高監劫獄挾持案、5月份文化國小割喉案、7月份中山捷運隨機殺人案等重大案件，五花八門的犯罪問題已經脫離了傳統型態，引起政府與民眾之高度關切，也令民眾更期待政府持續強化維護治安與廉政的能力。誠然，多樣化且層出不窮的重大刑案與民生相關竊盜、詐欺刑案頻傳，加上晚近經濟欠缺穩定、毒品問題嚴重，致強盜、搶奪、竊盜、詐騙等犯罪湧現，尤其近年來政府與民意衝突之事件頻傳（如學運、核四抗議運動等），引發各界撻伐聲四起，更使得民眾對政府維護治安的能力產生懷疑，該如何掌握整體犯罪被害與政府維安的實體面貌顯得愈來愈重要。本計畫目的在進行「104年全年度全國民眾犯罪被害及政府維護治安滿意度電話問卷調查」，以確實掌握民意，作為政府相關單位施政的參考。

貳、研究方法

一、調查方法

　　一般民意調查有多種方式，依照訪問所使用的媒介可分為三種：面對面訪問、電話訪問，以及郵寄問卷訪問（見表4-1）。其中，電話訪問最適合在有時效性議題之應用，原因有四。第一，電話訪問成本遠較人員訪問低廉，不需支付差旅費。第二，電話訪問的速度與效率遠高於另兩種訪問方式。第三，電話訪問所得資料比其他訪問方式所得資料較為可靠，因為訪員只能依照一定的程序訪問。第四，電話訪問能經由督導的監控確實掌握訪問的進行。

表4-1　三種訪問方式的比較

	面對面訪問	電話訪問	郵寄問卷調查
單位成本	高	中	低
樣本彈性	高	中	中
問卷長度	可長	中	中
資料品質	佳	佳	可
偏差反應	中	低	高
作業時間	中	最快	最長

　　電話訪問也有些許缺點，譬如樣本代表性問題、訪問時間限制、訪問題目長度等，但是本研究運用下列措施確保電話調查研究的品質：

　　（一）住宅資料庫：使用中華電信公司住宅電話資料庫，儲存於電腦系統中。

　　（二）周詳的前置作業：計畫之問卷由本研究團隊人員編寫修改，另外甄選表現優秀之訪員，每位訪員在進行訪問前，必須接受四小時的訪員訓練，訓練內容包括問卷解說、訪問技巧說明與演練、實際上線操作練

習，務必使每位訪員在實際訪問時能適當處理各種狀況，並嚴格遵守訪問
程序，務期使訪問誤差降至最低。

（三）完整的監控流程：設有最新視窗版電腦輔助電話訪談系統
（簡稱WIN CAMI，為原WIN CATI系統之升級版）。計有硬體設備：伺
服站（server）一台、主管電腦工作站四台、訪員電腦工作站三十五台、
監聽及密錄設備三組、電話線三十六組、撥號數據機三十六台、雷射印表
機三台、傳真機一台及網路系統；且伺服器、主管工作站、訪員工作站皆
裝置不斷電系統。

（四）專業的資料處理：備有SPSS、STATA等專業統計分析軟體，
可視資料性質與委託單位之需要進行樣本之代表性檢定、次數分配與各變
數間之交叉分析。

二、電話訪問執行期間與相關資料

本研究採用電話訪問，係以比例樣本配置法分配台灣地區各縣市樣
本數，並利用住宅電話用戶資料庫，採系統加尾數二位隨機抽樣法選取住
宅電話樣本，並作洪氏戶中抽樣（洪永泰，1996）。本次調查訪問執行時
間為2016年1月25日～2月2日，晚間6:00至9:30。本調查研究之母體為台
灣地區19縣市（不含澎湖與離島），設有戶籍，年齡在二十歲以上之成年
民眾。本調查執行結果，共撥出電話1萬5,322次，扣除「無效電話」（包
括無人接聽、忙線、傳真機、答錄機、空號及故障）1萬170通後，共接
通5,152通電話，其中訪問成功樣本（即受訪者回答全部題目者）為1,723
通，經資料檢誤後，實際成功樣本為1,715通，其餘為中途終止訪問。此
外，本調查針對每一樣本以「多變數反覆加權」方式進行加權，加權後的
樣本在性別、年齡、及地理區域分布上與母群無顯著差異。本調查結果在
95%的信心水準下，抽樣誤差最大為正負2.2%。

參、研究結果

一、民眾對治安之觀感

104年全年度『當前治安滿意度』之民意反應展現近四年最佳、歷年次佳之表現。調查結果顯示共有43.9%民眾認為當前治安良好,雖仍未突破半數,但連續四年呈現穩定成長趨勢,並於本年達到歷年次佳之紀錄(詳圖4-2)。在『住家與社區治安狀況的觀感』上,突破歷年民意調查結果,上升至86.2%,為歷年最佳表現(詳圖4-3)。此外,民眾『擔心被犯罪侵害的觀感』的擔心程度與上半年調查結果相較顯著下降,來到43.8%的擔心程度,與104年全年度之調查結果無顯著差異,顯示超過半數之民眾並不擔心被犯罪侵害,為歷年次佳的表現(詳圖4-4)。

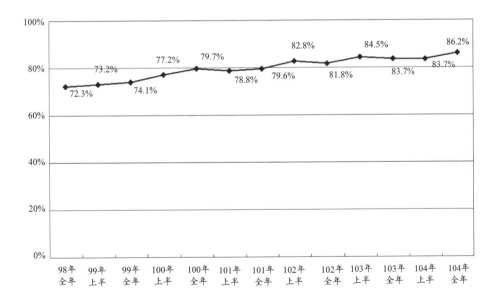

圖4-3 民眾對社區治安之觀感趨勢

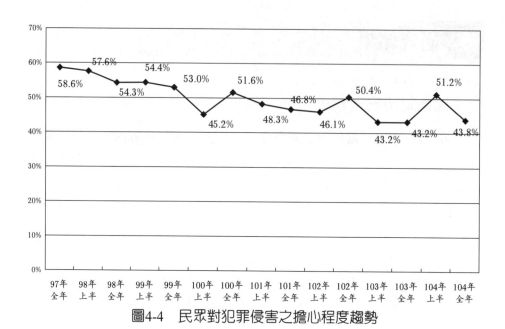

圖4-4　民眾對犯罪侵害之擔心程度趨勢

　　值得注意的是，民眾對『警察維護治安工作』的滿意度又突破新高，攀升至72.9%之滿意度，達到歷年最佳紀錄（詳圖4-5）。民眾對『警

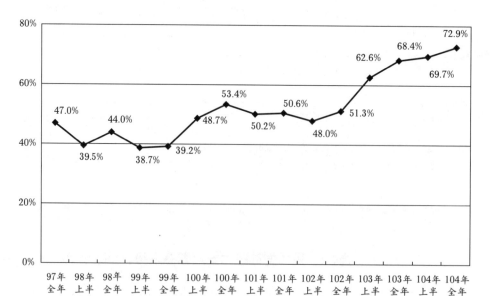

圖4-5　民眾對台灣警察維護治安工作的滿意比例趨勢圖

察維護治安工作』的滿意度持續四年來之上升趨勢，值得鼓勵。當民眾
對『警察維護治安工作』的滿意度觀感達到歷年最佳表現同時，『政府
改善社會治安工作的滿意度』也達到歷年最佳紀錄，從去年41.3%上升到
44.7%的滿意程度。

二、民眾對司法與廉政之觀感

　　民眾對法官處理案件公平公正性的觀感於本次調查來到15.4%
的低點。換句話說，84.6%的民眾不相信法官處理案件具有公平公
正性，且不信任程度與前次全年度調查相比顯著上升七個百分點
（77.6%→84.6%），為歷年表現較差之民意反應，且於近兩年開始
有下降趨勢。此外，76.5%的民眾亦不相信檢察官辦理案件具有公正
性，其信任程度維持二成左右（23.5%），與去年同期相較下降3.1%
（26.6%→23.5%）（詳圖4-6）。調查顯示超過七成的民眾質疑法官及檢
察官的公平公正性。因為刑事司法是維持社會秩序最低道德標準，自然民
眾對刑事司法體系要求要比其他體系要來的高，但根據本中心歷年調查顯

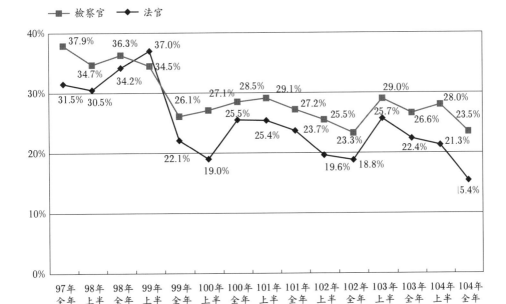

圖4-6　民眾相信檢察官、法官審理案件公平公正性的比例趨勢圖

示司法信任感維持穩定的結果，均超過七成以上民眾表示質疑，顯示我國的司法官仍無法有效獲得多數民眾肯定，且在司法官重大貪瀆案件爆發與恐龍法官媒體強力播送下，已經讓民眾的信賴度顯現出有明顯缺乏信心之狀況。倘若民眾對刑事司法體系之公正、公平運作存疑，則勢必會降低民眾對於刑事法規範之信賴度與遵守法治之意願。

　　台灣民眾對目前政府在防治貪瀆案件的效能依然相當不滿意（78.7%），但較去年同期微幅下降（82.4%→78.7%）（詳圖4-7）。無論針對政府或權責單位之維護廉政效能而言，以清廉為口號之當前政府仍有許多進步與努力的空間。如同維護治安並非完全為警政機關的責任，維持清廉自持也應為所有公部門共同努力的原則與方向。獄政方面，調查發現，78%的受訪者表示政府需要進行監獄改革，比起去年同期調查顯著降低6.8%，不過依然近八成，顯示民意認為現有矯正措施仍有待興革之處。

　　整體來說，104全年度民眾對司法之觀感，在司法官之信心及信賴度方面依然低落，貪瀆防治及獄政改革也反映出有加強之處。此部分結果顯示我國之司法機關在與社會大眾溝通、提升公平公正之形象上，仍有許多進步空間。應提出實質的解決方案，並持續與民眾溝通。

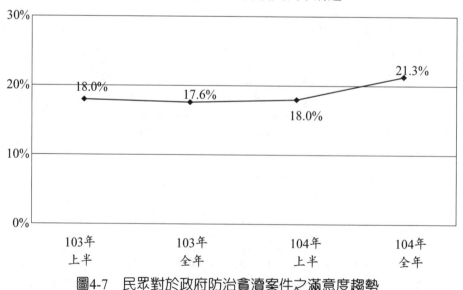

圖4-7　民眾對於政府防治貪瀆案件之滿意度趨勢

三、民眾對重大治安議題之看法

有鑑於近期毒品犯罪、死刑議題、恐怖攻擊等議題受到國內民眾重視，本研究特別針對以上重大議題進行民意調查。

(一) 毒品犯罪議題

在本次調查中，受訪者覺得其親朋好友及鄰居中，吸毒的情形『嚴重』與『非常嚴重』的共占8.4%，與去年同期調查結果無顯著差異。此外，因應國際間於吸食毒品除罪化之討論趨勢，本次調查結果發現近六成民眾（57.3%）並不贊成將吸毒者看作病患（詳圖4-8），顯示我國民眾仍較多對於吸食毒品議題仍採較保守之觀念。因毒品犯罪容易衍生其他相關犯罪且隱匿性高，因此透過電話訪問較無法得知毒品犯罪之全體面貌，仍需要持續進行其他毒品監測與盛行率調查才得以補足之。此外，眾所皆知毒品犯罪具有「一人吸毒、全家受害」之效應，因此本中心認為這樣的數據顯示，在台灣目前的毒品問題，仍然具嚴重性，值得政府各相關部門來持續努力防治。

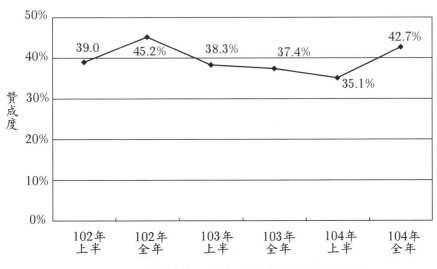

圖4-8 民眾對於吸毒者系病患犯之看法趨勢

（二）死刑存廢議題

　　關於死刑與死刑犯處置的議題，「完全不贊成廢除死刑」較去年同期大幅上升7.1%（47%→54.1%），「基本上不贊成廢除死刑，但如有配套措施願意考慮」較去年同期調查大幅降低9.2%（38.4%→29.2%）。若「完全不贊成廢除死刑」與「基本上不贊成廢除死刑，但如有配套措施願意考慮」兩者相加，則可顯示83.3%的民眾基本上仍傾向不同意廢除死刑（詳圖4-9）。

　　觀察歷年全年之調查趨勢，「基本上不贊成廢除死刑，但如有配套措施願意考慮」之民意於101年至103年維持上升趨勢，於本次全年調查停止上升趨勢，下跌至29.2%。前幾次調查結果發現民意從完全反對廢除死刑漸漸有轉變的趨勢，呈現將在有配套措施下，可進一步考量廢除死刑的想法。但此次調查又有所波動情況，值得繼續觀察。

　　整體而言，在現行法律規範下，我國並無設計廢除死刑之配套措施，因此多數民眾仍抱持不同意廢除死刑之意向，但是應留意三成多民眾

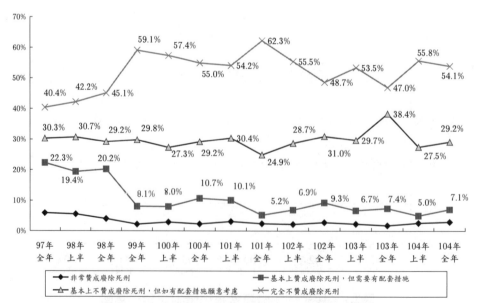

圖4-9　台灣民眾對廢除死刑的意向趨勢圖

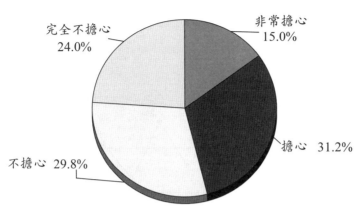

圖4-10   民眾對國際恐怖攻擊威脅的意見

可能因為未來建置出廢除死刑之配套方案而改變態度。死刑對於治安改善
及嚇阻之效能是學者激烈討論的議題,並無法透過民意調查結果證實或作
為死刑存廢之依據,在此部分仍需要更多長期資料佐證及嚴謹的科學分
析,本研究僅作為民意反應結果,並不抱持特殊立場。

(三)民眾對國際恐怖攻擊威脅的意見

　　近年國際恐怖攻擊事件頻傳,除去年巴黎在2015年11月13日遭受恐
怖攻擊造成不同國家一百多人當場遇難,近期2月17日土耳其首都安卡拉
(Ankara)市中心又發生汽車炸彈爆炸案,造成近百人傷亡。本中心特針
對民眾對國際恐怖攻擊威脅之擔心程度進行調查。結果發現認為非常擔心
的比例占15.0%,認為會擔心的占31.2%,兩者合計46.2%。53.8%之民眾
表示並不擔心台灣會遭受到國際恐怖份子的攻擊(詳圖4-10)。

四、民眾犯罪被害情形與嚴重性

　　長久以來竊盜與暴力犯罪,一直是警政單位評量社會治安良窳的重
要指標,竊盜犯罪歷年來皆為我國刑案之最大宗,暴力犯罪向來最讓民
眾感到恐懼,而詐騙犯罪為目前最受民眾關注、也為困擾民眾最大之新
興犯罪。在本次調查中發現,竊盜犯罪被害盛行率為7.7%,較去年同期
下降了0.4%,並無顯著差異;在民眾或家人實際曾遭受暴力犯罪的盛行

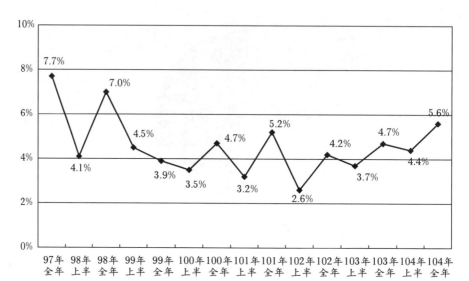

圖4-11　民眾遭詐欺犯罪侵害之比例趨勢

率方面微幅上升，但也無顯著差異（1.7%→2.1%）；在詐騙犯罪方面，曾遭受過詐騙犯罪的比例為5.6%，較前次同期調查比例上升0.9%（詳圖4-11）。觀察整體趨勢，有關民眾最直接之竊盜犯罪、暴力犯罪皆有被控制住之穩定趨勢，值得給予相關治安部門鼓勵與支持。值得注意的是，大部分之被害金額皆集中於10萬以下（57.6%）。顯示政府相關機關對於犯罪額度規模小型的詐騙案件，仍須特別注意防範及積極遏止。

五、民眾遭受犯罪侵害後之反應情形

　　本次調查發現民眾受到犯罪侵害後，報案的比例與去年顯著上升（62.8%→66.8%），約六成五左右之被害民眾會前往報案（圖4-12）。此外，調查中也顯示民眾報案後，有58.8%民眾表示對警察機關處理態度滿意，與去年度同期相比大幅上升28.4%（30.4%→58.8）（詳圖4-13），達到歷年最佳的表現，值得鼓勵警政單位繼續保持。由於此部分之報案樣本數較少，易受極端值影響，因此波動幅度較大，仍須長期觀察。

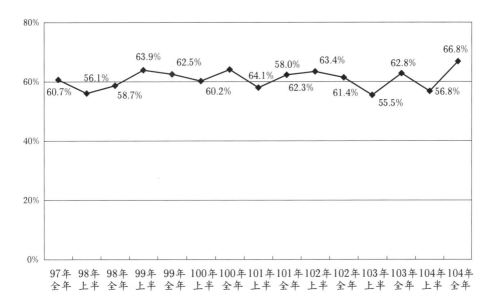

圖4-12 台灣民眾遭受犯罪侵害後的報案比例趨勢圖

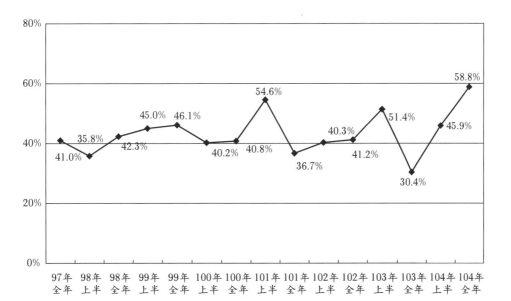

圖4-13 被害者對警察處理案件之滿意度趨勢

肆、研究建議

　　本研究之發現與結論對於政府及執法單位改進社會治安、提升民眾生活安全，及民眾對治安滿意度具有重大意義。根據本次調查結果提出以下數項建議供參考：

一、我國傳統犯罪狀況呈現穩定控制的狀態，但仍應持續關注

　　內政部警政署統計[1]指出，104年全般刑案發生數29萬7,676件，較上年減少8,624件（-2.82%），破獲率92.06%，較上年上升6.03個百分點，呈現發生數減少，破獲率上升之現象。「犯罪指標案類」方面，「竊盜」案發生數6萬5,394件，占刑案總數21.97%，較上年減少1萬936件（-14.33%），破獲率84.11%，較上年上升6.52個百分點。「暴力犯罪」發生數1,946件，占刑案總數0.65%，較上年減少343件（-14.98%），破獲率103.55%，較上年上升5.95個百分點。就本調查顯示，自98年開始竊盜、暴力、詐騙犯罪確實呈現下降趨勢，而竊盜、詐騙、暴力之被害盛行率較去年同期調查結果皆無顯著差異。由此可知，在竊盜、暴力犯罪確實已被控制，顯示近年來我國犯罪被害狀況呈現某種程度的穩定下降及良好控制之趨勢。

二、政府應持續積極防制詐騙犯罪

　　本次調查結果顯示詐騙犯罪盛行率變化不大，顯示近年在警政署建立之「165反詐騙諮詢專線」與宣傳策略逐漸控制住詐騙犯罪的情況。但因新興詐騙手法翻新，仍待進一步積極宣導與偵查。近期，警政署持續辦理多元化偵防措施，強調從強化預防詐欺犯罪宣導著手，透過跨部會會議及與業者研商對策，要求電信、網路通訊、遊戲點數等業者強化安全管理機制，並建立智慧型手機惡意程式攔截機制，協請國家通訊傳播委員會要

---

[1]　警政統計通報，105年第3週

求各電信業者（固網及行動通訊）阻斷惡意程式竊取民眾手機資訊，即時阻斷詐騙犯罪案件。刑事警察局亦透過與大陸及東南亞等國共同合作，積極打擊跨境犯罪，尤其在電信及網路詐欺之犯罪案件防制上將持續推動。在與民眾溝通上，現階段警政署推動臉書NPA署長室，帶動各分局成立臉書專頁及時發布詐騙最新手法，有效提醒民眾預防被害。如此一來，利用「問題導向」的警政策略應用，針對新興的詐騙趨勢有效率的利用最合適、具關鍵作用的宣導方式發掘問題、處理問題，藉此有效的減少民眾受騙機會。因此本研究認為在政府治安單位投入大量的人力、物力、資源下，政府對詐騙犯罪的重視以及努力以達有效控制之作用，但隨著詐騙集團的手法更新，民眾仍需要接受到更新的詐騙手法預防知識而提高警覺，因此，本中心建議政府仍應持續努力，持續落實問題導向的警政策略，加強跨境合作偵察效能，在台灣開始盛行第三方支付之際，強化網路交易安全及業者聯防機制，強力執行各項詐騙犯罪預防措施與宣導作為，防止新興詐騙犯罪蔓延與危害。

三、掌握毒品發展趨勢，強化反毒的各項防治作為

在毒品犯罪問題方面，透過本中心調查結果得知，約8.4%左右民眾認為其親朋好友及鄰居吸毒問題嚴重，長期的趨勢觀察下，比例相當穩定。值得注意的是去年1～12月政府執法部門查獲4,840.2公斤毒品（純質淨重）（法務部，2016），創歷年新高，因此毒品之發展不容忽視。由於毒品犯罪容易衍生其他相關犯罪且隱匿性高，因此透過電話訪問較無法掌握毒品犯罪之施用特性、頻率、種類等流行特徵，仍需要其他方面之毒品監測與盛行率調查才得以補足之。本中心建議政府相關單位應投注更多資源於去毒、緝毒、戒毒與防毒監測等四個層面的治安作為，並持續針對毒品犯罪進行快速之大數據分析與全面監測與預警調查，以有效掌握毒品施用、濫用之流行病學特性及使用型態，做好預防宣導之工作。

在毒品除罪化議題上，我國民眾在吸食毒品合法化之議題上仍採較保守之觀念，較傾向於反對吸食毒品合法化的意向。由於毒品的施用合法化除了擁有倫理、刑事政策上的爭議、也並非單純的生理或心理問題，更

要考量到社區、醫療戒癮體系、社會處遇的配套，其衝擊範圍將會波及整個衛生、司法、教育體系，因此所以本調查呼籲相關政府機關必須持續舉辦公聽會傾聽民意，一方面多加關注此項政策的資訊，使得資訊透明、公開，人人可以擁有足夠的判斷資訊，並建立討論的平台，以利未來政策進一步的規劃。

四、民眾對於司法公信力之觀感持續不佳：首長應善盡督導，並檢討法官評鑑制度

本次針對法官之信任度首次跌破於二成，檢察官辦理案件之公正性信任程度亦下降3.1%，顯見民意對於台灣司法審判之公信力之觀感持續不佳。本中心期待於100年度通過之法官法能落實執行，適時淘汰與獎懲不適任之司法人員，增進司法品質及效能，重建民眾之司法信任感。本中心期許各司法機關首長更加善盡督導之職，所有刑事司法體系的公務人員必須更加謹慎其言行及廉潔自持，因為保持一定的司法公信力是維持社會秩序的最低道德標準，倘若大部分民眾對我國刑事司法體系之運作存疑，則勢必危及社會對於刑事司法體系之信賴度與對法律的遵守意願，民主法治之基礎將受到嚴重侵蝕。

五、多數民眾仍支持死刑，死刑執行議題應謹慎處理、持續尊重不同意見

近三年，「非常贊成廢除死刑」、「基本上贊成廢除死刑，但需有配套措施」等兩項意見於死刑存廢議題的意向漸趨一致；但在101年至103年調查結果中，「完全不贊成廢除死刑」之民眾有大幅度的下降趨勢，但於本次調查回升五成四的程度。「基本上不贊成廢除死刑，但如有配套措施願意考慮」之認同民意，於101年至103年也呈現穩定上升趨勢，但於本次調查止升反降，顯示民意對於死刑的存廢意向變化不定。本中心這次民意調查顯示，目前約有五成之台灣民眾表示完全不贊成廢除死刑，若有配套措施下，傾向考慮贊成廢除死刑的民意回跌至二成九。廢除死刑意向可能隨著社會重大案件之發生及新聞媒體大幅播報而變化，尤其在近年連續

又發生文化國小、中山捷運站隨機殺人、嘉義市小雅路員警遭槍擊等案件後，更可能激起大眾對於犯罪者之同仇敵愾，影響死刑之支持意向。

　　誠然，死刑的支持或反對雖然可能受到重大案件之影響，但無論如何，在現階段無配套措施下，整個台灣社會仍呈現趨向於反對廢除死刑。本調查認為死刑執行、廢除死刑等敏感議題應謹慎處理，因此相關政府機關應持續舉辦公聽會傾聽民意及尊重不同意見，並投注資源在建立一個公平、公正、公開的平台讓雙方意見可以進行交流對話、交換意見，讓民眾對於死刑的意義、目的與功能有更深一層的思考。

六、政府應加強整頓貪瀆及強化肅貪作為

　　對於政府整頓貪瀆成效的不滿意程度，103年至104年連續調查皆高達八成二左右，本次調查降低至78.7%。已略有改善情況，但仍近7成9左右之民眾並不滿意政府整頓貪瀆之成效。民眾的不滿意度常常受到近期貪瀆重大案件之影響，如檢察官無預警潛逃、花蓮縣政府原住民行政處副處長護航考生案等事件，使得人民對於政府整頓貪污的信心愈來愈打折扣。本中心肯定執政當局對於改革公務人員肅貪之決心，建議廉政署持續努力，與偵辦中案件與檢察官保持良好聯繫模式，針對違法案件建立預警、篩選機制先期過濾，有效及早遏止不法採購或收受賄賂、回扣之行為。由於貪瀆犯罪為結構性犯罪，涉及公務機關及國營事業，其相關公共建設營造事業之品質攸關百姓性命安危，不容小覷，建議廉政署和其他執法機關（檢察署、調查局等）有效協調與合作，避免「疊床架屋」之現象，以展現整頓貪瀆及肅貪高效能。

參考文獻

一、中文

1. 林燦璋、侯崇文，犯罪測量與社會治安指標之製作，行政院國家科學委員會專題研究計畫，1996 年。

2. 洪永泰，戶中選樣之研究，國立政治大學選舉研究中心，1996 年。

3. 張四明，民意調查的科學基礎、政治功能與限制：以我國政府首長施政滿意度調查為例，行政暨政策學報，第二期，頁 1-40，2000 年。

4. 蔡德輝、楊士隆，犯罪學（修訂再版），五南圖書，2014 年。

二、外文

Skogan, W. G., & Maxfield, M. G. (1981). Coping with crime: Individual and neighborhood reactions. Beverly Hills, CA: Sage.

三、網路資料

1. 法務部，全國毒品緝獲量，取自：http://www.rjsd.moj.gov.tw/rjsdweb/common/WebListFile.ashx?list_id=24&serial_no=2，2016 年，最後瀏覽日期：2016 年 3 月 1 日。

2. 內政部警政署，警政統計通報（105年第3週），取自：http://www.npa.gov.tw/NPAGip/wSite/public/Attachment/f1452588796985.doc，2016 年，最後瀏覽日期：2016 年 3 月 1 日。

5
兩岸刑事互助協議之回顧與前瞻

謝立功[*]

祝壽文

想起與廖部長的關係實在是非常多重,由於個人曾經在調查局工作,廖先生先後擔任調查局長與法務部長,當然就是我的長官。在台大進修期間,廖部長是我邁入博士最後階段——論文審查的口試委員,所以他也是我的老師。其後,無論是向陽公益基金會、普賢護法會等,我也追隨廖先生一起推動公益與宗教相關活動。歸納而言,只能説我是一個很幸運的人,常有機會就近向廖部長學習而得以自我成長。

廖部長應該算是我接觸公益活動的關鍵人物,記得當時轉任警察大學教職不久,因爲去醫院探視廖部長巧遇淨耀法師。沒想到與淨耀法師可謂是一見如故,不久我即應允擔任淨耀法師所創辦之普賢教育基金會董事與淨化社會文教基金會執行長,推動兒童青少年法治教育,預防青少年犯罪,推廣學校反毒教育,赴監所關懷受刑人等。廖先生時任普賢護法會總會長,也是淨化社會文教基金會常務董事,對投入各項公益活動總是不遺餘力,令人敬佩。擔任教職期

[*] 曾任職法務部調查局調查員、警察大學教授兼系主任、內政部移民署署長、國安會諮詢委員;現爲行政院專任顧問,海洋大學、警察大學、銘傳大學兼任教授。

間，有機會參與相關學術活動，更能感受廖老師能橫跨不同領域，且均能有非凡成就，實屬不易。近年來，廖老師成立海峽兩岸法學交流協會，建立兩岸理論與實務界人士交流之平台，貢獻卓著。

隨著年歲增長，期盼廖老師除在各方面尋求突破外，也希望能多關心自己，多照顧自己身體，引領後輩，讓台灣無論在學術或公益領域外，再創另一片光輝燦爛的新天地！

目　次

壹、前言

　　由於物質與科技高度發展的結果，使得國際社會互動關係更加密切，同時也提供犯罪活動向外蔓延的有利條件，造成犯罪型態趨向多元化、國際化，而犯罪手法亦更加狡黠化、組織化，尤其是基於國際交通迅捷、通訊便利等因素，犯罪活動範圍得以輕易穿越國界，並向外尋求新的犯罪目標與發展環境，已不再侷限於單一國境之內。換言之，不法之徒基於共同利益的驅使，經由「策略聯盟」途徑而組成跨國性犯罪網絡，並利用國家間法令、制度或國情差異等縫隙而牟取暴利、尋求藏身或庇護之地，不僅逃避法令追緝，迫使司法正義無法有效伸張，並造成犯罪歪風更加猖獗，產生了各種跨越國境、邊境及跨越地區型態之新興犯罪類型。兩岸間隨著政治融冰、人民互動頻仍，走私槍毒農漁產品、劫機、海盜（海上搶劫）、偷渡、偽造貨幣、擄人勒贖、詐欺、洗錢、人口販運等兩岸間跨境犯罪問題，也呈現件數居高不下、侵害標的增加、類型多元發展、地區不斷擴增、手法推陳出新、組織日趨嚴密等現象，但過去受限於政治因素，使得兩岸共同打擊跨境犯罪無法有效開展。筆者二十餘年前（任職調查局期間），撰寫「兩岸合作共同防制海上犯罪之研究」碩士論文時，即

探討海盜、走私、偷渡與其他因海上糾紛所引發之跨境犯罪；十餘年前（擔任警察大學教授兼系主任期間）建議雙方拋棄主權絕對觀念，務實地深切檢討跨境犯罪對雙方之嚴重危害，進而採取有效對策，例如加強雙方情資交流、追查犯罪資金流向、逮捕遣返罪犯、設立跨境犯罪案件協查中心等推動兩岸刑事司法協助之作法，以達成遏阻兩岸跨境犯罪之目標，並具體試擬出兩岸刑事司法互助協議草案，期能作為進一步協商規劃司法互助作法之參考。[1]如今許多建議都已落實，但亦有諸多項目仍待努力。在兩岸共同打擊犯罪與刑事司法互助方面，若稱1990年「金門協議」是邁出了一小步，2009年「海峽兩岸共同打擊犯罪及司法互助協議」，則可謂跨出一大步。本文擬就該兩協議作一介紹並比較與評析，最後提出展望未來之看法。

貳、金門協議

　　1990年夏天，中華民國主管機關在遣返大陸偷渡犯過程中，連續發生兩次意外事故，造成數十人不幸死亡的悲劇。為使日後的遣返作業符合人道、安全的目的，海峽兩岸的責任歸屬更加明確，中華民國紅十字會接受國防部的委託參與研究與改進遣返作業，決定由兩岸紅十字會居中合作，將兩岸主管部門的作業銜接起來，以確保人道、安全的遣返作業。經過兩岸頻繁的往返聯繫，終於敲定於1990年9月11、12日由當時雙方紅十字會秘書長陳長文先生與韓長林先生在金門簽訂協議，並獲兩岸當局認可據以執行，這就是兩岸交流之初，第一個兩岸認同並共同遵循的「金門協議」。[2]

　　該協議主要係針對執行海上遣返事宜，故並非全面性之司法互助

---

[1] 參見謝立功，兩岸跨境犯罪及其對策，法務部：刑事政策與犯罪研究論文集（七），2004年12月，頁167-168。

[2] http://www.redcross.org.tw/home.jsp?pageno=201205070043，最後瀏覽日期：2016年2月6日。

協議。其中遣返原則為「應確保遣返作業符合人道精神與安全便利的原則」，遣返對象包括：

（一）遣返有關規定進入對方地區的居民（但因捕魚作業遭遇緊急避風等不可抗力因素必須暫入對方地區者，不在此列）。

（二）刑事嫌疑犯或刑事犯。

有關遣返交接地點，商定為馬尾←→馬祖，但依被遣返人員的原居地分布情況及氣候、海象等因素，雙方得協議另擇廈門←→金門。而遣返程序為：

（一）一方應將被遣返人員的有關資料通知於對方，對方應於二十日內核查答復，並按商定時間、地點遣返交接，如核查對象有疑問者，亦應通知對方，以便複查。

（二）遣返交接雙方均用紅十字專用船，並由民用船隻在約定地點引導，遣返船、引道船均懸掛白底紅十字旗（不掛其他旗幟，不使用其他的標誌）。

（三）遣返交接時，應由雙方事先約定的代表二人，簽署交接見證書。[3]

實務上，舉凡違反有關規定進入對方區域的居民或刑事嫌疑犯與刑事犯，經一方將查獲的待遣返人士造冊後，經由兩岸紅十字會傳送到另一方主管部門，經查核無誤後，即訂出接收時間，並將偷渡犯由基隆載運至馬祖，雙方於約定的時間在馬祖碼頭依冊點交，由兩岸紅十字會代表簽字見證人員的身分與健康情形等，再由對方以掛有白底紅十字旗幟的專用船載回福建馬尾，再分運至偷渡人士的原籍地。而前述雙方商訂之馬尾至馬祖的遣返交接地點，可依被遣返人員的原居地分布情況及氣候、海象的因素，經雙方同意得另擇廈門至金門作為遣返交接地點。[4]換言之，以兩馬（馬尾、馬祖）先行為原則，而兩門（廈門、金門）對開為例外[5]。

---

[3] 詳見金門協議。

[4] 謝立功，同註1，頁167-168。

[5] 有關兩岸三通下的「兩門對開，兩馬先行」的「小三通」議題，最早係由中共福建省委書記陳光毅在1992年3月23日向台北媒體透露，但陳光毅也表示「兩門對開是金

參、海峽兩岸共同打擊犯罪及司法互助協議

　　為保障海峽兩岸人民權益，維護兩岸交流秩序，財團法人海峽交流基金會（以下簡稱海基會）與海峽兩岸關係協會（以下簡稱海協會）就兩岸共同打擊犯罪及司法互助與聯繫事宜，經平等協商，於2009年4月26日由海基會董事長江丙坤與海協會會長陳雲林簽署完成。該協議計五章，包括總則、共同打擊犯罪、司法互助、請求程序、附則等，內容共二十四條，以下擇要分述如後：

　　（一）在總則（第一章）部分，包括：

　　在合作事項方面，為共同打擊犯罪、送達文書、調查取證、認可及執行民事裁判與仲裁判斷（仲裁裁決）、接返（移管）受刑事裁判確定人（被判刑人）及其他雙方同意之事項，換言之兼及民事與刑事領域之相互提供協助。

　　在業務交流方面，雙方同意業務主管部門人員進行定期工作會晤、人員互訪與業務培訓合作，交流雙方制度規範、裁判文書及其他相關資訊。

　　在聯繫主體方面，由各方主管部門指定之聯絡人聯繫實施，必要時，經雙方同意得指定其他單位進行聯繫。本協議其他相關事宜，由海基會與海協會聯繫。

門方面首先提出的要求」。所謂「兩門對開」、「兩馬先行」就是金門與廈門、馬祖與馬尾先行小三通。當時此一主張一出，正逢金門縣政府主辦「縣建會」期間，立即受到與會者的熱烈回應，時任縣商會理事長李錫民還作了份書面提案來進一步推動，咸認金馬長期戰地屬性、軍管體制、經濟不振，因應開放後的社會及兩岸關係的互動基礎，且金門與廈門、馬祖與馬尾又有其地理、歷史、文化、經濟的一體性，如能先行互通，自是有助金馬再創島嶼生機，對兩岸迎向和解，亦可扮演試金石的角色。針對中共當局主張的「兩門對開，兩馬先行」，民間反應一頭熱，但台灣當局卻視為中共統戰伎倆。時任陸委會副主委馬英九就說：「兩岸要開就通通開，不要開那麼一點（金門與馬祖）」，1993年4月12日李登輝總統在接見金門民意代表致敬團時也說：「針對兩岸小三通，金門人想太遠了！」詳見楊樹清，「兩門對開、兩馬先行」的觀察與省思，http://www.matsu.idv.tw/board/board_view.php?board=25&pid=4463&link=14599&start=20，最後瀏覽日期：2016年2月6日。

（二）在共同打擊犯罪（第二章）部分，包括：

在合作範圍方面，雙方同意採取措施共同打擊雙方均認為涉嫌犯罪的行為，但也有一方認為涉嫌犯罪，另一方認為未涉嫌犯罪但有重大社會危害，得經雙方同意個案協助之規定。即採所謂「雙重犯罪」原則，例外之個案合作則不限於雙重犯罪。協議中並強調打擊下列犯罪：

1. 涉及殺人、搶劫、綁架、走私、槍械、毒品、人口販運、組織偷渡及跨境有組織犯罪等重大犯罪。
2. 侵占、背信、詐騙、洗錢、偽造或變造貨幣及有價證券等經濟犯罪。
3. 貪污、賄賂、瀆職等犯罪。
4. 劫持航空器、船舶及涉恐怖活動等犯罪。
5. 其他刑事犯罪。

在協助偵查方面，雙方同意交換涉及犯罪有關情資，協助緝捕、遣返刑事犯與刑事嫌疑犯，並於必要時合作協查、偵辦。

在人員遣返方面，雙方同意依循人道、安全、迅速、便利原則，在原有基礎上，增加海運或空運直航方式，遣返刑事犯、刑事嫌疑犯，並於交接時移交有關卷證（證據）、簽署交接書。受請求方已對遣返對象進行司法程序者，得於程序終結後遣返。受請求方認為有重大關切利益等特殊情形者，得視情決定遣返。非經受請求方同意，請求方不得對遣返對象追訴遣返請求以外的行為。

（三）在司法互助（第三章）部分，包括：

在送達文書方面，雙方同意依己方規定，盡最大努力，相互協助送達司法文書。受請求方應於收到請求書之日起三個月內及時協助送達。受請求方應將執行請求之結果通知請求方，並及時寄回證明送達與否的證明資料；無法完成請求事項者，應說明理由並送還相關資料。

在調查取證方面，雙方同意依己方規定相互協助調查取證，包括取得證言及陳述；提供書證、物證及視聽資料；確定關係人所在或確認其身分；勘驗、鑑定、檢查、訪視、調查；搜索及扣押等受請求方在不違反己方規定前提下，應儘量依請求方要求之形式提供協助。受請求方協助取得相關證據資料，應及時移交請求方。但受請求方已進行偵查、起訴或審判

程序者，不在此限。

在罪贓移交方面，雙方同意在不違反己方規定範圍內，就犯罪所得移交或變價移交事宜給予協助。

在裁判認可方面，雙方同意基於互惠原則，於不違反公共秩序或善良風俗之情況下，相互認可及執行民事確定裁判與仲裁判斷（仲裁裁決）。

在罪犯接返（移管）方面，雙方同意基於人道、互惠原則，在請求方、受請求方及受刑事裁判確定人（被判刑人）均同意移交之情形下，接返（移管）受刑事裁判確定人（被判刑人）。

在人道探視方面，雙方同意及時通報對方人員被限制人身自由、非病死或可疑為非病死等重要訊息，並依己方規定為家屬探視提供便利。

（四）在請求程序（第四章）部分，包括：

在提出請求方面，雙方同意以書面形式提出協助請求。但緊急情況下，經受請求方同意，得以其他形式提出，並於十日內以書面確認。請求書應包含以下內容：請求部門、請求目的、事項說明、案情摘要及執行請求所需其他資料等。如因請求書內容欠缺致無法執行請求，可要求請求方補充資料。

在執行請求方面，雙方同意依本協議及己方規定，協助執行對方請求，並及時通報執行情況。若執行請求將妨礙正在進行之偵查、起訴或審判程序，可暫緩提供協助，並及時向對方說明理由。如無法完成請求事項，應向對方說明並送還相關資料。

在不予協助方面，雙方同意因請求內容不符合己方規定或執行請求將損害己方公共秩序或善良風俗等情形，得不予協助，並向對方說明。

在保密義務方面，雙方同意對請求協助與執行請求的相關資料予以保密。但依請求目的使用者，不在此限。

在限制用途方面，雙方同意僅依請求書所載目的事項，使用對方協助提供之資料。但雙方另有約定者，不在此限。

在互免證明方面，雙方同意依本協議請求及協助提供之證據資料、司法文書及其他資料，不要求任何形式之證明。

在文書格式方面，雙方同意就提出請求、答復請求、結果通報等文

書，使用雙方商定之文書格式。

在協助費用方面，雙方同意相互免除執行請求所生費用。但請求方應負擔下列費用：鑑定費用；筆譯、口譯及謄寫費用；為請求方提供協助之證人、鑑定人，因前往、停留、離開請求方所生之費用；其他雙方約定之費用。

（五）在附則（第五章）部分，包括：

在協議履行與變更方面，雙方應遵守協議。協議變更，應經雙方協商同意，並以書面形式確認。

在爭議解決方面，因適用本協議所生爭議，雙方應儘速協商解決。

在未盡事宜方面，本協議如有未盡事宜，雙方得以適當方式另行商定。

在簽署生效方面，本協議自簽署之日起各自完成相關準備後生效，最遲不超過六十日。

肆、比較與評析

跨境犯罪現已被歸類為非傳統的安全威脅，其危害層面不可小覷。打擊跨境犯罪不僅考驗著兩岸執法部門之個別偵查技巧，更考驗著雙方高層的智慧與決心。建立兩岸刑事司法互助實質關係，一方面可對已犯罪者進行懲處，再方面可令有犯罪意圖者不敢妄動，其兼具制裁與預防之效，堪稱防制跨境犯罪之良方。但畢竟兩岸刑事司法互助不僅是法律問題，更是政治問題，全世界皆無與兩岸狀況完全相同之刑事司法互助先例，故需要兩岸以務實的態度，經過長期的協商、進行全盤規劃。由於，兩岸政治互動晴雨不定，而雙方政治的演變，促成兩岸關係的走向，也將是推動兩岸刑事司法互助之關鍵。而政治的變數也使得雙方司法互助增加了困難度，加上兩岸法令亦存有相當大的差異，故推動兩岸刑事司法互助雖有其必要性，卻也有極大之不確定性與複雜度。[6]

6　謝立功，兩岸洗錢現況與反洗錢法規範之探討──兼論兩岸刑事司法互助，中央警察大學出版社，2003年4月，頁124。

　　學理上通常將刑事司法互助分為狹義、廣義、最廣義等三種，狹義司法互助一般稱為「小司法互助」，包括對證人與鑑定人的詢問、物的搜索扣押與移交、文書送達、情報提供等，廣義司法互助為狹義司法互助加上引渡，最廣義司法互助為廣義司法互助加上刑事訴追移轉、外國刑事裁判的執行。[7]回顧過往，1990年的「金門協議」可謂兩岸間最早且最具代表性的刑事司法互助協定。該協議係針對雙方偷渡犯與刑事（嫌疑）犯之海上遣返事宜所達成之協議，其性質類似國際間之引渡條約。由於引渡涉及管轄權之退讓較詢問證人鑑定人等狹義司法互助作法更多，理論上應在狹義司法互助之基礎上，進一步商談引渡作法，然兩岸當時並未簽署類似狹義司法互助之文件，因此金門協議雖可稱為司法互助之一種，但的確是較為特殊的一種安排。[8]隨著政治情勢的改變、社會狀況的多元發展，顯已無法因應兩岸間各式各樣的犯罪現象。事實上，兩岸間跨境犯罪情形日益嚴重，必須全力推動兩岸刑事司法互助，方能克竟其功。但由於以往兩岸基於政治因素考量，使得兩岸刑事司法互助進展有限。若雙方能暫時擱置主權爭議，也不要談究竟是「國際」刑事司法互助或「區際」刑事司法互助或「國內」刑事司法互助，逕以「兩岸」刑事司法互助之模糊方式稱之，應為較為可行之模式。然其前提為究應採取何種基本原則，方能使雙方願意邁出合作的第一步？[9]

　　經綜整分析兩岸刑事司法協助宜採取之原則如下：

一、平等互惠原則

　　又稱平等互利原則，有訴訟權利義務同等和對等之意。即雙方各自司法機關在合作中的活動權限和特定要求方面，經條約的規定或經平等協商，相互給予同樣的優惠和便利。詳言之：在司法互助內容方面，一般應

---

[7]　黃肇炯，國際刑法概論，四川大學出版社，1992年3月，頁205；張智輝，國際刑法通論，中國政法大學出版社，1999年1月，頁351-352。

[8]　謝立功，2008兩岸共同打擊犯罪之理想與現實，展望與探索，第6卷第1期，2008年1月，頁57。

[9]　謝立功，同註1，頁178-179。

在同等範圍的程式上互相開展；在司法互助程式中，應確保不同國家的法律制度和司法機關處於平等地位；在訴訟中，不同國家的國民在國外應享受國民待遇，不得歧視。然此一原則，並不意謂司法互助的雙方各個具體事項上必須完全一致。因為各國法律制度本身就有差別，如果強求按某國標準或國際標準達到同一，必然會損害對某些國家國內法律的尊重和對司法主權的干預。[10]

所謂平等，是指各法域在開展區際刑事司法互助時，其法律地位是平等的，不存在隸屬關係。依據中華人民共和國香港特別行政區基本法第95條和澳門特別行政區基本法第93條規定，香港和澳門可與中國大陸其他地區的司法機關通過協商依法進行司法方面的聯繫和相互提供協助。既然是「協商」那就必須在法律地位平等的基礎上才能進行。所謂互惠，是指在區際刑事司法互助中要照顧雙方的利益。不能無視這些法律衝突與社會制度衝突的存在，而強行要求各法域之間無條件地進行刑事司法互助。否則就是對基本法規的高度自治權的違背，也是對各法域所獨立享有司法管轄權的限制，達不到各法域之間開展區際刑事互助所要達到的目的。因此，在開展區際刑事司法互助中，要嚴禁以損害對方利益來達到自己的目的，允許各法域對明顯牴觸本地區法律秩序的協助請求持必要的保留態度，並在經費、人員等一系列問題上，協調雙方的利益。[11]而我方制定之香港澳門關係條例第56條雖規定：「台灣地區與香港或澳門司法之相互協助，得依互惠原則處理。」但台灣地區與大陸地區人民關係條例中，則無類似規定，有待修法明確規範。

二、相互尊重原則

大陸方面在談到司法互助原則上，通常所論及的第一個問題即為「維護國家主權和統一原則」，反對任何形式的「一中一台」、「兩個

---

[10] 趙永琛，跨國犯罪對策，吉林人民出版社，2000年9月，頁346-347。

[11] 謝望原，台、港、澳刑法與大陸刑法比較研究，中國人民公安大學，1998年10月，頁613-614。

中國」的主張[12]；或稱「維護國家主權和利益的原則」，強調國家只有一個，主權不可分離[13]等相類似之原則。上述主張顯然係受到大陸方面政治因素的強烈影響，與我方想法恐有相當之歧異。國家主權等抽象名詞，若賦予彈性之解釋，雙方才有繼續溝通之可能。例如提及「維護國家統一原則」時，承認兩岸存在兩種不同的法律制度，相互尊重對方的法律制度[14]。同時，要避開社會主義法制和大陸法制孰優孰劣的爭論，尊重對方合理的意見，確立彼此平等的地位，並將在他方發生對己方危害不大的犯罪，採取積極合作的行動，且對於他方合理的請求優先辦理[15]。換言之，應透過平等協商的方式來解決刑事司法互助中的問題，而不能將己方的意志強加於他方。

三、折衷式雙重犯罪原則

此一原則是指刑事司法互助所指案犯的行為，在刑事司法協助的請求國與被請求國雙方法律均認為是構成犯罪的情況下，才能予以提供司法互助。在引渡方面，雙重犯罪原則適用相當普遍，在狹義刑事司法互助方面，則並不普遍，即使採用，亦多限於抽象的雙方可罰性[16]。或有認為堅持雙重犯罪原則，將不利於保護公民的合法權益，或有質疑大多數請求司法互助案件在未經法庭審理判決前，依罪刑法定原則如何確認該行為是雙重犯罪性質。其實雙重犯罪應係針對請求司法互助時所指控的罪名，而非

---

[12] 王世平，論海峽兩岸開展區際司法協助的幾個問題，社會科學（上海），第7期，1992年，頁39。

[13] 王勇，「一國兩制」條件下的區際刑事司法協助，政治與法律（上海），第5期，1992年，頁25。

[14] 陳泉生，海峽兩岸司法協助之探討，引自司法部司法協助局編，司法協助研究，法律出版社，1996年6月，頁400-401。

[15] 馬進保，我國區際刑事司法協助的法律思考，引自黃進、黃風主編，區際司法協助研究，中國政法大學，1993年2月，頁191。

[16] 蔡墩銘，涉及兩岸刑事案件處理方式研究，行政院大陸委員會委託研究，1993年10月，頁47，蔡氏雖以雙方可罰主義稱之，實則即為本文所謂雙重犯罪原則；趙永琛，同註10，頁347。

判決確定的罪名，在司法實踐上，大陸當局與波蘭的司法互助協定第24條第2款、與蒙古的司法互助條約第25條第1款均堅持此一原則。[17]換言之，只要該行為之性質雙方皆處罰即屬雙重犯罪，而不一定是罪名與構成要件皆相同。另1959年歐洲刑事司法互助條約，未採雙重犯罪原則；1981年瑞士國際刑事司法互助法，採抽象的雙重犯罪原則，且僅限在強制處分方面；1982年德國國際刑事司法互助法，放棄雙重犯罪原則；1980年日本國際搜查共助法、1991年韓國國際刑事司法共助法，均採抽象的雙重犯罪原則；1979年奧地利犯罪人引渡及刑事司法互助法，則採具體的雙重犯罪原則[18]。

　　若以2000年大陸當局與美國簽署的司法互助協定第3條第1項第1款分析，雖仍有雙重犯罪之原則，然其但書已出現就特定（領域）犯罪雙方可商定，其性質應屬排除雙重犯罪原則之例外規定。又2002年台灣與美國簽署的司法互助協定第2條第3項規定，在請求方所屬領土內受調查、追訴或進行司法程式之行為，不論依受請求方所屬領土內之法律規定是否構成犯罪，除本協定另有規定外，都應提供協助。換言之，受請求方之法律並未將之列為犯罪行為者，仍可能列入司法互助之範圍。但涉及第15條之搜索、扣押，若在受請求方不構成犯罪者，則屬例外，得拒絕協助。換言之，一般情形排除雙重犯罪原則，涉及侵害當事人權益較嚴重之情形，即搜索、扣押之強制處分時，仍保留雙重犯罪原則。本文認為折衷式雙重犯罪原則，或可採大陸當局與美國簽署的司法互助協定，針對特殊犯罪類型個別商定之例外規範模式，或可採我方與美國簽署的司法互助協定，涉及搜索、扣押之強制處分時，必須遵守雙重犯罪原則之規範模式，以收既能保障人權，又可有效打擊犯罪之效。[19]

---

[17] 柯葛壯，涉外、涉港澳台刑事法律問題研究，上海社會科學院，1999年8月，頁56-57。

[18] 吳景芳，國際刑事司法互助基本原則之探討，台大法學論叢，第23卷第2期，1994年6月，頁15。

[19] 謝立功，防制兩岸毒品走私之刑事司法互助研究，國境安全與海域執法學術研討會論文集，2002年10月，頁11。

四、或起訴或遣返原則

國際刑事司法互助有所謂「或起訴或引渡」原則,其為國際刑法預防、禁止和懲治國際犯罪的重要對策和有效措施之一,已被廣泛採用在相關國際公約中。根據這一原則的要求,每一締約國都負有義務,若不將罪犯引渡給請求引渡的國家時,應將罪犯在本國進行刑事起訴。[20]此一原則可謂採取普遍管轄原則必然之結果。因其對有關國際公約所規定的犯罪,無論犯罪人國籍、犯罪發生於何地、犯罪侵害何國權益,都應視為對全人類之危害,不論罪犯進入何國領域內,均可行使刑事管轄權。[21]但通常該原則亦受到下述限制,例如政治犯、軍事犯、本國人民不引渡,以及與種族、宗教、國籍等原因有關,或引渡後將受到不公平審判、酷刑、不人道待遇等情形,均可拒絕引渡[22]。兩岸間雖不稱之為「引渡」[23],但仍可採用該原則之精神,而稱之為「或起訴或遣返」原則。即一方不願遣返罪犯至他方,就應在己方加以追訴處罰。

五、特定性原則

該原則在國際刑事司法互助指被請求國將被控者引渡給請求國後,該國只能就作為引渡理由的罪行對該人進行審理或處罰。此原則是為了保證

---

[20] 邵沙平,現代國際刑法教程,武漢大學,1993年7月,頁235;趙秉志,外向型刑法問題研究(下卷),中國法制出版社,1997年4月,頁664。

[21] 趙喜臣,論國際刑事司法協助,引自司法部司法協助局編,司法協助研究,法律出版社,1996年6月,頁95。

[22] 聯合國大會1990年12月14日第45/116號決議通過之引渡示範條約(Model Treaty on Extradition)第3條、第4條。

[23] 在法律上遣返不同於引渡,蓋引渡只發生於兩個主權國家之間,而台灣地區與大陸地區為一個國家兩個地區,是以不發生引渡之問題。既非引渡,則我國所制訂之引渡法並非當然可適用於兩岸之間的犯人之遣返,是以遇大陸地區當局要求將其潛逃來台之犯人遣返時,政府不能因被請求遣返之犯人,已被判處刑罰正在執行中或其犯罪正在法院審理中,而可予以拒絕(參照引渡法第5條)。見蔡墩銘,國際刑事司法合作與兩岸刑事司法合作,引自施茂林主編,當代法學名家論文集——慶祝法學叢刊創刊四十週年,法學叢刊雜誌社,1996年1月,頁436。

「雙重犯罪原則」的切實貫徹，防止別國利用引渡而將非普通刑事犯罪或不符合雙重犯罪的當事人予以制裁或政治迫害。在狹義刑事司法互助中，該原則亦未成為絕對原則，只有個別國家如瑞士堅持在司法互助中採取特定性原則，規定經司法互助所得之證據資料、文書、情報，不得在司法互助許諾之犯罪以外的犯罪調查和證據使用。[24]兩岸的互動，在尚未達到彼此充分信賴的程度前，於採取遣返的刑事司法互助作法時，宜遵守此一原則。且若採折衷式雙重犯罪原則，兩岸間欲進行遣返，若僅單方可罰亦必係個別商定之特殊犯罪類型，而遣返應較搜索、扣押之處分更為強烈，自須符合雙重犯罪原則，故特定性原則更有其存在之必要性。

　　整體而言，2009年「海峽兩岸共同打擊犯罪及司法互助協議」是一較為全面性之協議，不僅包含刑事協助，也兼及民事互助；以「雙重犯罪」原則納入兩岸常見之各類重大犯罪類型，但未來雙方例外之個案協助，究竟能如何執行頗值探討；協助偵查（第5條）、調查取證（第8條）等作法為狹義司法互助，加上人員遣返（第6條）已達廣義刑事司法互助標準，罪犯接返（移管）（第11條）之作法已接近最廣義刑事司法互助（刑事訴追移轉、外國刑事裁判的執行）；業務交流（第2條）使得定期工作會晤、人員互訪常態化。

伍、未來展望

　　務實而論，提及兩岸共同打擊犯罪很難完全拋棄政治干擾，因此雙方首先必須暫時擱置主權爭議，筆者更建議將「絕對管轄權」修正為「共享管轄權」之觀念，以解決管轄權競合問題。同時雙方應以平等互惠之精神，相互尊重、主動協助之原則，研擬雙方皆可接受兩岸共同打擊犯罪之模式。[25]而兩岸「共同打擊犯罪」與「司法互助協議」，可謂一體之兩

---

[24] 趙永琛，同註10，頁349。

[25] 謝立功，同註8，頁53-54。

面，司法互助協議內容，基本上也必然涉及管轄競合問題，因此宜各退一步，以分享管轄權觀念進行司法互助。

　　於2015年4月「兩岸共同打擊犯罪及司法互助協議」簽署六週年執行成果論壇中，當時的陸委會副主委吳美紅表示，雖偶爾有幾個個案，外界覺得不滿意，但「『兩岸共同打擊犯罪與司法互助協議』在我們簽署的二十一項協議中，成效展現是非常具體的，且是民眾最有感的。」法務部「國際及兩岸法律司」司長陳文琪指出，協議簽署生效以來，至2015年3月底，兩岸互相提出請求件數6萬7,940件，完成5萬5,040件，完成率高達81%。以這樣的成果來看，不管是哪個國家之間簽署的司法協議，都難有這樣的成效。[26]若統計至2015年底，雙方相互請求7萬9,019件，雙方合作完成6萬3,407件，完成率超過8成。兩岸共同打擊犯罪及司法互助協議成效，另包括通緝犯緝捕遣返、犯罪情資交換、司法文書送達、調查取證、罪犯接返、人身自由受限制通報、非病死及可疑非病死通報、業務交流等。整體而言，我方請求陸方者多，雙方合作交換情資合作偵辦案件，合計破獲176案，共逮捕嫌犯8,707人，成效良好。（如表5-1）

　　當然在亮麗數據的背後，有人質疑為何若干重大經濟罪犯未能遣返？2015年9月為何中國公安明顯違反程序發文，直接指揮高雄市警察局鹽埕分局？[27]類此個案雖不多，對台灣人民卻是造成非常負面之印象，若因此否定其成效，對兩岸夙夜匪懈努力工作的執法人員也是非常不公平。另有立委以通緝犯的遣返、犯罪情資的交換為例，質疑中方的回覆率太低。台灣的態度比較積極，對於中方的消極態度，台灣則莫可奈何。[28]另有學者認為目前兩岸司法互助碰到的最大難題，就是兩岸案件相互移交時的程序過於繁瑣、溝通聯繫的管道不暢通，致使兩岸的案件時有擱置，不

[26] http://www.chinatimes.com/realtimenews/20150424003627-260409，最後瀏覽日期：2016年2月10日。

[27] http://news.ltn.com.tw/news/focus/paper/914808，最後瀏覽日期：2016年2月10日。

[28] http://www.voacantonese.com/content/cross-strait-crack-down-on-crimes-20150424/2732920.htm，最後瀏覽日期：2015年10月9日。

能及時處置[29]。因此，如何加強兩岸相關人員之互動，並簡化移交程序，也是不可忽視之關鍵。

2015年11月兩岸領導人馬英九、習近平於新加坡會面時，馬總統在雙方簽署的諸多協議中，特別提及兩岸共同打擊犯罪與司法互助協議，表示「不管從什麼角度來看，這都是政治性很高的議題，可是兩方簽得非常快，而且簽了之後效果非常大。……現在雙方聯手逮捕的嫌犯已經超過7000人，光這個行動就讓台灣的詐欺犯罪，損失的金額降低了82%，從186億降到只有30幾億，可以說是台灣民眾最有感受的一項工作，像這種事情就應該加強來做，我們並沒有因為司法、法院、主權這些都有點敏感，可是當時就是很快的，而且做得非常好……不但兩岸可以做，還可以跑到東南亞一些國家來做，這一點我們也要特別謝謝貴方給我們很多的方便。」[30]國台辦在「習馬會」後首次記者會中，發言人安峰山針對兩岸合作反恐等議題表示，根據「海峽兩岸共同打擊犯罪及司法互助協議」，兩岸警方近年來在合作打擊犯罪方面一直在加強溝通，而打擊涉恐怖活動犯罪，也屬於雙方合作的範疇。希望雙方能夠繼續共同努力，攜手打擊包括暴力恐怖在內的各類犯罪活動，保障兩岸同胞的生命和財產安全。[31]

兩岸刑事司法互助運作六年餘來，已漸漸步入正軌，雙方或許還有若干細節有待磨合，但大致而言雙方執法人員已有相當默契，未來目標應在繼續降低兩岸間重大犯罪，以安兩岸基層民心，增進兩岸高層互信。然個人研判在馬習會後，兩岸共同打擊犯罪與刑事司法互助恐仍只是互相喊話之議題，短時間內恐不易有太大突破，畢竟隨著台灣再次政黨輪替，由於我方新政府之兩岸政策尚待觀察，對岸可能抱持「聽其言觀其行」態度，至於哪一方願先釋出善意，相信對未來就可有更正面之期待。

---

[29] http://www.chinanews.com/gn/2015/07-21/7416832.shtml，最後瀏覽日期：2016年2月10日。

[30] https://theinitium.com/article/20151109-taiwan-Xi-Jinping-and-Ma-Yingjeou-summit-full-text/，最後瀏覽日期：2016年2月10日。

[31] http://www.macaodaily.com/html/2015-11/26/content_1047649.htm，最後瀏覽日期：2016年2月10日。

表5-1　兩岸共同打擊犯罪及司法互助協議成效統計表

「海峽兩岸共同打擊犯罪及司法互助協議」案件統計總表（累計）（統計期間自98年6月25日起至104年12月31日）105年1月12日製表										
項次	協助事項	執行情形								備註（請詳列重大案件之基本案情、當事人姓名，並提供機關新聞稿）
		我方（請求、邀請、主動提供）	陸方（回復）			陸方（請求、邀請、主動提供）	我方（回復）			
			完成	瑕疵、補正	進行中		完成	瑕疵、補正	進行中	
一	通緝犯緝捕遣返	1,419（1,026人）	473（446人）	7		21（19人）	15（11人）	5	2	★備註
二	犯罪情資交換	3,920	1,333	2	2,585	1,322	1,067		255	
三	司法文書送達	49,186	39,464			12,265	11,389			
四	調查取證	1,078	666	74	338	569	515		54	
五	罪犯接返	440	19							
六	人身自由受限制通報	請求 674	341		343	請求				
		提供 3,715	3,715			提供 3,372	3,372			
七	非病死及可疑非病死通報	102	102			534	534			
八	業務交流	225	225			177	177			
	雙方相互請求	79,019	雙方合作完成			63,407				

表5-1 兩岸共同打擊犯罪及司法互助協議成效統計表（續）

項次	協助事項	執行情形								備註（請詳列重大案件之基本案情、當事人姓名，並提供機關新聞稿）
		「海峽兩岸共同打擊犯罪及司法互助協議」案件統計總表（累計）（統計期間自98年6月25日起至104年12月31日）105年1月12日製表								
		我方（請求、邀請、主動提供）	陸方（回復）			陸方（請求、邀請、主動提供）	我方（回復）			
			完成	瑕疵、補正	進行中		完成	瑕疵、補正	進行中	
九	其他（請列舉）	一、人員遣返部分，我方向陸方完成遣返11人、陸方向我方完成遣返446人，業將潛逃至大陸地區前中興銀行董事長王○雄、重大槍擊犯陳○志、前立法委員郭○才、綁架台中市副議長案之集團主嫌許○祥、廣西南寧詐騙案余○螢、唐鋒炒股案周○賢、高鐵爆裂物主嫌胡○賢、前嘉義縣溪口鄉長劉○詩、腰斬棄屍案主嫌唐○及其前夫張○峰、詐保主嫌許○同等人。二、我方與大陸地區合作交換情資合作偵辦案件，合計破獲176案，共逮捕嫌犯8,707人：（一）內政部警政署刑事警察局與大陸公安單位交換犯罪情資共同偵辦案件：126件8,384人，其中包括詐欺犯罪85件6,857人、擄人勒贖犯罪5件29人、毒品犯罪28件161人、殺人犯罪4件8人、強盜犯罪1件3人、侵占洗錢犯罪1件3人、散布兒少色情內容犯罪1件250人、網路賭博犯罪1件1,073人。（二）法務部調查局與大陸地區公安單位交換犯罪情資，雙方共同偵辦破獲22件跨境走私毒品，計查獲海洛因毒品307公克、麻黃素2638.78公斤、愷他命2211公斤，甲卡西酮1040公斤、走私香菸800餘箱，搖頭丸14公斤、半成品麻古2.6公斤、安非他命原料「苯基丙酮」2萬6,323公斤、成品麻古323公克、冰毒（安非他命）1,916.39公斤，毒品案件計逮捕嫌犯124人。其他合作偵辦案件共5案，計不法金額約人民幣2,850萬元、查獲案偽藥計威而鋼8萬餘顆、諾美婷12萬餘顆、犀利士1萬8,600餘顆、三體牛鞭2,100餘顆、樂威壯3,900餘顆、威而鋼等偽藥74萬餘顆，共逮捕嫌犯43人。（三）行政院海岸巡防署與大陸地區公安單位交換情資，偵破毒品、偷渡及走私案件計有22案，查獲嫌犯131人（毒品16案、76人）緝毒品數量計3,465.492公斤。（四）內政部入出國及移民署與大陸公安單位同步實施逮捕掃蕩破獲跨境人口販運組織，其中逮捕大陸籍嫌疑犯5人，台灣籍嫌犯11人；陸方逮捕台灣籍嫌犯7人，大陸籍嫌疑犯2人。三、其他陳情事項（如請求假釋、減刑、移監、探視、其他等事項）共228件，相關案件原列屬重要訊息通報欄位，為求明確101年9月間起，與非限制人身自由及病死可疑非病死之通報分開統計。四、依「海峽兩岸投資保障和促進協議」及「人身自由與安全保障共識」踐行之「通知」：我方通知375件，陸方通知284件。								

資料來源：法務部，兩岸司法互助實施現況及成效，http://www.moj.gov.tw/HitCounter.asp?xItem=282788&ixCuAttach=97725，最後瀏覽日期：2016年2月10日。

6

兩岸共同打擊犯罪及司法互助協議之回顧與展望
——以刑事司法互助為中心

曾正一[*]

[*] 中央警察大學專任教授

目　次

壹、前言

　　1987年11月2日台灣地區正式開放民眾赴大陸地區探親，開啟兩岸人民往來之門。隨著兩岸人民往來日漸頻繁，兩岸政府的兩岸政策鬆綁，兩岸經貿交流漸趨密切，導致衍生之兩岸跨境犯罪[1]亦趨猖獗，例如毒品運送、海上走私、漁事糾紛、智慧財產權保護，乃至於人口販運、洗錢、兩岸詐騙行為等，已嚴重影響兩岸的交流秩序、兩岸人民的生活安全與社會安定。然由於兩岸分治數十年，已各自建構不同的刑事司法制度，兩岸之間法域不同，如無刑事司法互助機制存在，對於涉及兩岸的跨境犯罪往往

---

[1] 本文所稱兩岸跨境犯罪，係指具備下列三項要件的犯罪而言：(1)犯罪主體、客體各為兩岸雙方其中一方之人民；(2)犯罪行為係兩岸雙方均認定為犯罪之類型；(3)必須兩岸雙方刑事管轄競合之犯罪案件。

因查緝困難、取證不易、遣返遲延，肇致偵查追訴及審判工作無法順利進
行。為有效遏止兩岸跨境犯罪的滋長，避免兩岸人民生活安全、社會安定
及法治基礎遭受嚴重侵蝕，透過常態性、制度化之刑事司法互助機制，適
時有效打擊兩岸跨境犯罪，乃為兩岸人民及司法機關的高度期盼。為此，
台灣地區政府授權委託海基會與大陸地區政府授權委託之海協會於2009年
4月26日在大陸地區南京市紫金山莊簽署「海峽兩岸共同打擊犯罪及司法
互助協議」（以下簡稱本協議），並於同年6月25日生效實施，開啟兩岸
共同打擊犯罪及刑事司法互助之新頁。

貳、沿革之回顧

　　兩岸分治數十年各自實施不同的刑事司法制度與訴訟程序，但雙方在
理論上均未將對方排除在己方法律適用範圍之外。在兩岸分治的事實狀態
下，彼此既無法有效在對岸執法，雙方也無「外國法院委託事件協助法」
之適用。為處理涉及兩岸的法律糾紛與跨境犯罪追訴問題，自1990年起兩
岸政府開始透過協商會談，以期建構常態性、制度化之刑事司法互助合作
機制。

一、1990年兩岸紅十字會與「金門協議」

　　「人員遣返」為兩岸間最先開始的刑事司法互助項目。1990年9月12
日兩岸政府分別授權委託兩岸之紅十字會代表陳長文與韓長林簽署「金門
協議」，確立對己方之偷渡犯、刑事嫌疑犯或刑事犯得請求遣返己方處理
或受審，並以海上遣返作業建立交接制度及確保人員遣返之安全。1992年
台灣地區公布實施之台灣地區與大陸地區人民關係條例（以下簡稱兩岸人
民關係條例），其中第18條第1項第4款規定，進入台灣地區之大陸地區人
民，有事實足認有犯罪行為者，司法機關得逕行強制出境。實務上，遂多
以此規定作為遣返之依據，被遣返者以大陸地區之偷渡犯及台灣地區之刑
事通緝犯為主。惟隨著兩岸人民往來措施更加開放便利，偷渡犯銳減，雙

方遣返航次已大幅減少。

二、1993年辜汪會談與四項協議

1993年4月27至29日，兩岸政府復分別授權委託台灣地區海基會董事長辜振甫與大陸地區海協會會長汪道涵，在新加坡進行具歷史意義之「辜汪會談」，建立了制度化的溝通、協商管道，並簽署「兩岸公證書使用查證協議」、「兩岸掛號函件查詢補償協議」、「兩會聯繫與會談制度協議」及「辜汪會談共同協議」等四項協議。

兩岸人民交流往來，無論入出境、行使權利、關於身分或其他法律關係等事項，都需要證明文件，其中難免出現偽變造假情事。由於大陸地區幅員廣大，主管機關龐雜，實難一一查證文書之真實性，兩岸乃經由協商簽署「兩岸公證書使用查證協議」，透過海基、海協兩會及「中國公證員協會」等仲介團體相互寄送公證書副本及協助查證，開辦兩岸文書驗證工作。[2]

本次會議依據雙方共識，確認於該年度內就「違反有關規定進入對方地區人員之遣返及相關問題」、「有關共同打擊海上走私、搶劫等犯罪活動問題」、「協商兩岸海上漁事糾紛之處理」、「兩岸智慧財產權（知識產權）保護」及「兩岸司法機關之相互協助（兩岸有關法院之間的聯繫與協助）」等議題展開協商會談。[3]但上開議題，嗣由於政治性因素推遲了兩會進一步接觸、協商，致無具體進展。

三、2009年江陳會談與本協議

上開兩岸簽署的「金門協議」只處理人員遣返之問題，並未涉及其他的刑事司法互助項目。此後，兩岸間一直未建立常態性、制度化的刑事司法互助機制。直至2008年6月，兩岸政府再次分別授權委託海基、海協兩

2　許惠祐，兩岸交流政策與法律，華泰文化，2007年1月，頁38。

3　「辜汪會談共同協議」，1993年5月13日行政院第2331次會議准予備查，1993年5月24日行政院台（82）秘字第15994號函、司法院（82）院台廳司三字第09181號函、考試院（82）考台秘議字第1666號函參照。

會代表人江丙坤與陳雲林，在大陸地區北京市舉行第一次「江陳會談」，恢復中斷多年的兩岸會談及兩會聯繫管道，重啟兩岸對話協商與互動機制。嗣兩岸政府為維護兩岸交流的良好秩序，突破刑事司法互助合作上的困難，減少個案協商的不確定性，確保兩岸人民的正常交流，爰將「兩岸共同打擊犯罪及司法互助」列入第三次「江陳會談」議題。2009年4月26日第三次「江陳會談」在大陸地區南京市紫金山莊舉行，簽署了本協議，並自同年6月25日起生效實施。

參、現況之分析

　　自2009年6月25日本協議生效實施之日起，兩岸依據本協議所進行的犯罪情資交換、人員緝捕遣返、司法文書送達、調查取證、罪犯接返、重要訊息通報及業務交流之頻密與重要性，係國際間任何跨境雙邊刑事司法互助關係所難以比擬。突顯實務需求之殷切及簽署本協議的重要性。透過本協議之平台，兩岸在合作共同打擊跨境犯罪確實取得卓著成效；在業務聯繫、人員遣返及調查取證方面亦有所突破。然因雙方法律制度、執法環境不同或因己方法律之限制或不足，本協議若干事項之落實執行，仍有待進一步加強。茲將本協議之特點與內容簡述如次。

一、本協議之特點

（一）保障人民權益，開展議題協商

　　本協議從保障兩岸人民權益著眼，建構常態性、制度化之刑事司法互助機制，以處理日益嚴重的兩岸跨境犯罪問題，確保兩岸人民生命、財產安全，建立雙方交流往來法秩序，此亦揭示著兩岸協商已從昔日經濟議題轉向社會議題。

(二)開啓機關對話，啓動業務合作

　　本協議的協商過程，除兩岸海基、海協兩會人員參加外，台灣地區尚有行政院陸委會、司法院、法務部、法務部調查局、內政部警政署、行政院海岸巡防署之代表與會；大陸地區則有國務院台灣事務辦公室、公安部、最高人民檢察院、最高人民法院及司法部之代表與會。透過兩岸政府官員的直接參與協商溝通，有助於政策與執行事項之掌握，建立業務主管單位直接對話、聯繫與合作的管道。

(三)建立框架原則，擴展多元互助

　　本協議將「警務合作」、「司法互助」、「人道關懷」及「業務交流」等事項均納入其中，建立通案性、全面性且常態性、制度化的刑事司法互助合作機制。其內容超越了「辜汪會談」時期所設定的共同打擊犯罪或是一般刑事司法互助理論及國際雙邊刑事司法互助條約（協定）之範疇。由於內容豐富，面向多元，本協議之體例採分章規範，提示合作項目及原則性規範，至於操作性細節則留待兩岸進一步協商或各自訂定相關法令以為銜接。惟將「警務合作」、「司法互助」、「人道關懷」及「業務交流」等性質不同的互助合作事項同納入一個刑事司法互助協議架構下，增加了對應聯繫、執行安排及法規建立的複雜度。尤其「警務合作」與「司法互助」之間的法律架構設計，如何正確區隔又能有機連結，誠屬不易。[4]

(四)尊重法制差異，兼顧彼此異同

　　兩岸由於政體、環境不同，各自發展成不同的刑事司法制度，其相關法令規範、適用範圍及執行標準，未盡一致，雙方必須承認其差異並予以尊重，方能順行進行司法互助。故本協議在文字表述上兼顧雙方習

---

[4] 法務部為落實執行協議事項，已於2011年1月訂頒「海峽兩岸送達文書作業要點」、「海峽兩岸犯罪情資交換作業要點」、「海峽兩岸緝捕遣返刑事犯或刑事嫌疑犯作業要點」、「海峽兩岸調查取證及罪贓移交作業要點」及「海峽兩岸罪犯接返作業要點」等相關法令以資因應。

慣使用的法律用語而未強求一致。例如：1.本協議名稱採台灣地區使用之「司法互助」而非大陸地區慣用之「司法協助」；2.大陸地區稱「仲裁裁決」、「被判刑人移管」，台灣地區則稱「仲裁判斷」、「受裁判確定人接返」，故在己方文本中使用己方用詞，而在己方用詞後括弧中保留對方之用語；3.為使兩岸司法人員瞭解本協議之適用範圍，關於罪名部分，兼採兩岸之法律用語表達。例如本協議第4條所定綁架、賄賂罪是大陸地區之法律用語，經濟犯罪則是台灣地區慣用之犯罪類型。

(五) 推展全面合作，打擊重點犯罪

本協議乃試圖推展兩岸全面性的司法互助合作，打擊重點跨境犯罪。在民事方面，透過司法文書送達、調查取證、裁判認可與執行等，使兩岸民事司法程序運作順利，並可避免兩地裁判歧異，減省民眾訴訟耗費。在刑事方面，從阻絕跨境犯罪發生，協助偵緝查案，提供證據，追訴審判到定罪科刑後之罪犯接返（移管），建立全程的刑事司法互助機制。另本協議第1條第6款規定「雙方同意之其他合作事項」，更為日後兩岸擴大司法互助範圍提供基礎。本協議第4條第1項已揭示兩岸共同打擊犯罪之對象是所有的刑事案件，惟針對兩岸所關注之跨境追緝困難，嚴重影響民眾生活社會秩序之類案、個案，特別於第4條第2項列款規定，彰顯打擊重點跨境犯罪。另縱使一方認為涉嫌犯罪，對方認為未涉嫌犯罪，如有重大社會危害性，同條第3項規定得經雙方同意個案協助。

(六) 深化司法互助基礎，加強兩岸會晤交流

本協議簽署之前，台灣地區司法警察機關及檢察機關雖已與大陸地區對應之業務部門建立兩岸跨境犯罪情資交換與個案協助管道。本協議簽署後，可以改善以往常受到個別因素影響，回覆時效及內容並不穩定等缺失，提供常態性、制度化的互助合作基礎。本協議除規定協助之請求及處理之程序外，復於第2條特別規定人員互訪、定期工作會晤、培訓合作等，進行各相關業務主管機關人員的接觸交流，以增加彼此的瞭解與互信，提升共同打擊跨境犯罪及刑事司法互助之成效。

二、本協議之內容

　　本協議共計五章二十四條。第一章總則,規定合作事項、業務交流及聯繫主體。第二章共同打擊犯罪,規定合作範圍、協助偵查及人員遣返。第三章司法互助,規定司法文書送達、調查取證、罪贓移交、裁判認可、罪犯接返(移管)及人道探視。第四章請求程序,對提出和執行請求的基本程式及文書格式,並對不予協助、保密義務、限制用途、協助費用等事項予以規範。第五章附則,係有關履行及變更協議,爭議解決等之規定。茲就其主要內容分述如次。

(一) 聯繫主體

　　本協議由兩岸政府授權委託民間團體所簽訂,具有法律約束力。由於簽約主體與執行主體不同,乃分層次依議題,逐步建構聯繫窗口。

1. 第一層係有關本協議本身之事宜及文本的爭議或變更,依本協議第3條第2項及第21至23條之規定,由簽約雙方即海基會與海協會兩會聯繫處理。

2. 第二層即第3條所定之「由各方主管部門指定之聯絡人聯繫實施」,台灣地區基於對外提供刑事司法互助之慣例及機關屬性職掌考量,由法務部作為本協議的聯繫主管部門,並指定特定人員擔任聯絡人。[5]大陸地區則由公安部(公)、最高人民檢察院(檢)、最高人民法院(法)及司法部(司)指定聯絡人分別對應之。在中央層級設置聯繫之總窗口,有助於案件管理與執行程序及標準齊一。

3. 第三層則依本協議第3條後段規定,於「必要時,經雙方同意得指定其他單位進行聯繫」,台灣地區為使本協議之執行更直接、快速、有效,並維繫司法警察機關過去與對岸之間既有的聯繫管道與合作基礎,法務部就跨境犯罪情資交換、刑事犯及刑事嫌疑犯

---

[5] 林彥良,海峽兩岸共同打擊犯罪及司法互助協議簡介,交流,第105期,2009年6月,頁35-37。

之緝捕遣返、非病死或可疑為非病死重要訊息通報等事項授權司法警察機關得依機關內控機制對大陸地區聯絡人聯繫執行，再呈報法務部，以收統籌之效。[6]

至於本協議第2條規定之人員會晤、互訪、業務培訓合作，亦授權由前述第三層聯繫主體，基於上開授權及兩岸法制不同與機關職掌差異而與對方相關業務之主管部門聯繫。例如台灣地區以檢察官為偵查主體，指揮監督司法警察偵查犯罪；大陸地區人民檢察院只偵辦貪污賄賂犯罪和國家工作人員的瀆職犯罪等特定案件，絕大多數刑事案件以公安機關為偵查主體；而執行逮捕等強制處分權又屬公安機關職權；法院司法文書送達由最高人民法院處理，故關於本協議合作事項之聯繫與執行，形成交錯對應的複雜現象。

(二) 刑事犯罪之適用範圍

本協議第4條第1項規定：「雙方同意採取措施共同打擊雙方均認為涉嫌犯罪的行為」，對於所有犯罪類型，不論發生在台灣或大陸地區，兩岸均應合作共同打擊。惟本協議採「雙重犯罪原則」，即在請求方及被請求方均須構成犯罪，始有提供協助之可能，若是請求方之法律規定為犯罪，但被請求方法律並未立法處罰此種行為，則得拒絕提供協助。在國際刑事司法互助慣例中，因引渡條約涉及對人員之強制力較高，通常都採「雙重犯罪原則」；至於其他刑事司法互助事項，有些國家並不堅持必須雙方均屬可罰。但於一方不認為構成犯罪時，本協議第4條第3項設有例外規定，對於有重大危害社會之行為，雙方得以個案協商方式同意給予協助，以創造兩岸間彈性合作的可能性。例如在台灣地區違反選舉罷免法之案件，在大陸地區未必構成犯罪；走私物品未逾公告數額者，在台灣地區僅科處行政罰，但大陸地區可能處以刑罰。又如大陸地區刑法規定之若干犯罪在台灣地區亦可能不構成犯罪，而非第4條第1項之合作範圍，原則上不提供協

---

6 法務部2009年8月10日法檢字第0980803292號函、2010年9月7日法檢字第0990805946號函及2010年12月22日法檢字第0990808685號函參照。

助,然是否援引第4條第3項規定予以協助,則視個案情形而定。

(三)跨境犯罪情資交換

刑事犯罪調查或偵查程序之啟動與實施,人犯的追查與緝捕或證據的取得,均有賴犯罪情資之提供,始得以竟其功。鑑於犯罪情資之時效、細密、繁瑣等特性,並為維持本協議簽署前台灣地區司法警察機關與大陸地區既有跨境犯罪情資之交換管道與方式,法務部授權各司法警察機關得與大陸地區主管部門直接進行跨境犯罪情資交換作業事宜。所謂「犯罪情資」,係指與犯罪相關之情報或資訊,其內容常涉及年籍、指紋、血型、去氧核醣核酸資料、前案紀錄、車籍資料、信用卡申請及交易資料、入出境紀錄、保險契約內容、電話號碼、網路帳號、金融帳戶號碼、通聯紀錄、接受通訊監察內容、金融交易明細、財產總歸戶、納稅紀錄、財務狀況等相關資料者,均涉及當事人之隱私權及其他資訊使用等相關基本權利。然基於法治國原則,上開犯罪情資之取得與運用,必須恪遵法令及不違背本協議所定規範,以保護人民基本權利,避免遭受不當侵害。[7]

國際間之犯罪情資交換合作,常對資料使用目的及範圍設有限制,為避免偵查機關因藉由刑事司法互助途徑取得證據程序較嚴謹費時,而以犯罪情資交換方式取代刑事司法互助程序,部分國家或國際組織特別規(約)定「不得將取得之資料用於起訴及司法用途」,如需在審判中作為證據之用,應另循刑事司法互助調查取證程序為之。[8]兩岸進行跨境犯罪情資交換時亦應注意本協議第16條保密義務及第17條限制用途之規定。如作為刑事案件之證據使用,宜依據本協議第8條「調查取證」的方式為之。

(四)人員緝捕遣返

由於兩岸法域不同,過去在無共同合作追緝逃犯之機制下,讓兩岸

---

[7] 法務部,「海峽兩岸犯罪情資交換作業要點」第2、3點規定及說明參照。

[8] 吳天雲,經由刑事司法互助取證的證據能力——從台灣高等法院95年度矚上重訴字第3號判決而論,刑事法雜誌,第51卷第4期,2007年8月,頁95-96。

犯罪集團及不法份子得利用此一隔閡,遊走兩岸進行犯罪活動,或走避對岸,躲逃法律追訴。本協議生效實施以來兩岸之司法機關及司法警察機關,開展常態性、制度化的協緝請求,兩岸犯罪集團及不法份子已無法再視對岸為躲避法律追訴的天堂。

人員緝捕遣返,係針對偵查中、審判中或判決確定後外逃之刑事犯罪嫌疑人、被告、受判決人或受刑人,為了遂行偵查、審判或執行之目的,而請求對岸協助緝捕遣返。本協議以「遣返」取代「引渡」一詞,係沿用「金門協議」之用語,在「金門協議」的既有基礎上將合作事項擴大及明確化。參酌台灣地區與未簽訂引渡條約之國家,以往該外國將涉嫌犯罪或經判刑確定而潛逃至該國之國人送返,或台灣地區送返在外國犯罪而潛逃至台灣地區之外國人,亦以「遣返」稱之,不因主權之爭議而延誤人民對打擊跨境犯罪的盼望。

以往「金門協議」之遣返作業係以「兩馬先行」(馬祖對馬尾),例外再「兩門對開」(金門對廈門),採行海運方式遣返,近年更走「小三通」路線進行遣返。本協議第6條第1項規定,執行遣返作業,「依循人道、安全、迅速、便利原則,在原有基礎上,增加海運或空運直航方式」,亦即人員遣返地點不再侷限於福建省,而擴及大三通之所有航點,較諸「金門協議」更為便捷有效。故針對刑事犯與刑事嫌疑犯之遣返,應優先適用本協議並於人員遣返交接時,依本協議第6條第1項後段規定「移交有關卷證(證據)、簽署交接書」,期能加強打擊跨境犯罪力度。由於「金門協議」並未失效,如有關偷渡犯及逾期停留人民之遣返,仍可適用之。考量實務運作成效及司法警察機關長期以來已與大陸地區建立直接聯繫管道,法務部並依本協議第3條第1項後段規定,概括授權各司法警察機關執行遣返作業。

另本協議除採「雙重犯罪原則」外,亦參考國際刑事司法互助慣例,納入「軍事犯、政治犯、宗教犯不遣返」及「己方人民不遣返」原則。本協議第6條第3項規定:「受請求方認為有重大關切不利益等特殊情形者;得視情形決定遣返」,雙方得因應兩岸特殊之關係,針對個案提供或拒絕協助。然對於國人所詬病之大陸地區成為台灣地區經濟犯之避風港

問題，台灣地區多次正式向大陸地區提出請求緝捕遣返逃匿大陸地區之重大經濟犯，本協議第4條第2項亦明列為重點打擊之對象，則不宜引第6條第3項所謂「重大關切利益等特殊情形」而拒絕遣返。本協議第6條第4項規定：「非經受請求方同意，請求方不得對遣返對象追訴遣返請求以外的行為」，亦係參考國際刑事司法互助慣例，明定訴追之限制。

(五) 調查取證

調查取證為刑事司法互助之核心事項。往昔司法機關對應於大陸地區取得證據者，係依據兩岸人民關係條例第8條的規定囑託海基會為之，囿於無法要求對方的取證方式，常面臨證據能力的爭議。

本協議第8條規定：「雙方同意依己方規定相互協助調查取證，包括取得證言及陳述；提供書證、物證及視聽資料；確定關係人所在或確認其身分；勘驗、鑑定、檢查、訪視、調查；搜索及扣押等。」不僅適用於刑事案件，亦適用於民事的調查取證事項，包括一般少年事件及家事法庭常用的訪視、調查等。調查取證之司法互助事項，由台灣地區法務部之聯絡人與大陸地區聯絡人聯繫執行之。[9]

由於兩岸之刑事司法制度及法律規定不同，尤其是台灣地區刑事訴訟程序所採之證據法則較為嚴謹，大陸地區交付之證據資料，如何確保其證據能力？例如證人在法官、檢察官或司法警察面前所為之陳述，在訴訟法上有不同之規範與效力，又證人之具結，鑑定人之選任，法律亦有不同的程序規範，而大陸地區絕大多數刑事案件由公安機關調查偵辦，則相對應地由公安機關所為之詢問，是否符合台灣地區刑事訴訟法之要求？又關於文書證據之提出，是否符合「保管鏈」（chains of custody）之完整性？關於證據能力的認定，應依「取證地法」或「證據使用地法」來判斷？亦多

---

[9] 透過法務部提出請求或接受請求後，常需與大陸地區主管部門溝通或確認各項細節，實務上在請求書中會列明案件承辦單位或人員，提出請求後之後續聯繫事宜得由其直接聯繫，以免繁瑣費時。如有大陸地區法院、檢察院或公安機關直接請求台灣地區檢察機關協助執行在台灣地區調查取證或移交罪贓時，應轉由法務部透過協議聯繫機制直接與大陸地區相關主管部門協調處理。

爭議。因此，本協議第8條第2項規定：「受請求方在不違反己方規定前提下，應儘量依請求方要求之形式提供協助。」雙方盡最大努力，以符合請求方可用之方式提供協助，以確保該證據在請求方可用且有效。如有形式之特別要求，自可在請求書中註記，便於受請求方瞭解並配合執行。依本協議請求或協助提供之證據資料、司法文書及其他資料，因係經雙方聯絡人所提出，在格式、要件上經過初步審核，故於本協議第18條規定，互免認證，不要求任何形式之證明。

跨境犯罪時有跨兩岸而雙方均分案偵查，所請求提供之證據或為己方案件所需用，依己方優先原則，本協議第8條第3項規定，執行請求將妨礙正在進行之偵查、起訴或審判程序者，得拒絕或暫緩提供協助。

(六) 司法文書送達

兩岸人民關係條例第8條規定，應於大陸地區送達司法文書，得囑託民間團體為之。往昔，台灣地區司法機關均委託海基會代為送達，海基會再透過大陸地區海協會轉請大陸地區司法機關或公安機關代為送達；未依此一管道送達者，或以郵寄等其他方式送達，在法律上易衍生送達效力認定之問題。

本協議第7條規定：「雙方同意依己方規定，盡最大努力，相互協助送達司法文書」，一體適用於民事、刑事司法文書之送達。就檢察機關而言，包括送達起訴書、不起訴處分書及其他與訴訟程序相關之文書，如傳票等。但如係供作書證使用之文書，則宜依據本協議第8條「調查取證」程序為之，而不得以司法文書送達的方式便宜提出。

另為配合兩岸司法機關業務職掌的對應，有關司法文書之送達，視其內容與性質分別由台灣地區法務部及大陸地區最高人民法院、最高人民檢察院或公安部代為送達。[10]占司法文書送達數量大宗之法院文書，現由本協議聯繫窗口之台灣地區法務部與大陸地區最高人民法院為之。此與大陸地區與香港、澳門之間採「法院對法院」之送達方式不同。如有大陸地區

---

[10] 法務部2011年3月7日法檢決字第1000801252號函參照。

人民法院或檢察院直接請求台灣地區法院或檢察機關協助執行在台灣地區送達司法文書時，則應轉由法務部透過本協議聯繫機制直接與大陸地區相關主管部門協調處理，惟目前台灣地區協助送達之方式，並不包括「公示送達」。[11]

（七）裁判認可

判決的承認與執行涉及對不同法域的法律效力與司法權的尊重及承認等實質問題。由於兩岸關係的特殊性，此一問題益顯敏感而不易處理。為因應兩岸人民密切往來衍生的法律糾紛，本協議第10條規定，基於互惠原則，於不違反公共秩序或善良風俗之情況下，相互認可及執行民事確定裁判與仲裁判斷（仲裁裁決）。

兩岸人民往來密切，衍生的民事糾紛亦多，其中以家事案件，尤其涉及兩岸婚姻關係的案件最多。台灣地區法院作成之民事裁判，在大陸地區的效力如何？大陸地區法院作成之民事判決，其在台灣地區之效力又如何？

大陸地區最高人民法院於1998年5月22日公告，同月26日實施之「關於人民法院認可台灣地區有關法院民事判決的規定」，對於經大陸地區中級人民法院審查認可的台灣地區法院所作之民事判決，可以在大陸地區執行，依照大陸地區民事訴訟法規定的程序辦理。1999年4月27日大陸地區最高人民法院發布「關於當事人持台灣地區有關法院民事調解書或者有關機構出具或確認的調解協議書向人民法院申請認可人民法院應否受理的批復」及2001年4月10日發布「關於當事人持台灣地區有關法院支付命令向人民法院申請認可人民法院應否受理的批復」，進一步確認台灣地區法院所作之調解書及支付命令，當事人可以向大陸地區人民法院聲請承認與執行。大陸地區最高人民法院更於2009年4月24日本協議簽署前2日公布「關

---

[11] 司法院秘書長2009年10月30日秘台廳少家二字第0980023052號函：「按我國民事訴訟法有關囑託送達之規定，並未包括代他法院張貼公告之行為。又『張貼公告』並非文書送達行為，不在兩岸簽訂之『海峽兩岸共同打擊犯罪及司法互助協議』之範圍。」參照。

於人民法院認可台灣地區有關法院民事判決的補充規定」，自同年5月14日實施，凡經大陸地區人民法院裁定認可的台灣地區有關法院民事判決，與大陸地區人民法院作出的生效判決具有同等效力，亦即除了執行力外，更具有既判力。[12]

　　大陸地區最高人民法院於2010年12月27日公布「最高人民法院關於審理涉台民商事案件法律適用問題的規定」，並自2011年1月1日起實施，以解決大陸地區人民法院審理各類涉台民商事案件的法律適用問題，亦即，大陸地區法院審理涉台民商事案件，參照關於涉外民商事關係的法律適用規則（衝突規則），可以根據選擇適用法律的規則，確定台灣地區法律為案件所應適用的實體法，並予以適用。同時對台灣地區當事人的民事訴訟法律地位，也明確規定在訴訟中具有與大陸地區當事人同等的訴訟權利和義務。[13]

　　另在台灣地區，依據兩岸人民關係條例第41條以下之規定，對於民事法律關係，已有選擇適用大陸地區法律的相關規範。至於大陸地區法院之裁判，司法院指出須「經法院裁定認可始可執行」。兩岸人民關係條例第74條規定：「在大陸地區作成之民事確定裁判、民事仲裁判斷，不違背台灣地區公共秩序或善良風俗者，得聲請法院裁定認可（Ⅰ）。前項經法院裁定認可之裁判或判斷，以給付為內容者，得為執行名義（Ⅱ）。[14]前二項規定，以在台灣地區作成之民事確定裁判、民事仲裁判斷，得聲請大陸地區法院裁定認可或為執行名義者，始適用之（Ⅲ）。」可知，台灣地區法院認可大陸地區之民事裁判及仲裁判斷的標準為：1.不違背台灣地區公序良俗；2.互惠原則。

---

[12] 2009年3月30日大陸地區最高人民法院審判委員會第1465次會議通過「最高人民法院關於人民法院認可台灣地區有關法院民事判決的補充規定」第1條參照。

[13] 大陸地區「最高人民法院關於審理涉台民商事案件法律適用問題的規定」法釋[2010]19號（2010年4月26日最高人民法院審判委員會第1486次會議通過）參照。

[14] 按該執行名義核屬強制執行法第4條第1項第6款規定其依法律規定得為強制執行名義，而非同條項第1款所稱我國確定之終局判決可比。最高法院96年度台上字第2531號判決參照。

依據台灣地區最高法院見解認為，兩岸人民關係條例第74條僅規定經法院裁定認可之大陸地區民事確定裁判，以給付為內容者，得為執行名義，係採「裁定認可執行制」，且經台灣地區法院裁定認可之大陸地區民事確定裁判，僅具有執行力而無與台灣地區法院確定判決同一效力之既判力；與外國法院作成之民事確定裁判，依台灣地區民事訴訟法第402條之規定，或在香港、澳門作成之民事確定裁判，依香港澳門關係條例第42條第1項規定準用民事訴訟法第402條及強制執行法第4條之1之規定，係採「自動承認制」，原則上不待台灣地區法院之承認裁判，即因符合要件而自動發生承認之效力未盡相同；[15]亦與大陸地區法院認可台灣地區法院之民事判決，具有與大陸地區判決同等效力（既判力與執行力）之情形不同。

依本協議第10條及前揭大陸地區最高人民法院之批復或補充規定內容，已滿足「互惠原則」之要求，故論者有基於兩岸人民權益考量及「一事不再理」原則，認應為司法分工，經台灣地區法院認可之大陸地區民事確定裁判，宜賦予其既判力，如在給付判決，應併有執行力。此外，關於「不違反公共秩序或善良風俗」之認可要件，實務審查標準是否會與大陸地區認可台灣地區民事判決及仲裁判斷之標準趨於一致？如何因應大陸地區各地法制發展及裁判差異現象？判決在對方境內執行成效如何？則是實踐中將面對並需評估的問題。

(八) 罪犯接返（移管）

隨著兩岸交流日漸密切，民眾往來熱絡，時有己方人民因犯罪而在彼岸經刑事判決定讞發監執行之情形。現代刑罰理論以刑罰之目的不僅止於應報，更重在矯正及預防再犯。兩岸分治數十年，彼此存有文化、生活、習俗、體制等各方面之差異，受刑事裁判確定人在異鄉監禁執行，除家人探視不易，其重返社會之更生教化效果亦受到影響。基於人道考量，體察民眾殷盼，應透過刑事司法互助機制接返己方人民，使之在己方環境執行

---

[15] 最高法院97年度台上字第2376號判決參照。

刑罰，既能利人又能實現社會正義。

「罪犯接返（移管）」常見於國際刑事司法互助所稱之「受刑人移交」（transfer of sentenced person），係以承認外國刑事確定判決爲前提，透過國際間之刑事司法互助而實現其刑罰權的內容。不僅是人的移交，也是刑罰執行權及監管權之移交。[16]通常在符合「雙重犯罪原則」下，一國將因犯罪而經本國法院刑事判決有期徒刑確定而在執行中之外國人，移交給其國籍國繼續執行刑罰。在對方法院確定刑事判決認定的事實基礎上，爲受刑人之利益，得依己方法律調整相對應罪行規定的刑罰幅度，繼續執行其刑罰。

依據本協議第11條規定：「雙方同意基於人道、互惠原則，在請求方、受請求方及受刑事裁判確定人（被判刑人）均同意移交之情形下，接返（移管）刑事裁判確定人（被判刑人）。」雖有大陸地區學者認爲本條規定已蘊含了認可及執行對方刑事裁判的精神，[17]惟依據台灣地區兩岸人民關係條例第75條與刑法第9條之規定觀察，台灣地區接收在大陸地區受刑事裁判確定人後，尚不得由台灣地區法院以裁定依大陸地區刑事裁判之內容執行其刑之全部，或接續執行殘刑，而應依據台灣地區兩岸人民關係條例、刑事訴訟法等相關法律重啓偵查、審判程序，不受大陸地區刑事裁判效力之拘束。台灣地區法院基於獨立審判原則，自有可能發生雙方之刑事裁判對於犯罪事實、罪名、刑種、刑度認定之歧異。反之，如台灣地區受大陸地區請求接返在台灣地區受刑事裁判確定之大陸地區人士返回大陸地區執行，在台灣地區現行法律規定之基礎上，台灣地區司法機關協助執行大陸地區刑事裁判亦受有限制。[18]

由於罪犯接返（移管）是一連串關於執行程序及效力之事項。本協議

---

[16] 徐吉童，被判刑人移管中的幾個理論與實踐問題探討，黃風、趙林娜主編，國際刑事司法合作：研究與文獻，中國政法大學出版社，2009年2月，頁187。

[17] 趙秉志、黃曉亮，論中國區際刑事司法合作法律機制的建構，海峽兩岸司法實務研討會論文集，福州司法部，2009年7月，頁234。

[18] 兩岸基於刑事司法互助之請求，須釋放受刑人時，仍應符合法律規定始得執行。台灣地區「海峽兩岸罪犯接返作業要點」第15點參照。

僅揭示雙方合作之事項,至其接返(移管)之程序及接返(移管)的後續作為,目前台灣地區之相關法律為兩岸人民關係條例第75條,兩岸間因概念及法制仍有差異,致尚難有效執行接返(移管)作業。本諸協議第11條揭示之「人道、互惠」考量,再以兩岸人民關係條例第75條亦規定「仍得依『法』處斷」,則宜由雙方繼續協商,就罪名、追訴、執行可能性等事項充分討論並訂定具有法律位階效力之協議;或修訂法律,在互不否認彼此司法管轄權的前提下,有條件地承認對方法院刑事判決的效力,完備受刑人接返(移管)之規範,以為執行。[19]

(九) 重要訊息通報及人道探視

台灣地區人民在大陸地區犯罪受拘禁者,不在少數;在對岸境內死亡之情事,亦時有發生。由於台灣地區在大陸地區並無與駐外館處相當之機構,對於人員行蹤之打聽,或是對受拘禁人之探視,未能提供即時有效的協助。故基於人道考量,為解決上開問題,本協議第12條規定:「雙方同意時通報對方人員被限制人身自由、非病死或可疑為非病死等重要訊息,並依己方規定為家屬探視提供便利」。

由於兩岸刑事司法制度、法律規範不同,關於台灣地區人民在大陸地區人身自由被限制之訊息查詢,應視案件不同階段進行情形,分別聯繫大陸地區公安部、檢察院或司法部,以瞭解拘禁原因、拘禁處所、所涉案情及相關程序。對於大陸地區人民在台灣地區因案件偵審而受拘提、逮捕、羈押、收容、責付、拘留、管收等,亦透過本協議聯絡人通知大陸地區。[20]此外,關於非病死或可疑為非病死,例如兩岸人民到對岸旅遊發生意外,或者其他事故,亦可透過本協議之平台,在第一時間通報對方聯絡人,並聯繫家屬,給予即時的法律協助。

---

[19] 法務部已研擬「跨國移交受刑人法草案」送行政院審查通過,兩岸間受刑人之移交準用之。另本協議第9條有關罪贓移交之規定,亦有承認對方法院刑事判決效力或己方須有充足法律依據始得執行之問題。

[20] 法務部2011年5月11日法檢決字第1000802753號函參照。

(十) 得拒絕或暫緩協助之情形

　　本協議在「依己方規定執行」的前提下，留有雙方依據具體情事衡酌考量之空間，並明定若干得拒絕或暫緩協助之情形。例如本協議第4條第3項規定：「一方認為涉嫌犯罪，另一方認為未涉犯罪但有重大社會危害，得經雙方同意個案協助」；第6條第3項規定：「受請求方認為有重大關切利益等特殊情形者，得視情決定遣返」；第8條第2項規定：「受請求方在不違反己方規定前提下，應儘量依請求方要求之形式提供協助」；第15條規定：「雙方同意因請求內容不符合己方規定或執行請求將損害己方公共利益或善良風俗等情形，得不予協助，並向對方說明」；第14條第2項規定：「若執行請求將妨礙正在進行之偵查、起訴或審判程序，可暫緩提供協助，並即時向對方說明理由」等。故當受請求方收到請求時，應審酌是否符合己方法令規定、依己方法律是否涉嫌犯罪或有無重大社會危害且經雙方同意個案協助、執行請求是否損害公共秩序或善良風俗、執行請求是否妨礙正在進行之偵查、起訴或審判程序等項，而決定是否提供協助；如不予協助則應將該事由通知請求方之主管部門。

肆、未來之展望

　　本協議在兩岸雙方多年的努力下終於在2009年6月付諸實施，實施迄今業已逾六年，對於維護兩岸交流的良好法治環境，有效遏止兩岸跨境犯罪滋長，避免兩岸社會安全及法治基礎受到侵蝕等貢獻卓著。惟在本協議實施逾六年後，或因時空環境之因素，或因兩岸人民之期待，或因兩岸刑事司法制度之不同，或因相關配套法制規範之不足，亦可發現本協議仍有可進一步完善的空間。茲將本文認為本協議未來可進一步努力完善之淺見分述如次，以為本協議未來之展望。

一、有關共同打擊犯罪之警務合作部分

(一) 設置兩岸共同打擊犯罪專門機構

　　兩岸警務治安部門，似可思考建立各自的專責對口聯絡機構，設置固定的編制人員與組織，專司兩岸共同打擊跨境犯罪業務。目前兩岸針對共同打擊跨境犯罪警務治安部門的對口聯絡機構均非專職部門，大陸地區是由公安部的「港澳台辦公室」負責，台灣地區則是由刑事警察局偵查科兩岸組承辦。以台灣地區為例，刑事警察局偵查科僅處理台灣地區內部的治安業務已相當繁重忙碌，面對需求日殷、數量龐大的兩岸共同打擊跨境犯罪的執行，在人力物力上恐無法負荷。建議設置專責兩岸共同打擊跨境犯罪的警務部門，職司整合兩岸偵查法制之差異、跨境治安情資之管理與分析、規劃與執行多元的共同打擊跨境犯罪之警務人才培訓及交流計畫、代為送達刑事司法文書、互相通報跨境犯罪之治安情報、執行兩岸聯合偵查作為等。

(二) 建構跨境犯罪治安情報交換機制

　　跨境犯罪治安情報的即時、準確而完整有助於查緝跨境犯罪，雙方應以兩岸共同打擊犯罪專職機構為基礎，落實協議中「交換涉及犯罪有關情資」的規定，同時也為滿足兩岸共同打擊跨境犯罪實踐的迫切需要，雙方似可思考建構類似「I-24/7全球警務通信系統」或歐洲「PRÜM公約」的跨境犯罪情資交流與合作平台，建立跨境犯罪情資資料庫，對於兩岸跨境犯罪的犯罪嫌疑人、犯罪集團的組織、背景、網路成員等資料建立檔案，利用網路訊息，設置跨境犯罪情資收集、檢索、交換、傳輸的網路體系，即時溝通情況，交流跨境犯罪情資，讓兩岸的專責機構可以利用網路資料庫即時取得相關資料。例如，在情資分析整理後，雙方可在網路上存取有關跨境犯罪集團、成員的特徵、社會關係、活動範圍、犯罪模式、資金流向、犯案地緣關係以及其他相關背景資料等資訊，以便迅速即時為兩岸相關的偵查部門提供準確而完整的訊息，提升兩岸共同打擊跨境犯罪的實效。

(三) 互設跨境犯罪之警務聯絡官

兩岸可遴選己方人民在對方地區分布較多的區域,設置警務聯絡處與聯絡官,在當地擔任共同打擊跨境犯罪的聯絡據點與必要時之緊急處置,發揮跨境犯罪情資分享、協調聯繫與協助調查的功能,同時協助執行「兩岸聯合偵查作為」的具體方案,爭取偵查機先與時效,減少傳遞與理解上的誤失。

(四) 成立兩岸警務合作組織

在兩岸人民交流、經貿活動的日益緊密下,跨境犯罪組織的相互依存關係亦會不斷強化,諸如有組織犯罪、洗錢犯罪、毒品犯罪、走私、販運人口、網路犯罪、偽造貨幣、電信詐騙、綁架勒贖等跨境犯罪將會日益增多,危害亦將日漸加重。兩岸在跨境犯罪的偵查上已逐漸無法各自獨力完成,因此不能囿於實際地域、法域、規範的不同而有所停滯,兩岸在共同打擊跨境犯罪的目標上,必然會漸趨一致。為整合兩岸共同打擊跨境犯罪相互間的差異,兩岸警務部門需具備共同治理的前瞻性概念,因此未來兩岸間似可成立類似「國際刑警組織」或「歐洲警察組織」的警務合作組織,建構多元而有效的警務合作機制,或能更有效地打擊與防制兩岸跨境犯罪。

二、有關罪犯遣返部分

(一) 先期協調溝通克服兩岸法制落差

刑事司法制度上的不同,是兩岸合作執行罪犯遣返時所必須克服的障礙。大陸地區賦予其公安機關高度的執法權力,針對人犯逮捕後的拘留權限,具有三十日的人犯拘留權,而台灣地區則是檢警共用二十四小時,刑事司法制度上的差異造成兩岸對於罪犯遣返的作業存在不同的觀點和態度,大陸地區公安機關具有充足的時間進行遣返作業,關於罪犯的遣返較無急迫性,反觀台灣地區基於案件偵辦的壓力與時效,通常希望罪犯能盡早遣返回台,針對兩岸法制上的差異性,台灣地區司法(警察)機關應有

基本上的體認，對於罪犯遣返的協調作業，應先期溝通盡早進行，及時提出遣返的迫切性和需求性於大陸地區公安相關機關，促使大陸地區加快遣返作業的效率。

(二)增訂遣返施行細則之配套措施

本協議針對遣返的規範明訂於第二章（共同打擊犯罪）第六說明項，該項說明對遣返議題僅作原則性的規範，並無其他施行細則或細項說明及解釋原則性的具體內涵，對於具爭議性的原則規範，易造成兩岸的各自解讀、立場不同。例如該說明中提及「受請求方認為有重大關切利益等特殊情形者，得視情決定遣返」，有關「重大特殊利益」的解釋和範圍，兩岸並無一致性的見解與判斷標準。另以重大經濟犯罪議題而言，本協議明文規範兩岸必須共同打擊不法經濟犯罪，惟對於重大經濟罪犯的遣返合作卻常呈現停滯現象，是否因涉及「重大特殊利益」，不得而知。因此，本協議對於遣返的原則性規範，應再增訂施行細則或細項，以說明釐清原則性規範的具體內容，避免雙方各執己見，妨礙兩岸罪犯遣返的作業。

(三)建構兩岸罪犯遣返標準化作業流程

現行兩岸執行罪犯遣返的作業程序係依據兩岸執行的習慣和默契進行，本協議並無制訂罪犯遣返的相關作業流程。以現階段罪犯遣返的請求協助情況而言，台灣地區向大陸地區請求協助的案量較多，在實務運作中，相對依賴大陸地區的合作意願和態度，形成台灣地區對於兩岸進行罪犯遣返的主導性居於劣勢與不足，無法滿足實際需求；另參酌「金門協議」對於遣返程序的規範：「雙方應將被遣返人員之有關資料通知對方，對方應於二十日內核查答覆，並按商定時間、地點遣返交接，如核查對象有疑問者，亦應通知對方，以便覆查。」本文建議兩岸應建構雙方均能接受並有共識的罪犯遣返標準作業流程，俾益雙方循此流程進行罪犯遣返作業，對於罪犯遣返的交接時機、文書作業和交接程序等事項具體規範，減少罪犯遣返作業主導性或爭議性的問題產生。微論倘日後兩岸罪犯遣返工作責由各司法警察機關執行，罪犯遣返標準作業流程更顯其重要性與必要

性。

三、有關司法文書送達部分

　　就司法文書送達而言，台灣地區法院對大陸地區送達之規定，仍以兩岸人民關係條例第8條之規定為法源基礎，對照本協議內容，雖仍得勉強配合運作，惟其不合時宜甚明；至於台灣地區對大陸地區提出司法文書送達請求應如何執行一事，台灣地區亦無明確規範可資依循。司法文書送達之本質屬訴訟法事項，本文認為處理之道似有二途：其一，以本協議之本旨及架構為綱，推動增訂刑民事訴訟法有關對大陸地區送達之特別規範，明確規範對大陸地區送達司法文書之合法送達人（機關）及送達方式，使司法文書送達之適法性在訴訟法上予以確認；其二，推動刑事司法互助法之立法，將台灣地區對大陸地區乃至其他外國或法域之刑事司法互助一併採取立法方式處理，取得司法互助之內國法執法依據。

四、有關調查取證部分

(一) 增訂具可操作性之具體規範

　　由於本協議內容僅就原則性問題加以規範，欠缺具可操作性之細緻具體規範，因此進一步細化具可操作性的具體規範已成當務之急。在兩岸協商改善之前，可分別由兩岸司法機關根據各自權責職能做出司法解釋或訂定具體執行規則以資因應。

(二) 借鑑「歐盟證據令」制度處理兩岸調查取證程序之法律衝突

　　由於兩岸分屬不同法域，刑事司法制度（尤指程序法律）差異性頗大，法律衝突問題始終是兩岸刑事司法互助的法律障礙。在兩岸共同協商制定兩岸刑事司法互助之統一程序法制，短期不可能實現的前提下，借鑑「歐盟證據令」[21]制度，處理兩岸調查取證程序之法律衝突問題或為可行

---

[21] 2003年歐盟委員會提出「為獲得刑事司法中使用的物品、文件和數據的歐盟證據令」草案。根據該協議草案規定，「歐盟證據令」是由成員國一個有資格的機構，

途徑。

(三) 司法互助被請求方拒絕執行應說明具體理由

　　刑事司法互助被請求方如拒絕提供請求方請求之司法互助事項，應將拒絕之具體理由通知請求方。本協議中僅在無法完成司法文書送達以及在損害己方之公共秩序或善良風俗而拒絕提供協助情形時，有向請求方說明理由之規定，其餘之拒絕提供協助情形是否亦須敘明拒絕理由通知請求方？本協議並未規範應予補充。

(四) 明確採行雙重犯罪原則

　　本協議原則上雖似採行雙重犯罪（處罰）原則，但於第4條第3項規定：「一方認為涉嫌犯罪，另一方認為未涉嫌犯罪但有重大社會危害，得經雙方同意個案協助。」惟所謂「重大社會危害」此項條件究指為何？解讀上易生爭議。建議增訂第8條第4項規定：「依第一項後段規定所為搜索或扣押證物之請求，其所涉行為在被請求方不構成犯罪者，得拒絕之。」明確採行雙重犯罪（處罰）原則，尊重雙方法律制度之不同並保障人民權益。

五、有關罪贓移交部分

(一) 罪贓移交應包括無體財產利益

　　以台灣地區檢察署針對存放在金融帳戶之金錢進行沒收為例，被告與金融機構間乃金錢寄託關係，在無法直接沒收情況下，被告如果以犯罪所得購買不記名銀行本票時，對銀行而言，持有證券者才被視為收取權人，而被告並不當然為收取權人。如果被告謊稱有價證券遺失，卻又不願聲請

爲了從另一個成員國獲得在特定程序中使用的物品、文件和數據資料而簽發的司法決定（令狀）。2008年12月18日，歐盟理事會表決通過該項2008/978/JHA協議草案的立法，2009年該協議已在歐盟各成員國範圍内正式生效實施。Council Framework Decision 2008/978/JHA of 18 December 2008 on the European evidence warrant for the purpose of obtaining objects , documents and data for use in proceedings in criminal matters.

公示催告，則縱使檢察官最後持有執行名義，亦可證明該筆金錢直接來自不法所得，但無法證明被告即為債權人情況下，不但法院無法予以執行，銀行對未占有該無記名證券之國家亦可拒絕其收取權。未來被告只需要耐心等待追訴權時效消滅，便可取回犯罪所得，大方享受其不法利益。如此偏狹之罪贓範圍，導致之結果似非兩岸刑事司法互助所樂見。故建議應擴大本協議罪贓範圍，除有體物外，尚應包含犯罪人藉由犯罪所獲得之財產性權利與利益。

(二) 罪贓應不限於犯罪行為人所有之物

如第三人出於虛偽意思表示，配合被告在被查扣或沒收前移轉財產，以達被告脫產目的，或是第三人無償受讓罪贓或以顯不相當對價收受；甚或利用紙上公司，將犯罪所得登記為公司所有，依據台灣地區現行法律規定，除非被告另涉有特別沒收之犯罪行為（如洗錢防制法之前置犯罪行為或貪污犯罪行為等），否則檢察官將無法予以執行，最後之結果便是罪贓移交成效大打折扣，犯罪人仍得享受犯罪所得，與人民法感不符。故建議雖然原則上沒收客體之罪贓仍須屬於被告所有，但如因重大過失或以惡意方式取得之物，均可視為非善意之第三人，而為沒收效力所及。

(三) 罪贓應及於犯罪所得變賣或變得之物

依據台灣地區刑法第38條第1項第3款規定，除特別法另有規定外，乃指原犯罪所得或所生之物，而不及於犯罪所得變賣或變得之物，對於犯罪所得變賣或變得之物，至多只能依台灣地區刑事訴訟法第133條之規定，以「可為證據之物」作為扣押的依據。而台灣地區雖有洗錢防制法第4條之規定，其沒收範圍可及於犯罪變得之物或是財產上利益，但洗錢防制法適用上卻有案件的限制，並非所有案件均可透過洗錢防制法沒收犯罪所得變賣或變得之物，此部分與2000年聯合國打擊跨國有組織犯罪公約第12條中，針對犯罪所得變得之物的相關規定有所差距，立法上似有不足之處，故建議將罪贓範圍擴大，及於犯罪所得變賣或變得之物。

(四) 準用民事沒收制度

建議參考美國法制及聯合國1998年維也納公約、2000年打擊跨國有組織犯罪公約等相關國際公約，對於犯罪所得或由犯罪所變得之財產或與其他財產混同之財產，考慮修法將舉證責任轉嫁，由被告證明其財產非屬犯罪所得而不應沒收，亦即由司法機關以推定方式證明被告有無法解釋之財產，而欠缺合法之收入，其財產與合法所得顯不相當，以被告之財產來源不明，推定其所有財產係犯罪所得而應予沒收。

(五) 增訂對無法取得有罪判決之單獨宣告沒收制度

因沒收不僅具有從刑性質，亦具保安處分性質，且參考聯合國反腐敗公約第54條規定：「各締約國均應當根據本國法律考慮採取必要措施，以便在因為犯罪人死亡、潛逃或者缺席而無法對其起訴之情形或其他有關情形下，能夠不經過刑事定罪而沒收這類財產」，故建議不論缺席理由係出於被告本身刻意行為（如潛逃出境）或非刻意行為（如死亡）所致，但既非出於司法機關怠於追訴，縱被告或利害關係人應到庭而未到，但法院依檢察官提出之證據已足以認定該財產係犯罪所得之物或財產上利益，即可為沒收裁定。否則只要被告逃匿他處或因疾病、死亡時，即可免於被剝奪犯罪所得，由被告及其家屬即得繼續享有犯罪所得，實與人民法感違背。

(六) 增設犯罪所得分享制度

沒收犯罪所得程序之進行，若缺少獎勵誘因，似難期待台灣地區或是大陸地區願意積極協助進行罪贓之沒收及罪贓移交等程序。故本協議若能參考台美刑事司法互助協定，增設犯罪所得分享制度，並將該沒收所得優先用於偵查犯罪，將其用於添設高科技之偵查設備、加強司法人員之教育訓練，或更能鼓舞司法人員士氣，提高執法績效。

六、有關裁判認可部分

依據本協議第11條規定：「雙方同意基於人道、互惠原則，在請求

方、受請求方及受刑事裁判確定人（被判刑人）均同意移交之情形下，接返（移管）刑事裁判確定人（被判刑人）。」雖有大陸地區學者認為本條規定已蘊含了認可及執行對方刑事裁判的精神，[22]惟依據台灣地區兩岸人民關係條例第75條與刑法第9條之規定觀察，台灣地區接收在大陸地區受刑事裁判確定人後，尚不得由台灣地區法院以裁定依大陸地區刑事裁判之內容執行其刑之全部，或接續執行殘刑，而應依據台灣地區兩岸人民關係條例、刑事訴訟法等相關法律重啓偵查、審判程序，不受大陸地區刑事裁判效力之拘束。台灣地區法院基於獨立審判原則，自有可能發生雙方之刑事裁判對於犯罪事實、罪名、刑種、刑度認定之歧異。反之，如台灣地區受大陸地區請求接返在台灣地區受刑事裁判確定之大陸地區人士返回大陸地區執行，在台灣地區現行法律規定之基礎上，台灣地區司法機關協助執行大陸地區刑事裁判亦受有限制。[23]

因此，雖本協議與台灣地區兩岸人民關係條例已實施多年，然對於兩岸相互認可對方法院刑事裁判制度之建構，仍停滯不前。微論依據兩岸雙方各自之相關法律，兩岸相互認可刑事裁判復存在諸多限制，距離此項攸關兩岸人民福祉之刑事司法互助制度的合理建構，仍有一大段距離，亟待研議改善。

七、有關刑事訴追移轉管轄部分

有關刑事訴追移轉管轄部分，本協議規範內容並未觸及，展望未來為更完善兩岸刑事司法互助制度，本文建議兩岸似可研擬規劃採行此項制度。茲以1972年「刑事訴追移轉管轄歐洲公約」（以下簡稱本公約）為例，將本項制度簡介如次，以供未來兩岸採行此項制度時之參考。

(一)刑事訴追移轉管轄之概念

刑事訴追移轉管轄制度（transfer of proceedings in criminal matters）

---

[22] 趙秉志、黃曉亮，同註17，頁234。

[23] 同註18。

是二次世界大戰後始發展出的「新型態之刑事司法協助」，指有管轄權之一方請求他締約方（犯罪人之國籍方或常住方）對犯罪人進行刑事訴追。就請求方而言，係委託他方（被請求方）代為行使己方（請求方）之刑事管轄權；就被請求方而言，乃應他方（請求方）之請求，對於在他方（請求方）境內所實施的犯罪進行刑事訴追程序。[24]

　　刑事訴追移轉管轄包括兩種情形：1.有刑事管轄權之請求方請求無刑事管轄權之他方（被請求方）進行刑事訴追程序；2.有刑事管轄權之請求方請求有刑事管轄權之他方（被請求方）進行刑事訴追程序等。前者例如：甲方人A在乙方販毒，為逃避追緝而逃亡丙方並為丙方逮捕。基於屬地主義有刑事管轄權之乙方，請求原無刑事管轄權之丙方進行刑事訴追；後者例如：甲方人A分別在乙、丙等方販毒並逃往丁方，此時甲方得基於屬人主義主張刑事管轄權，乙、丙方亦均得基於屬地主義主張刑事管轄權，此時即面臨刑事管轄權積極競合之問題。為解決刑事管轄權衝突及免除引渡程序曠日費時，各當事方可透過刑事訴追移轉管轄制度，經協商將案件一致交由某方管轄。在此案例中，如各當事方協商將案件一致交由丙方管轄，雖然丙方對於犯罪人A在乙方的販毒行為原無刑事管轄權，但經乙方之請求後，丙方得對犯罪人A在乙方的販毒行為進行刑事訴追。

（二）刑事訴追移轉管轄之情形

1. 一方請求他方訴追之情形

　　刑事管轄權的行使乃一國主權（sovereignty）之部分，任何國家均不可能輕易將己方刑事管轄權拱手讓由他方行使，在請求刑事訴追移轉管轄之情形亦同。例如：本公約第8條即限制在特定情形下，一締約方得請求他締約方提起訴訟：(1)犯罪嫌疑人通常居住在被請求方；(2)犯罪嫌疑人是被請求方的國民，或被請求方是其原本之國籍方；(3)犯罪嫌疑人在被請求方正要或將要接受剝奪自由的判決；(4)被請求方就犯罪嫌疑人之

---

[24] 蔡墩銘主持，吳景芳、黃榮堅協同主持，涉及兩岸刑事案件處理方式之研究，行政院大陸委員會委託研究，行政院大陸委員會，1993年10月1日，頁40。

同一犯罪或其他犯罪正提起訴訟；(5)被認為有利於查明犯罪事實，特別是最重要的證據被認為位於被請求方內；(6)在被請求方執行刑罰將有助於被判刑人重返社會；(7)認為不能確保犯罪嫌疑人在請求方法院審判出庭，而可確保其在被請求方出庭；(8)認為即便訴諸引渡也不能使判決獲得執行，而被請求方卻有可能執行；(9)如犯罪嫌疑人已最終在一締約方被判刑時，當即使訴諸引渡也不能自行執行判決，且另一締約方原則上不代執行他方刑事判決，拒絕代執行這類判決時，則前一締約方可在上述一種或數種情況下請求刑事訴追移轉管轄。[25]

　　由此可知在判刑確定前，基於國籍、相牽連案件、證據蒐集、犯罪人之教化、庭訊之便利及判決之執行等因素，一方得請求他方代理己方進行

---

[25] Article 8 of European Convention on Transfer of Proceedings in Criminal Matters provides :

　　1. A Contracting State may request another Contracting State to take proceedings in any one more of the following cases:

　　a. if the suspected person is ordinarily resident in the requested State;

　　b. if the suspected person is a national of the requested State or if that State is his State of origin;

　　c. if the suspected person is undergoing or is to undergo a sentence involving deprivation of liberty in the requested State;

　　d. if proceedings for the same or other offences are being taken against the suspected person in the requested State;

　　e. if it considers that transfer of the proceedings is warranted in the interests of arriving at the truth and in particular that the most important item of evidence are located in the requested State;

　　f. if it considers that the enforcement in the requested State of a sentence if one were passed is likely to improve the prospects for the social rehabilitation of the person sentenced;

　　g. if it considers that the presence of the suspected person cannot be ensured at the hearingof proceedings in the requesting State and that his presence in person at the hearing of proceedings in the requested State can be ensured;

　　h. if it considers that it could not itself enforce a sentence if one were passed even by having recourse to extradition, and that the requested State could do so.

　　2. Where the suspected person has been finally sentenced in a Contracting State that State may request the transfer of proceedings in or more of the cases referred to in paragraph 1 of this Article only if it cannot itself enforce the sentence, even by having recourse to extradition, and if the other Contracting State does not accept enforcement of a foreign judgment as a matter of principle of refuses to enforce such sentence.

刑事訴追。當犯罪嫌疑人最終被判刑後，須被請求方不拒絕代執行已確定之刑事判決，始得進行刑事訴追移轉管轄。

2. 刑事訴追管轄競合之處理

刑事管轄權分配的基本原則包括屬地主義、屬人主義、保護主義及普遍管轄主義，因此就同一犯罪因適用不同的刑事管轄權分配原則，可能發生管轄權競合的情形，其中包括管轄權的積極競合與消極競合，在管轄權的積極競合時，可能發生同一犯罪同時有多方具有管轄權均得對之進行訴追，造成刑事訴追之積極競合（plurality of criminal proceedings），為避免一罪二罰之不合理情形發生，本公約規定，對既不被視為政治犯罪（political offences）又不被視為純軍事犯罪（infractions militaires）的罪行，任何締約方在提起訴訟之前或追訴期間內，得知另一締約方也正對同一人之同一罪行進行訴訟，應考慮是否放棄或暫緩己方之訴追，或將訴追移轉另一締約方。如其根據情況認為，以不放棄或不暫緩己方之訴追為宜，則應及時將此通知上述另一締約方，在任何情況下，此通知應在作出實體判決之前進行。此時有關之締約方應進行協商，以決定由何方繼續進行訴訟為宜，但協商完成前，若其中任一方之審判程序已在被告出席的情形下開始進行，則應由該方進行訴追、處罰，另一締約方應放棄己方之訴追，並視為其已將該案件的訴追權委由該方行使。

當一人或行為上有牽連（acted in unison）之數人被指控觸犯數種有質的區別及各有關方刑法規定之數種罪行，或行為上有牽連之數人被指控觸犯各有關方刑法的同一罪行（a single offence）時，為發現真實並作適當之裁判，各有關方應協商由何方進行訴追較為適宜。如經協商決定由某一締約方進行訴追後，其他方應放棄己方之訴追，並視為其已將該案件的訴追權委由該方行使。[26]

---

[26] 1972年「刑事訴追移轉管轄歐洲公約」第30至34條參照。

(三) 刑事訴追移轉管轄之效果

1. 在請求方之效力

本公約規定請求方提出刑事訴追移轉管轄的請求後，不得再訴追請求所列舉的犯罪對犯罪嫌疑人提起訴訟，亦不得執行該方先前因同一犯罪已對犯罪嫌疑人所作之判決。惟在接獲被請求方就刑事訴追移轉管轄的請求作出決定之前，請求方得保留採取所有訴追措施的權利，僅是不得將該案件提交審判或根據案件的情況不得就該案件作出決定。如被請求方作出不對請求採取行動、拒絕接受請求、撤銷接受請求、不提起或不繼續訴追之決定通知請求方，或請求方在被請求方通知它對請求採取行動的決定之前撤回請求時，請求方可恢復其訴追權與判決執行權。[27]

2. 在被請求方之效力

被請求方接受刑事訴追移轉管轄的請求後，在時效方面，本公約規定如被請求方原無管轄權，則其追訴時效應延長六個月，以對該犯罪進行訴追。在告訴（complaint）方面，如兩方之訴追權發動均以告訴爲條件，在請求方提出之告訴與在被請求方提出之告訴具有同一效力。如該犯罪僅在被請求方須具告訴條件，自告訴權人接獲被請求方主管機關的通知之日起，一個月內未聲明異議者，被請求方可在無告訴權人行使告訴權的情況下進行訴訟。[28]

在刑事制裁方面，本公約規定應依被請求方的法律規定判斷，惟被請求方如原無管轄權，則被請求方宣告之刑事制裁不應重於請求方的法律規定，以維護犯罪人權益。[29]在請求方依據己方法律和條例進行之與訴訟有關的活動，在被請求方應具有同等效力，但此種等同性不得給予較在請求方的訴訟中更大的證據效力。任何中斷時效的行爲及在請求方已合法履行的訴訟行爲，應當在被請求方具有同等效力，反之亦然。[30]

---

[27] 1972年「刑事訴追移轉管轄歐洲公約」第21條參照。

[28] 1972年「刑事訴追移轉管轄歐洲公約」第24條參照。

[29] 1972年「刑事訴追移轉管轄歐洲公約」第25條參照。

[30] 1972年「刑事訴追移轉管轄歐洲公約」第26條參照。

　　此外，如被請求方原無管轄權，經請求方提起刑事訴追移轉管轄的請求時，本公約亦規定被請求方應請求方的請求可以在特定情形下採取臨時措施（provisional measures）逮捕犯罪嫌疑人，於此所謂之特定情形有二：(1)依據被請求方的法律規定，准予對該犯罪嫌疑人執行羈押；(2)有理由認為犯罪嫌疑人有逃亡或湮滅證據之虞。臨時逮捕的請求，應根據請求方法律規定的程序所發布之逮捕令或其他具有相同效力的命令，並記載被訴追之罪名、犯罪時間、犯罪地點、對犯罪嫌疑人之詳細描述及案情的簡要敘述等。[31]

伍、結論

　　近年兩岸間因政治氛圍的逐漸緩和，並隨著兩岸政府開放三通、直航，加上雙方簽訂「兩岸金融監理合作瞭解備忘錄」（MOU）、「兩岸經濟合作架構協定」（ECFA）的推波助瀾，兩岸人民彼此間的交流互動已愈加頻密。但由於兩岸間地理位置相近、同文同種、歷史背景及文化習俗相通等因素，導致兩岸跨境犯罪亦隨著兩岸各項交流活動的日益頻密而愈趨氾濫，同時衍生出許多兩岸傳統與新興跨境犯罪的治安問題，跨境犯罪問題儼然成為影響兩岸交流互動的重點事項。然而兩岸跨境犯罪早已走向專業化、分工化、多元化、組織化與國際化的趨勢，特別是走私槍械毒品、詐欺、洗錢、貪腐、組織性、網路犯罪等，使得兩岸遂互相成為諸類跨境犯罪之滋生源或躲藏地。如果兩岸間無法建構具體有效的共同打擊犯罪及刑事司法互助機制，無疑將出現兩岸跨境犯罪防制的巨大缺口，而予以跨境犯罪者有機可乘。

　　為此，2009年4月26日兩岸由台灣地區的海基會與大陸地區的海協會，分別代表兩岸政府於大陸地區南京市紫金山莊共同簽署本協議，規範諸多兩岸雙方共同打擊跨境犯罪與刑事司法互助項目，其中包括：犯罪

---

[31] 1972年「刑事訴追移轉管轄歐洲公約」第27條參照。

情資交換、人員緝捕遣返、司法文書送達、調查取證、罪犯接返、重要訊息通報及業務交流等項目；且規定被請求方在不違反己方規定的前提下，應盡量依請求方要求之形式提供協助，以及被請求方協助取得相關證據資料，應及時移交請求方等，其對兩岸合作共同打擊跨境犯罪與刑事司法互助之貢獻，諸值肯定。

在兩岸各項交流活動愈加頻密，兩岸關係逐步邁向和平發展的現階段，加強兩岸司法聯繫，建構兩岸共同打擊跨境犯罪與刑事司法互助具體可行、常態性、制度化之機制，遏制兩岸互涉之跨境犯罪，保障兩岸人民生命身體財產安全，維護兩岸交流良好穩定的法律環境，顯得尤為重要與迫切。兩岸刑事司法互助機制的發展，即應順應兩岸關係的變化而做適時調整。本協議雖為今後兩岸刑事司法互助機制提供了常態性、制度化的良好基礎，然就其內容細觀，尚存在一些或有待精進，或未臻明確，或無相關配套措施之處，恐不利兩岸相關司法機關有效執行，仍須兩岸司法部門不斷努力加以完善方能以竟其功。

本文祈藉由分析檢討本協議之規範、機制、執行程序，以研擬改善雙方均可接受，又無損及各自司法權或喪失尊嚴之虞的刑事司法互助機制，務實地對於兩岸共同打擊跨境犯罪與刑事司法互助機制的有效執行，提供野人獻曝之若干建言以供參考，期能改善與解決目前本協議若干規範略顯缺漏之問題，俾益本協議具體內容的更加完善，以斷兩岸跨境犯罪之徒鑽現存兩岸共同打擊跨境犯罪與刑事司法互助漏洞之念，使其無機可乘，共創兩岸人民交流之良好法制環境。

7

論兩岸刑事司法互助之調查取證
——以佛山台商被殺案為例

許福生[*]

祝壽文

吾師前法務部長廖正豪教授在辭卸公職以後，便投入社會公益活動，而於2000年成立「財團法人向陽公益基金會」，從事中輟輔導及法治教育基礎工作。此外，為加強兩岸法制交流，健全兩岸法律制度，2006年又成立「海峽兩岸法學交流協會」，積極推動兩岸法學之交流。身為廖前部長的博士指導學生，有幸跟隨廖前部長學習，並長期擔任向陽公益基金會執行長及海峽兩岸法學交流協會監事，讓我能更深一層的體會廖前部長正直豪氣之胸襟。在此特別的日子，僅以本文獻上無限的祝福，祝福恩師福如東海、壽比南山，兩岸和平發展。

---

[*] 中央警察大學行政警察學系暨警察政策研究所教授、財團法人向陽公益基金會執行長。

壹、問題之提出

　　近年來兩岸人民往來互動頻繁，交流互利之餘，同時亦衍生許許多多犯罪問題。況且，涉及兩岸犯罪問題，常有在一方進行刑事訴追之案件，但人證或物證卻在另一方的現象。縱使2009年兩岸簽署的「海峽兩岸共同打擊犯罪與司法互助協議」第八條有「調查取證」之規定，惟該規定是以「協助之己方法律規定」為準據來提供協助，而證據評價則是依請求方之法律進行審查，因而以被請求方之法律作為取證時的依據，勢必面臨證據在請求方境內的效力問題[1]。

---

[1] 兩岸共同打擊犯罪與司法互助協議，從整個內容觀之仍以「狹義刑事司法互助」為主要重點。狹義刑事司法互助就執行面來說，不外圍繞著文書送達、取證、遣返等問題，如同本協議第5條至第12條之規範。惟未來兩岸如何看待後續證據採認、判斷，將是影響大部分案件有罪、無罪的關鍵所在，成為下一個階段兩岸共同打擊犯

　　就以台灣地區法務部於2014年4月29日執行「杜氏兄弟」死刑乙案而言，便遭受「廢死派」的批評，認為「杜氏兄弟連殺台商等五人案，僅憑大陸公安筆錄即判決死刑確定云云」[2]。有鑑於此，法務部於2014年5月7日新聞稿特別提出嚴正說明：杜氏兄弟案偵審之過程，檢察官及法院均極慎重，絕無外傳僅憑公安筆錄判處死刑之情形，籲請各界勿再以訛傳訛，引發爭議[3]。

罪或審判實務必須認真看待因應的課題。例如國際刑事司法互助，進行取證時，基於尊重他方主權之行使，應依被請求方內國法律規範為之；至於如何使用則依請求方之法律為之，倘若不符請求方的取證規範時，將涉及請求方審判實務上是否加以證據排除之問題，現若因程序上的違法而讓罪犯逍遙法外，是無法實現正義反而引來人民對司法的不信賴感。參照許福生，資訊社會下兩岸跨境犯罪問題與對策之探討，刑事法雜誌，第55卷第4期，2011年8月。

[2] 杜姓兄弟與父（2010年8月18日病逝）經常欺壓台商，2001年7月在大陸廣東省佛山鎮向侯姓台商持槍恐嚇取財得手（2002年判決確定），同月間又因顧葉姓台商收容二年之恩，意圖得財，以殘暴冷血手法，持刀殺害葉姓、侯姓台商及與之素無怨隙之3名大陸人士，其中1名是年僅16歲之女性，強盜得手人民幣247餘萬元後逃回台灣。本案在台歷經十一年的審理，最後於2012年3月7日最高法院101年度台上字第900號案判決確定，而以為劫取非分之財，視人命如草芥，以殘暴冷酷手段，一夜間殺害5條人命，刀刀深及頸動、靜脈，一刀未斃命者隨即再補一刀。其中一名被害人係16歲之少女，猶殘忍下手加以殺害，其等冷血程度，莫此為甚。並也造成被害人家屬身心上，受有永遠難以抹滅哀痛。犯後猶毫無悔意，且未賠償被害人家屬，亦未獲被害人家屬之諒解，顯已泯滅良知，喪失人性，實有與社會永遠隔離必要，而判決死刑。詳如http://www.moj.gov.tw/public/Attachment/45720524619.pdf，最後瀏覽日期：2015年6月1日。

[3] 事實上台南地檢檢察官由警方得知廣東省公安廳於2001年7月25日正式要求國際刑警組織對杜清水、杜明郎、杜明雄3人發出紅色通緝令，立即指揮警方開始偵辦。對被告及相關證人處所實施搜索，扣得多項證物，先後偵訊被告3人、案發當時在案發地之台商、被害人親友及被告友人等共28人，同時調查大陸公安機關提供之綜合法醫學鑑定書、現場勘查紀錄、現場照片、物證檢驗報告書等證據資料，再對被告3人實施測謊鑑定，認彼等罪嫌重大，依法提起公訴。歷經台灣台南地方法院、台灣高等法院台南分院及最高法院三審定讞，其間台灣高等法院台南分院7次判決，均處死刑。被告之供述、返台證人之證述與在台扣得之證物，及大陸公安機關製作之現場勘查紀錄表、法醫學鑑定書、物證檢驗報告書、痕跡鑑定書、廣東省海南市公證處所製作之死亡公證書、大陸人民證人筆錄等，均經法官踐行公開直接審理之調查證據及言詞辯論程序，認定具有證據能力及證明力，始判決被告死刑確定。被告3人於偵審程序中，全程有選任辯護人為其辯護。詳如http://www.moj.gov.tw/public/Attachment/45720524619.pdf，最後瀏覽日期：2015年6月1日。

因此，本文擬以本案為例，說明現行海峽兩岸共同打擊犯罪與司法互助協議之調查取證規範為何？又兩岸有關於供述證據採認之規範為何？而本案我方最高法院最後的見解為何？對本案證據能力有何評析？最後為避免類似本案之爭議未來有何改進之處？

貳、現行兩岸司法互助調查取證之規範

一、調查取證規範之內容

隨著國際化與全球化發展的結果，國際社會逐漸形成一股在刑事制裁上的共識，便是加強彼此間的刑事司法互助，使罪犯不管逃到任何一方，也躲不過刑事司法的追訴與審判，且不能從犯罪中獲得任何利益[4]。一般而言，刑事司法互助，係指不同方之司法機關間，在訴訟或其他司法活動中，相互進行合作或代為履行某些訴訟行為而言；國際刑事司法互助之主體，請求協助之一方稱為請求方，被請求之一方稱為被請求方。刑事司法互助之內涵可謂刑事訴訟流程之具體實現，從刑事訴訟程序之開啟至終結，都可能產生刑事司法互助之問題；一般而言，依其請求之內容並可分為：「犯罪人之引渡」、「狹義的刑事司法互助」、「刑事訴追之移送」及「外國刑事判決之承認與執行或受刑人的移送」等四種型態。

至於狹義之刑事司法互助為國際間運用最為頻繁之互助模式，其型態種類眾多，以刑事證據取得協助及訴訟協助為主要型態，其目的在於經由協助他國取得所需要之供述證據及非供述證據，可確保刑事案件有效定罪，實現公平正義，透過相互間之訴訟協助，促使刑事訴訟程序順利進行，藉由共同打擊犯罪之偵查協助，達到有效懲治及遏止犯罪，以保障人民權益。其中又以「調查取證」，為司法互助之核心事項，係指一國司法機關應他國司法機關的請求，根據國際刑法、條約或國內法的有關規定，

---

[4] 許福生，犯罪與刑事政策學，元照出版，2012年9月修訂1版，頁641。

在刑事方面協助取得證據的司法行為[5]。

此外，海峽兩岸為能更有效的打擊兩岸間犯罪，共創兩岸人民雙贏的局面，於2009年4月26日海基會與海協會第三次江陳會，簽署「海峽兩岸共同打擊犯罪與司法互助協議」，其中第八條有關「調查取證」規定：「雙方同意依己方規定相互協助調查取證，包括取得證言及陳述；提供書證、物證及視聽資料；確定關係人所在或確認其身分；勘驗、鑑定、檢查、訪視、調查；搜索及扣押等。受請求方在不違反己方規定前提下，應儘量依請求方要求之形式提供協助。受請求方協助取得相關證據資料，應及時移交請求方。但受請求方已進行偵查、起訴或審判程序者，不在此限。」

從本條有關「調查取證」之內容觀之，概可分為「取得供述證據」（取得證言及陳述）、「提供非供述證據」（提供書證、物證及視聽資料）、「確認行蹤與身分」（確定關係人所在或確認其身分）及「勘驗、鑑定、搜索及扣押等」（勘驗、鑑定、檢查、訪視、調查；搜索及扣押等）四種，分別說明如下。

(一)取得供述證據

取得證言與陳述委託詢問的對象主要是證人、被害人和鑑定人，但證人中，也有可能是被請求方刑事案件的在押犯罪嫌疑人、被告或受刑人。請求協助取得證言及陳述，應載明訊問之要點及相關程序事項，如此可避免讓被請求方執行機關對需要調查的問題不得要領，及避免程序上之差異所引起的爭論。而在國際刑事司法協助，被詢問人有權根據被請求方的法律或者請求方的法律拒絕作證，但也有國際條約不允許證人援引請求方的法律拒絕作證詞[6]。

由於證人拒絕證言權是透過免除證人的作證義務從而使證人擺脫作證困境的權利，是法律在訴訟內利益和穩定社會關係利益之間進行權衡的

---

[5] 朱金池、楊雲樺、蔡庭榕、許福生，兩岸共同打擊犯罪策略與運作之研究，行政院研究發展考核委員會委託研究報告，2011年5月，頁93。

[6] 張淑平，海峽兩岸刑事司法互助研究，九州出版社，2011年12月，頁94。

結果。我方刑事訴訟法第179條規定了因公務員關係的拒絕證言；第180條規定了因身分關係的拒絕證言；第181條規定了因身分與利害關係的拒絕證言；第182條規定了因業務關係的拒絕證言。而陸方刑事訴訟法長期以來缺乏證人拒絕證言權的規定，只在新刑事訴訟法第188條增加規定：經人民法院通知，證人沒有正當理由不出庭作證的，人民法院可以強制其到庭，但是被告人的配偶、父母、子女除外。初步建立了大陸的強制證人出庭及近親屬拒絕證言權制度。但該規定明顯的可發現享有拒絕證言權的主體範圍過於狹窄；另外拒絕證言權的內容不全面，被告人的配偶、父母、子女僅僅是在審判階段享有不被強制出庭作證的權利，其在偵查階段和審查起訴階段的作證義務並沒有被免除[7]。因此，我方檢察機關就受請求代為取得證言或陳述時，檢察官仍應即依據刑事訴訟法相關規定訊問證人。另外，如果陸方未告知我方證人拒絕證言者等違反法定程序取得之證據，其有無證據能力之認定，得類推適用我方刑事訴訟法第158條之4規定審酌人權保障及公共利益之均衡維護。

由於「供述證據」係以人之陳述，作為證明其陳述內容事實之用，而證人陳述，往往因受其觀察力正確與否，記憶力有無健全，陳述能力是否良好，以及證人性格如何等因素影響，致其所認識事實未必與真實事實相符。因而在調查取證中，取得證言與陳述之「供述證據」是相對比較敏感和複雜的協助措施。在法院證據調查上，「供述證據」係以一定事實之體驗或其他知識而為報告，若屬被告以外之人於審判外之言詞陳述，在我方屬刑事訴訟法第159條所規定之「傳聞證據」，原則上無證據能力，除非符合刑事訴訟法第159條以下有關傳聞法則例外之規定，方具有證據能力。因而委託詢問證人，針對其取證之主體及證人是否出庭，對其證言與陳述之效力，便成為我方法庭攻防之主力，這也是本案爭論最主要之焦點所在。

---

[7] 姚莉，兩岸刑事案件調查取證協助中的衝突及解決出版社，比較法研究，2014年第3期，頁2。轉引自http://article.chinalawinfo.com/ArticleFullText.aspx?ArticleId=86208，最後瀏覽日期：2015年9月20日。

（二）提供非供述證據

　　針對請求方向被請求方請求提供本方政府機關所持有得公開之書證、物證及視聽資料，被請求方負責機關應即函請相關政府機關提供該書證、物證及視聽資料，並告知其使用目的；但請求提供非政府機關所持有之書證、物證及視聽資料，除不符合被請求方法令規定外，應於取得後儘速提供。此外，對於由被請求方提供的書證、物證及視聽資料，仍可不予協助（如本協議第15條規定）、約定保密義務（如本協議第16條規定）和限定用途（如本協議第17條規定），全部或者部分拒絕執行請求，但應向對方說明理由並送還相關資料（如本協議第14條規定）。

　　提供書證、物證及視聽資料等「非供述證據」，由於「非供述證據」係以物（包含物及文書）之存在或狀態為其證據，客觀上已具備一定程度之不可代替性，且或係於不間斷、有規律之過程中所取得，並無預見日後可能會被提供作為證據之偽造動機，因而非供述證據只須合法取得，並於審判期日經合法調查，即可容許為證據。此乃因非供述證據應屬優勢證據，其評價上之裁量自較之於供述證據為強，且基於「與證據排除原則之主要目的不合」、「我方法院難以正確審查」、「相關判斷資料難以獲得」等原因，我方法院不應詳究被請求方取得非供述證據是否確實依據「依己方規定」為之，原則上均應承認具有證據能力[8]。因此，兩岸刑事司法互助調查取證所取得證據，原則上應該依據所取得者為「供述證據」及「非供述證據」，作不同之處理。

（三）確認行蹤與身分

　　本協議所指「確認關係人所在或確認其身分」，就是確認關係人行蹤或身分。「關係人」，包括犯罪嫌疑人、被告、證人或者與刑事案件相關的人員。為確定關係人所在或確認其身分，請求方應當向被請求方提供「關係人」之姓名、年籍資料或其他足資辨別之特徵，等一切有助於辨別、確認其身分、確認其行蹤之資料。

---

8 朱金池、楊雲樺、蔡庭榕、許福生，同註5，頁136。

　　惟為「確定關係人所在或確認其身分」，所採取手段不涉及強制性措施，只能採取跟蹤、監視並記錄其行蹤等非強制手段。在對關係人進行辨認情況下，被請求方也只能採取秘密和非強制性的手段，不能強迫關係人接受辨識。「查找或者辨識有關人員」的目的，有時候是境外追捕和引渡的前期偵查行為，但有時又是一種獨立的司法協助形式，查找或者辨識有關人員就是目的。所以即使請求方與被請求方存在著引渡方面法律困難，或者不可能展開引渡方面的合作，請求方仍然可以為了該目的向被請求方要求提供協助[9]。

(四)勘驗、鑑定、搜索及扣押等

　　勘驗、鑑定、搜索及扣押等，屬於強制處分措施，對其人身權利有所限制，有時也會為限制對有關人員所享有表面的財產權利。有關勘驗、鑑定、搜索及扣押等司法協助，除為了調查取證之目的外，搜索及扣押還為了追繳犯罪所得和收益之目的。因為勘驗、鑑定、搜索和扣押具有明顯的強制性，應當遵循較嚴格之限制，若請求方所追訴的行為根據被請求方的法律不構成犯罪，被請求方就不應當為此動用限制有關人員財產權利甚至人身權利的強制措施，也就是必須符合雙重犯罪原則。如同我方於2011年1月所訂定之「海峽兩岸調查取證及罪贓移交作業要點」所示，針對受請求搜索及扣押時，檢察官應先行審核請求書所述之犯罪事實，依台灣地區法律之規定亦構成犯罪時，始得依刑事訴訟法規定向法院聲請搜索票，指揮檢察事務官、司法警察官或司法警察執行。另針對受請求勘驗、檢查或鑑定時，檢察官應依據刑事訴訟法相關規定進行。

二、境外調查取證方式與準據法

　　在狹義之刑事司法互助意義下之境外取證的方式，一般而言可分為下列三種方式[10]：

---

[9] 張淑平，同註6，頁93。

[10] 邱忠義，兩岸司法互助調查取證及證據能力之探討——兼述防範被告逃匿對策，刑事法雜誌，第54卷第5期，2010年10月，頁149-152；朱金池、楊雲樺、蔡庭榕、許

（一）單獨取證：指請求方囑託被請求方之司法人員，單獨進行調查取證。透過此種方式，被請求之協助方，只要在不違反己方之規定下，當可藉由搜索、扣押證物或逮捕犯人等強制手段協助請求國取得證據。惟此由被請求方單獨取證之方式，會面臨到的問題是，請求方又如何探知其取證過程是否合乎其內國之取證規範，倘若雙方程序保障機制存在重大落差的情況下，可能使該證據未必符合請求方法律對於證據資格之要求。另外，被請求方對於請求方囑託調查之案件背景事實通常缺乏足夠之認識，因而在資訊不足的情況下單獨進行調查取證，可能導致取證過程空泛化、無效率化，甚至調查之結果與真實不符。因此為改善此種方式之困境，實務上遂發展出請求方派員參加被請求方調查取證活動之陪同取證型司法協助。

（二）陪同取證：指請求方囑託被請求方進行調查取證的同時，亦派出司法人員參加被請求方之調查取證活動，陪同協助其受託調查取證之進行。如此一方面可以加強被請方執行機關對於相關案情的理解，提升其執行的準確性，另方面也可以讓調查取證所獲取之相關資料，更能符合請求方刑事訴追的需要和法定要求。目前世界各國締結的刑事司法互助條約內，均允許請求方主管機關派員前往被請求方境內，協助被請求方機關進行受請求調查取證活動；並且規定被請求方負有義務向請求方預先通報其將於境內執行的受託調查取證措施，以便請求方可以派遣人員參加。在司法實務上，此一方式亦被我方終審司法機關所肯定，例如最高法院98年度台上字第1941號判決，即明確肯定此種蒐證方式所取得之證據有證據能力[11]。

福生，同註5，頁122-123；陳思帆，經大陸取得證人警詢筆錄證據能力之研究，中央警察大學警察政策所碩士論文，2013年，頁45-48。

[11] 98年度台上字第1941號判決認為：若檢察官為打擊跨境性之重大犯罪，依循國際刑事司法互助管道，遠赴海外，會同當地檢察官對於犯罪集團之某成員實施偵查作為，提供偵訊問題，由該地檢察官照單辦理，訊問前，並依該方與我方刑事訴訟法相同意旨之規定，踐行告知義務，確保被告之訴訟防禦權，復通知其辯護人到場，保障其律師倚賴權，訊問中，且予以全程錄音（甚或錄影），訊問後，尚由被訊問人及其辯護人、會同訊問之各地（主任）檢察官、書記官（或人員）、翻譯人員與

　　（三）親往取證：係指請求方直接派司法人員，親自到受請求方之法域進行調查取證而言。由於基於區域主權之尊重，原則上此種「親往取證」必須不涉及搜索、扣押、拘捕、通訊監察、羈押等強制處分之「任意偵查」，例如在證人自願性配合下訊問或詢問證人（偵訊地點通常選在非被請求官方支配下之場所，如飯店、旅館、請求方之駐外使館等）；若欲使用具強制處分性質之偵查行為，只能「囑託」被請求方代為執行，因為強制處分涉及取證地的司法主權，向來不允許他人侵犯。

　　再者，境外取證之請求方和被請求方分屬不同法域，而不同法域之調查取證程序法律規範不一，因此在進行跨境司法互助調查取證時，究竟應以何方的調查取證程序規範作為準據法？目前學說上，約有下列見解[12]：1.基於尊重他國主權之行使，依被請求之協助方之調查取證程序規範；2.為彰顯極度尊重彼此國家的司法主權，依請求方之調查取證程序規範；3.取證程序劃分「決定」（強制處分的審核依被請求方）和「執行」（證據之使用依請求方）兩層面，分別適用。

　　就目前本協議第八條之規定觀之，是以「協助之己方法律規定」為準據，來提供協助，即依被請求方法律規範為之。但鑑於依據國際條約之規定，證據評價階段是依請求國之法律進行審查，因而以協助方之法律作為取證時的依據，勢必面臨證據在請求國境內的效力問題，特別是兩岸調查取證程序規定及擔保證據能力規範有很大差異，適用上便會對我方的刑事訴訟制度造成很大的衝擊。

陪同在場之其他人員（例如承辦警員、錄影操作員）在筆錄上簽名確認，我方檢察官更命其所屬書記官就該訊問過程（含人員、時間、地點、囑託訊問之題目等項）作成勘驗筆錄，載明上揭訊問筆錄之內容（含其光碟片）核與實際進行情形相符，縱然該訊問筆錄係由他方之書記人員製作而成，不符合我方刑事訴訟法第43條規定，惟既有諸多人員在場，踐行之程序堪認純潔、公正、嚴謹，顯無信用性疑慮，實質上即與我方實施刑事訴訟程序之公務員借用他人之口、手作為道具，而完成自己份內工作之情形無異，參照上揭刑事訴訟法第159條之1第2項規定法理，就在我方內之該犯罪集團其他成員被告以言，是項偵訊筆錄當應肯認為適格之證據。

[12] 曾正一，「南京協議」中有關調查取證司法協助之研究，2010兩岸共同打擊犯罪學術研討會論文集，財團法人二十一世紀基金會、中央警察大學主辦，2010年12月10日，頁131-134；邱忠義，同註10，頁158-165。

　　因此，為解決「證據未必符合請求方對證據資格之要求」問題，除落實現行協議第8條之規定，即請求方在囑託被請求方協助取證時，應於請求書上具體載明每個證據方法之調查程序以及證據能力的判斷準則，促請被請求方，「在不違反己方規定前提下，應儘量依請求方規定之形式進行調查取證。但是受請求方已進行偵查、起訴或審判程序者，不在此限」外，應可在納入更多元化的協助調查取證方式，如「親往取證」及「陪同取證」之規範，以確保調查取證之有效性。但基於尊重各自司法權的自主性，「親往取證」的適用範圍應限定為任意性偵查措施，拘捕、搜索、扣押等強制性偵查措施應當以「單獨取證」或「陪同取證」的方式進行。

　　另外，由於傳統的委託取證方式，可能面臨取證結果不一定能為請求國法律所接受或對案件實際用處，而且對當事人而言，此一取證方式往往也有侵害人權的顧慮（例如對於不利證人的對質、詰問權的確保等）。因此，採用現代科技之視聽傳送設備，即通過視訊傳送取證之方式，逐漸在某些國家和國際刑事審判機構中出現，如現行「打擊跨國有組織犯罪公約」及「聯合國反貪腐公約」均規定允許以視訊方式取證。因而，將來兩岸司法互助在詢問證人及其他關係人時，必要時可輔以視訊傳送方式為遠距訊（詰）問，以確保人權保障與發現真實之正當法定程序[13]。

---

[13] 我方現行司法實務，對於身處國外之證人利用視訊設備接受我方司法人員訊問一事，則採較為保守之見解。以某醫師在大陸殺人案為例，偵查中我方檢察官對於在大陸之數名證人透過視訊訊問，然其證詞在一、二審均被認為無證據能力，理由約為「遠距視訊乃司法權具體行使，行遠距訊問證人之處所及提供遠距訊問設備之相對方（即證人應訊之處所），均應以我國政府機關及法院、檢察署為原則」、「若擬於境外行遠距訊問，允宜以法有明文或雙方訂有協議為前提」、「現行法及大陸地區與我國雙方尚乏此項規定，大陸地區復為我國法權所不及之地」等，進而導出「是前開證人之證述，自不得採為證據」的結論。然而，此一訊問事前必須經過大陸有關機關的同意方得以進行，並無前述「違反他國主權」的疑慮。其次，國際刑事司法互助進行並非一律屬「法律保留事項」，而是應按其對基本權利干預嚴重程度做不同考量，尤其是考慮我國現實處境，「若擬於境外行遠距訊問，允宜以法有明文或雙方訂有協議為前提」般嚴格要求似無必要，基於有效刑事訴追之必要，個案上如獲他國同意即足。最後，即便認為欠缺法律依據，也未必導論出「自不得採為證據」的結果，這部分的說理有欠周延。事實上，就偵查作為而言，在合於任意處分的前提下，採用遠距視訊詢問在大陸的犯罪嫌犯疑人、被告或證人等以蒐集

參、兩岸有關於供述證據採認之規範

一、我方之規範

台灣地區的刑事審判是採取直接審理原則，相關證據資料必須提出於法院讓法官直接檢視，證人的證詞原則上必須在審理法官面前陳述，才能作為證據。因而刑事訴訟法第154條第2項明定「犯罪事實應依證據認定之，無證據不得認定犯罪事實」，明白揭示「證據裁判主義」。再者，刑事訴訟法第155條第2項明定「無證據能力、未經合法調查之證據，不得作為判斷之依據」，將證據能力作為刑事證據資料進入審判程序的篩選機制，無證據能力之證據根本不能進入審理程序，更不可能作為認定犯罪事實之依據。況且在2003年刑事訴訟法修正又納入傳聞法則，即排除傳聞證據之證據能力之法則。之所以排除傳聞證據，在於傳聞證據無法經由公判庭上的各種驗證其陳述可信性之程序，來擔保其陳述內容之真實，並且傳聞證據大部分是以口頭的方式由被告以外之人輾轉聽來的供述證據，性質上更帶有多重不正確之危險，故為求發現實體真實目的，並兼顧保障被告之反對詰問權，原則上應排除適用傳聞證據。然而，如果為貫徹傳聞法則，將傳聞證據毫無例外的加以排除，則可能會造成許多關鍵性證據被排除在公判庭外，嚴重阻礙真實發現。因而若在「可信性之情況保證」及「使用證據之必要性」的情況下，自有承認其有傳聞例外之必要，以符合實際所需。依我方有關刑事訴訟法傳聞法則之規定，其相關條文如下：

犯罪之線索，可定位為偵查機關實施偵查方式之選擇，惟此偵查方式仍在我境內實施，只不過受偵訊的一方在大陸，因而偵訊之實施仍應適用我方刑事訴訟法的規定。至於在證據能力的認定上，法院不應逕以法無明文或本協議未明定遠距視訊為由，即形式上一律否定偵查機關遠距視訊證人陳述之證據能力。反因而是在偵查階段，無具結擔保之境外遠距視訊取得證人陳述，應依刑事訴訟法第159條之3規定判斷是否符合傳聞法則之例外要件，而具體審斟該證人在遠距視訊下陳述的外部環境是否自然及任務等，以判斷有否可信性之情況保證。參照楊雲驊，反貪腐公約內刑事司法合作規定與我國現行法制檢討，聯合國反貪腐公約專題學術研討會，2015年6月23日，頁31；陳運財，偵查與人權，元照出版，2014年4月，頁471。

（一）第159條：「被告以外之人於審判外之言詞或書面陳述，除法律有規定者外，不得作為證據。前項規定，於第161條第2項之情形及法院以簡式審判程序或簡易判決處刑者，不適用之。其關於羈押、搜索、鑑定留置、許可、證據保全及其他依法所為強制處分之審查，亦同。」

（二）第159之1條：「被告以外之人於審判外向法官所為之陳述，得為證據。被告以外之人於偵查中向檢察官所為之陳述，除顯有不可信之情況者外，得為證據。」

（三）第159之2條：「被告以外之人於檢察事務官、司法警察官或司法警察調查中所為之陳述，與審判中不符時，其先前之陳述具有較可信之特別情況，且為證明犯罪事實存否所必要者，得為證據。」

（四）第159之3條：「被告以外之人於審判中有下列情形之一，其於檢察事務官、司法警察官或司法警察調查中所為之陳述，經證明具有可信之特別情況，且為證明犯罪事實之存否所必要者，得為證據：一、死亡者。二、身心障礙致記憶喪失或無法陳述者。三、滯留國外或所在不明而無法傳喚或傳喚不到者。四、到庭後無正當理由拒絕陳述者。」

（五）第159之4條：「除前三條之情形外，下列文書亦得為證據：一、除顯有不可信之情況外，公務員職務上製作之紀錄文書、證明文書。二、除顯有不可信之情況外，從事業務之人於業務上或通常業務過程所須製作之紀錄文書、證明文書。三、除前二款之情形外，其他於可信之特別情況下所製作之文書。」

（六）第159之5條：「被告以外之人於審判外之陳述，雖不符前四條之規定，而經當事人於審判程序同意作為證據，法院審酌該言詞陳述或書面陳述作成時之情況，認為適當者，亦得為證據。當事人、代理人或辯護人於法院調查證據時，知有第159條第1項不得為證據之情形，而未於言詞辯論終結前聲明異議者，視為有前項之同意。」

另外就有關科學鑑定部分，科學鑑定有賴具有專門知識之鑑定人來實行，其目的在於輔佐法院對於特定證據之判斷。依我方刑事訴訟法第198條之規定，鑑定人應由審判長、受命法官或檢察官，就鑑定事項有特別知識經驗之人或經政府機關委任有鑑定職務之人選任。鑑定人經選任後，應

就鑑定之經過及其結果，以言詞或書面報告，以書面報告者，於必要時得使其以言詞說明，刑事訴訟法第206條明文規定。所以，鑑定人必須由法官或檢察官指派，必須是對鑑定事項有特別知識的專家；並且要以書面或言詞報告鑑定所使用的科學方法，以及鑑定的結果；如果書面報告有所不足，還要到法庭接受檢辯雙方的交互詰問[14]。

　　因此，對於證人及鑑定人之證據方法，台灣地區的刑事訴訟法已有詳細的規定，建立在直接審理原則與傳聞法則，讓法官得以在親見證人之陳述下，據以判斷證人陳述之真實性，非在法院法官面前所為之陳述，除非有刑事訴訟法第159條至第159條之5所規定之例外情況，得以具有證據能力外，原則上均不具證據能力，而不得作為判斷犯罪事實之依據。又鑑定人必須是經審判長、受命法官或檢察官選任，其所作成之鑑定報告應以言詞或書面報告，以書面報告者，必要時應到法庭接受檢辯雙方的交互詰問，始得作為證據。

二、陸方之規範

　　依據大陸地區刑事訴訟法第48條證據概念與種類規定：「可以用於證明案件事實的材料，都是證據。證據包括：（一）物證；（二）書證；（三）證人證言；（四）被害人陳述；（五）犯罪嫌疑人、被告人供述和辯解；（六）鑑定意見；（七）勘驗、檢查、辨認、偵查實驗等筆錄；（八）視聽資料、電子資料。證據必須經過查證屬實，才能作為定案的根據。」從本條之規定可知，大陸地區證據概念包含如下兩個層次：第一層次是一般意義上的證據，即可用於證明案件事實且具有法律規定的證據形成的一切材料；第二層次是作為可定罪根據的證據，此類證據除應具有關聯性與法定形式外，還應具有客觀真實性，即經過查證屬實[15]。

　　另就供述證據部分，大陸刑事訴訟法第54條第1項前段非法證據排除規定，採用刑訊逼供等非法方法蒐集的犯罪嫌疑人、被告人供述和採用暴

---

[14] 鄭銘仁，從杜明雄兄弟強盜殺人案件談採行大陸證據之可行性——以供述證據為核心，刑事法雜誌，第58卷第4期，2014年8月，頁44。

[15] 樊崇義主編，2012刑事訴訟法解讀與適用，法律出版社，2012年，頁75。

力、威脅等非法方法收集的證人證言、被害人陳述，應當予以排除。依據
這項規定可知，大陸刑事訴訟法對於排除非法取得供述證據，主要原因是
非法取得的供述證據虛僞性較強所以需要排除。至於所謂應當予以排除，
當係指依同條第2項規定：在偵查、審查起訴、審判時發現有應當予以排
除的證據的，應當依法予以排除，不得作爲起訴意見、起訴決定和判決的
依據。

　　再者，證人的證言，依大陸刑事訴訟法第59條證人證言之查證規
定，必須在法庭上經過公訴人、被害人和被告人、辯護人雙方質證並查實
以後，才能作爲定案的根據。另依大陸刑事訴訟法第187條第1項、第3項
規定：「公訴人、當事人或者辯護人對證人證言有異議，且該證人證言對
案件定罪量刑有重大影響，人民法院認爲證人有必要出庭作證的，證人應
當出庭作證。公訴人、當事人或者辯護人、訴訟代理人對鑑定意見有異
議，人民法院認爲鑑定人有必要出庭的，鑑定人應當出庭作證。經人民法
院通知，鑑定人拒不出庭作證的，鑑定意見不得作爲定案的根據。」由此
規定推論，證人在公安或檢察官面前所作的證述筆錄以及鑑定人之鑑定意
見書，原則上只要查實後，可以直接作爲法院審判定案之依據，除非公訴
人、當事人或者辯護人對其證言有異議，該證人證言對案件定罪量刑有重
大影響，人民法院認爲證人有必要出庭作證時，或是公訴人、當事人或者
辯護人、訴訟代理人對鑑定人之鑑定意見有異議，而人民法院認爲鑑定人
有必要出庭時證人及鑑定人才有到庭作證並接受質證之義務。因此，在沒
有證據能力（資格）之規定，所有的證據均可進入審判程序，再透過核實
的調查，排除與事實不符的證據[16]。

　　陸方如此規定，即證據材料未經過任何證據資格檢驗，即行進入審判
程序，僅透過核實之調查，再事後予以排除適用；與我方證人及鑑定人非
在法院法官面前所爲之陳述，除非有刑事訴訟法第159條至第159條之5所
規定之例外情況，得以具有證據能力外，原則上均不具證據能力，而不得
作爲判斷犯罪事實之依據，便有所差異，難免在適用上會產生差異。

---

[16] 鄭銘仁，同註14，頁47。

肆、我方法院對佛山台商被殺案之見解

針對杜姓兄弟與杜父在大陸一夜間殺害五條人命乙案，歷經台灣台南地方法院、台灣高等法院台南分院及最高法院三審定讞。其間台南地方法院以罪證不足本於罪疑唯輕及無罪推定原則而判決無罪，而非否認大陸地區證據資料之證據能力；上訴後台灣高等法院台南分院7次判決，均處死刑。在此針對本案我方最高法院三審定讞之101年台上字第900號判決，說明大陸證人警詢筆錄與大陸鑑定報告書之證據能力如下。

一、大陸公安詢問證人筆錄之證據能力

由於大陸公安單位對目擊證人製作之警詢筆錄，屬於被告以外之人於審判外之言詞或書面陳述之「供述證據」，在我方屬於「傳聞證據」，原則上無證據能力，除非符合刑事訴訟法第159條以下有關傳聞法則例外之規定，方具有證據能力。至於本案有關大陸證人警詢筆錄之證據能力，最高法院判決認為，「基於時代演進及實際需求而為適當解釋之必要下，視情節可類推適用刑訴法第159條之2、第159條之3、第159條之4第3款之規定，作為傳聞例外之評價依據。」

(一)針對刑訴法第159條之3部分

該判決認為「依司法互助協議之精神，我方既可請求大陸地區公安機關協助調查取證，以作為司法上之用途，即有承認大陸公安機關調查所取得之證據，可依我國法律承認其證據能力之意思。雖大陸地區公安機關偵查人員非屬我國司法警察或司法警察官，然其係大陸地區政府依法任命而具有偵查犯罪權限之公務員，依上述互助協議規定，復有協助我方調查取證之義務，則大陸地區公安機關之偵查人員依其職權或基於上述互助協議而為刑事上之調查取證，在地位與功能上實與我國司法警察或司法警察官依職權調查證據無異。」況且，考量當前兩岸交流的現實處境與實現發現真實打擊犯罪的務實態度，認「目前兩岸文化、經濟交流日漸頻繁，跨

越兩岸之犯罪事件亦層出不窮,亟須兩岸合作共同打擊犯罪,以維護兩岸交流與人民安全。若大陸地區公安機關偵查人員依職權或依前述互助協議所調查之傳聞證據,或製作之證明文書及紀錄文書,僅因其不具我國司法警察或司法警察官之身分,而認不得適用刑事訴訟法第159條之2、第159條之3或第159條之4關於傳聞證據例外具有證據能力之規定,致妨礙事實之發現,而無法為公正之裁判,無異鼓勵犯罪,而危害兩岸交流與人民安全。故刑事訴訟法第159條之2、第159條之3關於『司法警察官或司法警察』之規定,自有依時代演進及實際需求而為適當解釋之必要。是認被告以外之人於大陸地區公安機關偵查員調查時所為之陳述,經載明於筆錄或書面紀錄(屬傳聞證據),而為證明犯罪事實存否所必要者,認可類推適用刑事訴訟法第159條之2或同條之3之規定,以決定其證據能力,依上述說明,尚非全無見地。」

況且,該判決進一步說明「大陸地區已於1979年7月間公布施行刑事訴訟法,嗣已於1996年又對其刑事訴訟法作大幅度修正,其修正內涵兼顧打擊犯罪與保護人權,並重視實體法之貫徹與程序法之遵守,雖非完美無瑕,但對訴訟之公正性與人權保障方面已有明顯進步,故該地區之法治環境及刑事訴訟制度,已有可資信賴之水準。從而,原判決以大陸地區派出所偵查員及刑警隊人員係大陸地區具有刑事偵查權限之公務員,而其詢問大陸地區人民所製作之筆錄,又符合大陸地區刑事訴訟法相關規定,該筆錄復經受詢問人閱覽後親自簽名及捺指印確認無訛,堪認前述文書之取得程序具有合法性。且曾受上述大陸地區公安機關偵查員詢問之台商等人,均未供稱大陸地區公安機關有以威脅、利誘、詐欺或其他非法方法對其等詢問之情形,因認大陸地區人民在派出所偵查員及大瀝分局刑警隊詢問時所製作之筆錄,係於可信之特別情況下所製作,且為證明犯罪事實存否所必要,乃類推適用刑事訴訟法第159條之3第3款規定,而承認其證據能力,尚難遽指為違法。」

(二)至於針對刑訴法第159條之4部分

該判決認為「有部分學者認外國公務員所製作之文書(例如警詢筆

錄），可審酌該項文書之性格（即種類與特性），暨彼邦政經文化是否已上軌道等情狀，以判斷其是否在可信之特別情況下所製作（亦即是否具備「特信性」），而適用刑事訴訟法第159條之4第3款規定，以決定其證據能力。而依原判決上開論述，既認定上述大陸地區公安機關偵查員對被告以外之人所製作之詢問筆錄，係在可信之特別情況下所製作；而上述公安機關偵查員又係大陸地區政府所依法任命具有偵查權限之公務人員，則其該人所製作之詢問筆錄（即文書），基於時代演進及事實需要，在解釋上亦應可類推適用同法第159條之4第3款規定，而承認其證據能力。」

最後，該判決認為「依上述說明，不論依同法第159條之3第3款，或同條之4第3款規定，均可獲致相同之結論，自難指摘原判決採證違法。又原法院更三審已多次囑託海基會送達傳票予證人，期能傳其到庭具結作證，並接受檢察官、上訴人等及其選任辯護人之詰問，惟均未能送達傳票，顯見該證人已所在不明而無從傳喚或拘提其到庭進行詰問程序，亦無法以視訊方式為遠距訊（詰）問，此係基於兩岸分治及現實上之困難所致，尚難謂原審有剝奪上訴人等及其選任辯護人對該證人之詰問權，而妨礙其等行使訴訟防禦權之情形。」

二、大陸鑑定報告書之證據能力

針對大陸公安單位所查扣之物證，若將該等證物送請相關專業機關鑑定，並製作如法醫學鑑定書、物證檢驗報告書、痕跡鑑定書等，本案最高法院判決認為同屬「傳聞證據」，在無顯不可信之情況，而應類推適用同法第159條之4第1款規定，均具有證據能力，其說明如下：

（一）原判決附表所示場勘查紀錄表三份、法醫學鑑定書一份、物證檢驗報告書二份與痕跡鑑定書三份等文書，係佛山市公安局就本件相關跡證所為勘查紀錄及鑑識報告；該等文件均係台灣台南地方法院依職權函請刑事警察局與大陸地區政府洽商，請其等交付本件相關證物，經刑事警察局與大陸地區政府洽商後，由刑事警察局鑑識科科長翁景惠於2002年4月23日至24日至大陸澳門地區，由大陸廣東省公安廳刑偵局科長楊玫、廣東省公安局主檢法醫師劉偉民、痕檢工程師朱奕賢、廣東省公安局預審官莫

布來等交付後攜帶返台等情，業據鑑定人翁景惠於第一審結證在卷，並有刑事警察局2002年4月29日刑鑑字第100875號函一份在卷可參。故該等文書之取得程序，符合我國刑事訴訟法所規定正當程序取得證據之要求（當時兩岸尚未簽訂司法互助協議，無法透過正式司法互助程序取得大陸地區之證據資料）。

（二）大陸地區公安機關法醫師之地位相當於我國檢察署之法醫師，同具公務員身分，其所製作之鑑定書，並無顯不可信之情況。且鑑定證人即當時任職刑事警察局法醫室主任石台平於第一審亦證稱：大陸地區公安機關之鑑定報告已達世界法醫學界之標準等語，上述鑑定資料復經其複鑑認定無訛，因認大陸公安機關所製作之法醫學鑑定書、物證檢驗報告書、痕跡鑑定書（同屬傳聞證據），以及廣東省佛山市南海市（現已改制爲南海區）公證處所製作之死亡公證書，均無顯不可信之情況，而應類推適用同法第159條之4第1款規定，認均具有證據能力），以及廣東省佛山市南海市（現已改制爲南海區）公證處所製作之死亡公證書，均無顯不可信之情況，而應類推適用同法第159條之4第1款規定，認均具有證據能力。

伍、本案判決之評析

一、大陸公安詢問證人筆錄證據能力之評析

就本案例中，大陸公安當局對目擊證人製作之警詢筆錄係「供述證據」，屬被告以外之人於審判外之言詞陳述，爲我方刑事訴訟法第159條規定之「傳聞證據」，原則上無證據能力，惟若符合刑事訴訟法第159條以下傳聞法則之例外，則具有證據能力。

在本案判決前，以往實務如何看待此問題，見解不一，包含如下[17]：

（一）適用「法律另有規定」：實務上有認爲我國與他國所締結之互

---

[17] 許福生，論兩岸刑事司法互助調查取證之證據能力，日新司法年刊，第10期，福建高等法院金門分院檢察署，2014年1月，頁156-158。

助協定，若已送立法院審議通過者，如「駐美國台北經濟文化代表處與美國在台協會間之刑事司法互助協定」，因位階等同於法律，則他國法律基於該協定，對我國刑事被告以外之人所為之訊問筆錄，自應認為是刑事訴訟法第159條第1項「法律有規定者外」之傳聞例外規定。例如司法院2003年8月刑事訴訟新制法律問題研討會，則認為應依不同情形予以適用，即我國與他國所締結之司法互助協定，其已送立法院審議通過者，因位階同於法律，則他國法院基於該協定，對於我國被告以外之人所為之調查訊問筆錄，自應認係刑訴法第159條第1項所指「法律另有規定外」之傳聞法則之例外規定，具有證據能力。

（二）類推適用「如同我方司法警察（官）所作」：實務上有採「類推適用」刑訴法第159條之2、第159條之3有關傳聞之例外以判斷其證據能力，如最高法院96年度台上字第5388號判決。

（三）直接適用「如同我方司法警察（官）所作」：實務上有採「直接適用」刑訴法第159條之2、第159條之3有關傳聞之例外以判斷其證據能力，如最高法院97年度台上字第1021號判決。

（四）視同「特信性文書」：實務上有認為應依據刑訴法第159條之4第3款有關傳聞之例外以判斷其證據能力，例如最高法院100年度台上字第4813號判決。

本文認為，就可適用刑事訴訟法第159條「法律另有規定」，因鑑於「兩岸共同打擊犯罪及司法互助協議」並非憲法第63條所指「條約」或大法官釋字第329號所指「條約等國際書面協定」，不具備法律位階，因而不能適用本條之規定[18]。此觀之行政院大陸委員會有關「第三次江陳會談成果——打擊犯罪與司法篇」之說明中，明白表示「本協議尚不涉及法律修正」，即「本協議的簽署，係在現行法律規範基礎下，架構合作與

---

[18] 大法官釋字第329號認為憲法所稱之條約係指中華民國與其他國家或國際組織所締結之國際書面協定，包括用條約或公約之名稱，或用協定等名稱而其內容直接涉及國家重要事項或人民之權利義務且具有法律上效力者而言。其中名稱為條約或公約或用協定等名稱而附有批准條款者，當然應送立法院審議，其餘國際書面協定，除經法律授權或事先經立法院同意簽訂，或其內容與國內法律相同者外，亦應送立法院審議。

互助的協議內容。所以，雙方都在符合現行法律基礎下執行協議內容[19]」
可知。至於直接適用「如同我方司法警察（官）所作」，畢竟大陸地區刑
事訴追之公務員非本國之公務員，直接適用刑事訴訟法第159條之2、第
159條之3之規定，實有疑義；同樣地，直接視同「特信性文書」，亦有疑
義；況且針對具體個案之調查警詢筆錄，並不具例行性之要件，難以期待
有高度的信用性，故非屬第159條之4所規定之「特信性文書」。

　　然而，考量當前兩岸交流的現實處境，以及實現發現真實打擊犯罪的
務實態度，經由兩岸司法互助取得大陸提供之證人供述證據，如一概排除
證據能力，不但可能阻礙發現真實工作與訴訟之遲延外，更可能傷害彼此
間的合作關係；換言之，若一概排除，不但會妨礙事實之發現，無法為公
正之裁判，且無異鼓勵犯罪，而危害兩岸交流與人民安全。所以倘若具備
傳聞法則例外所要求之必要性及特信性要件時，應例外承認其具有證據能
力。

　　因此，基於時代演進及事實需要，本文贊同得「類推適用刑事訴訟法
第159條之3之規定」，而承認其證據能力。誠如本案最高法院判決所言：
「雖大陸地區公安機關偵查人員非屬我國司法警察或司法警察官，然其係
大陸地區政府依法任命而具有偵查犯罪權限之公務員，依上述互助協議規
定，復有協助我方調查取證之義務，則大陸地區公安機關之偵查人員依其
職權或基於上述互助協議而為刑事上之調查取證，在地位與功能上實與我
國司法警察或司法警察官依職權調查證據無異。」至於是否符合刑事訴訟
法第159條之3所規定之「經證明具有可信之特別情況」下所製作，自可綜合
考量當地政經發展情況是否已上軌道、從事筆錄製作時之過程及外部情況
觀察，是否顯然具有足以相信其內容為真實之特殊情況等因素加以判斷。

　　另外值得一提是，大陸地區曾於1996年修正刑事訴訟法，復於2012
年3月14日又做大幅度的修正，並自2013年1月1日起施行。從原有225個條
文增刪修至290個條文，完善刑事訴訟制度，並重視實體法之貫徹與程序

---

[19] http://www.mac.gov.tw/public/Data/972110395971.pdf，最後瀏覽日期：2013年6月30
日。

正義，相對於1996年刑事訴訟法，此次修正案最大的亮點是明確了「尊重和保障人權的任務」[20]。是以此次修正效果勢必影響日後取證證據能力之認定，而有助於提升大陸提供證據之「可信性」程度。

至於本案最高法院又認定：「上述大陸地區公安機關偵查員對被告以外之人所製作之詢問筆錄，係在可信之特別情況下所製作；而上述公安機關偵查員又係大陸地區政府所依法任命具有偵查權限之公務人員，則其該人所製作之詢問筆錄（即文書），基於時代演進及事實需要，在解釋上亦應可類推適用同法第159條之4第3款規定，而承認其證據能力。」惟就法理而言，大陸公安的警詢筆錄本質上即是針對偵查的個案所做，基本上即不符合刑事訴訟法第159條之4的立法意旨，因而在解釋上不得「類推適用刑事訴訟法第159條之4之規定」，而承認其證據能力[21]。

此外，承認傳聞例外的同時，勢必相對地限縮了被告憲法所保障的對質詰問權，因而在放寬排除傳聞法則適用的同時，為平衡被告因此而無法行使有效對質詰問權的不利益，對於循此途徑取得被告以外之人之證言或陳述，應適用「補強法則」，亦即不可作為認定被告犯罪事實的唯一依據，尚須調查其他必要之補強證據以擔保其陳述確有相當之真實性始可。誠如林鈺雄教授提出對質詰問權之容許例外四大檢驗法則，其中佐證法則可為本文此處之借鑑。所謂佐證法則係指符合義務法則、歸責法則、防禦法則而未經被告對質詰問之不利證詞，雖因此而具有證據能力，但仍然必須注意佐證法則的證明力之限制；亦即該不利陳述既不得作為有罪裁判的唯一證據，也不得作為其主要證據，仍應以其他證據來驗證該不利陳述的真實性[22]。

---

[20] 樊崇義，同註15，頁1。

[21] 陳運財，同註13，頁470；李佳玟，境外或跨境刑事案件中的境外證人供述證據：最高法院近十年來相關判決之評釋，台大法學論叢，第43卷第2期，2014年6月，頁510。

[22] 林鈺雄教授以歐洲人權法院諸多對於對質詰問權的判決為基礎，提出審查是否侵害被告對質詰問權之三階審查模式，並且就對質詰問權之容許例外提出四大檢驗法則。侵害被告對質詰問三階審查模式如下：(1)首先判斷該人是否為應受刑事被告質問的「不利證人」。答案若為否定，則不必繼續接下去審查，直接認定並無侵犯被

　　綜上所述，大陸公安當局對目擊證人製作之詢問筆錄，應可類推適用刑事訴訟法第159條之3之規定，來認定其證據能力。惟容許法院使用此未經被告對質詰問的不利證詞，必須是國家「已盡力履行傳拘證人之澄清義務」，或盡力採取「可能的補償措施」，以平衡被告之權益，使被告因未行使詰問權所可能產生之不利益降至最低。是以必須確定司法機關已窮盡可能手段而仍無法令其出庭下，才能謂使用該未經詰問之供述證據有其正當性。此外，除合乎「盡力履行澄清義務」外，國家也應盡力「尋求被告次佳防禦措施之替代方案」，尤其現今通訊科技發達，不同國家的調查人員和證人間透過視訊系統面對面交談，甚至進行法庭活動，實非難事，且耗費之成本相較於傳喚國外證人到庭要來的低，而且透過視訊方式訊問亦爲我國實務所採行，因此即便發生「多次送達傳票仍無下文之情形」，在大陸地區通訊技術許可之情況下，仍應設法藉由兩岸之間視訊設備，給予被告詰問證人之替代管道。否則法院若捨棄此不爲，只因單純傳喚不到或傳票無下文，就據以得出有「使用證據之必要性」，而承認該等筆錄之證據能力，實不能謂已充分保障被告之詰問權，亦違反法院之澄清義務[23]。如同本判決最後所言：「又原法院更三審已多次囑託海基會送達傳票予證人，期能傳其到庭具結作證，並接受檢察官、上訴人等及其選任辯護人之

告對質詰問權；然而，答案若爲肯定，則接下去審查下述第2階。(2)國家機關已否踐行保障質問權內涵之程序。答案若爲肯定，則不必繼續接下去審查，直接認定並無侵犯被告對質詰問權；然而，答案若爲否定，定性上即屬對於被告之對質詰問權爲「干預或限制」，繼續接下去審查下述第3階。(3)係爭干預或限制，有無「正當化事由」，這其實就是構不構成質問的「容許例外」之判斷；答案若爲肯定，直接認定無侵害被告之對質詰問權；反之，答案若爲否定，就是違法侵害了被告的質問權，進而產生違法效果問題。至於對質詰問權之容許例外四大檢驗法則，即義務法則（國家機關尤其是指法院自身負有促成對質詰問的義務）、歸責法則（不利證人不能到庭對質詰問必須是非肇因於可歸責於國家之事由所致）、防禦法則（即便合乎義務法則與歸責法則之情形也應本於補償平衡的公平程序要求盡力保障被告較佳防禦的可能性始能構成未經對質詰問之容許例外）、佐證法則，前三者爲證據能力層次，最後一個則爲證據力層次的要求。參照林鈺雄，對質詰問例外與傳聞力外之衝突與出路——歐洲人權法院與我國最高法院裁判之比較評析，台灣法學雜誌，第119期，2009年1月，頁95。

[23] 陳思帆，同註10，頁161。

詰問，惟均未能送達傳票，顯見該證人已所在不明而無從傳喚或拘提其到庭進行詰問程序，亦無法以視訊方式為遠距訊（詰）問，此係基於兩岸分治及現實上之困難所致，尚難謂原審有剝奪上訴人等及其選任辯護人對該證人之詰問權，而妨礙其等行使訴訟防禦權之情形。」

最後亦應適用「補強法則」，亦即不可以此作為認定被告犯罪事實的唯一依據，尚須調查其他必要之補強證據以擔保其陳述確有相當之真實性始可。

二、大陸鑑定報告書證據能力之評析

由於案例中大陸公安單位所製作之屍體相驗鑑定報告、兇刀鑑定報告及DNA鑑定報告為大陸司法部司法鑑定中心鑑定之報告，屬被告以外之人於審判外之書面陳述，為傳聞證據，且非法院之審判長、受命法官或檢察官依刑事訴訟法第198條或第208條第1項規定所囑託之鑑定報告，不符合修正刑事訴訟法施行前之法定程序；復係針對具體個案所為，亦不能認為屬於刑事訴訟法第159條之4第2款所指文書，其有無證據能力，尚有疑慮。

然而，基於刑事司法互助相互尊重、平等互惠之原則，我方既然循「海峽兩岸共同打擊犯罪及司法互助協議」請求陸方協助調查取證，所取得之鑑定報告書或將原物所拍攝之照片，我方審判法院原則上即應接受其結果，不宜逕行依據陸方的相關法律審查是否有蒐證違法之情形，破壞國際刑事司法互助的基本精神，況且，通常我方法院對於被請求方之法律以及其實務運作並不熟悉，審查結果是否正確，亦容易滋生疑義。另在國際刑事司法互助實務上，被請求方通常不會將這些相關資料連同執行結果一併送交給請求方，如果請求方法院堅持需要這些資料以審查被請求方是否合法實施調查取證措施，須再透過新一次的刑事司法互助途徑，獲得相關資料後，去調查原先司法互助項目之合法性，恐怕被請求方將難以接受，此種帶著懷疑的態度不僅破壞國際刑事司法互助的互惠、信賴精神，亦難有效果[24]。

---

[24] 朱金池、楊雲樺、蔡庭榕、許福生，同註5，頁134。

本此理念，本案例中大陸公安單位所製作之屍體相驗鑑定報告、兇刀鑑定報告及DNA鑑定報告，若經財團法人海峽交流基金會驗證，應推定為真正，且基於國際刑事司法互助相互尊重、平等互惠之原則，若透過「海峽兩岸共同打擊犯罪及司法互助協議」調查取證取得之相關鑑定報告書，雖非刑事訴訟法第208條第1項由法官或檢察官所囑託之鑑定報告，亦非刑事訴訟法第159條之4第2款之文書，惟只要該鑑定報告書係符合於可信之特別情況下所製作，應放寬適用刑事訴訟法第159條之4第3款「除前二款之情形外，其他於可信之特別情況下所製作之文書」之其他特信性文書，來認定其證據能力。

另偵查機關查扣犯罪證物後，若已將原物拍攝照片存證，或將該等證物送請相關專業機關檢驗明確，則該證物之照片及相關鑑驗通知書，應足以表徵該證物之同一性。則法院縱未於審判期日調取該證物（即原物）提示予當事人辨認，但已將該證物照片或相關鑑驗通知書提示予當事人並訊問其意見，則其提示該證物照片及鑑驗通知書之效用，與提示原物無異，其所踐行之調查證據程序尚難指為違法。另按現行刑事訴訟法採直接審理主義，依同法第164條第1項規定，相關犯罪之證物以「提示實物」為原則，亦即原則上法院調查物證時必須將實物顯現於審判庭，並使當事人、代理人、辯護人或輔佐人辨認，始得採為判決之基礎。惟此項「提示實物」原則僅於該證物之同一性發生爭議時，始有適用；若當事人對證物之同一性並無爭議，或僅對其取得程序或證明力有所爭執，則以其他替代實物之證據型態提示於審判庭，乃非法所不許（參照本案最高法院判決見解）。

陸、結論

就本案例中，大陸公安對目擊證人製作之警詢筆錄，我方法院應可類推適用刑事訴訟法第159條之3之規定，來認定其證據能力。惟容許法院使用此未經被告對質詰問的不利證詞，必須是國家「已盡力履行傳拘證

人之澄清義務」，或盡力採取「可能的補償措施」，以平衡被告之權益，使被告因未行使詰問權所可能產生之不利益降至最低。是以現今通訊科技發達，仍應設法藉由兩岸之間視訊設備，給予被告詰問證人之替代管道，否則法院若捨棄此不為，只因單純傳喚不到或傳票無下文，就據以得出有「使用證據之必要性」，而承認該等筆錄之證據能力，實不能謂已充分保障被告之詰問權，亦違反法院之澄清義務。此外亦應適用「補強法則」，亦即不可以此作為認定被告犯罪事實的唯一依據，尚須調查其他必要之補強證據以擔保其陳述確有相當之真實性始可。

　　另外，本案例中大陸公安單位所製作之屍體相驗鑑定報告、兇刀鑑定報告及DNA鑑定報告，基於國際刑事司法互助相互尊重、平等互惠之原則，若透過「海峽兩岸共同打擊犯罪及司法互助協議」調查取證取得之相關鑑定報告書，雖非刑事訴訟法第208條第1項由法官或檢察官所囑託之鑑定報告，亦非刑事訴訟法第159條之4第2款之文書，只要該鑑定報告書係符合於可信之特別情況下所製作，應放寬適用刑事訴訟法第159條之4第3款「除前二款之情形外，其他於可信之特別情況下所製作之文書」之其他特信性文書，來認定其證據能力。另偵查機關查扣犯罪證物後，若已將原物拍攝照片存證，若當事人對證物之同一性並無爭議，或僅對其取得程序或證明力有所爭執，則以其他替代實物之證據型態提示於審判庭，乃非法所不許。故本案例中，大陸公安對目擊證人製作之警詢筆錄，相關屍體相驗鑑定報告、兇刀鑑定報告及DNA鑑定報告以及將原物所拍攝之照片，均有證據能力，可以此證據來認定犯罪事實。

　　最後，倘若在台灣證人的警詢筆錄原則上是屬於傳聞證據，不具證據能力，僅有在例外情形下取得證據能力；反之，證人在大陸公安所製作的警詢筆錄，因為礙於兩岸的現況，通常無法期待能到法院接受交互詰問，倘依最高法院的看法依據必要性及可信性用變成原則上均有證據能力，豈不造成雙重標準現象？若又牽涉到死刑判決，如此的爭議將更大，其所遭受的爭議也將無止盡。因此，惟為避免類似重大案例之爭議再度出現，雙方仍應盡最大力量排除萬難，積極傳喚或拘提證人到庭進行詰問程序，必要時可輔以視訊傳送方式為遠距訊（詰）問，甚且納入「陪同取證」或

「親往取證」方式，以確保人權保障與發現真實之正當法定程序。否則以現有大陸公安辦案之方式，不僅台灣學者與司法實務家有所疑慮，就連大陸學者亦多有批評[25]，確實值得兩岸在推動刑事司法互助之深思。

---

[25] 如大陸學者何家弘教授所歸納出造成大陸錯案之「十大錯區」：(1)由供到證的偵查模式、(2)違背規律的限期破案、(3)先入為主的片面取證、(4)科學證據的不當解讀、(5)刑訊逼供、(6)放棄原則的遵從民意、(7)徒有虛名的相互制約、(8)形同虛設的法庭審判、(9)騎虎難下的超期羈押、(10)證據不足的疑罪從輕。參照http://www.tafi.org.tw/ActivityDetail.php?ActId=14，最後瀏覽日期：2015年6月1日。

8

警察貪瀆行為影響因素之研究
——以取締色情業務為例

章光明[*]、張淵菘^{**}

* 美國西伊利諾大學公共政策分析博士、中央警察大學教授兼警政管理學院院長。
** 中央警察大學警察政策研究所博士、中央警察大學訓導兼任助理教授。

目　次

壹、前言

　　根據卓越雜誌2009年的報導，台灣色情行業的市場規模，每年達到新台幣兩兆元，色情行業的從業人口至少有70萬人之多，如此龐大的營業額、從業人口、消費人口，都屬於地下經濟體系，色情行業無視政府相關法令的存在，自成一獨立的經濟系統，以剝削、奪取、腐蝕國家社會人民的利益，並藉由暴力、組織、金錢、威脅及行賄行為，以維持其內部秩序，進而嚴密掌握從業人員的忠誠，控制其人員之行為意識，甚者，更以毒品及迷幻藥來控制及誘惑，或是走私販賣人蛇，這不僅喪失人性，更藐視人權，而少數不肖政府執法人員及民代更為了自己的利益，而與色情行業形成共犯結構，造成政府取締行動效果不彰，實務上政府在實施取締行

動時，通風報信及關說的事件時有所聞，政府嚴加取締禁止色情行業，色情行業卻因消費者眾多之供需原則，而更加活躍，並使得色情行業逐漸擴散到住宅區及純樸的農村，間接造成諸多治安問題。

警察機關基於職責必須針對妨害風化（俗）之色情行業採行取締工作，但礙於政府對於色情管理政策的不周延，可能衍生員警與業者不當交往、包庇、索賄等情事，甚至因案遭起訴、判刑、嚴重斲傷警察形象。警察機關發生警察涉嫌包庇色情業者的案件時有所聞，雖經內政部警政署主動偵辦，展現整飭警紀的決定，但是仍影響民眾對於警察的信心與信任。

警察身分之特殊性在於警察是執法者，是維持國家安定的主要力量，是國家權力的延伸，是故，人民將自身安全交付予國家，而國家則透過法令賦予警察人員執法的裁量權。由於警察工作性質較一般公務員特殊，任務繁雜，工作時間漫長不固定，其執行職務之手段涉及強制、干預與取締，與人民之生命、財產安全及權益息息相關。美國警政學者Bittner（1976）闡明警察工作是政府為了處理特殊的緊急狀況而設置的無法磋商強制力（non-negotiable coercive force）的執行機構。Muir（1977）則稱警察可能是街頭上（社會上）最有影響力的裁決者。Lipsky（2004）稱警察是「街頭公務員」（street level bureaucrats），代表政府執行各項公權力，具有勞力密集的特性，因此具有不可避免的裁量問題。Souryal（1977）亦主張警察工作有別於其他刑事司法體系的其他次級系統（System），因為警察是：（一）最大的部門；（二）穿制服的部門；（三）有裁量權的部門；（四）有武力的部門；（五）專業化的部門。由上述可知警察工作的特性，實不同於其他一般行政機關之工作，因為其工作特性具有強制力並對民眾的權益產生最直接的影響。

執法是警察的重要核心工作，而且警察始終站在第一線處理各種事件。所以警察具有執行制裁的權力，以達到打擊犯罪的目的。惟當執勤之際，往往感到即使是依據法令辦事仍難以妥善處理各種狀況，尤其在一個急遽變遷的社會當中，更是容易被民眾批評執法偏頗不公，因此，警察的裁量權（Police Discretion）實具有困難與複雜的特性。正因為警察人員被賦予執法的裁量權，因此警察人員的形象及操守便成為民眾檢視的有效標

的，若發生警察貪瀆事件，更成為媒體記者爭相報導的頭條，引起社會輿論的攻擊與撻伐，重創警察形象。因為在民眾心目中，警察是人民的保母，是最接近民眾且與民眾生活息息相關的執法正義與安全維護者，當執法者變成違法者或公權力的侵害者，民眾對於警察的信賴感即會減少，對於政府的信心亦會隨之降低。因此，民眾對於警察的貪瀆違紀是難以容忍的。

　　警察人員因為執行色情行業取締工作，衍生諸多員警與業者不當交往、包庇、索賄等不法貪瀆情事，嚴重傷害警察形象。為確實防範警察與色情行業經營者勾結，消弭民眾對警察的不信任感，實為當前警察機關與警察人員所面臨的共同考驗。有鑑於此，如何建立有效之防弊措施，提升我國警察專業取締妨害風化（俗）形象及遏止不肖員警貪瀆索賄犯罪問題，實為端正警察政風之重點工作，亦為警政治安工作重要課題。循此，本文為瞭解警察人員涉及色情貪瀆的原因，特針對警察人員及色情行業經營者，藉由問卷調查法以萃取影響因素，進而針對研究議題研提防制之道，以供有司參採。

貳、文獻探討

一、我國成人性交易管理相關規範

　　我國有關性交易管理的政策，應屬管制性政策（regulatory policy），目前有關規範或處罰性交易行為之法律，散見於行政法與刑事法之中，並以社會秩序維護法為主，其他相關法規包括刑法、人口販運防制法、兒童及少年性剝削防制條例及各地方政府之公娼管理自治條例等。這些成人性交易的相關法規，可分別依被處罰對象、性交易專區及合法公娼的問題說明之。

(一) 性交易關係中意圖得利一方之規定（性交易服務者，即賣性者、性工作者）

1. 未符合法律規定從事性交易服務

社會秩序維護法第80條第1項第1款：「有下列各款行為之一者，處新台幣3萬元以下罰鍰：一、從事性交易。但符合第91條之1第1項至第3項之自治條例規定者，不適用之……。」

社會秩序維護法第91條之1：「直轄市、縣（市）政府得因地制宜，制定自治條例，規劃得從事性交易之區域及其管理。前項自治條例，應包含下列各款規定：……四、性交易場所應辦理登記及申請執照，未領有執照，不得經營性交易。……七、性交易服務者，應辦理登記及申請證照，並定期接受健康檢查。……八、性交易服務者犯刑法第285條或人類免疫缺乏病毒傳染防治及感染者權益保障條例第21條之罪者，撤銷或廢止其證照。九、性交易服務者經健康檢查發現有前款所定之疾病者，吊扣其證照，依法通知其接受治療，並於治療痊癒後發還證照。」

2. 於公共場所為提供性服務而拉客或廣告

社會秩序維護法第80條第1項第2款：「有下列各款行為之一者，處新台幣3萬元以下罰鍰：……二、在公共場所或公眾得出入之場所，意圖與人性交易而拉客。」另依第91條之1第2項第10款規定：「不得有意圖性交易或媒合性交易，於公共場所或公眾得出入之場所廣告之行為。」

(二) 性交易關係中支付對價者（尋芳客、買性者）

在性交易專區外，或在性交易專區內與未向主管機關申請證照者進行性交易，社會秩序維護法第80條第1項第1款：「有下列各款行為之一者，處新台幣3萬元以下罰鍰：一、從事性交易。但符合第91條之1第1項至第3項之自治條例規定者，不適用之……。」

(三)性交易關係中獲利之第三者（媒合者、保鑣、應召站業者）

1. 意圖營利媒介性交及猥褻之行為

刑法第231條第1項：「意圖使男女與他人為性交或猥褻之行為，而引誘、容留或媒介以營利者，處五年以下有期徒刑，得併科10萬元以下罰金。以詐術犯之者，亦同。」

2. 意圖營利強制使人為性交或猥褻之行為

刑法第231條之1第1項：「意圖營利，以強暴、脅迫、恐嚇、監控、藥劑、催眠術或其他違反本人意願之方法使男女與他人為性交或猥褻之行為者，處七年以上有期徒刑，得併科30萬元以下罰金。」

3. 於公共場所為媒合性交易而拉客或廣告

社會秩序維護法第81條第2款：「有下列各款行為之一者，處三日以下拘留，併處新台幣1萬元以上5萬元以下罰鍰；其情節重大者，得加重拘留至五日……二、在公共場所或公眾得出入之場所，意圖媒合性交易而拉客。」、第91條之1第2項第10款：「不得有意圖性交易或媒合性交易，於公共場所或公眾得出入之場所廣告之行為。」

4. 媒合於性交易專區外，或媒合非法性工作者從事性交易

社會秩序維護法第81條第1款：「有下列各款行為之一者，處三日以下拘留，併處新台幣1萬元以上5萬元以下罰鍰；其情節重大者，得加重拘留至五日：一、媒合性交易。但媒合符合前條第1款但書規定之性交易者，不適用之。二、在公共場所或公眾得出入之場所，意圖媒合性交易而拉客。」

5. 性交易場所之負責人之消極資格限制

社會秩序維護法第91條之1第2項第4款至第6款規定：「……四、性交易場所應辦理登記及申請執照，未領有執照，不得經營性交易。五、曾犯刑法第231條、第231條之1、第233條、第240條、第241條、第296條之1、兒童及少年性交易防制條例第23條至第27條或人口販運防制法之罪，經判決有罪者，不得擔任性交易場所之負責人。六、性交易場所之負責人犯前款所定之罪，經判決有罪者，撤銷或廢止性交易場所執照。」

(四) 性交易場所應於地方政府劃設之性交易專區內經許可始得設置

社會秩序維護法第91條之1：「直轄市、縣（市）政府得因地制宜，制定自治條例，規劃得從事性交易之區域及其管理。前項自治條例，應包含下列各款規定：一、該區域於都市計畫地區，限於商業區範圍內。二、該區域於非都市土地，限於以供遊憩為主之遊憩用地範圍內。但不包括兒童或青少年遊憩場。三、前二款之區域，應與學校、幼稚園、寺廟、教會（堂）等建築物保持適當之距 。四、性交易場所應辦理登記及申請執照，未領有執照，不得經營性交易。……」

都市計畫法台灣省施行細則第16條第11款規定，住宅區為保護居住環境而劃定，不得為左列建築物及土地之使用：……舞廳（場）、酒家、酒吧（廊）、特種咖啡 室、浴室、妓女戶或其他類似之營業場所。

(五) 依各地方政府訂定之公娼規範立案之既存合法公娼，得繼續營業

社會秩序維護法第91條之1第3項：「本法中華民國100年11月4日修正之條文施行前，已依直轄市、縣（市）政府制定之自治條例管理之性交易場所，於修正施行後，得於原地址依原自治條例之規定繼續經營。」目前已訂定自治條例之縣市為桃園市、台中市、台南市、宜蘭縣及澎湖縣政府。

由以上法規可以瞭解，我國對於性交易中性交易服務者本身的相關法律規定，主要見諸社會秩序維護法（以下稱社維法）第80條禁止於性交易專區外或未經申請證照從事性交易、第81條禁止公開拉客等等規定，而刑法則未予規定，可知在我國刑法的規範下，只要從事性交易的行為人皆已成年，則性交易活動並不涉及任何受刑法保護的法益侵害。性交易活動並不具實質違法性，違反的是行政秩序罰。又因社維法規定必須於性交易專區內且經許可登記始得從事性交易，但在專區外不准進行性交易行為，故可認定我國的性交易管理政策屬於「有條件合法」。至於現有依各縣（市）娼妓管理自治條例申設既存之公娼、妓女戶等，目前該等自治條例

均規定，除原許可者外不得新設，且不得遷移新址，明訂妓女接客收費標準、妓女應每週健康檢查、妓女戶可二八或三七分帳等，並規定妓女戶執照不得擴大經營、轉讓、出租或繼承，並不得變更負責人。

　　另外，對於尋芳客本身的相關處罰規定可知，若未涉及保護兒童及少年問題，在性交易行為中性交易之出賣人若已成年，按舊有社會秩序維護法是不受法律處罰，即「罰娼不罰嫖」；然自2011年11月4日修法後規定，於性交易專區外或與未申登執照之性工作者及性交易場所從事性交易，也將被處罰。至於對皮條客、老鴇或者娼館保鏢等「性交易之關係人」、「性交易行為中獲利的第三者」的法律規定，較性工作者本身與尋芳客來得多，亦即，大部分法律皆在處罰媒介他人為性交易之行為，即使行為人媒介之性交易活動，其性交易之出賣人與買性者皆已成年，此媒介行為亦觸犯刑法。有關我國成人性交易處罰適用對象之相關規範詳如下表，由表8-1的彙整內容可以看出，性交易相關處罰的規定主要仍以社會秩序維護法為主，違反此一行政秩罰的主管機關為警察機關，因此，取締色情業務即成為警察難以迴避的工作。

表8-1　我國成人性交易處罰適用對象相關規範彙整表

處罰對象	屬性	適用法規
性交易服務者	未符合法律規定從事性交易服務	・社維法第80條第1項第1款 ・社維法第91條之1
	於公共場所提供性服務而拉客或廣告	・社維法第80條第1項第2款
支付對價者	色情專區外或色情專區內與未有證照者行進性交易	・社維法第80條第1項第2款 ・社維法第91條之1第2項第10款
獲利的第三者	意圖營利媒介性交及猥褻之行為	・刑法第231條第1項
	意圖營利強制使人為性交或猥褻之行為	・刑法第231條之1第1項
	於公共場所媒合性交易而拉客或廣告	・社維法第81條第2款 ・社維法第91條之1第2項第10款

表8-1　我國成人性交易處罰適用對象相關規範彙整表（續）

處罰對象	屬性	適用法規
獲利的第三者	媒合於性交易專區外，或媒合非法性工作者從事性交易	·社維法第81條第1款
	性交易場所之負責人的消極資格限制	·社維法第91條之1第2項第4款至第6款

資料來源：本文彙整。

二、警察涉及貪瀆原因

　　警察涉及貪瀆原因之可供參考文獻不少，惟國內針對取締色情業務所衍生之貪瀆原因者卻未有專論，本文綜合國內外學者實證研究，可將警察涉及貪瀆之原因分為四大層面，分別為個人因素、控制因素、壓力因素以及機會因素。

（一）個人因素

　　許明耀（1995）研究警察人員犯罪因素，其中個人因素包含自我控制能力低落、錯誤觀念、不良嗜好與習慣、知識與常識不足、追求名利。其研究發現警察人員不論在涉案人數、有罪人數、涉案率、犯罪率上均以25至29歲的年齡層最高，而貪瀆犯罪則以40至44歲的年齡層最高。教育程度雖與犯罪率無一定的關係，但警員班以下學歷者，犯罪率的確較高。吳國清（2004）從組織行為探討警察風紀問題與其實證之研究歸納出影響警察風紀的個人層面包含家庭背景、個人品格、教育水準、價值觀、態度等。

　　朱金池（2005）則認為個人因素是指個人生理心理因素及警察素質水準因素。許頌嘉（2007）建構出員警高風險因子量表，提出具有違反警察風紀行為的高風險因子個人具有以下的徵候：1.經濟狀況：遭法院強制扣薪者、入不敷出致負債者、生活奢華、收支顯不相當者、經常遭催討債務者、本人或妻子不當兼職或經營其他商業行為者、熱中投資，如期貨、股票……者、經常招攬互助會有借貸情形者。2.交往狀況：風聞與人產生不正常感情交往關係者、交際應酬多者、與風紀誘因場所業者交往密切者、

活動隱密獨來獨往者、與特定人士來往密切者、經常替人關說者、與因案離職員警來往密切者。3.勤務狀況：勤務中經常精神不濟者、工作意願低落，無心現職者、經常遲到早退，勤務不正常者、經常臨時請假者、接任勤區後風紀誘因場所明顯增加者、執法異常（件數落差大、項目有偏執、程序不完備）者、私人事務繁忙者、經常關心或翻閱同事承辦的公文、案件者。4.生活狀況：家人經常打電話來抱怨者、勤餘去處不明無法聯繫者、經常上網聊天者、經常出入不妥當場所者、夫妻感情不睦時有爭吵者、下班後經常不返回家者、單身（含已婚夫與眷屬同住）在外租屋，顯非必要者、酒後情緒易失控者、風聞有簽賭或賭博情事者、使用來源不明車輛當交通工具者、經常拆卸車輛大牌行駛者。5.人格特質狀況：拒絕家庭訪問者、善於討好長官，汲汲於升遷者、異常沉默鬱悶不語者、常不服領導易與長官發生衝突者、與同事相處常有挑撥衝突者、觀念偏差、易鑽牛角尖者、執勤態度情緒不穩，易與民眾發生衝突者、常遭檢舉者、常發表對本身職務有關之不滿言論。黃慧玲（2009）歸納其研究案例，個人因素包括個人生理因素、心理因素、自我控制力、性格、家庭狀況、財務問題。

　　綜言之，個人因素係指個人的屬性，包含人格特質、教育水準、價值觀、態度、交友情形、家庭狀況、素行嗜好、財務狀況、生活型態、服勤狀況等。

（二）控制因素

　　警察人員工作的控制因素來自於內部組織的控制、外部社會的控制以及個人的自我控制。警察機關內部組織的控制採雙元課責模式，設置政風及督察單位這兩種內部控制機制；外在的社會控制則是高度的道德倫理要求、民眾的高度期待以及加重的刑罰責任；個人的自我控制則是來自於本身的自我控制能力高低以及家庭社會鍵功能的強弱。

　　警察人員違反風紀行為與社會控制、非社會控制及自我控制有高度關聯性，根據Hirschi於1969年提出社會控制理論，認為犯罪是對自我利益之短期追求，犯罪行為則是個人缺乏自我控制，並且較少考慮行為的長遠後

果的一種結果。Hirschi提出四個社會鍵分別是：1.依附或附著；2.奉獻或致力；3.參與；4.信仰。個人若是與社會建立強而有力的社會鍵那麼即使處在充滿犯罪機會的情境中也不容易犯罪；相反的，若是存在薄弱的社會鍵，那麼即使很弱的犯罪動機也可能導致犯罪的發生。倘若一位警察人員的外在社會已呈現薄弱的控制；而該警察人員的內在亦是屬於低的自我控制人格，再加上機會情境的出現，那麼便很容易導致犯罪。

Hirschi認為警察人員因為長期處在高度壓力的工作環境，因此，社會鍵的存在更是重要。因為警察人員的工作具有不良的工作環境、輪值的工作、長時間工作、工作充滿風險與危險以及工作負荷過重的特性，倘若沒有正常的家庭生活與休閒活動，且因為長時間輪班而逐漸與家人疏離、與社會脫節，長期而言，容易導致警察人員缺乏依附的對象而產生薄弱的社會鍵。

Hirschi & Gottfredson在1990年提出一般化犯罪理論，亦可稱之為犯罪的一般化理論、犯罪的共通性理論或自我控制理論，企圖用此理論以解釋所有的犯罪，認為犯罪是由一群低自我控制者，在機會條件允許情況下，以其力量或詐欺方式，追求自我利益而產生的。「犯罪性」（criminality）最大的特徵在於「低自我控制」（low self-control）。人在幼年，尤其在兒童時期若未受到良好的社會化（socialization），則易產生「低自我控制」（許春金，2003：168-170）。在許多國內研究中均指出違反風紀之警察人員通常都具有較低自我控制的人格特質，而犯罪或違反風紀的行為就是低自我控制的外在表現。

黃啟賓（2005）研究指出「低自我控制」是目前警察職務犯罪最重要之面向之一，而警察人際網絡複雜、警察易受外力如家庭關係緊張等影響；許明耀（1995）將警察人員犯罪因素分個人、組織制度、社會環境三個面向；吳國清（2004）及朱金池（2005）均將影響警察風紀之因素分為個人、制度及系統因素三個層面。

許明耀（1995）研究結果分析顯示：自我控制能力的強弱在個人對於行為、操守能否堅持是一個決定性的因素。因為警察工作中充滿誘惑與犯罪的發生，往往要面臨抉擇，在初次違紀破例後，便可能繼續的發生，將

各種行為「合理化」之後，犯罪的情形不斷地產生而不以為意，由被動變主動。李湧清（1997）則提出減少貪污的方法，一是較傳統的方法，也就是從內部控制著手，另一則是考慮外部控制以及警察任務與業務的簡化。

（三）壓力因素

可分為內在壓力因素及外在壓力因素。內在壓力因素，包含工作本身、勤務的壓力、角色的要求、組織結構因素、組織領導方式。外在因素的壓力因素包含關說、民眾過度期許、協助事項繁重、治安惡化、不受尊重、物質誘惑、外在環境誘惑、社會地位及社會適應等。

呂豐足（2011）研究指出警察工作特性中，包含了繁雜性、危險性、角色衝突性及裁量性等容易引發壓力感受的特殊性質。警察人員工作除了種類繁多外，其特性多為負面，長期在此負面高壓環境下，無論對警察人員的外在工作態度或內在人格都容易埋下變數成為壓力來源而引發犯罪行為。

緊張理論是犯罪學說明人因為壓力產生緊張與挫折而導致犯罪的理論。可分為古典緊張理論及一般化緊張理論。古典緊張理論主要解釋為何社會中的某些個人或團體較容易犯罪且說明在緊張狀態下的個人容易形成犯罪副文化，代表人物有Merton（1968）的社會結構與亂迷、Cohen（1955）的幫派副文化以及Cloward & Ohlin（1960）的差別機會理論。警察人員的工作特性之一是角色的衝突性，警察人員因為工作性質與內容常常要在不同的環境中轉換自己的角色，例如執勤時、面對民眾時、面對長官時以及下勤務後在家時，使得警察人員比起一般人更容易產生角色的衝突而導致緊張。

Ivamcevich & Matteston（1980）提出組織內部的溝通情形、組織結構、制度的合理性等，還有工作的特質與情境部分，包括實體工作環境以及工作性質等都是造成警察工作壓力的來源；Cooper（1988）更是說明組織中的角色，例如角色模糊、角色衝突、角色過度負荷或不足、對人負責任以及沒有決策權等，經常與個人需求產生衝突皆會對個體工作時造成壓力。探究其背景因素，每一個團體中，均存在著或多或少的次團體，

當這些次團體形成一段時間後，便有一段屬於本身，但與組織大團體不同的歷史，繼而發展自己的一套文化，相對於整體組織文化，即為次文化（Schein, 1985），次文化的形成主要原因是來自於不同的互動（Trice, 1993）。每一個組織都有其不同的文化特色，組織文化或可定義為：「組織文化是組織成員所共同分享的一套基本假設、前提、和價值，以及由這套價值衍生出來的行為規範和行為期望；這些組織的價值，不但可能被組織成員視為理所當然，而且具有指導成員行為的作用。」上述定義具有三個要點：組織具有一套成員所共用的價值、組織的價值被成員視為理所當然、以及組織運用象徵性的手段，將組織上的價值傳輸給成員（黃啟賓，2005：54）

　　警察組織因為其工作的特殊性，雖然被賦予了裁量權，但是基於民眾對治安的需求以及要求程度，再加上破案績效的壓力，使得警察組織比一般團體參雜了充滿變數與不可控制的外力介入。何春乾（2002）提出的外在影響因素為：1.社會環境誘因；2.特權與關說；3.民意代表；4.大眾傳媒；5.警民衝突；6.警察暴力。游本慶（2010）指出外在環境系統，例如法令規定漏洞、社會風氣影響、不法業者誘惑、報章雜誌輿論之批評渲染、民代與特權關說、人情壓力因素、政治干預行政等因素為影響警察人員風紀的外在因素。

（四）機會因素

　　無論是個人因素、控制因素或壓力因素都無法獨立存在而產生犯罪；一但缺乏機會因素的存在，則犯罪難以發生。機會因素可分為內在機會與外在機會。內在機會依附於警察組織因素之中，如工作本身、勤務的內容、角色的衝突、組織的結構、組織領導方式與主官的要求等。外在機會則來自於組織因素之外，多伴隨著警察工作的外在壓力因素而產生，如關說、警勤區複雜、治安績效、物質誘惑、外在環境誘惑、與風紀誘因場所業者或特定人士交往密切者等。

　　一旦缺乏機會因素的存在，則犯罪難以發生。環境犯罪學（environmental criminologist）修正以往犯罪學理論認為犯罪是個人特徵

與外在環境互動的結果。他們認為犯罪機會是犯罪發生的根本原因之一，缺少外在環境機會，犯罪難以發生。犯罪機會的內涵，係指犯罪者感覺到採取違法行為被舉發的可能性很低，同時違法行為後的所得利潤很高（孟維德，2000）。對每一位涉入貪瀆行為的警察人員來說，他們認知中的「機會」並不相同，相同的是，他們會在自己「認為理想中的機會」才下手（林慶和，2012）。

　　警察人員涉入貪瀆行為的內在機會通常來自於組織內部的控制不佳，例如督察系統、組織制度及社會規範過於薄弱，或者是組織的副文化，甚或是因為模仿、差別增強或差別接觸的學習而來；外在機會則是因為外在環境的刺激、誘惑，譬如達成目標的合法機會被拒絕而非法機會隨手可得。

　　胡奇玉（2010）研究指出公務員職務犯罪除個人因素、行為考量以外，還包含情境、機會因素的層面。孟維德等（2010）針對公務員貪瀆原因分析，大致可以歸類准駁型、採購型、裁罰型及其他類型等四個類型，其中警察取締色情即符合裁罰型的影響原因，讓警察有機會貪瀆。楊明輝（2007）於「警察職務犯罪預防機制之研究」提出警察職務犯罪成因最主要的因素為環境及外界因素的影響，服務於勤務複雜地區之員警，職務犯罪之情形較嚴重，長官、部屬及同事間之影響及包庇，係造成員警職務犯罪之重要因素，而職務上的機會是觸發員警貪瀆的因素。

　　綜言之，上述四項因素之除了個人因素外，其餘三個因素均和組織內外在環境有直接與間接的關係。就控制因素而言，警察組織內部採取政風及督察的雙元課責模式，相較於一般行政機關而言，更具嚴謹的內部控制；至於組織外部的一般民眾對於警察人員高道德倫理要求，可謂社會大眾對於警察特有的外部控制力量。但是警察人員處理色情業務的過程中，由於色情行業管理政策與制度的未臻周全，衍生警察取締時的績效壓力，無形中增加警察貪瀆的機會，此時若員警個人無法堅守倫理道德，恐將陷入貪瀆的危機之中。

三、警察機關防範色情業務貪瀆策略

　　警察取締色情行業執法上是一大挑戰，目前防範色情業務貪瀆案件採防弊及控制之策略，以防弊策略避免員警跟色情業者掛勾，及控制策略強化取締，避免讓社會觀感對警察產生誤會。執法上的挑戰，第一為取締性交易，警察的工作十分複雜，透過取締色情行業來防弊，避免警察人員與色情行業掛勾。第二策略為控制，避免色情行業經營方式過於氾濫，讓社會觀感對警察產生誤會、質疑或產生弊端。

　　警察依法負有維持公共秩序，保護社會安全之重要任務，戮力達成淨化社會治安之目標。惟警察執行勤務時與民眾接觸頻繁，其中又多為違法者或特種行業等聲色場所，具有高度危險性及誘惑性，因此一旦把持不住，由執法者轉變為違法濫權者，侵害人民權益或發生索賄、包庇、縱容不法業者等貪污違法弊案，勢必成為社會輿論關注的焦點，尤其是涉及色情行業者最為社會輿論撻伐，因此為遏止員警涉及色情業務貪瀆歪風，我國警政機關之重點防制作為，大致可從教育、管理、法治以及政策層面分述如下。

(一) 教育層面

　　重點置於法紀教育之強化以及防貪宣導，其作法如下：

1. 各單位利用各項教育訓練、實務講習以及集會的機會，講解相關法令規定、安排法紀教育課程，務求每位員警對相關法令、取締技巧之瞭解，以提升員警法律素養及服務品質。

2. 重視案例教育之功效，針對重大違法犯紀個案，製作案例教育教材加強宣導，藉由不斷施教，導正員警偏差取締態度，避免貪瀆案件再次發生。

3. 表揚拒絕受賄賂員警，對於業者違背職務之賄賂能嚴予拒絕，並符合「警政署核發警務類工作獎勵金細部支給要點」所列拒絕賄賂者，核予獎勵，並可發揮標竿學習之功能。

(二) 法治層面

　　防治警察貪瀆，除了事前預防措施外，針對已經貪瀆者之懲罰亦屬不可忽視，以作為其他員警之警惕。因此警察人員涉及違法犯紀案件，如有涉及刑事法規，除依法移送法辦外，若嚴重影響警譽，情節重大者，應依「刑懲並行」原則，依據警察人員人事條例之規定予以停職或免職；若尚未符合上開停職、免職要件者，經詳審有違法、廢弛職務或其他失職行為等事證明確者，則應依公務員懲戒法第19條規定予以移付懲戒；如有行政疏失責任者，則依警察人員獎懲標準予以行政懲處。

　　此外，由於取締色情行業勤務之秘密特性，使得警察在取締色情行業時經常面臨不法誘惑，因此鑑於警察取締之困境以及可能引發相關法律爭議，警政署乃訂定「取締妨害風化（俗）案件作業程序」，分別依據分駐（派出）所及分局的流程訂定作業內容，其中分駐（派出）所作業內容分為準備階段、執行階段、結果處置等流程，期能透過標準程序之訂定，落實依法查察取締，並減少警察取締時濫用裁量權的機會。

(三) 管理層面

　　為了整飭警察風紀，防止警察利用職務之便行貪瀆情事，警政署持續辦理多項端正警察風紀之各項作為，並嚴格要求各級警察機關落實對於所屬員警工作、品操風紀之控管，且為回應監察院之指正而改進考核輔導機制，將行之多年的「端正警察風紀實施要點」、「端正警察風紀作業規定」重新整合，研訂頒行「端正警察風紀實施規定」，於100年12月15日生效，藉以嚴密規範警察之風紀教育宣導、風紀情報、考核、違紀傾向、關懷輔導及防制、風紀案件調查、風紀績效評核等風紀防制查處作為。

　　警政署所函頒的「端正警察風紀實施規定」，係透過「落實風紀情報蒐報」、「持續辦理靖紀工作」、「清查考核風紀顧慮人員」、「全面掌控風紀誘因場所」及「強化主管考核監督責任」等執行重以，以落實員警的風紀考核與教育輔導工作[1]。

---

[1] 資料來源：內政部警政署督察室提供。

（四）政策層面

風紀，是警政的靈魂，警察作為執法者之一，更應嚴守分際，作為保障人民權利的最後防線，因此為杜絕貪污，並使警察人員得以廉潔自持，提升政府形象，乃依據行政院訂頒「國家廉政建設行動方案」及「公務員廉政倫理規範」等相關規定，於100年4月28日訂頒「警察機關廉政實施方案」，以建構警察機關廉政發展策略之目標。該方案乃以防貪、反貪及肅貪為主軸，並整合警政署暨各級警察機關力量全力推動執行，期能達到警察人員「不願貪」、「不必貪」、「不能貪」、「不敢貪」的「四不」目標，以建構警察廉潔政風。

在防貪部分有「成立廉政會報，持續推動廉政」、「檢討績效制度，建立公平獎懲機制」、「加強法紀教育，落實督導考核」、「強化考核機制，淘汰不適任人員」、「強化首長及各級主管考核監督責任」、「強化易滋弊端業務治理，有效杜絕貪腐」、「加強行政肅貪，及時懲處不法」、「健全政風組織，提升廉政工作效能」等八項工作重點。反貪部分有「加強反貪宣導，結合全民反貪」、「結合社區治安會議，傳達反貪理念」、「舉辦特種行業廉政座談，宣達廉政規範」等三項工作重點。肅貪部分有「強化『靖紀工作』，偵辦重大貪瀆」、「建立監測機制，發掘貪瀆案件」、「清查風紀根源，強力打擊貪瀆」等三項工作重點。

為進一步強化國人對於廉政議題之正確認知，增進全民反貪意識，且鑑於貪瀆案件之隱匿性，為具體掌握貪瀆情資，警政署本於社區警政之精神，積極推動社會參與，建立多元檢舉管道，並訂定受理民眾檢舉貪瀆案件相關標準作業程序及複查機制，鼓勵全民參與監督，以體現政府肅貪決心。

參、研究架構、方法、對象及工具

一、研究架構

　　本文主要目的在於瞭解警察人員執行取締色情行業所衍生之貪瀆原因，並依此研提防制警察貪瀆之策略。本研究特針對警察人員及色情行業經營者，藉由問卷調查以瞭解警察人員取締色情行業時所衍生的貪瀆原因，並針對原因萃取影響因素，期能分析實證所得資料，以研擬提適切的策略方案。

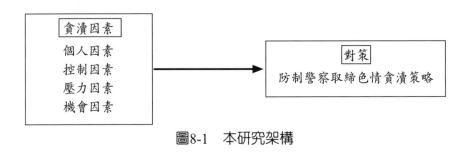

圖8-1　本研究架構

二、研究方法與對象

　　本研究採取問卷調查的方法以蒐集實證資料，問卷是研究者用來蒐集料的一種技術，是對個人行為和態度的一種測量技術（楊國樞等，1989）。為瞭解警察取締色情行業所衍生之貪瀆問題，本研究特針對執行該項業務之警察人員、色情行業之經營者、管理者及從業者施以問卷調查。在警察人員調查對象的部分包括：警勤區員警、分駐（派出）所主管、刑事區偵查佐（員）、刑事偵查隊主管、警備隊員警及主管、督察人員及主管等；在色情行業的業者部分則針對選取的縣市隨機選取30份調查樣本；有關調查縣市之選取，區分為直轄市及一般縣市，在直轄市的部分，計有三個直轄市訂有自治條例，另三個直轄市未訂有自治條例，共計有各二分之一的直轄市訂有自治條例。因此，全台灣六個直轄市皆納入

表8-2 問卷發放一覽表

縣市	屬性		份數	
台北市、新北市、桃園市 台中市、台南市、高雄市 宜蘭縣、雲林縣、屏東縣	員警	分駐（派出）所員警及主管	20份	各30份
		刑事警察	6份	
		督察人員	4份	
	業者		各30份	

本研究調查的縣市，而其他一般縣市的部分，本研究針對已訂有自治條例之縣市隨機抽取一個縣市，另搭配未訂有自治條例之縣市隨機抽取2個縣市，總計調查9個縣市，有關問卷調查縣市分配數量如表8-2所示。

本研究針對員警及業者各發出270份問卷，合計540份問卷，員警問卷之回收有效樣本計265份，有效樣本回收率達98.14%；業者問卷之回收有效樣本計253份，有效樣本回收率達93.70%，合計回收有效樣本518份，整體有效樣本回收率達95.18%，問卷調查之樣本特性詳如表8-3及表8-4。

表8-3 員警有效樣本基本資料分析表

背景變項	變項類別	人數	百分比（%）
性別	男	238	89.9%
	女	27	10.2%
學歷	高中	20	7.5%
	專科	151	57%
	大學	80	30.2%
	研究所以上	14	5.3%
服務年資	3年以下	54	20.4%
	3年未滿5年	28	10.6%
	5年未滿10年	68	25.7%
	10年未滿15年	25	9.4%
	15年以上	90	34%

表8-3 員警有效樣本基本資料分析表（續）

背景變項	變項類別	人數	百分比（%）
階級	一線三星	159	60%
	一線四星	41	15.5%
	二線一星	28	10.6%
	二線二星	30	11.3%
	二線三星	6	2.3%
	三線一星	1	0.4%
擔任職務	警勤區員警	149	56.2%
	分駐（派出）所主管	7	2.6%
	刑責區偵查佐（員）	41	15.5%
	偵查隊主管	10	3.8%
	警備隊員警	17	6.4%
	督察人員	39	14.7%
	督察主管	2	0.8%
工作性質	內勤	39	14.7%
	外勤	189	71.3%
	內外勤兼具	37	14%
服務單位	台北市政府警察局	29	10.9%
	新北市政府警察局	27	10.2%
	桃園市政府警察局	29	10.9%
	台中市政府警察局	30	11.3%
	台南市政府警察局	30	11.3%
	高雄市政府警察局	30	11.3%
	宜蘭縣政府警察局	30	11.3%
	雲林縣政府警察局	30	11.3%
	屏東縣政府警察局	30	11.3%

表8-4　業者有效樣本基本資料分析表

背景變項	變項類別	人數	百分比（%）
性別	男	159	62.8%
	女	94	37.2%
學歷	國小	31	12.3%
	國中	49	19.4%
	高中（職）	78	30.8%
	專科	60	23.7%
	大學	28	11.1%
	研究所以上	7	2.8%
從業時間	2年以下	55	21.7%
	2年至未滿5年	91	36%
	5年至未滿10年	65	25.7%
	10年以上	42	16.6%
工作屬性	現場服務人員	133	52.6%
	現場管理人員	69	27.3%
	特種行業經營者	27	10.7%
	以上皆是	24	9.5%
所屬縣市	台北市	29	11.5%
	新北市	25	9.9%
	桃園市	24	9.5%
	台中市	30	11.9%
	台南市	30	11.9%
	高雄市	30	11.9%
	宜蘭縣	29	11.5%
	雲林縣	30	11.9%
	屏東縣	26	10.3%

三、研究工具

本文根據研究議題設計研究調查需求之問卷，問卷係採結構性問卷編製，依據李克特五點量表計分，「非常同意」給予5分、「同意」給予4分、「普通」給予3分、「不同意」給予2分、「非常不同意」給予1分。各題項填答勾選之得分愈高者，表示受訪者愈肯定該題項，填答勾選之得分愈低者，表示受訪者愈不認同該題項。本研究透過因素分析，共計萃取「機會因素」、「壓力因素」、「自我控制因素」、「家庭控制因素」、「同事控制因素」、「組織控制因素」、「法律控制因素」及「個人因素」等八個影響警察取締色情業務貪瀆的因素，並經由信度與效度的檢測，以檢視量表的信效度，各因素之信效度分析說明如下。

「機會因素」量表經因素分析發現，量表的KMO[2]值為0.832，表示具有良好的適切性量數，各題項之因素負荷量均達0.8以上，而此因素可解釋82.46%變異量。有關「機會因素」量表內部一致性經分析發現，量表總信度之Cronbach's α值為0.929，大於0.7的標準，符合量表的內部一致性。

「壓力因素」量表經因素分析發現，量表的KMO值為0.875，表示具有良好的適切性量數，各題項之因素負荷量均達0.6以上，而此因素可解釋59.38%變異量。有關「壓力因素」量表內部一致性經分析發現，量表總信度之Cronbach's α值為0.889，大於0.7的標準，符合量表的內部一致性。

「自我控制因素」量表經因素分析發現，量表的KMO值為0.721，表示具有良好的適切性量數，各題項之因素負荷量均達0.8以上，而此因素可解釋81.85%變異量。有關「自我控制因素」量表內部一致性經分析發

---

[2]　量表題項是否適合進行因素分析，常採用Kaiser（1970, 1974）所提出的取樣適切性量數（Kaiser-Meye-Olkin measure of sampling adequzcy，簡稱KMO或MAS），KMO值介於0至1間，其值愈接近1時表示題項相關性愈高，愈適合進行因素分析；其值愈接近0時表示題項相關性愈低，愈不適合進行主成分因素分析。因素分析時，量表的KMO值最好在0.8以上，KMO如在0.7以上則勉強可以接受，KMO如在0.6以上，則量表不宜進行因素分析。

現，量表總信度之Cronbach's α值為0.889，大於0.7的標準，符合量表的內部一致性。

「家庭控制因素」量表經因素分析發現，量表的KMO值為0.841，表示具有良好的適切性量數，各題項之因素負荷量均達0.8以上，而此因素可解釋81.68%變異量。有關「家庭控制因素」量表內部一致性經分析發現，量表總信度之Cronbach's α值為0.924，大於0.7的標準，符合量表的內部一致性。

「同事控制因素」量表經因素分析發現，量表的KMO值為0.729，表示具有良好的適切性量數，各題項之因素負荷量均達0.8以上，而此因素可解釋82.80%變異量。有關「同事控制因素」量表內部一致性經分析發現，量表總信度之Cronbach's α值為0.895，大於0.7的標準，符合量表的內部一致性。

「組織控制因素」量表經因素分析發現，量表的KMO值為0.837，表示具有良好的適切性量數，各題項之因素負荷量均達0.8以上，而此因素可解釋78.18%變異量。有關「組織控制因素」量表內部一致性經分析發現，量表總信度之Cronbach's α值為0.906，大於0.7的標準，符合量表的內部一致性。

「法律控制因素」量表經因素分析發現，量表的KMO值為0.839，表示具有良好的適切性量數，各題項之因素負荷量均達0.8以上，而此因素可解釋81.44%變異量。有關「法律控制因素」量表內部一致性經分析發現，量表總信度之Cronbach's α值為0.924，大於0.7的標準，符合量表的內部一致性。

「個人因素」量表經因素分析發現，量表的KMO值為0.900，表示具有良好的適切性量數，各題項之因素負荷量均達0.8以上，而此因素可解釋75.91%變異量。有關「個人因素」量表內部一致性經分析發現，量表總信度之Cronbach's α值為0.936，大於0.7的標準，符合量表的內部一致性。

表8-5 警察取締及色情業務貪瀆因素量表之因素分析摘要表

	題目	因素負荷量
機會因素	我覺得轄區複雜的員警比較容易包庇色情業者	0.892
	我覺得轄區內有色情行業的員警比較容易包庇色情業者	0.928
	我覺得負責管理色情行業的員警比較容易包庇色情業者	0.927
	我覺得負責取締色情行業的員警比較容易包庇色情業者	0.884
	特徵值 = 3.298，Cronbach's α = 0.929，解釋變異量 = 82.46%	
壓力因素	我覺得經濟生活壓力是造成員警包庇色情業者的原因	0.755
	我覺得職務工作壓力是造成員警包庇色情業者的原因	0.825
	我覺得工作升遷不順是造成員警包庇色情業者的原因	0.778
	我覺得工作福利不佳是造成員警包庇色情業者的原因	0.795
	我覺得工作績效壓力是造成員警包庇色情業者的原因	0.787
	我覺得關說壓力是造成員警包庇色情業者的原因	0.701
	我覺得物質誘惑是造成員警包庇色情業者的原因	0.703
	我覺得長官壓力是造成員警包庇色情業者的原因	0.661
	特徵值 = 4.156，Cronbach's α = 0.889，解釋變異量 = 59.38%	
自我控制因素	我覺得比較具有羞恥心的員警比較不容易包庇色情業者	0.899
	我覺得比較在乎他人感受的員警比較不容易包庇色情業者	0.934
	我覺得比較重視工作表現的員警比較不容易包庇色情業者	0.880
	特徵值 = 2.456，Cronbach's α = 0.889，解釋變異量 = 81.85%	
家庭控制因素	我覺得家庭互動頻率高的員警比較不容易包庇色情業者	0.924
	我覺得家庭活動頻率高的員警比較不容易包庇色情業者	0.930
	我覺得家庭關係良好的員警比較不容易包庇色情業者	0.931
	我覺得家人對於員警工作瞭解程度高的員警比較不容易包庇色情業者	0.826
	特徵值 = 3.267，Cronbach's α = 0.924，解釋變異量 = 81.68%	

表8-5　警察取締及色情業務貪瀆因素量表之因素分析摘要表（續）

題目	因素負荷量
我覺得與同事關係良好的員警比較不容易包庇色情業者	0.922
我覺得與同事互動頻率高的員警比較不容易包庇色情業者	0.931
我覺得同事之間彼此注意工作情形或關心近況的員警比較不容易包庇色情業者	0.876
特徵值＝2.484，Cronbach's α＝0.895，解釋變異量＝82.80%	
我覺得長官愈瞭解部屬的機關，員警比較不容易包庇色情業者	0.818
我覺得長官愈重視紀律的機關，員警比較不容易包庇色情業者	0.905
我覺得長官愈落實加強內部管理的機關，員警比較不容易包庇色情業者	0.919
我覺得內部監督功能愈完整的機關，員警比較不容易包庇色情業者	0.891
特徵值＝3.127，Cronbach's α＝0.906，解釋變異量＝78.18%	
我覺得法律對於貪污犯罪規定的刑罰愈嚴厲，員警比較不容易包庇色情業者	0.892
我覺得廉政人員對於貪污查緝愈嚴厲，員警比較不容易包庇色情業者	0.915
我覺得警政署頒定的違紀行為規定愈嚴厲，員警比較不容易包庇色情業者	0.914
我覺得政風或督察對於風紀的監督愈嚴厲，員警比較不容易包庇色情業者	0.885
特徵值＝3.257，Cronbach's α＝0.924，解釋變異量＝81.44%	
我覺得個性長袖善舞的員警比較容易包庇色情業者	0.798
我覺得重視物質享受的員警比較容易包庇色情業者	0.868
我覺得經常過度消費的員警比較容易包庇色情業者	0.890
我覺得過度投資的員警比較容易包庇色情業者	0.904
我覺得擁有不良嗜好的員警比較容易包庇色情業者	0.877
我覺得交往複雜的員警比較容易包庇色情業者	0.886
特徵值＝4.555，Cronbach's α＝0.936，解釋變異量＝75.91%	

左側分組：同事控制因素、組織控制因素、法律控制因素、個人因素

肆、警察涉及色情貪瀆原因之調查分析

一、警察涉及色情貪瀆因素分析

(一)機會因素分析

「機會因素」係由四個題項所組成，該因素最高總得分為20分，最低為4分，中間值為12分。由表8-6可知，「機會因素」整體得分為11.06分，低於該因素的中間值，顯示整體受訪者認為「機會因素」並非員警涉及色情貪瀆的重要因素；本研究進一步觀察「機會因素」的各題項發現，無論是所在轄區複雜或轄區內有色情行業，甚至負責管理色情行業及取締色情行業等題項，受訪者對於這些題項的看法得分介於「2.74〜2.78」之間；顯示受訪者對於「機會因素」的意向介於「普通」至「不同意」之間。

(二)壓力因素分析

「壓力因素」係由八個題項所組成，該因素最高總得分為40分，最低為8分，中間值為24分。由表8-7可知，「壓力因素」整體得分為22.85分，低於該因素的中間值，顯示整體受訪者認為「壓力因素」亦非員警涉及色情貪瀆的重要因素；本研究進一步觀察「壓力因素」的各題項發現，受訪者對於這些題項的看法得分介於「2.60〜3.10」之間；無論是關說壓

表8-6　受訪者對「機會因素」之看法

題項	平均數	標準差
我覺得負責取締色情行業的員警比較容易包庇色情業者	2.78	1.12
我覺得負責管理色情行業的員警比較容易包庇色情業者	2.77	1.10
我覺得轄區內有色情行業的員警比較容易包庇色情業者	2.75	1.08
我覺得轄區複雜的員警比較容易包庇色情業者	2.74	1.09
機會因素整體得分	11.06	3.99

表8-7　受訪者對「壓力因素」之看法

題項	平均數	標準差
我覺得關說壓力是造成員警包庇色情業者的原因	3.10	1.09
我覺得物質誘惑是造成員警包庇色情業者的原因	3.04	1.10
我覺得長官壓力是造成員警包庇色情業者的原因	2.95	1.07
我覺得經濟生活壓力是造成員警包庇色情業者的原因	2.88	1.08
我覺得工作績效壓力是造成員警包庇色情業者的原因	2.81	1.09
我覺得工作福利不佳是造成員警包庇色情業者的原因	2.76	1.09
我覺得職務工作壓力是造成員警包庇色情業者的原因	2.69	1.04
我覺得工作升遷不順是造成員警包庇色情業者的原因	2.60	1.04
壓力因素整體得分	22.85	6.49

力、物質誘惑、長官壓力或經濟生活壓力等題項，均非造成員警涉及色情貪瀆的主要原因，受訪者對於「壓力因素」的意向介於「普通」至「不同意」之間。

(三) 自我控制因素分析

　　「自我控制因素」係由三個題項所組成，該因素最高總得分為15分，最低為3分，中間值為9分。由表8-8可知，「自我控制因素」整體得分為10.17分，高於該因素的中間值，顯示整體受訪者認為「自我控制因素」為員警涉及色情貪瀆的重要因素；本研究進一步觀察「自我控制因素」的各題項發現，受訪者對於這些題項的看法得分介於「3.37～3.41」之間；受訪者皆認為，自我控制良好的員警，比較不容易發生包庇色情業者的行為，其中又以具有羞恥心者的排序第一，其次為在乎他人感受的員警，而重視工作表現的員警排序第三，受訪者對於「自我控制因素」的意向介於「普通」至「同意」之間。

表8-8　受訪者對「自我控制因素」之看法

題項	平均數	標準差
我覺得比較具有羞恥心的員警比較不容易包庇色情業者	3.41	1.04
我覺得比較在乎他人感受的員警比較不容易包庇色情業者	3.38	1.04
我覺得比較重視工作表現的員警比較不容易包庇色情業者	3.37	1.02
自我控制因素整體得分	10.17	2.81

（四）家庭控制因素分析

　　「家庭控制因素」係由四個題項所組成，該因素最高總得分為20分，最低為4分，中間值為12分。由表8-9可知，「家庭控制因素」整體得分為14.04分，高於該因素的中間值，顯示整體受訪者認為「家庭控制因素」為員警涉及色情貪瀆的重要因素，而此因素亦為各因素中超過中間值最多者，顯示「家庭控制因素」為最重要因素；本研究進一步觀察「家庭控制因素」的各題項發現，受訪者對於這些題項的看法得分介於「3.41～3.56」之間；受訪者皆認為，有良好家庭控制鍵的員警，比較不容易發生包庇色情業者的行為，其中又以家庭互動頻率高者排序第一，其次為家庭關係良好者，第三為家庭活動頻率高的員警。此現象說明，警察人員由於工作的特殊性，勤業務的繁雜性及輪班制度的多變性，影響警察人員家庭親子互動的時間，弱化家庭控制鍵，卻可能衍伸內部風紀的問題，是值得

表8-9　受訪者對「家庭控制因素」之看法

題項	平均數	標準差
我覺得家庭互動頻率高的員警比較不容易包庇色情業者。	3.56	1.01
我覺得家庭關係良好的員警比較不容易包庇色情業者。	3.55	0.98
我覺得家庭活動頻率高的員警比較不容易包庇色情業者。	3.50	0.98
我覺得家人對於員警工作瞭解程度高的員警比較不容易包庇色情業者	3.41	0.98
家庭控制因素整體得分	14.04	3.58

警察組織重視的課題。受訪者對於「家庭控制因素」的意向介於「普通」至「同意」之間。

（五）同事控制因素分析

「同事控制因素」係由三個題項所組成，該因素最高總得分為15分，最低為3分，中間值為9分。由表8-10可知，「同事控制因素」整體得分為9.74分，高於該因素的中間值，顯示整體受訪者認為「同事控制因素」為員警涉及色情貪瀆的重要因素之一；本研究進一步觀察「同事控制因素」的各題項發現，受訪者對於這些題項的看法得分介於「3.22～3.29」之間；受訪者皆認為員警與同事之間若能彼此關心工作近況，彼此之間有良好的互動關係，藉由強化同事鍵的控制，員警比較不容易發生包庇色情業者的事件。受訪者對於「同事控制因素」的意向介於「普通」至「同意」之間。

（六）組織控制因素

「組織控制因素」係由四個題項所組成，該因素最高總得分為20分，最低為4分，中間值為12分。由表8-11可知，「組織控制因素」整體得分為13.23分，高於該因素的中間值，顯示整體受訪者認為「組織控制因素」為員警涉及色情貪瀆的重要因素；本研究進一步觀察「組織控制因素」的各題項發現，受訪者對於這些題項的看法得分介於「3.27～3.34」之間；受訪者對於此因素均持肯定的態度，其中以長官愈瞭解部屬，員警

表8-10　受訪者對「同事控制因素」之看法

題項	平均數	標準差
我覺得同事之間彼此注意工作情形或關心近況的員警比較不容易包庇色情業者。	3.29	0.97
我覺得與同事關係良好的員警比較不容易包庇色情業者。	3.22	0.96
我覺得與同事互動頻率高的員警比較不容易包庇色情業者。	3.22	0.95
同事控制因素整體得分	9.74	2.63

表8-11　受訪者對「組織控制因素」之看法

題項	平均數	標準差
我覺得長官愈瞭解部屬的機關，員警比較不容易包庇色情業者。	3.34	1.04
我覺得長官愈重視紀律的機關，員警比較不容易包庇色情業者。	3.31	1.06
我覺得內部監督功能愈完整的機關，員警比較不容易包庇色情業者	3.30	1.04
我覺得長官愈落實加強內部管理的機關，員警比較不容易包庇色情業者	3.27	1.08
組織控制因素整體得分	13.23	3.75

比較不容易包庇色情業者排序第一，其次為長官重紀律的機關，第三為內部監督功能完整的機關，此說明警察機關長期以來強調嚴管勤教的監督考核，透過縱向與橫向交叉督導，對於警察風紀的善導具有正向效果。受訪者對於「組織控制因素」的意向介於「普通」至「同意」的之間。

(七) 法律控制因素

　　「法律控制因素」係由四個題項所組成，該因素最高總得分為20分，最低為4分，中間值為12分。由表8-12可知，「法律控制因素」整體得分為13.16分，高於該因素的中間值，顯示整體受訪者認為「法律控制因素」為員警涉及色情貪瀆的重要因素；本研究進一步觀察「法律控制因素」的各題項發現，受訪者對於這些題項的看法得分介於「3.22～3.36」之間；受訪者意見認為，嚴格的法律控制，比較不容易發生員警包庇色情業者的情事，其中以廉政人員對於貪污查緝愈嚴屬，效果最為明顯，其次為貪污罪行的嚴屬規定，再則為警政署內部所頒定之各項嚴屬的違紀行為規定；受訪者對於「法律控制因素」的意向介於「普通」至「同意」的之間，顯示嚴刑峻罰對於防範貪瀆具有一定的功效，過去香港廉政公署對於警察貪瀆的嚴懲重罰，雷厲風行之效，有效扭轉警察形象即為顯例。

表8-12　受訪者對「法律控制因素」之看法

題項	平均數	標準差
我覺得廉政人員對於貪污查緝愈嚴厲，員警比較不容易包庇色情業者	3.36	1.05
我覺得法律對於貪污犯罪規定的刑罰愈嚴厲，員警比較不容易包庇色情業者。	3.29	1.07
我覺得警政署頒定的違紀行為規定愈嚴厲，員警比較不容易包庇色情業者。	3.27	1.06
我覺得政風或督察人員對於風紀的監督愈嚴厲，員警比較不容易包庇色情業者。	3.22	1.05
法律控制因素整體得分	13.16	3.83

(八) 個人因素

　　「個人因素」係由六個題項所組成，該因素最高總得分為30分，最低為6分，中間值為18分。由表8-13可知，「個人因素」整體得分為19.22分，高於該因素的中間值，顯示整體受訪者認為「個人因素」為員警涉及色情貪瀆的重要因素；本研究進一步觀察「個人因素」的各題項發現，僅個性「長袖善舞」者的得分為2.95分外，其他題項的得分介於「3.19～3.33」之間；受訪者意見認為，員警個人交往複雜、擁有不良嗜好、過度投資、經常過度消費及重視物質享受者，比較容易陷入色情貪瀆案件，受訪者對於「個人因素」的意向介於「普通」至「同意」的之間，此與各警察機關督察單位運用各式量表，以建立預警機制的內容大致相符，顯示在員警貪瀆的因素之中，「個人因素」是重要關鍵因素。

表8-13　受訪者對「個人因素」之看法

題項	平均數	標準差
我覺得交往複雜的員警比較容易包庇色情業者。	3.33	1.13
我覺得擁有不良嗜好的員警比較容易包庇色情業者。	3.28	1.08
我覺得過度投資的員警比較容易包庇色情業者。	3.26	1.10
我覺得經常過度消費的員警比較容易包庇色情業者。	3.21	1.10
我覺得重視物質享受的員警比較容易包庇色情業者。	3.19	1.10
我覺得個性長袖善舞的員警比較容易包庇色情業者。	2.95	1.07
個人因素整體得分	19.22	5.74

二、警察取締色情貪瀆因素之差異分析

由表8-14得知,在「機會因素」中,警察和業者兩個樣本的平均數各為10.51與11.62,變異數同質性的Levene檢定未達顯著水準(F = 2.160,p = .142 > .05),表示兩者的離散情形無明顯差別。受訪的員警與業者對於「機會因素」的看法並無存在顯著性的差異,即兩者均認為「機會因素」並非警察人員涉及色情貪瀆的重要因素。

在「壓力因素」中,警察和業者的平均數分別為22.47與23.25,變異數同質性的Leven檢定未達顯著水準(F = 5.724,p = .171 > .05),表示兩者的離散情形無明顯差別,受訪的員警與業者對於「壓力因素」的看法並無存在顯著性的差異,即兩者均認為「壓力因素」並非警察人員涉及色情貪瀆的重要因素。

在「自我控制因素」中,警察和業者的平均數分別為10.34與9.99,變異數同質性的Leven檢定未達顯著水準(F = 5.183,p = .151 > .05),表示兩者的離散情形無明顯差別,受訪的員警與業者對於「自我控制因素」的看法並無存在顯著性的差異,即兩者均認為「自我控制因素」為警察人員涉及色情貪瀆的重要因素。

在「家庭控制因素」中,警察和業者的平均數分別為14.31與13.74,變異數同質性的Leven檢定未達顯著水準(F = 4.463,p = .070 > .05),表

示兩者的離散情形無明顯差別，受訪的員警與業者對於「家庭控制因素」的看法並無存在顯著性的差異，即兩者均認為「家庭控制因素」為警察人員涉及色情貪瀆的重要因素。

在「同事控制因素」中，警察和業者的平均數分別為9.92與9.54，變異數同質性的Leven檢定未達顯著水準（F = 1.520，p = .101 > .05），表示兩者的離散情形無明顯差別，受訪的員警與業者對於「同事控制因素」的看法並無存在顯著性的差異，即兩者均認為「同事控制因素」為警察人員涉及色情貪瀆的重要因素。

在「組織控制因素」中，警察和業者的平均數分別為13.27與13.18，變異數同質性的Leven檢定未達顯著水準（F = 1.491，p = .804 > .05），表示兩者的離散情形無明顯差別，受訪的員警與業者對於「組織控制因素」的看法並無存在顯著性的差異，即兩者均認為「組織控制因素」為警察人員涉及色情貪瀆的重要因素。

在「法律控制因素」中，警察和業者的平均數分別為13.06與13.25，變異數同質性的Leven檢定未達顯著水準（F = .857，p = .575 > .05），表示兩者的離散情形無明顯差別，受訪的員警與業者對於「法律控制因素」的看法並無存在顯著性的差異，即兩者均認為「法律控制因素」為警察人員涉及色情貪瀆的重要因素。

在「個人因素」中，警察和業者的平均數分別為19.13與19.30，變異數同質性的Leven檢定未達顯著水準（F = 7.453，p = .783 > .05），表示兩者的離散情形無明顯差別，受訪的員警與業者對於「個人因素」的看法並無存在顯著性的差異，即兩者均認為「個人因素」為警察人員涉及色情貪瀆的重要因素。

表8-14　警察與業者對警察涉及色情貪瀆原因的差異分析

自變項＼依變項	屬性		F值	顯著性
	警察（n=265）平均數	業者（n=253）平均數		
機會因素	10.5170	11.6206	2.160	.142
壓力因素	22.4717	23.2530	5.724	.171
自我控制因素	10.3471	9.9921	5.183	.151
家庭控制因素	14.3132	13.7431	4.463	.070
同事控制因素	9.9245	9.5455	1.520	.101
組織控制因素	13.2717	13.1897	1.491	.804
法律控制因素	13.0679	13.2569	.857	.575
個人因素	19.1396	19.3083	7.453	.783

註：＊表示p＜.05；＊＊表示p＜.01；＊＊＊表示p＜.001。

三、警察取締色情貪瀆因素之高關懷職務分析

　　警察人員在執行取締色情業務的過程中，可能會引發業者對於警察行賄的機會，其中業者行賄的對象有可能成為貪瀆的高關懷對象，而到底何種警察職務比較容易包庇色情業者成為高關懷對象，由圖8-2的統計圖可知，各類警察工作中計有229位受訪者認為刑責區偵查佐（員）是最容易成為色情貪瀆的高關懷對象，其次有214人受訪者認為是警勤區員警，排序第三者為分駐（派出）所主管，其他人員依序為偵查隊主管、督察主管及督察人員等。由此顯示，受訪者認為可能成為色情貪瀆高關懷的對象，大部分都屬於和色情業行有接觸或實際執行取締色情工作的職務類別，因此，警察組織對於此類人員，應該透過各種正式或非正式管道，做好內部管理與監督工作，以避免讓這些職務的警察人員成員色情業者行賄的對象。

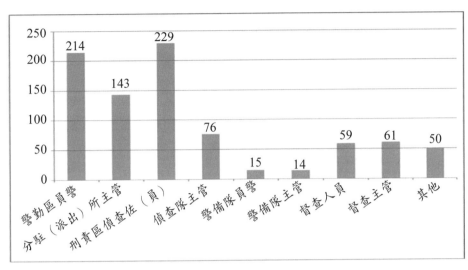

圖8-2　色情貪瀆案件之高關懷職務統計圖

伍、結論與建議

一、研究結論

(一) 負責取締色情業務之員警為貪瀆高關懷職務

　　警察機關雖然非屬色情行業之准駁或裁罰機關，但是取締色情業務的執行由警察機關所負責，而且主管機關對於這些行業的裁罰是依賴警察人員對於這些場所實施臨檢的紀錄內容為依據。因此，實質上警察人員對於色情行業具有裁罰權，進而成為業者行賄的對象，這些負責取締色情業務或執行取締色情的警察人員便成為貪瀆的高風險對象，亦成為警察組織防制貪瀆的高關懷對象。

(二) 取締色情業務的壓力與機會非員警貪瀆主因

　　警察人員負責取締色情業務可能會增加員警貪瀆的機會，或因取締色

情業務的壓力而造成警察人員挺而走險的風紀問題，讓該等人員成為警察組織中貪瀆高關懷的對象。然而實證研究的結果顯示，壓力與機會因素並非員警貪瀆的主因，貪瀆與否實與員警個人因素之自我控制及外部控制的嚴謹度有關。

(三) 員警個人因素之自我控制為貪瀆的重要因素

警察人員為政府機關第一線的執法者，其工作與民眾的權益息息相關，若發生違法侵害人民的權益或發生索賄、包庇等貪瀆違法事件，必為社會所不容。雖然警察人員每天必須面社會的黑暗面，尤其在處理取締色情業務的過程中，若無法秉持良好的德道操守，堅守良善羞恥之心，必然會陷落貪瀆的泥淖之中，此即實證資料結果所示之員警個人因素之自我控制為貪瀆的重要因素。

(四) 各類型的外部控制因素對於員警貪瀆行為具有抑制效果

員警個人因素之自我控制良窳是警察貪瀆的重要因素，惟完善的外部控制因素，包括家庭控制、同事控制、組織控制及法律控制等因素，均有助於抑制員警貪瀆事件的發生。警察人員在面臨高貪瀆風險的誘惑下，除正式嚴謹的法律控制與組織控制外，更需非正式之組織文化的同事鍵與家庭鍵的關懷，尤其是健全完善的幸福家庭，更是重要的關鍵因素。

(五) 警察機關綿密之防範警察貪瀆規範符合實務需求

風紀是警政的靈魂，警察人員代表國家執法，更應嚴守分際，作為保障人民權利的最後防線，自當應清廉自持以提升政府保家衛民的形象。為了防止警察貪瀆情事的發生，警察機關除了依循行政院訂頒「國家廉政建設行動方案」及「公務員廉政倫理規範」等相關規定力行警察風紀外，機關內部亦訂定「警察機關廉政實施方案」、「警察機關廉政實施方案——全民反貪宣導活動實施計畫」、「端正警察風紀實施規定」、「風紀誘因場所評估與防制作業」等相關規範，並將靖紀工作採取常態化方式實施，以端正風紀評核工作，整體而言，警察機關防範警察貪瀆及整飭風紀的規

範及作為可謂綿密，而且基於預防先機之需求，均會運用不同類型的警察風紀預警機制，加強內部預防查處作為，並藉由各項教育輔導作為，以達防弊之效，這些規範作為符合實證資料調查結果強調外部控制的重要性相符。

二、研究建議

(一)賡續落實職期輪調制度

　　職期輪調制度非警察機關所獨有，其他一般行政機關亦有實施職期輪調的制度，雖然一般行政機關實施職期輪調制度的原因不同，但是基於防弊措施而實施職期輪調之機關甚為普遍，甚至私人企業透過強制休假代理制度，以考核員工清廉度者所在多有。一般行政機關若具有特殊裁罰、取締或採購等貪瀆高風險職位，必然會實施職期輪調制度，對於警察機關取締色情業務而言，警察人員難以避免與業者有所接觸和互動，為免人情關說及業者行賄等壓力，過去職期輪調的落實執行對於防範員警貪瀆案件確實發揮實質效果，未來警察機關實應針對該等高風險及高關懷職務賡續落實職期輪調制度，以達防範員警貪瀆之效。

(二)賡續型塑優質警察風氣

　　色情相關行業一直以來是治安高風險場所，而不法業者為求持續生存，經常嘗試透過關係與轄區警務人員，建立起聯繫管道，試圖以不法利誘警察人員，致使少數警察稍有意志不堅或不慎者，亟易與不法業者連成一氣，形成共犯結構。警察人員由於職責的必要性難以迴避這樣的機會與壓力，為避免陷入貪瀆的風暴，除了外部控制機制外，優質的警察文化是抵抗警察貪瀆惡魔的核心秘笈，惟有透過警察倫理道德的建立，賡續型塑優質警察風氣，方能深植員警良善之心，面對行賄誘惑之行為而坐懷不亂。

（三）提倡正當休閒強化員警家庭功能

　　警察工作屬於高風險及高壓力的族群，由於勤業務的需求，以致影響警察同仁家庭生活的經營。完善的家庭功能是防制警察涉及色情貪瀆或風紀案件的重要策略，家庭控制因素是所有控制因素中最關鍵的因素，因此，未來警察機關應適時提倡正當的親子休閒活動，提高員警家庭互動頻率，建立員警良好的家庭關係，讓所有警察人員的家庭鍵發揮作用，以協助員警強化家庭功能，透過穩固的家庭生活，讓員警遠離風紀案件的侵擾。

（四）建構預警式監督管控機制

　　警察代表國家行使公權力，社會大多期之以較嚴苛的道德規範和操守標準來檢視警察，當有違反風紀情事發生時，輿論指責的壓力經常如排山倒海般而來。面對這些不利的因素及壓力，除了嚴格的法制控制途徑外，更應運用組織內部的控制機制，審慎思考提升監督管控方法，建立一套警察風紀或貪瀆的預警系統（Early Warning System），方能機先發覺潛在之高風險（違反警察風紀）員警，透過預警機制的事先見微知著，遵循預警系統的輔導教育作為，防患於未然，以避免警察人員身陷囹圄。

（五）策略性的規劃推動風紀案例教育

　　在各種警察貪瀆的因素中，機會因素雖然並非警察貪瀆的主因，但是由於警察工作環境的特殊性，無形中增加警察貪瀆的機會，因此，現行貪瀆或風紀案件教育的推動仍不可免。過去警察機關在風紀案例教育的推動上的確具有一定的效果，惟如何深化其成效呢？既警察機關應該在現有的基礎上，讓案例教育發揮乘數效應，透過策略性的規劃，並建構推動的策略地圖，從組織防範貪瀆的使命定義開始，運用策略規劃之財務、顧客、內部及學習與成長等四個構面，藉由整套流程的規劃，讓推動貪瀆或風紀案例教育的每位警察同仁知道何謂案例教育、如何推動案例教育及如何推動正確的案例教育等，以達到案例教育的深化效果。

參考文獻

一、中文

1. 王萬邦，單身新勢力，商機上千億，卓越雜誌，第 313 期，2009 年。

2. 朱金池，警察組織課責機制之研究：以英美兩國市民監督警察為例，中央警察大學警政論叢，第 5 期，2005 年。

3. 何春乾，我國警察倫理之研究——近十年來（1991～2001）違反警察風紀案件之探討，國立台北大學公共行政暨政策學系碩士論文，未出版，2002 年。

4. 吳國清，警察風紀內在因素之規範性探討，警政學報，第 24 期，1994 年。

5. 呂豐足，警察人員情緒管理與壓力調適之探討——理情行為治療法之運用，現代警察應有之素養學術研討會論文集，2011 年。

6. 李湧清，電動玩具弊案之省思與檢討，警學叢刊，第 28 卷第 1 期，1997 年。

7. 孟維德，公司犯罪影響因素之實證研究，犯罪學期刊，第 6 期，2000 年。

8. 林慶和，街頭搶奪犯罪人標的選擇之研究，中央警察大學犯罪防治研究所碩士論文，2012 年。

9. 胡奇玉，公務員職務犯罪特性及歷程之研究——以利職務上機會詐取財物為例，中央警察大學犯罪防治研究所碩士論文，未出版，2011 年。

10. 許明耀，台灣地區警察人員犯罪狀況及分析——以近十年來（1985～1994）涉案警察為研究對象，中央警察大學行政警察研究所碩士論文，未出版，1995 年。

11. 許春金，犯罪學，三民書局，2003 年。

12. 許頌嘉，台北市派出所員警違反風紀高風險因子量表之建構，國立台北大學犯罪學研究所碩士論文，未出版，2007 年。

13. 游本慶，台北縣政府警察局近五年貪瀆犯罪之類化分析，國立政治大學行政管理研究所碩士論文，未出版，2010 年。

14. 黃啟賓，警察職務犯罪之研究，中央警察大學犯罪防治研究所博士論文，

未出版，2005 年。

15.黃慧玲，國內警察人員風紀問題研究──以 94 年至 97 年警政署風紀宣導手冊為例，中央警察大學行政管理研究所碩士論文，未出版，2009 年。

16.楊明輝，警察職務犯罪預防機制之研究，國立台北大學犯罪學研究所碩士論文，未出版，2007 年。

17.楊國樞，社會及行為科學研究法，東華書局，1989 年。

二、外文

1. Bittner, Egon. (1976). Popular Conceptions about the Character of Police Work. In the Function of Police in Modern Society. Washington, DC: National Institute of Metanl Health.

2. Cloward, R. & Ohlin, L. (1960). Delinquency and opportunity: A theory of delinquent gangs. Glencoe, IL: Free Press.

3. Cohen, A. (1955). Delinquent Boys: The Culture of the Gang, The Free Press.

4. Cooper, C. L.(1988). Living With Stress. London: Penguin Books.

5. Hirschi, T. (1969). Cause of Delinquency. Tranaction Publishers.

6. Hirschi, T. and Gottfredson, Michael. (1990). A General Theory of Crime, Stanford University Press.

7. Ivancevich, J. M. & Matteson, M. T. (1980). Stress and work: Amanagerial Perspective. U.S.A.: Scott, Foresman and Company.

8. Lipsky, Michael. (2004). Street-Level Bureaucracy: the Critical Role of Street-Level Bureaucrats. In Classics of Public Administration. Edited by J. M. Shafritz, A. C. Hyde and S. J. Parkes. Wadsworth/Thomson Learning.

9. Merton, R. K. (1968). Manifest and Latent Functions. In R. Merton (ed.), Social Theory and Social Structure. NY: Free Press.

10.Muir, William Ker Jr. (1977). The Professional Political Model of the Good Policeman. In the Police: Street Corner Politicians. Chicago, IL: The Univerity of Chicago Press.

11.Schein, E. H. (1985/1992). Organizational culture and leadership. San Francisco: Jossey-bass.

12. Souryal, Sam. S. (1977). Police Administration and Management. Thomson Learing.

13. Trice. H. M. & Beyer, J. M. (1993). The cultures of work organization. Englewood Cliffs, NJ: Prentice Hall.

中共反恐法之評析

蔡庭榕[*]

向鐵漢柔情的廖老師——前法務部部長賀壽

鐵漢者,廖師前於擔任「調查局長」及「法務部長」期間,致力於打擊組織犯罪掃除黑金,有效維護治安與人權;柔情者,廖師卸任公職後,成立向陽公益基金會投入社會關懷的工作,從青少年、中輟生輔導做起,促進良善環境。因此,鐵漢柔情精神令人敬佩,廖師更將寶貴經驗與法學知識傳授給學生們,特別是曾在中央警官學校(警大)兼課,後來,其女兒廖尉均老師接棒亦到警大兼課,使警大學生受惠良多。茲特以此文向廖老師賀壽。

[*] 中央警察大學犯罪防治學系副教授。

目　次

壹、前言

　　「中共反恐法」（即「中華人民共和國反恐怖主義法」之簡稱）從研議到制定通過僅短短一年左右。2014年10月27日，中共首次審議「反恐法草案」規定中國預防和打擊恐怖主義的權力與責任、組織與職權、實體與程式等主要內涵，其第一次審議在中共第十二屆全國人民代表大會常務委員會（以下簡稱「全國人大常委會」）第十一次會議通過「一審稿」，於2014年11月3日公布，向社會徵求意見至同年12月3日；第2次審議之「二審稿」於2015年2月26日提請第十二屆全國人大常委會第十三次會議審議

通過[1]。最後，「中共反恐法」則由中共第十二屆全國人大常委會第十八次會議於2015年12月27日通過，由主席令頒，並自2016年1月1日起施行。因此，中共制定此反恐專法[2]，旨在就其反恐立場、反恐政策、反恐機構及其職責、反恐的重點領域和重點目標、反恐執法所採取的強制措施、恐怖主義與極端主義的法律責任等做了全面規定[3]。

中共於1997年10月將「恐怖組織」寫入新刑法中實施，又經過2001年美國「911」事件之後，大陸地區之「刑法修正案（三）」加重恐怖活動組織罪的法定刑，同時增定「資助恐怖活動罪」[4]；再到2011年全國人大常委會通過的「關於加強反恐怖工作有關問題的決定」，反恐刑事立法呈現出與其國內反恐形勢相呼應、與聯合國反恐戰略相一致、帶有鮮明的應急性和從嚴、從重傾向，但仍期待未來反恐立法應朝著制定一部統一的和專門的反恐法，以朝發揮刑法與其他法的互補作用等方向努力[5]。2014

---

[1] 范世平，中國大陸制訂反恐怖主義法之觀察，http://www.mac.gov.tw/public/Attachment/551216324728.pdf，最後瀏覽日期：2016年12月17日。

[2] 陳曉濟，國際反恐立法模式與我國反恐法律構建，湖南公安高等專科學校學報，第19卷第1期，2007年2月，頁94。氏指出：「用法律的手段來應對恐怖主義的威脅，是國際社會面對恐怖主義犯罪的共同選擇，綜觀國際反恐立法，目前主要有三種基本模式：分散型立法模式、專門型立法模式和綜合型立法模式。我國當前反恐立法單一，缺乏系統性和完備性，配套立法還不完善，在未來難以有效地同恐怖主義犯罪作鬥爭。因此，制定我國的反恐基本法與反恐配套法，構建『以反恐法為基本法、各單行法為配套法，以反恐基本法為主導、諸法配合』的立法格局，是我國未來反恐立法的現實選擇。」

[3] 刑志人，中國反恐怖主義專門立法問題研究，北京師範大學學報（社會科學版），第6期（總第252期），2015年，頁183。

[4] 1997年刑法典全面修訂之際，考慮到懲治有組織犯罪和反恐怖主義的需要，刑法典增設了「組織、領導、參加恐怖組織罪」（第120條），911事件之後，中國反恐的形勢日趨緊迫、反恐任務日漸明朗，2001年「刑法修正案（三）」加重了恐怖活動組織罪的法定刑，同時增設了含法人單位可以構成的「資助恐怖活動罪」（第120條之1），並將傳統意義上投毒罪修改為「投放危險物質罪」（第114、115條），把恐怖活動犯罪增列為「洗錢罪」的上游犯罪（第191條），還增設了「投放虛假危險物質罪」和「編造、故意傳播虛假恐怖資訊罪」（第290條之1）。轉引自刑志人，同上註。

[5] 劉仁文，中國反恐刑事立法的描述與評析，法學家，第4期，2013年8月，頁45。

年10月27日，中共首次審議「反恐法草案」凡十章共一百零六條，並在中共十八屆四中全會上公布「中共中央關於全面推進依法治國若干重大問題的決定」，強調反恐立法的緊迫性，呼應此次全會之「依法治國」政策方針，並明確指出：「抓緊出台反恐怖等一批急需法律，推進公共安全法治化，構建國家安全法律制度體系」[6]。茲特針對反恐法制之相關議題析論如下：

(一) 中共通過「反恐法」之主要背景與原因。

(二) 中共「反恐法」之內容特點與三次審議修正重點及爭議問題。

(三) 中共實施「反恐法」可能發生之影響與問題。

(四) 各國處理反恐危機之法制模式考量。

貳、中共通過「反恐法」之主要背景與原因

一、主要背景

過去中共的反恐刑事立法持續呼應其內部反恐形勢（乃係基於近年來多次暴恐案）並寓含有反獨（如疆獨），以及進一步與聯合國反恐戰略相配合，並有許多學者、專家呼籲未來的中國反恐立法應朝著制定一部統一的和專門的反恐法，以發揮刑法與其他法的互補作用等方向努力[7]。而且，中共基於恐怖主義鬥爭形勢在當前國際與國內均具有非常嚴峻與複雜性，以及各國莫不積極配合此趨勢而調整其反恐策略與作為，基於反恐政策的明確實踐必要，乃必須積極配合制定相關法律，又在聯合國的呼籲下，許多國家均以在表面形勢上以制定反恐專法來宣示其反恐決心，然而其背後卻不無隱藏著其政府以「國家安全」或「社會安定」為由，而行「擴權」與「擴錢」之實。特別是中共內部「維穩」目的經常是中共最重

---

[6] 中國人大網，中國表示將抓緊出台「反恐法」，http://www.npc.gov.cn/npc/cwhhy/12jcwh/2014-11/02/content_1884665.htm，最後瀏覽日期：2016年1月13日。

[7] 同註2～6。

要的「公安」政策任務，故其將以各種名目或方式達到此目的。此次「反恐法」之在2015年底制定通過與2016年1月1日立即施行，其內容有十章九十七條，幾乎無所不包的涉入人民的生活領域，然其可能因而干預、限制或剝奪人民的自由或權利之作法，已經受到許多嚴厲批評[8]。

再者，在大陸地區為達成其國內「維穩」目的，一直以來即在法令與政治管理制度上採取嚴格與高度管制的公安及其相關政策與執法，故在本法制定上，雖在大陸地區並無如美國911恐怖攻擊事件之背景發生始制定「愛國者法」（主要為包裹式立法方式），且當時美國國內許多重視人權保障的學者、專家大力評擊當時布希政府以「國家安全」之名，而行擴權之實，然在中共「反恐法」（係以專法之立法方式）之制定過程亦屬快速且較少反對聲音，主要是其平日高度管控的社會，人民對於「反恐」仍屬陌生而敏感（恐遭入罪），恐對自身之自由與權利有所影響，故而選擇噤聲。又雖有國際許多批評（特別是美國人權組織或學者指出中共反恐法之嚴重侵犯基本人權，甚至美國總統歐巴馬的指責）[9]，然在大陸地區對於公共媒體或其他社群資訊傳播方式的嚴格管控，亦有效控制其影響，故而較少有人在此問題上提出批評或反對。再者，中共反恐法最受國際指責主要在於要求科技公司披露加密方式。然而，中共亦指責美國聯邦政府亦在積極研發與執行其破解與蒐集相關電子傳播媒介的機密資料，甚至亦可能要求類此相關企業，避免使用政府無法破解的加密技術，因而質疑美國批評之正當性[10]。

---

[8] 聯合晚報，陸反恐法將上路 美企業集體焦慮臉書、谷歌、蘋果、IBM等擔憂影響營運，2015年12月28日，A6版國際焦點。

[9] 儲百亮，中國通過反恐法，批評者擔憂政府濫用權力，紐約時報中文網，2015年12月28日，http://cn.nytimes.com/china/20151228/c28china/，最後瀏覽日期：2016年1月13日。

[10] 2015年12月23日中共外交部發言人洪磊主持例行記者會指出：「美國在『通信協助執法法』等相關法律中，明確要求有關企業為執法人員實施合法監聽等提供協助，並對加密處理的通信提供解密支援。中國的『反恐怖主義法』草案中，規定了電信業務經營者、互聯網服務提供者應當為公安機關、國家安全機關防範、調查恐怖活動提供技術介面和解密等技術支援，是完全合理的。這一規定不會限制企業的合法經營活動，也不存在留『後門』問題，不會侵犯企業智慧財產權或者公民網路言

　　另一方面，中共反恐法乃屬配合中共之「以憲治國」或「以法治國」方針而行，以期使之更具有正當性。中共在第十八屆四中全會舉著「以憲治國」或「以法治國」大旗，此反恐法正好呼應其國安政策方針而制定。由其是2013年11月中共第十八屆中央委員會第三次全體會議通過「全面深化改革若干重大問題的決定」成立「國家安全委員會」，隨即在2014年1月由其總書記接任「中央國家安全委員會」主席，使之統合掌握國安與政法等體系[11]，制定反恐法更使之能進一步有效落實全面掌握國安與政法之社會維穩與控制體系。

二、主要原因

　　中共於2015年底通過「反恐法」之主要原因可區分為中共內部需求與考量國際呼應二部分：

（一）內部需求

　　由於中共對於近年來新疆地區及其人民在大陸內部的多次砍殺或爆炸等攻擊事件，乃是中共積極籌劃制定此反恐法之重要國內因素之一，此寓有將反獨與反恐併合處理，將某些國內圖謀獨立的活動納入反恐範圍內加以管制與執法。「911事件」後之國際恐怖主義威脅情勢的演化及新疆涉恐暴力事件之不斷發生，中共國內之學術與實務界就已思考是否應訂定反恐的專門法律，但因近年來中共持續舉辦奧運會及相關類型之大型賽事或展覽等國際活動，以及漸增之暴力襲擊事件，如昆明火車站、北京金水橋或新疆烏魯木齊的恐怖襲擊事件等，更因而使制定反恐專法，來嚇阻、預防及偵查恐怖事件，並能依法於事後之取證與定罪等執法作為有所依據，符合法制與執法明確性原則，亦即「法律保留原則」，使恐怖活動之「範

論自由。希望美方尊重中方正常的立法活動，不要搞『雙重標準』。」http://www.fmprc.gov.cn/web/fyrbt_673021/jzhsl_673025/t1327308.shtml，最後瀏覽日期：2016年1月13日。

[11] 包淳亮，「國家安全委員會」與大陸「國家主席」實權化，展望與探索，第12卷第1期，2014年1月，頁84-96。

圍定義」、反恐組織與人員界定、「安全防範」頒布、「情報資訊」蒐集、嫌犯調查偵查、發生之應對處置、國際合作、保障措施及法律責任等均依法明確授權，而完善反恐體制與運作機制，以其有效踐行落實及有效反恐打擊措施[12]。因此，制定一部系統明確的反恐專法，不但能藉以有效統一國內的治安與維穩工作，亦藉此反恐法快速擴張政府執法之公權力與相關預算增加與資源分配。

(二) 國際呼應

因應國際打擊恐怖主義要求，藉由制定反恐專法，以利接軌國際，並積極推動反恐外交[13]。在美國2001年之911恐怖攻擊事件後，聯合國安理會「1373號決議案」呼籲各國宜積極制定反恐專法，美國亦因而在一個多月即制定「愛國者法」，以利有效打擊與處理恐怖主義活動與威脅，聯合國反恐機構希望各國能儘快簽署打擊恐怖主義相關公約或議定書，以擴大各項合作的反恐相關機制，以其促使各國在反恐相關執法作為上有法可依，並可強化國際間之司法互助。因此，中共通過制定反恐專法，不但呼應的聯合國的呼籲與要求，亦可藉以凸顯其與各國共同積極展開反恐執法作為之決心與象徵，再者亦可藉此協助其他恐怖活動風險較高之相關國家，發揮其國際間的反恐策略影響力，並期獲得其外交的良好效果。

參、中共「反恐法」之審議修正重點與爭議問題及其內容特點

一、中共「反恐法」之審議修正重點

2014年4月，在國家反恐怖工作領導小組帶領之下，公安部會同全國

---

[12] 張亞飛，恐怖主義犯罪的界定及刑事立法展望，湖南公安高等專科學校學報，第19卷第6期，2007年12月，頁38-42。

[13] 汪毓瑋，中國大陸制定首部反恐怖主義法草案之探討，http://140.119.184.164/view_pdf/196.pdf，最後瀏覽日期：2016年12月17日。

人大常委會法制工作委員會、國家安全部、工業和資訊化部、人民銀行、國務院法制辦、武警總部等部門成立起草小組，反恐法草案經由中共全國人大審議。茲分述如下：

(一) 第一次審議之草案重點

第一次審議之草案條文分成總則、工作機構與職責、安全防範、情報資訊與調查、應對處置、認定恐怖活動組織和人員、反恐怖主義國際合作、保障與監督、法律責任與附則等共計十章一百零六條，其主要重點說明如下[14]：

1. 確立採用「反恐怖主義法」作為法律名稱

為凸顯「反恐」政策，以防止恐怖主義思想的形成和傳播，並有利於動員與組織各有關單位和廣大民眾從源頭上防範恐怖活動犯罪，便於開展國際合作，乃以反恐法名之。

2. 確定反恐怖主義之基本原則

將反恐納入國家安全戰略，強調國家反對一切形式的恐怖主義。旨在使全民反恐與機關協調整合及進行國際合作，並依法安全防範與情報蒐集於先，繼而調查與應對處置於後，並追究法律責任等反恐工作原則。

3. 設置反恐工作領導機構與職責

反恐怖主義工作必涉及多個部門和領域，對於「反恐怖主義工作領導機構」及有關部門的職責作出明確規定，例如本法明定由「國家反恐怖主義工作領導機構」統一領導和指揮，並明訂國家有關機關及公安、武警或解放軍等武裝力量之職責，以利加強統籌協調與合作。

4. 明定四個方面的安全防範措施

(1)基礎防範措施，包括宣傳教育、網路安全管理、運輸寄遞貨物資訊查驗、危險物品管理、防範恐怖主義融資、城鄉規劃和技防、物防等。(2)禁止極端主義。極端主義是恐怖主義的主要思想基礎，而明確規定國家反對一切形式的極端主義，禁止極端主義行為，並對極端主義的定義、

---

[14] 同上註。

禁止的行為、現場處置措施、法律責任及教育矯治作了規定。(3)重點目標保護，包括重點目標範圍、單位職責、主要安全制度及主管部門的管理職責等。(4)國（邊）境管控與防範境外風險，包括邊防管理職責、出入境監管、境外利益保護、駐外機構內部安全防範等。

5. 強化情報資訊和調查體系

建立「國家反恐怖主義情報中心」和跨部門情報資訊運行機制，並明定相關情報部門、基層情報力量、資訊化管理、「大資料」研判應用、情報資訊通報等內容，並明定為加強對恐怖活動及嫌疑人員的調查和管控，而授權得為技術偵查、調查、盤查、要求提供資訊材料、查詢、查封、扣押、凍結、對嫌疑人員的約束等有關調查職權措施。

6. 建立四個應對處置規定

(1)國家建立健全恐怖事件應對處置預案體系，明確應對處置的指揮長負責制和先期指揮權。(2)制止和處置恐怖活動，應當優先保護直接受到恐怖活動危害、威脅人員的人身安全。(3)規定了可以採取的各項應對處置措施，並對使用武器的條件、資訊發布等。(4)為最大程度恢復社會秩序，降低並消除恐怖事件的影響，對於恢復生產生活、查明真相、補償援助、優先重建、總結評估等相關規定。

7. 建構恐怖活動組織和人員認定程序

明定對於恐怖活動組織及恐怖活動人員名單的認定條件、機構、程序、公告效力及救濟程序等具體內容，以為執法依據。

8. 強化國際反恐互助合作

明定反恐怖主義國際情報資訊交流、執法合作、國際資金監管合作、刑事司法協助等內部之協調配合體制，亦明定國務院公安部門、國家安全部門、中國人民解放軍、中國人民武裝員警部隊派員出境執行反恐怖主義任務，使之有所憑據。

9. 明定反恐工作之保障與監督

明定中央與地方反恐經費預算與人力之編列及保障，反恐人力之危險保護及其傷亡之撫卹待遇，以及有關於因反恐而徵用人民財產受有損害之賠償或補償規定。另外亦有規定關於因反恐而瀆職和其他違法違紀行為，

任何單位和個人有權向有關主管部門檢舉、控告及其處理規定。

10.明定觸犯反恐之行政法律責任

本法並非如一般的刑法或其他相關之組織犯罪由刑罰制裁，而皆以由公安機關處以行政法上之「拘留」或「罰款」，可謂本法屬於行政法之性質。

(二) 第二次審議之「二審稿」修正重點

2015年2月26日提請大陸第十二屆「全國人大」常委會第十三次會議，對於「反恐法草案」進行「二審稿」，其重點如下[15]：

1. 凸顯軍方對反恐之必要地位

增加規定恐怖事件發生後，公安若未能到達現場時，則軍隊或武警得行使現場指揮權。

2. 增加法院與外交部對恐怖組織和人員之認定

「初審稿」是由國務院有關部門和省級反恐工作領導機構提出認定申請，是採取「行政認定」為主。但「二審稿」中，建議增加讓法院在審判刑事案過程中，可依法直接認定恐怖組織和人員。另增加外交部亦得為向大陸反恐工作領導機構提出申請以認定恐怖活動組織和人員之部門。此將反恐戰線由境內延伸至境外，亦彰顯「境外反恐」之重要性。

3. 恐怖主義之定義由政治轉向治安

對恐怖主義定義在「初審稿」中之有關「影響國家決策、製造民族仇恨、顛覆政權、分裂國家的思想、言論和行為」等內容刪除，曾修為「通過暴力、破壞、恐嚇等手段，製造社會恐慌、危害公共安全或者脅迫國家機關、國際組織的主張和行為」。顯示在「二審稿」中，把恐怖主義的範圍限定在「社會與公安」此一層面，而非「初審稿」中所強調的國家、民族、政權等「政治」層面。

4. 運輸反恐安檢修正後較具彈性

初審稿對於交通運輸的安全檢察是採取硬性規定，但「二審稿」則修

---

[15] 范世平，同註1。

正為因應各地不同情況，採「依照規定」進行安全檢查程序及編配安保人員。

5. 要求企業提供加密之金鑰

反恐法草案規定凡是在大陸提供電信、網路服務的企業，應將相關設計、設備「預設技術接口」，裝設「後門」使政府部門能隨時得以進入該系統取得資料安檢，並向主管機關報備密碼，且需將用戶資料存在大陸境內的伺服器，否則不得營運。因此歐巴馬2015年3月2日在接受路透社訪問時，就嚴詞批評反恐法中要求電信、網路業者預設「後門」、交出保護資料的密碼等規定。因為反恐法的這些要求，影響多家美國科技大廠，所以遭到外界質疑大陸是以國安為藉口，行監控之實[16]。

二、「反恐法」審議過程中之爭議問題

中共「反恐法」面臨侵犯人權之爭議。雖然2014年11月所提出的「反恐怖主義法草案」之「初審稿」即規定「反恐怖主義工作應當依法進行，依法懲治恐怖活動，尊重和保障人權，維護公民的合法權利和自由」，而有許多批評其藉由國家法律來肆意踐踏人權。主要之爭議有[17]：

1. 恐怖主義的定義模糊且範圍太大

該法第3條對於「恐怖主義」的定義不清且適用恐無所不包，以致倡導獨立而有較為激烈的群眾破壞活動的抗議行為或宗教極端團體等，均恐將因此被歸入恐怖組織、團體或份子，其相關倡導活動將成為恐怖活動而遭以該法規範處罰。

2. 該法授權寬廣且欠缺正當法律程序保護

容易造成藉反恐之名，行言論箝制或管制自由與權利之實[18]。

3. 負責反恐協調機構之權力範圍模糊不清

反恐涉及主管機關與其各相關目的事業主管機關或單位，故本法中之

---

[16] 范世平，同註1。

[17] 杜邈，國外反恐立法的難點、啟示與借鑒，法治論叢，第23卷第6期，2008年11月，頁123-128。

[18] 王悅，國內反恐立法問題研究淺析，才智，第30期，2015年，頁253。

任務分配與指揮監督權限是否本法規定明確可行，均值得檢驗之。

4. 對電信與金融產業的控幅過大易引起國際批評

　　中共要求在其境內提供之電信與網路服務業者，應當將相關設備及境內用戶數據留存在中國大陸境內[19]，並規定發現含有恐怖主義內容的訊息時，要保存相關記錄，並向公安機關或有關主管部門報告。因該法涵蓋的範圍過於廣泛，且對其本土和外國科技公司都適用，以致引起國外電信與金融界人士激烈反應，甚至透過政府發聲嚴厲評擊並要求修正[20]。

三、中共通過「反恐法」之內容要點

　　中共「反恐法」內容之特點可區分從國家安全觀點、國際合作之象徵意義與反恐預算與反恐執法人員之權利保障等三方面說明如下：

(一) 從國家安全觀點

1. 反恐法之立法目的、原則宣示、名詞定義及組織範圍（第一章）

　　特別是對於恐怖主義、恐怖活動、恐怖活動組織與人員及恐怖事件之定義仍然極為廣泛；又明定中央與地方設立「反恐怖主義工作領導機構」以統籌反恐工作。再者，為了強化全民反恐的理念，本法除明定政府各機關之職權外，並在第10條明定鼓勵民眾在日常生活中能更自發地投入反恐工作，使民眾能更注意觀察及提高警覺，當遇有恐怖組織或活動之虞者，能主動舉報，故設有獎勵[21]及保障[22]或保護[23]措施。

---

[19] 工商時報，中國通過反恐法 科技業須提供協助，2015年12月29日，A12版大陸財經。

[20] 董慧明，中國大陸「反恐怖主義法（草案）」評析，展望與探索，第13卷第4期，2015年4月，頁28-29。

[21] 該法第10條獎勵規定：「對舉報恐怖活動或者協助防範、制止恐怖活動有突出貢獻的單位和個人，以及在反恐怖主義工作中作出其他突出貢獻的單位和個人，按照國家有關規定給予表彰、獎勵。」

[22] 該法第75條之保障規定：「對因履行反恐怖主義工作職責或者協助、配合有關部門開展反恐怖主義工作導致傷殘或者死亡的人員，按照國家有關規定給予相應的待遇。」

[23] 該法第76條之保護：「因報告和制止恐怖活動，在恐怖活動犯罪案件中作證，或者

2. 恐怖主義活動組織與人員之定義認定（第二章）

特別是該法第12條：「國家反恐怖主義工作領導機構根據本法第3條的規定，認定恐怖活動組織和人員，由國家反恐怖主義工作領導機構的辦事機構予以公告。」以及反恐其他相關機關應提出申請認定與公告及其立即處置之規定。

3. 安全防範之一網打盡（第三章）

(1)明確定義領導機構與有關體制而能統一指揮：通過立法形態，把現有反恐領導機構、體制予以明確。理順當前多個部門領導反恐的局面，而期盼反恐工作可以更加高效和順暢。因為若無一個統一、高效的反恐領導機制，則必然面臨諸多協調問題，甚至出現延誤或者相互諉責的狀態。

(2)設計人防、技防、物防之全面防範措施而能有效打擊：將安全防範分為三類，即人防、技防及物防。例如宣傳教育、民眾參與反恐是屬於人防範疇。使民眾瞭解，除了專業的反恐部門以外，幾乎每個民眾都應該參與反恐。而技防是針對恐怖活動的技術防範，包括了在公開場所增加監視錄影等。物防是針對汽油、危險物品等危險品的防範。並將反恐問題納入了城市規劃之中。

4. 情報資訊之天羅地網（第四章）

建置國家反恐怖情報中心而有利於預防工作之推動，由於是全國性的情報中心，因此依法可以統籌、研判、收集、協調來自各部門之情報，應該可以加強反恐情報之有系統的蒐整與分析，並分發給需求單位，以期制

從事反恐怖主義工作，本人或者其近親屬的人身安全面臨危險的，經本人或者其近親屬提出申請，公安機關、有關部門應當採取下列一項或者多項保護措施：（一）不公開真實姓名、住址和工作單位等個人資訊；（二）禁止特定的人接觸被保護人員；（三）對人身和住宅採取專門性保護措施；（四）變更被保護人員的姓名，重新安排住所和工作單位；（五）其他必要的保護措施（第1款）。公安機關、有關部門應當依照前款規定，採取不公開被保護單位的真實名稱、位址，禁止特定的人接近被保護單位，對被保護單位辦公、經營場所採取專門性保護措施，以及其他必要的保護措施（第2款）。」王林，借鑒美國反恐賠償制度完善我國反恐立法，河南員警學院學報，第24卷第2期，2015年4月，頁125-128。

亂於初動，避免擴大侵害。

5. 調查授權之無所不包（第五章）

本章各條文均授權「公安機關」執法處理。公安之反恐調查職權很大，經由公安機關即得以傳喚、取證、調閱個人資料、查扣財產或約束恐怖活動嫌疑人員之行動或規定其定期向公安機關報告行蹤，甚至查扣其身分或出入境證件等。

6. 應對處置之全面整合（第六章）

建立處置預案體系，設置「指揮長」且明確其先期指揮權，以發揮即時處置之效。恐怖活動發生後，參與處置時必然會涉及到多個部門，如此就有現場指揮歸屬的問題，由於已規定指揮長要直接對整個突發事件負責，因此有關動態情勢之彙報、請示、協調就有明確的負責人，而可以立即統一與分配資源的明快處置。

7. 法律責任之明確威嚇（第九章）

本章內容旨在以行政拘留與罰款作為違反者之法律責任，並由公安機關來執行。此罰則規定寓含有以此短暫數日之拘留來進一步達成其調查目的，若欲藉由此處罰而達到對視死如歸的恐怖活動份子的制裁，將有其困難。

(二) 國際合作之象徵意義（第七章）

經由授權之國際合作而有利於國際司法互助之落實。境內的恐怖份子可能與國外的恐怖主義組織連接，例如「東突厥」。因此，國際反恐中的的情報、司法及共同協作必不可少，而制定反恐專法就可以為中國和相關國家的執法合作提供法律依據和平台。同時，藉由安全代表的派駐，除可掌握國內公民在該等地區活動，亦有利深化與該等國家關係。

(三) 反恐預算與人員權利保障（第八章）

本章之保障措施主要在於反恐人力與預算之保障外，並對於反恐相關人員之保密、傷亡待遇、鼓勵反恐科研及因反恐徵用財產之補償等。

肆、中共實施「反恐法」之可能影響與問題

一、中共反恐法對政經社會與外交之可能影響

(一) 正面效果

此係指對於國家安全與社會秩序可能產生之良好影響而言。

1. 政治上影響

使現行中共政權結合立法、行政與司法三權一致以反恐為基礎全面擴張政權，使黨政軍權力整合更加堅強，並藉由反恐法規範使中央與地方政府運作更緊密結合，在高舉國家安全的大旗下，將更有利於政治統治效果，以達到政權「維穩」之管理目的。

2. 經濟上影響

在經濟上之正面影響，可能使安全產業之相關產品與服務得到良好發展機會，如因反恐執法有效而使國家安全與社會安定，則經濟發展亦將在附加價值上有所提升。

3. 社會上影響

由於此反恐法授權之全面與力道強大，對於公安執法授權特別大，將可能依此針對反動或反對政權之勢力執法，而在反恐之附加效果上，達到強化治安維護之需求。

4. 外交上影響

反恐專法制定可以凸顯中共配合聯合國呼籲各國制定反恐專法或國際合作需求，亦展現其反恐決心，並可藉以結合或協助相關各國共同反恐合作，達到外交上之正面效果。

(二) 負面效果

1. 政治上影響

恐有藉由反恐之名而行打壓其他政敵之情形，而不利於其民主與法治

發展，亦將影響其社會與人民之創新發展。

2. 經濟上影響

在經濟上之負面影響亦有許多，特別是如本法之安全防範規定，「要求電信業務經營者、互聯網服務提供者應當為公安機關、國家安全機關依法進行防範、調查恐怖活動提供技術介面和解密等技術支援和協助」[24]，以致影響外國重大科技業者或其人員的投資與參與意願，而影響其經濟提升。

3. 社會上影響

對於反恐法授權公安執法授權特別大，然亦因此將影響社會之自由發展，亦可能造成依此針對反動或反對政權之勢力執法，恐造成濫權執法，影響民主社會發展。

4. 外交上影響

由於此反恐法對於外國人均有其適用，其內容之嚴厲規定，並要求各國科技業者之配合提供電信解密或者對於資訊監督等，恐亦將造成外交上之負面影響。

二、中共實施反恐法可能遭遇之問題

中共「反恐法」因其定義模糊且範圍過大，且對法規範內容之防範、情蒐、調查、處置及罰則等授權規定過於概括與限制或剝奪人權之情形過於寬鬆，特別是在立法審理過程中，外國政府與相關產業團體即對電信與金融產業的控制幅度爭議問題，提出嚴重不滿的批評。然而，儘管國際對於中共制定「反恐怖主義法」有諸多指責與質疑，但其反恐法通過之內容卻多未加以重視與因應調整。因此，本文對於已通過施行之中共反恐法主要內容略述其相關問題如下：

---

[24] 中國時報，陸通過反恐法外商憂慮電訊、網路業需配合監聽，2015年12月28日，A13版兩岸新聞。

(一)對內與對外規範混雜

內部法與外部法應有所不同,然此反恐法多數條文在性質上屬於「內部法」,相關條文內容係在規定各主管機關或相關目的事業主管機關或單位應遵守之事項,並非在規範人民之遵守義務或責任。雖有部分外部法,明文規定人民應遵守之事項,然其「實體要件」與「正當程序」之授權是否足夠明確可行?仍極具疑義。

(二)安全與人權平衡不足

此反恐法規範面向之廣與執法授權之寬,令人嘆為觀止,恐嚴重影響其人權保障,而遭致侵犯基本人權之批評,影響國際人流與物流上之卻步。

(三)法制與執行配合困難

由於本法規範內容太過於概括,恐影響在實際執法適用上之困難,或因而導致侵犯人權之譏。

(四)情報與治安規定不分

本法在許多條文上均規定國家安全機關、公安機關、軍事相關機關或其他相關目的事業主管機關或單位,情治與文武不分之法規範,在立法目的與適用上,無法釐清其具體目的,恐因混合運用,而造成過度侵犯人權。

(五)治安與行政目的不明

本法在反恐搜情調查與應對處置上,多授權由公安機關主政,太過於倚重「公安」警察執法作為,恐因而侵犯設立各相關行政機關執行其特定行政目的之立法原意。實宜從「既分工且整合」的設官分職法理以分配政府相關組織之任務,本法授權「公安」職權寬廣且鬆,恐造成「警察國家」之負評。

(六) 組織與作用法制混雜

本法在第一章總則之第7條至第9條即規定國家或地方反恐怖主義工作領導機構及其組成之授權,其餘多數條文規範內涵主要為作用法(行為法)之性質。在組織法上仍難以瞭解其反恐之組織架構,而在執法作用之授權上,亦過於寬鬆且有違反正當法律程序之疑義,特別是許多條文均授權公安機關得給予「拘留」人身自由,相較於民主法治國家恐已經違法憲法保留之「法官或令狀保留」原則。

(七) 行政與刑事責任不分

恐怖組織、人員與活動一旦發動,恐怖事件多屬刑事司法之犯行追緝範疇,然本法條文內容均屬行政執法作為與法律責任。對於視死如歸之恐怖份子恐難以達成之嚇阻的規範目的[25]。

(八) 概括與具體之規定失衡

違反「先具體後概括」之法制原則。例如,該法許多條文以「相關單位」作為授權範圍,恐不合法律明確性原則。

(九) 中央與地方配合規定不明確

中共之中央與地方反恐體系之任務界分與有效協調合作,仍待進一步在實踐中修正相關規定,無法從本法中瞭解其配合之細節。

(十) 公安、武警與解放軍之反恐任務仍待界分

本法規範內容有許多授權得由公安、武警或解放軍實施反恐作為,其權責分配與其相關執法授權均需進一步加以明確規定,以符合其個別任務特性及執法依據。

---

[25] 王林,借鑒美國反恐賠償制度完善我國反恐立法,河南員警學院學報,第24卷第2期,2015年4月,頁125-128。

(十一) 境內與境外反恐未加區分

有關反恐法之境內與境外之執法授權宜有所區分，特別是在情報監聽與運用上，避免以反恐之名而行政爭之實。

(十二) 恐無特別規定武器使用之必要

反恐法第62條有武器使用之特別規定，然若在使用武器上，在平時治安或相關執法上已經明定有武器使用時機要件與程序，則實無需在本法中再予規定武器使用內容。

(十三) 未區分國內與國際反恐

未加以區分國內與國際恐怖主義或活動，恐造成在本法適用上，容易引起界分其宗教、政治分離份子之活動與恐怖主義活動之情形，而影響執行功能與目的。

(十四) 公安機關權限過大

本法授權主軸在於「公安機關」，然在反恐常在「國家安全」之情報蒐集與分析層次，卻直接授權由屬於治安主管機關的公安警察而擔綱重任，是否授權過大過寬，而恐留下負面的法制沈澱成本，使平時之治安需求，卻以非常之反恐法制來執行，以致侵犯基本人權，甚至影響人民創新發展之自由思維[26]。

(十五) 各機關之義務責任不明確

由於本法許多條文均規定「各相關機關或單位」，在相關相關義務與責任並不明確，亦造成不易釐清，而致太過或不及之執法情形。

---

[26] 蔡庭榕，論反恐怖主義行動法制與人權保障，刑事法雜誌，第47期第4期，2003年8月，頁37-70。

（十六）禁止媒體報導影響人權

本法對於媒體報導與人民公知權利之衡平，恐遭訾議。

伍、國家處理緊急危機法制模式之考量

一、國家處理緊急危機之法制模式

恐怖組織及恐怖份子所進行之恐怖行動常牽涉廣泛，常非屬一般刑事案件可比，特別是要預防於未然，更有採取許多預防措施之必要，有時恐怖攻擊事件之影響極為重大，例如美國911攻擊事件之嚴重，並不低於戰爭之危害，因此，美國政府立即宣布將恐怖組織與份子視為敵人，並宣告進行反恐戰爭（War on Terrorism），並隨即成立軍事法庭，以對於恐怖份子進行軍事審判[27]。因此，對於反恐怖主義行動法制之性質，是否屬於國家緊急權法制或仍為平時性之一般法制或是一種特別法規範？[28]更明白而言，國家如何進行防範恐怖組織活動？抑或遇到類似911事件之恐怖攻擊時，在憲法及法律機制上應採取何種因應？殊有預先研究與制定法律規範之必要[29]。大陸學者亦研究指出：「反恐立法模式是指按照立法技術標準劃分的反恐立法方式。在聯合國反恐公約的影響和推動下，各國反恐立法亦歷經了興起、發展與發達的歷史演進，在反恐立法模式上呈現出多樣化的特徵。採取何種立法模式，歸根到底是為了更有效地預防和打擊恐怖主義活動。因此，應充分考慮立法傳統、立法現狀、反恐局勢和反恐法可能

---

[27] Detention, Treatment, and Trial of Certain Non-Citizens in the War Against Terrorism, 66 Fed. Reg.57, 833 (Nov. 13, 2001)。布希總統在2001年11月13日簽署行政命令，授權特別軍事法庭來審判涉及恐怖活動之外國人或蓋達組織成員，或被相信為提供窩藏上述人等之人員。

[28] 康海軍，反恐刑事特別程序立法模式初探，江蘇警官學院學報，第23卷第5期，2008年9月，頁28-32。

[29] 蔡庭榕，同註26，頁37-70。

造成的國際影響，理性地選擇適合國情的反恐立法模式[30]。」

學者黃俊杰氏定義：「國家緊急權，係國家緊急狀態發生，而平時憲法不足以排除危機，為維護國家存在並儘速回復一般憲法秩序，依合憲程序採取防衛性國家緊急權措施之權[31]。」其亦比較我國之動員戡亂時期及德國威瑪憲法時由希特勒獨裁之國家社會主義時代，憲法對於國家緊急權制度設計之檢討，得出兩國共同之核心問題有三：「一、概括條款取代了列舉規定；二、執行時刻取代了立法時刻；三、監督能力之欠缺[32]。」由於概括規定，使得著重執行效力之行政權利用命令模式取得授權基礎，而致立法與司法之監督機能不彰。至於美國憲法書籍幾乎很少有對緊急權作討論者[33]。在另一方面，在911恐怖攻擊事件之後，美國學者Oren Gross在其「混亂與規則：回應暴力攻擊危機應經常需要合憲嗎？」一文指出：我們急需一種嶄新的憲法概念來保障人權。否則，將有惡性循環之威脅，每次有成功的恐怖攻擊之後，政府即頒布較嚴格之鎮壓法律及承諾更高的安全，但在每次災難之後隨即產生一個更嚴苛的法律，造成了惡性循環，最後可能為了反恐怖主義，卻成為恐怖政府，而對人權具有危害威脅。Gross認為緊急之憲法型態可區分為「經常事務性模式」（The Business as Usual Model）、「調整適應性模式」（Models of Accommodation）、及「非法律支配措施模式」（Extra-Legal Measures Model）三種，而第三種是由其所自行提出，並可適用於因應911攻擊事件之緊急處理模式[34]。

---

[30] 趙秉志、杜邈，反恐立法模式的理性選擇，法學，第3期，2008年，頁49。

[31] 黃俊杰，國家緊急權之歷史經驗，傳文文化，1997年9月，頁7。另轉引自同書註1：李鴻禧譯（蘆部信喜著），憲法，1995年，頁333指出：「在戰爭、內亂、恐慌及大規模的自然災害等，無法以平時的統治機構去因應的非常狀態中，為維持國家生存，由國家權力暫時停止立憲的憲法秩序，採取非常措施的權限，就叫做國家緊急權。……是憲法保障的一種型態，……也具有破壞立憲主義的極大危險性，……但在日本則無國家緊急權之規定。」

[32] 黃俊杰，國家緊急權之歷史經驗，傳文文化，1997年9月，頁120-140。

[33] Oren Gross, Chaos and Rules: Should Responses to Violent Crises Always be Constitutional? 112 YLJ 1011, 2003. March, at 1014-1015.

[34] Id., at 1011-1134.

二、911後各國反恐法制規範之趨勢

在911美國遭到恐怖攻擊事件後，聯合國安全理事會第4385次會議通過第1373號決議，呼籲各國緊急合作，防制及制止恐怖行動，為得以將參與資助、計畫、籌備或犯下恐怖行動或參與支持恐怖行動者繩之以法，各國應在國內法中明確規定恐怖行動為嚴重犯罪，加強情報合作，並在行政和司法事項上合作，以防制恐怖行動外，更鼓勵通過雙邊或多邊協議，共同合作制止恐怖行動。聯合國各會員國紛紛依該決議，迅速採取一些反恐怖作為或制定相關法律，除美國國會參眾兩院早先於同年9月18日通過「授權使用武力」之決議，並於同年10月26日通過「2001年提供阻絕恐怖主義所需適當手段以鞏固美國法案」（簡稱「愛國者法案」）、同年11月13日發布一項有關軍事上之命令外；英國制定了「2001年反恐、犯罪及安全法」（Anti-terrorism, Crime, and Security Act 2001）。然而美國及英國是以制定反恐專法中去修正原有與防制恐怖活動之各相關法規方式，或可稱之為「包裹式立法」。然有鑑於恐怖活動型態多元及手段多樣化，某些國家反恐怖作為之法源依據則散見於各法。例如，中共反恐法於2015年底制定之前，亦屬於分散與碎片式立法於相關刑事法規中，故建議制定專門且有系統之反恐專法[35]。

國家緊急危機之非常時期有關法律宜如何訂定？其性質為何？是否具有限時法及限事法？與平常時期之法案應如何區隔？乃極有研究之必要，例如反恐法制與平常時期之許多規範可能重疊，實體刑法與程序之刑事訴訟法均有可能已經規範，反恐或許在程度上有需較重之刑度規定，或較寬鬆之執法授權，然而其對於人民之權利必然有不同之影響，如何因應？所以對於國家緊急危機之法律規範層次，應有給予妥善制定規範原則或模式之必要，上述Gross所提出之三種模式學說，值得參考[36]。

---

[35] 畢錦明，完善我國打擊恐怖主義立法的思考，洛陽理工學院學報（社會科學版），第30卷第1期，2015年2月，頁64；張夢星，我國反恐怖主義相關法律問題研究，鐵道警官高等專科學校學報，第21卷第4期（總第94期），2011年，頁90-92。

[36] 蔡庭榕，同註26，頁37-70。

陸、結論

　　法治與人權應予衡平，國家公權力是用來維護人權與公益的，禁止不合理地侵害人民權益，而且國家公權力需立基於民主與法治之下，採取分權與制衡原則，並加以貫徹於行政各項措施，始能達到保障人權之功效，縱屬制定法規範之立法職權亦應遵從此衡平原則。許多反恐怖行動措施必將干預、限制或剝奪到人民之自由或權利，故必須有法律規範之，以達到民主、法治國保障人權之基本原則。因此，反恐怖行動作為所牽涉之各項措施，或有許多已經散在各個法規中規範之，然而，若有新定職權作為或特別加重罰則考量者，必須有制定新法規範之必要。國家安全之公益維護與人民自由權利之保障是許多國家政府在施政上之兩難與必須衡平之重點。

　　然而，恐怖主義定義相當困難與多元。一般定義所強調的共同因素是：（一）暴力或以暴力進行威脅；（二）製造恐怖；（三）一定的政治目的。美國學者博格羅斯庫珀（Beau Grosscup）博士曾指出：「我們在給恐怖主義下定義時，面臨的基本問題是，它是一個充滿著政治性的概念，是一個被政治優位觀點，以及利益爭論搞得混亂不堪的概念。常見的說法『一個人的恐怖主義者是另一個人的自由戰士』，反映出這種困境。一個看起來只是語義學的問題，本質上卻是不同意識形態的衝突，意味著我們是否把某個事件視為恐怖主義，取決於我們的政治觀點。」恐怖主義的定義不僅在語彙及法律上，呈現多樣分歧的面貌，學者間對恐怖主義定義，亦未見統一之見解常屬於高度不確定法律概念，其定義易生爭議[37]。

　　再者，恐怖組織及恐怖份子所進行之恐怖行動，常非一般刑事案件可比，特別是要預防於未然，更有採取許多預防措施之必要，現代之恐怖攻擊事件為災難性之恐怖事件，影響極為重大。恐怖攻擊事件發生，常使

---

[37] 何秉松，現代恐怖主義之意義與反恐怖主義的國際實踐，財團法人國家政策研究基金會，國政研究報報，憲政（研）第091-034號，2002年8月2日，http://old.npf.org.tw/PUBLICATION/CL/091/CL-R-091-034.htm，最後瀏覽日期：2016年1月13日。

一個國家限於緊急危機，如何適應此非常時期之有關法律宜如何制定？其性質為何？是否具有限時法及限事法？與平常時期之法案應如何區隔？乃極有妥適立法考量之必要。究竟反恐法之立法應以刑事法或行政法方式立法？應考量其特定目的之合適性原則，不宜「掛羊頭賣狗肉」，以行政處罰拘留人身自由而藉以調查恐怖嫌疑之刑事責任。此次中共反恐法乃採授以公安機關行政拘留之權力，俾採取預防性反恐怖主義活動之調查作為，乃產生許多爭議問題與批評。中共反恐法若是希望結合行政資源對抗恐怖活動，並和國際反恐力量接軌，那就應該把立法工作聚焦在政府跨部會之整合與資源共享，建立反恐怖主義之防制與反應機制，而不是包山包海式的制定一部行政法之特別法，特別是在不確定法律規範內涵或概括條文授權下，即得由公安裁定拘留或罰款，對於人權保障恐有嚴重影響。

總之，建構反恐法制，不應只是強調快速立法，更應與其他現行法律一併檢視，整體檢討，在達到防範、追緝、及制裁恐怖主義份子目的以維護國家與公共安全之時兼顧人權保障，並能符合其現實社會條件之需求，適法可行；否則理想過高或逾越人權保障之藩籬，將非制定反恐法制之本旨。

10
涉外刑事案件偵查中使用通譯之研究

廖有祿[*]、沈敬慈[**]

祝壽文

本人與廖正豪部長雖無師生關係，但早先聽聞碩士班同學提及廖部長上課情形，對學生也很照顧，心中很是羨慕，後來鄧煌發及許福生老師參與向陽基金會，有時也會邀請我參與活動，非常佩服部長退休後還能積極參與公益，最近幾年跟隨部長出席「兩岸和平發展法學論壇」，看見部長風塵僕僕四處奔走，內心非常感動，此次有幸追隨法學前輩參與祝壽論文集編纂工作，祝願部長身體康健，繼續帶領我們為社會貢獻心力。

[*] 中央警察大學犯罪防治研究所博士、刑事警察學系教授。
[**] 中央警察大學刑事警察研究所碩士生、台南市政府警察局警務員。

壹、前言

一、研究背景及重要性

隨著愈趨便利的交通，人們得以快速的前往世界上各個角落；全球化也未曾放慢它的腳步，國家或區域間的互動愈來愈密集且頻繁。而台灣，即便是一個海島也未能置身事外。依據內政部入出國及移民署的統計資料顯示，現今台灣的合法外籍居留人數已達到61萬4,797人[1]，其中外籍勞工所占最多，計有52萬5,810人；如以國籍區分，印尼籍為21萬5,644人最多，越南籍15萬9,212人次之，菲律賓籍12萬1,824人居第三；以居留區域區分，則以桃園市10萬576人居冠，新北市8萬6,332人次之，緊追在後的台中市共有8萬3,613人。而大陸暨港、澳地區人民定居許可人數為19萬123人[2]，且上述人數尚未包含於台灣短期停留者。整體而言，台灣居留外籍人數呈現穩定的成長（如圖10-1）。

---

[1] 台灣地區現持有效居留證（在台）外僑居留人數統計，內政部入出國及移民署，發布日期：2015年8月27日。

[2] 其中大陸地區人民定居許可人數為16萬5,946人，港、澳地區人民定居許可數則是2萬4,177人，大陸地區、港澳居民、無戶籍國民來台人數統計表，內政部入出國及移民署，發布日期：2015年8月27日。

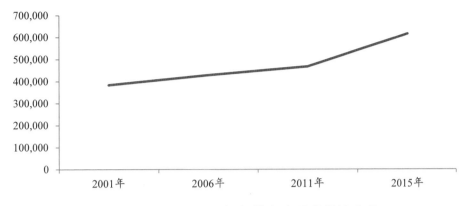

圖10-1　2001年至2015年台灣合法居留外籍人數
資料來源：內政部入出國及移民署。

　　良好的溝通是人際關係互動的基礎，社會的運作即為所有人際互動的累積，不同語言及文化背景的人想順利溝通時，通譯即扮演重要的角色。這些外來人口如果沒有中文基礎，生活中許多行為（例如：就業、醫療、司法……等）都需要通譯協助。在多元文化更為蓬勃的國家，像是美國、英國及澳洲，大多有提供「社區通譯」的服務。所謂的社區通譯大致可用下列兩種定義涵蓋，專門為社區居民日常生活必要所提供的口（通）譯服務，以及主流社會與次文化社群間的口（通）譯服務。其主要工作之內容則為移民事務、醫療、司法以及其他公共事務[3]。由前揭定義可得知，司法通譯屬於社區通譯的一部分。

　　刑事訴訟法賦予當事人許多不同的權利義務，瞭解這些權利義務是犯罪嫌疑人或被告能於訴訟程序中有效防禦的前提，是以不諳法律者會委任辯護人，不懂法庭用語者就必須仰賴司法通譯。訴訟程序中需要通譯者並非只有外籍人士，國語不流利之國人亦同。然而，司法通譯向來不是刑事訴訟程序中受重視的區塊，國內相關的研究也較缺乏；縱使有，大多將司法通譯與法庭通譯畫上等號，警察偵詢中使用通譯之相關研究則更為短絀，甚至國外文獻也相當匱乏。事實上，警察進行刑案偵查亦屬刑事訴訟

---

[3]　陳子瑋，社區口譯——台灣口譯研究新領域，編譯論叢，第4卷第2期，2011年，頁208。

的一環，過程中有許多機會需要使用通譯，例如對外籍販毒集團的監聽、與外籍綁匪談判或者最常見的警詢中所使用的通譯，這些都是廣義上的司法通譯[4]。警詢通譯與法庭通譯雖有相似之處，但所面對的問題與挑戰以及可採取的策略仍有差異。

（一）外籍人士在台刑事案件的增長

　　來台外籍人士為我國不可或缺的勞動力、技術人才或專業人士，同時也帶來不同的風俗，豐富福爾摩沙的文化色彩；但同時無法避免的，他們也為社會治安帶來了一些問題。內政部警政署資料顯示：2014年警察機關破獲外籍人士在台刑事案件計2,002件[5]，件數雖較2013年減少112件（-5.3%），然而這僅是警方破獲的部分，尚有許多犯罪黑數[6]的問題。復觀察近十年之情形，自2005年的1,212件及2006年的1,648件，攀升至2007年的2,125件後即未曾跌落2,000件以下（圖10-2）。

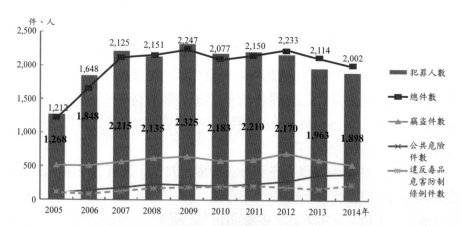

圖10-2　2005～2014年警察機關破獲外籍人士在台犯罪概況

資料來源：內政部警政署。

---

[4] Mulayim, S., Lai, M. & Norma, C. (2014). Police Investigative Interviews and Interpreting: Context, Challenges, and Strategies. CRC Press, p. 27.

[5] 內政部警政署，警政統計通報104年第21週，發布日期：2015年5月27日。

[6] Dark Figure of Crime，係指已發生但沒有被政府機構所登錄的犯罪案件。許春金，犯罪學，中央警察大學，2010年5版，頁32。

以案類來看，竊盜罪一直居於首位，每年約有464至699名外籍人士涉案。而公共危險罪則是不斷攀升，從2005年的97件，至2014年已來到近400件，居於第二位。近年外籍人士違反毒品危害防制條例每年大約200餘件，位居第三（表10-1）。

綜上，每年至少有2,000餘名離鄉背井且不識中文的外籍人士經警察發動偵查後進入刑事訴訟程序。面對這些語言文化大不相同的群體，要怎麼有效地進行犯罪偵查，同時保障渠等之權利，成為警察必須嚴肅面對的課題。

(二) 國際條約的重視與國內法的不足

依據公民與政治權利國際公約第14條第3項第6款：「審判被控刑事犯罪時，被告一律有權平等享受下列最低限度之保障：如不通曉或不能使用法院所用之語言，應免費為被告準備通譯協助之」；另歐洲人權公約第6條第3項第5款：「凡受刑事犯罪的控告者具有下列最低限度的權利：如果他不懂或不會講法院所使用的語文，可以請求免費的譯員協助」，也揭櫫相同的概念。這顯示出為不懂法庭語言的刑事被告提供通譯協助已經逐漸成為普世價值，旨在保障渠等受公平審判之權利。又立法院業已於2009年3月31日通過聯合國「公民與政治權利國際公約」、「經濟社會文化權利國際公約」及「公民與政治權利國際公約及經濟社會文化權利國際公約施行法」（下稱兩公約施行法）並於同年4月22日公布，同年12月10日施行。兩公約施行法第2條載明，前揭公約所揭示保障人權之規定，具有國內法效力，課以刑事訴訟相關機關為被告免費準備通譯之義務。然而，國內法相關規定仍有許多不足之處。

刑事訴訟法第99條：「被告為聾或啞或語言不通者，得用通譯，並得以文字訊問或命以文字陳述」，警察偵詢中即依同法100條之2準用前揭條文。是否使用通譯，該條文賦予法官、檢察官與警察裁量的權利。但實在難以想像當受警察偵詢之當事人為聾或啞或語言不通時，警察要如何取得正確的供述。另警察偵查犯罪手冊第232條規定：「發現涉外刑事案件，應先控制、保持現場或為必要處置後，立即會同外事警察人員偵辦，並指

表10-1 近十年警察破獲外籍人士在台刑事案件

年度別		總計	占全般刑案%	竊盜	公共危險	詐欺背信	違反毒品危害防制條例	傷害	侵占	偽造文書印文	駕駛過失	妨害風化	賭博	其他
94年	件數	1,212	0.22	511	97	67	117	49	9	107	8	43	22	182
	人數	1,268	0.61	491	106	45	130	55	6	89	8	57	81	200
95年	件數	1,648	0.32	508	143	136	93	78	26	275	20	87	61	221
	人數	1,848	0.81	533	141	57	112	84	24	361	19	157	135	225
96年	件數	2,125	0.43	565	179	295	127	116	25	168	21	157	62	410
	人數	2,215	0.83	595	174	113	162	120	26	173	18	254	116	464
97年	件數	2,151	0.47	621	236	251	162	130	49	196	42	91	61	312
	人數	2,132	0.79	595	233	142	184	140	41	185	41	130	112	329
98年	件數	2,247	0.58	646	224	193	187	166	77	172	38	102	74	368
	人數	2,325	0.89	593	222	170	227	182	62	136	33	147	151	402
99年	件數	2,097	0.56	585	209	175	199	133	99	127	36	96	73	365
	人數	2,183	0.81	531	206	122	225	138	78	126	36	132	177	412
100年	件數	2,150	0.62	602	242	213	209	168	105	72	43	100	75	321
	人數	2,210	0.85	581	238	123	250	200	85	78	42	110	171	332
101年	件數	2,233	0.70	699	281	250	194	149	140	57	41	67	42	313
	人數	2,170	0.83	652	277	179	227	153	118	57	36	75	73	323
102年	件數	2,114	0.71	599	376	179	170	148	128	45	44	94	37	294
	人數	1,963	0.77	566	366	102	210	164	94	34	37	92	54	244
103年	件數	2,002	0.65	530	391	135	233	117	93	41	36	87	27	312
	人數	1,898	0.73	464	381	102	276	116	76	35	32	75	40	301

表10-1 近十年警察破獲獲外籍人士在台刑事案件（續）

年度別		總計	占全般刑案%	竊盜	公共危險	詐欺背信	違反毒品危害防制條例	傷害	侵占	偽造文書印文	駕駛過失	妨害風化	賭博	其他
103年與102年比較	增減件數	-112	--	-69	15	-44	63	-31	-35	-4	-8	-7	-10	18
	增減（%）（百分比）	-5.30	(-0.06)	-11.52	3.99	-24.58	37.06	-20.95	-27.34	-8.89	-18.18	-7.45	-27.03	6.12
	增減件數	-65	--	-102	15	--	66	-48	-18	1	-5	-17	-14	57
	增減（%）（百分比）	-3.31	(-0.04)	-18.02	4.10	--	31.43	-29.27	-19.15	2.94	-13.51	-18.48	-25.93	23.36
103年與94年比較	增減件數	790	--	19	294	68	116	68	84	-66	28	44	5	130
	增減（%）（百分比）	65.18	(0.44)	3.72	303.09	101.49	99.15	138.78	933.33	-61.68	350.00	102.33	22.73	71.43
	增減件數	630	--	-27	275	57	146	61	70	-54	24	18	-41	101
	增減（%）（百分比）	49.68	(0.12)	-5.50	259.43	126.67	112.31	110.91	1,166.67	-60.67	300.00	31.58	-50.62	50.50

說明：1.傷害不含駕駛過失。
2.「--」：表無意義數值；表列數字由電腦處理，尾數採四捨五入計列。
資料來源：內政部警政署。

派適當人員擔任通譯工作」，惟究竟擔任通譯的適當人員有何條件並無明確規定。內政部警政署警察機關處理涉外治安案件規定[7]及處理涉外治安作業程序中，亦僅重複上述條文，並無進一步的具體措施。

　　雖然政府敲鑼打鼓的宣示兩公約的效力，對公務員辦理了許多講習甚至架設了網站[8]，但就司法通譯層面觀之，權責機關的具體措施仍有許多進步空間。

(三) 檢察機關因通譯問題遭監察院糾正與警察機關的反思

　　2012年4月11日，監察院針對法務部檢察機關使用司法通譯相關缺失提出糾正案[9]。案文中臚列檢察機關許多缺失，概述如下：

1. 法定編制通譯能力不足：現行檢察機關法定編制通譯人員，多僅能就國語與閩南語、客語間傳譯，而不及於外國語言，甚或原住民各族語言，相關人員之專業能力訓練及素養不足。

2. 未編列通譯事務項目預算：法務部自2009年5月起建置特約通譯機制，惟缺乏相關預算及宣導，致大多數檢察機關未依規定給付通譯報酬；且未落實優先遴聘特約通譯之規定。

3. 未建立事前防止誤譯、事後檢驗誤譯機制及訂定偵查程序使用通譯判斷基準及程序規定：委由承辦人員各依其經驗使用通譯，尚難確保不通曉法院語言被告訴訟防禦權及傳譯內容之正確性，不符現代法治國家正當法律程序原則。

　　本案雖未對警察偵辦刑案使用通譯之情形提出糾正，警方仍應從檢察機關的錯誤中自我檢討。除了沒有編制及特約通譯以外，該糾正案文所描述的情形對警察機關而言有點似曾相識。警察處理涉外案件使用通譯情形，分述如下：

1. 法定編制通譯：警察機關並無法定編制通譯，如係英語系國家人

---

[7]　內政部警政署103年3月7日警署外字第1030067479號函。

[8]　http://www.humanrights.moj.gov.tw/mp200.html。

[9]　監察院101年4月11日101司正0003號糾正案。

士，多由外事警察擔任通譯；如為其他語系，則依各單位自行建置之通譯名冊[10]找尋適當人選。為外籍勞工時，常直接要求其仲介公司指派通譯協助。但不論由外事警察或仲介公司派員擔任通譯，與當事人都有相當的角色或利益上的衝突，如此難以確保傳譯之公正性。

2. 通譯事務項目預算：由於通譯相關預算係由各警察機關自行編列，因各縣市政府的財政狀況不同，預算多寡也大相逕庭。以台南市政府警察局為例，涉外治安案件通譯事務預算係由外事科業務費編列，每年大約僅有2萬餘元，往往接近預算年度結算時已無此項經費可供核銷。且警察機關多由外事警察擔任英語通譯，是故核銷規定中排除英語通譯的情形非常普遍。

3. 事前防止誤譯、事後檢驗誤譯機制及偵查程序使用通譯判斷基準及程序規定：這部分警察機關可說是付之闕如，同時也將是本文討論的重點之一，將於後續章節詳述。

二、研究動機及目的

(一) 研究動機

台灣外籍居留人數持續穩定成長，涉外刑事案件也與日俱增，偵辦此類案件變成警察必須面對的課題。又偵詢為警察偵查的必要手段，雖然隨著科技發展，透過科學方法找尋跡證已是現今辦案利器，但這些物證最終仍需要透過偵詢的內容串聯，呈現事件完整輪廓。然而在涉外案件中，受詢問人往往不諳中文，此時沒有通譯的協助，警方勢難達成偵詢的目的。職此，基於以下動機，欲探討警察使用通譯偵詢的問題：

---

[10] 現行外事單位所建立的外語通譯人名冊，大部分都是以較熱心的居留外僑為主，而對於通譯人本身的能力鑑定上並沒有相關的規定，另外對於通譯人之各種法律觀念的養成與訓練更無具體措施，如此一來，在涉外案件發生時，對於涉外當事人的人權保障方面來說，更是一大傷害。

1. 員警對通譯的專業認識不足

許多員警,甚至整個警察機關,對於通譯的認識很明顯的不足。從實務上大多指派外事員警擔任英語通譯[11],卻未有相對的語言門檻[12]與訓練課程即可窺得一二。如遇英語系以外人士,所覓得的通譯亦無從評斷其是否具有足夠能力,對其所傳譯之內容也無法檢驗。甚至有行方不明外勞涉案,員警竟商請其所屬仲介公司派員擔任通譯,顯然沒有將利益迴避列入考慮。這也反應出部分員警使用通譯僅為遂行偵詢,或者滿足法律要求,並未瞭解通譯的專業,澳洲一份針對警察使用通譯的研究也指出類似的狀況[13]。

2. 國內警察使用通譯偵辦刑案於制度面的空洞與執行面的陌生

國內法規對於警察何時應指派通譯、如何找尋通譯、通譯人選、通譯的資格以及其他細部規定可說是付之闕如。自從2012年監察院對檢察機關使用通譯提出糾正案後,司法院與檢察機關已陸續修正完備相關作業規定與倫理規範。反觀作為刑事司法程序最上游的警察機關,對此無法逃避的課題仍無動於衷。且員警對於使用通譯偵辦刑案也很陌生,關於通譯介入可能帶來的影響以及應對的策略也缺乏相關訓練。

3. 國內缺少相關研究

司法通譯在國內的相關研究已相當稀少,即使有,大多以法庭通譯作為研究對象,且多為法理上的探討,缺乏全面性的檢視。至於做為司法通譯一環的警察通譯則更不受重視,2005年實務工作者陳允萍所撰寫之「涉外案件通譯初論[14]」算是唯一一篇試圖針對警察使用通譯的問題做全面性探討的研究;然而迄今已逾十年,該研究發現的問題現今似乎未獲得顯著

---

[11] 陳允萍,涉外案件通譯初論,中央警察大學外事警察實務學術研討會論文集,2005年,頁80-104。

[12] 依據警察人員升遷辦法附件三「警察機關重要主管及專門性職務遴選資格條件一覽表」,外事警察人員語言能力資格僅需相當全民英檢能力檢定中級。

[13] Wakefield, S. J., Kebbell, M.R., Moston, S., & Westera N. (2014). Perceptions and profiles of interviews with interpreters: A police survey. Australian & New Zealand Journal of Criminology, Vol. 48(1), p. 62.

[14] 陳允萍,同註11,頁80-104。

改善。且此十年間移民署成立，警察對於外僑狀況的掌握大不如前，外來人口卻不斷成長，顯然有需要針對此面向做全面性的探討。

(二) 研究目的

本研究之目的分述如下：

1. 由警方與通譯的角度瞭解我國使用通譯警詢現況

國外有學者認為警詢中，警察與通譯應該建立團隊與夥伴關係[15]。雖然未必需要建立如此密切的關係，畢竟在警詢中通譯與警察所扮演的角色不同，目的也相左。通譯積極介入協助警方取得所需的供述，結果可能就是犧牲受詢問人的權益。然而，對於通譯於警詢中如何執行、角色定位、傳譯過程、可能遇到的困難以及警方可提供何種協助，我國警察缺乏完整的概念，使得通譯對與警察合作留下不好的經驗[16]。相對的，通譯對於警詢的程序及其職責也未必熟稔。本文試圖透過國外文獻與警察、通譯雙方的觀點，瞭解問題現況並提出建議。

2. 全面探討我國警察偵詢通譯制度問題供實務單位酌參

我國警察偵詢譯最大的問題在於欠缺一套完整的制度，讓員警與通譯可以依循，員警必須自行判斷使用通譯的時機，尋找通譯的管道也有限，找到通譯也未必有經費，例如台中市政府警察局即不得核銷英語通譯費用。此外通譯的權利，例如待遇、人身安全……等，也未有保障。其他國家在某些情況可透過電話或者視訊通譯，節省時間成本，在台灣未有類似做法。本文欲透過參考外國相關規定與文獻發掘可供我國實務單位參照之辦法，並蒐集實務工作者的意見，綜整提出適用於我國的制度。

3. 深入分析使用通譯對警詢的影響並提出可行策略

國內目前對於警詢階段所使用的偵詢技術，並未有一套系統化的模式

---

[15] Perez, I. A., & Wilson, C. W. L. (2004). Interpreter-mediated police interviews Working as a professional team. In Wadensjo, C., Dimitrova, B. E., & Nilsson, A. L. (Ed.). The Critical Link 4: Professionalisation of interpreting in the community. p. 93.

[16] 楊金滿、葉念雲、沙信輝，通譯人才資料庫使用平台執行情形之研究，內政部入出國及移民署自行研究報告，2010年，頁55。

或是理論，可供實務人員參考與使用[17]，多半是依靠經驗傳承與自身工作經歷累積而發展出偵詢技巧。所以對於通譯介入警詢時所產生的影響，員警如何因應，是否有可行策略……等，則更為陌生。透過深入分析這些問題，期能給實務單位提出可行之建議。

三、研究範圍

　　警察工作包羅萬象，需要通譯的狀況也是一樣，當警察執行任務遇到語言不通的狀況時，如果沒有通譯的協助可能都無法順利進行。最常見的像是受理外國人報案，查緝非法外籍勞工。然而，警察需要通譯協助的狀況並不僅限於外國人，例如警方遇到部分國人不諳國語，而只懂閩南語、客家語或原住民語……等，又需要警方協助，這種情況同樣需要通譯的幫忙。而通譯依其傳遞的形式不同可分為書面翻譯（筆譯）、口頭翻譯（口譯）及手語翻譯。由於警察工作中最常見的為口頭翻譯，職此，本文係以通譯協助警方進行外國語口譯為範圍。

　　除此之外，需要通譯協助的案類涵蓋的範圍也很廣泛，從為民服務、行政案件到刑事案件皆含括其中。單就刑案來講，從對外籍線民情資蒐集、外籍犯罪集團通訊監聽譯文的翻譯乃至於偵詢犯嫌都可能需要通譯。綜上，本文係以警察使用通譯偵辦刑事案件為限。

貳、文獻探討

　　本文蒐集司法通譯、警察偵詢以及國內外警察使用通譯偵詢現況相關文獻，首先描述通譯的定義、類型及角色定位，其次參考外國司法通譯相關規定，對比我國警詢通譯於制度面的不足，最後介紹警察使用通譯對偵詢效果的影響，並提出可能的策略。

---

[17] 林燦璋、施志鴻、盧宜辰、郭若萱，國內刑事警察使用萊德（Reid）偵詢技術現況之調查，中央警察大學警學叢刊，第44卷第1期，2013年，頁59。

一、司法通譯

(一) 何謂通譯

依據「黑氏法律辭典」（Black's Law Dictionary）之定義，通譯係在審判上宣誓，就外國人或瘖啞人所為之證詞向法院提出解釋之人[18]。另有國外學者認為，通譯使存在語言障礙的當事人與法院間的溝通成為可能[19]。本文較同意此定義，因司法程序中法院及當事人必須充分相互瞭解，僅法院片面明白當事人之意思顯有疏漏。然而本文對司法通譯之概念並非僅偏限於法院，而應涵括偵查、起訴、審判以及執行。此外，國內外文獻多將司法口譯與司法通譯畫上等號，事實上口譯只是通譯的其中一種形式，只是最為普遍所以較具代表性。

(二) 通譯的類型

通譯依其傳遞方式不同，而分成書面翻譯（筆譯）、口頭翻譯（口譯）及手語翻譯。在英文中的Translation（翻譯）指的是將思想和觀念由一種語言轉換為另一種語言的過程。如果翻譯中源語（Source Language, SL）和譯語（Target Language, TL）都是口語，這樣的過程被稱為口譯[20]（Interpretation）。由前述定義可以推得，筆譯係將某以來源語言表達之書面，重新以譯語表達於另一書面[21]。由於口譯為司法通譯主要方式，以下爰進一步說明口譯的類型。

口譯主要可分為同步口譯（Simultaneous Interpretation）、逐步口譯（Consecutive Interpretation）、摘要口譯（Summary Interpretation）以及

---

[18] 鄭家捷、戴羽君，法庭通譯ABC，司法改革雜誌，第61期，2006年，頁19。

[19] Mikkelson, H. (2000). Introduction to Court Interpreting. Routledge, p. 1.

[20] 張懿萱，同步口譯與字幕翻譯簡化策略之研究，國立台灣師範大學翻譯研究所碩士論文，2011年，頁14。

[21] 呂昀叡，刑事被告通譯協助權利之探討——以歐洲法為中心，國立台灣大學法律研究所碩士論文，2011年，頁9。

視譯（Sight Interpretation）等四種[22]。分述如下：

1. 同步口譯

　　譯者在理解一句話的同時，迅速的將之翻譯為另一種語言[23]。此種方式於第二次世界大戰後的紐倫堡大審首次使用，並在1945年聯合國成立後開始廣泛使用。透過視聽設備，口譯員於獨立的空間裡將聽到的發言即時以另一種語言傳遞到與會人士的耳機中[24]。又因為此種口譯方式時常在會議中被使用，故又稱為會議口譯（Conference Interpretation）。另有種方式為譯者坐在當事人旁邊，而非透過視聽設備，以較低的音量於其耳邊即時傳譯法庭上其他人的發言，此種方式稱為耳語口譯（Whisper Interpretation）[25]。

　　由於此種方式追求速度，對於翻譯的品質不及逐步口譯，且由於譯者與講者被安排在不同房間，講者往往沒有意識到譯者的存在，而致使說話過快，譯者不及追趕[26]，可能導致翻譯的內容與實際發言內容有所出入。這種情況對於刑事訴訟當事人是非常不利的，加上同步口譯成本極高，司法程序中多採接下來介紹的逐步口譯。

2. 逐步口譯

　　是最早發展的一種口譯方式，在講者講了一句或者一段談話後，由口譯員將他的意思用另外一種語言說出來[27]。此種方式常被應用在某些公開場合的演講，講者和譯者常會一同在現場，或者透過視訊設備，使得講者較能意識到譯者的存在，而在適當的時候停頓。且譯者和講者並不會在同時候講話，使得譯者有合理的時間進行來源語分析，較能瞭解講者的想法以及所要表達的訊息；惟譯者與講者一同面對群眾，對於譯者的壓力也比

---

[22] 鄭家捷、戴羽君，同註18，頁19。

[23] 呂昀叡，同註21，頁12。

[24] 龐林淑蓮，傳譯的種類與標準，載於劉靖之主編，翻譯工作者手冊，台灣商務印書館，1993年，頁229。

[25] Mulayim, S., Lai, M. & Norma, C.，同註4，p. 14。

[26] 鄭家捷、戴羽君，同註18，頁20。

[27] 龐林淑蓮，同註24，頁228。

較大，因為他也能感受到講者的壓力。且相較於同步口譯來說，逐步口譯耗費比較多時間。

3. 摘要口譯

譯者仔細聆聽講者的說話，並將內容濃縮，把重點譯出。惟此種方式最大問題在於，譯者必須主觀的判斷講者所陳述的內容何者重要，何者不重要[28]。又依刑事訴訟法第96條前段：「訊問被告，應與以辯明犯罪嫌疑之機會；如有辯明，應命就其始末連續陳述」。放任譯者主觀刪減內容，等於剝奪被告連續陳述的機會，故不宜用於司法通譯中。

4. 視譯

譯者將書面文字直接以口語翻譯，傳遞給當事人，例如譯者向外籍當事人說明中文法律文件的內容。當法庭有書面資料尚未翻譯成其他語言時，可使用視譯使當事人明白原文意思。

(三) 通譯的角色定位

通譯於談話中的角色定位決定其工作該如何進行。關於這個問題，學界見解分歧。依照通譯介入談話的程度，大致上有以下分類：

1. 文化間的溝通者

此說認為，譯者應該積極促使溝通順遂，解釋文化上的差異及誤解，並明確的點出言語背後的真正涵義[29]。當一個人在發言時，其所要傳遞的內容並非字句本身，而是其背後的涵義。是以口譯並非單純把一種語言的字詞轉換成另一種語言的字詞。如果是這樣的話，那字詞就成了一個個代碼（code），口譯只是不斷解碼（decode）然後再將其編碼（encode）的過程，機器就可以完全取代口譯人員，但顯然不是這樣[30]。以閩南語俗諺「七月半鴨仔[31]」為例，如果翻譯時完全按照字義翻

---

[28] 鄭家捷、戴羽君，同註18，頁21。

[29] Mulayim, S., Lai, M. & Norma, C. (2014)，同註4，p. 1。

[30] 劉敏華，逐步口譯與筆記，書林出版有限公司，2008年，頁10。

[31] 形容人沒有憂患意識，不知大難臨頭。教育部閩南語常用詞辭典，http://twblg.dict.edu.tw/，最後瀏覽日期：2015年11月17日。

成「A duck in middle July」，聽者會一頭霧水，譯成「Not mindful of the potential danger」則意思清晰許多。

在網路上看到一則笑話想要轉述給朋友時，我們並不會注意其用詞語句，而是它的涵義，然後用自己的方法敘述，口譯也是這樣。語言學家Sandra Gish在其1987年的論文就點出「每一個字都懂，卻不知道在講什麼」（I understood all the words, but I missed the point.）的情況，即譯者困在逐字翻譯的泥淖時，會給需要透過口譯聽懂訊息的人帶來痛苦。然而，並非所有人都同意這種論點。

2. 語言機器

有別於前揭觀點，本說認為通譯在談話中應該像是個看不見的箱子，忠實的傳達講者的字詞，避免介入及干擾談話。如果過於積極參與談話，會有喧賓奪主的風險。畢竟，真正要對話的是當事人，而非通譯。假如當事人所接受到的訊息中，通譯的個人意見所占的比例過高，那麼到底是誰在談話呢？

此外，由通譯擔任「文化橋樑」也有認知錯誤的風險。同一語言中的相同字詞，在不同的地區可能會有不同的涵義。例如，「小姐」在台灣是對年輕女性很通用的稱呼，但在大陸很多時候就有貶意，指從事性交易行業的妓女[32]，有冒犯之意。假如台灣的講者透過大陸的譯者，其主觀的理解後所傳達的認知恐怕會變成負面意涵。如果將場景轉換到法庭裡，或許就是公然侮辱案件有罪與無罪間的差別。

3. 折衷說

前述論點恰好位於光譜的兩端，有學者則是提出折衷的看法。像是瑞典學者Cecilia Wadensjo（1998）認為，口譯媒介的談話裡，傳達出的意思在某種程度上，是一種相互合作下產物，譯者的角色不只是翻譯機，而是活動的建造者、言論的處理器，無可避面的會影響談話本身。手語教育家Cynthia Roy（2000）也指出，對於溝通的成敗，每一個當事人都有不同

---

[32] 參閱維基百科，https://zh.wikipedia.org/wiki/%E5%B0%8F%E5%A7%90，最後瀏覽日期：2015年10月6日。

程度的共通責任[33]。

二、國內外警察使用通譯偵詢之規範面比較

在討論警察使用通譯偵詢的操作面之前,有必要先探討其規範面。警察有效的使用通譯偵詢立基於完善的規範,如果不能找到有能力且合適的通譯,後續的運用只是空談。本文爰參考英國「刑事司法體系調查暨訴訟活動中使用口譯、筆譯及語言服務協定[34](以下簡稱英國司法通譯協定)」之架構,輔以澳洲及日本的相關規定,以檢視我國制度面不足之處。

(一)當事人使用通譯服務之權利基礎

英國司法通譯協定揭示其係為滿足歐洲人權公約第5條及第6條的要求,分別保障「被逮捕」及「被起訴」的個人。第5條規定,任何人遭逮捕後,應立即以其通曉之語言,告知其被逮捕的理由及控訴的罪名。第6條則規定,任何人被以刑事罪刑起訴時享有以下權利:1.立即以其瞭解的語言詳細的通知對其控訴的性質及原因。2.如果無法瞭解法庭所使用的語言,得免費請求通譯協助。此外,英國司法通譯協定中也提及,被告免費通譯協助的權利並非僅侷限於法庭中的口語陳述,亦包含審判前及書面資料。

我國通過兩公約施行法後,聯合國「公民與政治權利國際公約」及「經濟社會文化權利國際公約」揭示保障人權之規定即具有國內法效力。是以公民與政治權利國際公約中,刑事被告享有「迅即以其通曉之語言,詳細告知被控罪名及案由」與「如不通曉或不能使用法院所用之語言,應

---

[33] Mulayim, S., Lai, M. & Norma, C. (2014),同註4,p. 3。

[34] National Agreement on Arrangements for the Use of Interpreters, Translators and Language Service Professionals in Investigations and Proceedings within the Criminal Justice System, available at: http://webarchive.nationalarchives.gov.uk/20100920143552/http://frontline.cjsonline.gov.uk/_includes/downloads/guidance/race-confidence-justice/National_Agreement_on_Use_of_Interpreters-August_2008.pdf, latest visit: 2015-11-21.

免費為其準備通譯協助之」等相關規定，也一併適用於警察偵查，此即犯罪嫌疑人於警詢中得要求使用通譯服務之權利基礎。惟此僅為宣示性的條文，有效保障犯罪嫌疑人使用通譯的權利仍有賴更完整且全面的法規進行細部規範。

(二) 警察使用通譯偵詢的時機

　　警察偵詢使用通譯的時機即必須使用通譯偵詢的狀況，我國對此一直缺乏明確的規範。警察偵詢使用通譯，係依刑事訴訟法第100條之2準用同法第99條：「被告為聾或啞或語言不通者，得用通譯，並得以文字訊問或命以文字陳述」。惟上揭條文並不具體，使得執法人員必須自行判斷而帶來疑慮。另內政部警政署「警察機關處理涉外治安案件規定」第15點「警察機關發現涉外刑事案件，應先控制、保持現場或為必要處置後，立即會同外事警察偵辦，並指派適當人員擔任通譯」。依其法令位階，上揭法規理應為詳細規範，惟仍未明示何種情況警察必須有通譯協助，而造成第一線執勤員警困擾。舉例來說，當事人雖然中文流利，足以在日常生活中使用，卻可能不瞭解法律用語，也可能因當事人事後否認通曉中文，而使得偵詢筆錄的證據能力而產生疑義。又或者當事人確實精通中文，警察因擔心上述情況，而仍聘請通譯，造成偵查資源的浪費。

　　上述問題，日本有較為詳細的規定。依據日本犯罪搜查規範第233條之規定，被逮捕的外國嫌疑犯，不瞭解日本語時，必須透過通譯人來傳譯。而通曉日本語者，亦有可能在日後法院審判時，以渠並不瞭解員警所說之日語為藉口來做為翻供之由，所以最好還是用通譯。而日文流利者，在筆錄時也要詳細註明他是如何學日文的，例如當事人在中國就開始學日文，三年前在日本的專門語文學校進修等等情形。除了能明確證明日文程度者，只達日常會話程度者，還是要請通譯到場[35]。

　　此外，有國外研究指出，警察可能基於一些原因而不願意為犯罪嫌疑人安排通譯。首先是覓得通譯有時十分困難，特別是在非一般工作時間

---

[35] 陳允萍，同註11，頁95。

中（如夜間）。再者，對警方來說，找尋及等待通譯的時間可能會影響偵查。這段時間可能給犯罪嫌疑人有機會編造故事或者串供，關鍵證據也可能在警方等待的同時消逝。而這些找尋通譯所帶來的麻煩，可能使警方較不相信眼前這位和自己語言不通的犯嫌[36]。有鑑於此，關於警察使用通譯偵詢之時機，內政部警政署應制訂更明確的規範，防止員警消極規避使用通譯的義務，從而更積極的保障犯罪嫌疑人權益。

(三) 通譯的人身安全保護及迴避

1. 通譯的人身安全

英國司法通譯協定明定，有安排通譯者必須確保其人身安全。此外，該協定也要求警方必須保障通譯有證實任務指派真實性的管道，特別是執勤地點非公共場所時。例如提供派出所的電話，讓通譯回撥，以確認係警方提出通譯請求。有通譯需求的警察也必須對通譯的參與進行風險評估。並在通譯執行職務前，告知目前的狀況與風險評估的結果，讓他們可以安心進行翻譯工作。而通譯也不該單獨和當事人留在同一個房間或拘留所，離開警局的時間及出入口也應該錯開。

我國實務工作者陳允萍認為，通譯與犯嫌來自同一個國家時，犯嫌有時會以威脅殺害其家人等方式恐嚇通譯。所以，應避免讓犯嫌知悉通譯之姓名與年籍資料，進而進行恐嚇或收買。又因為語言的障礙，警方也無法瞭解犯嫌正在進行恐嚇，因此建議必須注意以下幾點：

(1)只對犯罪嫌疑人說明此人為通譯，其他資料不得提供。

(2)警方對通譯發問時，不應稱呼通譯人姓名，改以「通譯先生/小姐」稱呼。

(3)偵詢結束之時，應請犯罪嫌疑人先行簽名，再由通譯署名。

(4)偵詢過程應觀察犯罪嫌疑人與通譯對答神情，如發現有異狀，應暫緩筆錄製作，瞭解實際情況[37]。

---

[36] Wakefield, S. J., Kebbell, M.R., Moston, S., & Westera N. (2014)，同註13，pp. 53-72。

[37] 陳允萍，台東縣外語通譯協會培訓外語通譯人才講習課程內容彙編，頁21，2007年。

2. 通譯的迴避

關於通譯的迴避，係依刑事訴訟法第25條準用第三章法官迴避之規定。惟上述規定係針對法院職員，警察偵詢中並未適用。而英國司法通譯協定則律定，應避免於法庭指派警詢及辯方律師曾使用的通譯。在某些特定情況，例如語言很罕見時，法庭各造必須被確實通知重複使用通譯的情況，並同意這樣的安排。

由於警察偵詢屬於司法程序的最上游，較無使用同一通譯的問題。惟實務工作者陳允萍則認為，由於通譯與受詢問人可能具有地緣關係，進而產生同情。對此警方應在通譯前先行瞭解渠等之間是否認識或有利害關係，以免影響偵詢品質。透過平時的調查與建檔，有助於瞭解通譯的身家背景[38]。如果有全國性的司法通譯協會建立審核機制，對公部門來說會便利許多，也較能確保公平與客觀。

三、警察使用通譯偵詢執行面之問題及策略

上一節參考各國狀況，從使用通譯的權利基礎一直探討到各個面向的制度面問題後，接著將介紹執行面的困境。假設有一完善的通譯制度，警方也找到合格且適任的通譯協助偵詢，如何有效運用，遂行偵詢的目的即為另一個課題。本節爰針對警察偵詢策略與使用通譯偵詢可能遇到的問題進行說明。

(一) 偵詢的重要性與目的

犯罪偵查之目的在查明犯罪事實、證據、找出犯罪者，並進一步連結犯罪事實、證據與嫌疑人，作為法庭判罪之依據，達成懲處不法、實現社會正義之目的[39]，而偵詢向來是警方的重要手段。從前被告之自白被稱為證據之王，可見供述證據之重要性。隨著刑事鑑識科技的進步，科學證據愈來愈受重視，但偵詢仍不能被忽略。現場物證之間的關係，最終仍需要

---

[38] 陳允萍，同上註，頁21。

[39] 劉章遠，詢問與筆錄製作要領，載於莊忠進、呂明都、劉章遠、王連成合著，犯罪偵查學，台灣警察專科學校，2010年，頁203。

當事人的供述加以串聯，以重現整個犯罪事實。況且，許多刑案現場所蒐集到的證據並不充足，難以單靠物證即勾勒犯罪的輪廓，有時關鍵證人的證詞或者犯嫌之自白能為陷入泥淖的刑案偵查帶來突破。國外研究發現，對犯嫌及證人的詢問是警察日常工作最常執行的任務之一，且在警方的觀點裡，最重要的偵查工作就是偵詢[40]。是以，警察偵詢的重要性不言可喻。

　　至於偵詢的目的，國內學者認為在於「獲取案情有關之偵查資料、提供他案相關之證據資料、給予嫌犯辯白之機會、驗明偵查結果，以利於案情之推定[41]」。另有學者認為，警詢為警察（詢問人員）與嫌疑人（受詢問者）互動的過程，其主要目的在於獲得與案件有關的重要資訊[42]。國外有學者認為，偵詢是充滿目的性的，主要目標在於將所有證據綜合並彙整成一書面陳述，以備日後法庭的聽證程序[43]。然而，警詢的過程並非如此順遂，需要仰賴偵查人員的經驗與技巧，在符合法規範的前提下，達到發現真實的目的。此時，偵詢技術即扮演重要角色。

（二）萊德組織（Reid Associates）對使用通譯訪談之建議

　　萊德組織認為，訪談的目的在於從當事人身上找到資訊，並對其可信度加以評估。為了達到此目的，偵查人員必須提出對的問題，且用適當的詞彙，恰當的鋪陳接續的問題，以評估當事人的口語（verbal）、非口語（nonberbal）與附屬語言上（paralinguistic）的溝通狀況。這些任務都仰賴偵查人員與當事人有效溝通及正確解讀回答的能力。如果偵查人員和當事人沒有共通的語言，成功的訪談則仰賴通譯的技巧。依據萊德組織網站，該組織對於警察使用通譯訪談（interview）提出了一些建議[44]，惟該

---

[40] Mulayim, S., Lai, M., & Norma, C. (2014)，同註4，p. 22。

[41] 劉章遠，同註39，頁204。

[42] 林燦璋、施志鴻、盧宜辰、郭若萱，同註17，頁58。

[43] Mulayim, S., Lai, M., & Norma, C. (2014)，同註4，p. 22。

[44] 萊德組織網站，https://www.reid.com/educational_info/r_tips.html?serial=114126001720531，最後瀏覽日期：2015年11月30日。

組織表示偵詢（interrogation）是更為複雜的程序，以下的介紹係針對訪談。

1. 選擇通譯

　　萊德組織認為，受過訓練的偵查人員會講當事人所使用的外語是最完美的情況；然而，經完善訓練且熟悉多種語言的詢問人員並不多，因此需要通譯。關於選擇偵詢犯罪嫌疑人時所使用的通譯，萊德組織有以下幾點建議：

(1)通譯不應該與犯嫌熟識：通譯在訪談中的角色僅是精準的翻譯語言，必須被當事人視為溝通裡面中立的一造。由與當事人熟識之人擔任通譯顯然不是理想的安排。首先，通譯可能會對當事人的處境產生同情，對於當事人有罪的資訊在翻譯上可能會較不精確。此外，當事人也許會把熟識的通譯當成對手，而降低其對於謊言被覺察的恐懼，使得偵查人員更難偵測到欺瞞。

(2)通譯必須兩種語言都精通。如果通譯對於當事人的文化背景、宗教信仰及價值觀有所瞭解的話會更好。

(3)通譯必須情緒成熟並有自信。在對於性侵害或惡性重大的案件偵查中，這個要素特別有幫助。如果通譯對於討論這些敏感或噁心的主題感到不適，他可能會將偵查人員或當事人所使用的詞語轉換，這樣可能會影響到整個訪談的完整性。

　　在偵查過程中，常常找不到合適的通譯，必須湊合著使用找得到的人員。萊德組織提出幾點偵查人員可行的做法，以彌補通譯人才的短缺：

(1)訪談應該使用電子儀器記錄。這樣不只能保存談話過程，也能藉此敦促通譯精確的翻譯。如果沒有辦法使用電子儀器記錄，同時通譯又有試圖保護當事人、不精確的傳達的疑慮之時，偵查人員應該告訴通譯整個訪談會被錄音，後續將由精通該語言的人檢驗。

(2)在準備訪談時，偵查人員可以向通譯強調精確翻譯的重要性。例如，偵查人員可以提供幾個類似的回答，指出其重大差異。

(3)如果通譯未能兩種語言都精通，對不熟悉的字他可能會自行臆

測，又或者擅自追問當事人以釐清字義。偵查人員必須知道上述
狀況發生的可能，並應該向通譯說明，如果當事人用通譯不熟悉
的字通譯應該直接明講。偵查人員也應明確指示通譯，不要追問
意思不清楚的字義。

2. 通譯的位置安排

　　萊德組織認為，偵查人員坐在當事人正前方4至4.5英呎處是最佳的位
置安排，通譯坐在偵查人員旁約2至3英呎處。這樣的安排可以讓偵查人員
與當事人間維持面對面的姿勢，有助於傳達信任、開放與興趣。這樣的配
置可以促使當事人對偵查人員談話，而非對通譯。另位，坐在當事人的正
對面可以讓偵查人員有效的觀察其非口語的（nonverbal）行為。

　　相反的，將通譯安排在當事人的正對面並不理想。這樣的安排會讓說
謊的當事人有較多的舒適感，這就像是偵查人員坐在桌子後面一樣，當事
人會覺得有受保護，降低心理上的壓力。另外，偵查人員詮釋當事人行為
（例如眼球移動、身體傾斜）的效果會受影響。

　　在某些情況下，萊德組織建議可以將通譯安排在當事人視線之外的
位置，譬如當事人身後。這樣的配置強調偵查人員對當事人的控制，並增
強兩人之間的對抗關係。所以，這樣的配置在當事人被拘禁且不願配合時
可以考慮使用。另一個狀況是當事人與通譯熟識時，這樣的配置也是不錯
的，偵查人員可以降低他們之間心理上的連結（psychological bond）。

3. 程序

　　在訪談之前，偵查人員應該對通譯就所調查的事項及訪談裡會使用的
一般程序做簡報，可以再次向通譯保證警方對其人身安全的措施。如果通
譯知悉當事人的文化背景、宗教信仰或其他特殊狀況，偵查人員應該利用
這個資訊去設計問題及擬定偵詢策略。另外，偵查人員可以寫下一些訪談
時關鍵字或重要問題，這對通譯在準備上很有幫助，有助於傳譯的效果，
也能事先釐清一些語意的問題。

　　當偵查人員、通譯與當事人都就安排的位置坐下後，偵查人員應該要
進行自我介紹，不需介紹通譯，其目的在於讓犯嫌認知到通譯是談話裡中
立的第三人。偵查人員在提問時也應該看著犯嫌。如果這樣的訪談方式在

一開始就建立，多數的當事人也會直接向偵查人員回答。當犯嫌向通譯回答時，偵查人員應該立刻介入，指示當事人應該對自己講話。

在訪談開始後的前幾分鐘，偵查人員應該問一些較不具威脅性的問題，這些問題有辨識人別與取得當事人背景資訊的效果。這些問題除了人別詢問以外還有許多功能。第一，這可以為後續的訪談建立起溝通模式。這模式就是偵詢人員提問→通譯傳譯問題→當事人回答→通譯傳譯答案→偵查人員寫下重點。第二，這些不具威脅性的問題有助於偵查人員與當事人建立關係（developing a rapport）。有效的訪談需要這樣的關係，即便偵查人員在這樣的情境下也許有較多的權威，但最終仍只有當事人能決定是否要回答偵查人員的問題。這關係包含相互瞭解到當事人並不會遭受身體上的傷害、偵查人員誠摯的對於當事人的意見感興趣，同時偵查人員也沒有預設立場認定當事人是壞人。第三，不具威脅性的問題可以讓偵查人員確定當事人一般的正常行為，這在當事人來自不同文化背景時顯得特別重要。

4. 小結

萊德組織認為於犯罪偵查中，偵查人員與當事人之間的語言障礙可以透過稱職的通譯與修正訪談程序來克服。由於精準的翻譯對偵查中的資訊評估來說至關重要，萊德組織建議這些訪談都必須用電子設施紀錄。偵查人員也必須和通譯密切合作，好讓通譯知道該坐哪裡、訪談中會發現哪些問題、會使用哪些訪談程序。而在訪談一開始的幾分鐘，偵查人員詢問一些不具威脅性的問題是很重要的，特別在使用通譯的訪談中。

(三) 警詢中使用通譯的問題

在介紹完國內常用的偵詢技術以及萊德組織對使用通譯偵詢的建議後，接著要說明使用通譯警詢可能會遇到的一些問題。並沒有一項指標可以用來完整的評斷通譯的資格，或執行的良窳。由國外學者Sedat Mulayim等人編纂的Police Investigative Interviews and Interpreting: Context, Challenges, and Strategies一書則提到，其中一個評估通譯於雙語詢問中的工作品質指標為通譯干涉偵詢的程度，通譯愈少不正當介入，翻譯的品

質愈高[45]。而該書認為偵詢中關於通譯的問題大致可分為三個面向：業務執行面（professional conduct issues）、語言傳遞面（linguistic transfer issues）及非語言面（nonlinguistic issues）。不論是哪一個面向，都可能會造成警方使用之偵詢技術效果的減損。所以，警方有必要瞭解使用通譯偵詢可能發生的問題與可採行的策略。

1. 業務執行面的問題

　　有關通譯業務執行面向的問題，大多是來自於通譯角色定位的爭議。如先前所述，通譯的角色定位並未有定論。然而，就警詢通譯而言，通譯過多的介入可能會干擾偵詢的效果。通譯如果不當的介入，會破壞警察在偵詢中的主導地位，進而影響其成敗。所以，本文認為通譯應盡可能避免對傳譯內容參雜過多個人意見。雖然實際情況是不可能完全排除通譯個人意見，但在執行業務時，通譯應將這個原則謹記在心。

　　持同樣立場的有英國學者Eric Shepherd，他認為在偵詢中通譯不應該當一個中間人（intermediary），不要解釋警察的問題，也不要解釋犯嫌或證人的答案。在英國，「中間人」來自各種不同背景，例如教育、語言、心理、社工……，而該國法律規定只有在當事人心智缺陷或者未成年時才由「中間人」進一步的解釋問題或者答案。這顯示出「說明詢問人的問題」與「解釋當事人的回答」是一項極為複雜且專業的事情，通譯應該把這些事情留給更適當且受過訓練的人員。Eric Shepherd強調，許多通譯一開始就會把自己當成這樣的中間人，這樣會讓偵詢的管理變得非常困難[46]。

　　而Sedat Mulayim等人認為警詢中通譯業務執行面常見的問題有：

(1) 對受詢問人提出自己的問題

　　類似的情況如警察偵詢時通譯與當事人私下談話許久，此時員警提問：「請問通譯先生／小姐，當事人到底說了什麼？」，通譯回答：「我還沒問清楚。」這個例子裡面，顯然通譯沒有把自己的角色定位為單純的

---

[45] Mulayim, S., Lai, M., & Norma, C. (2014)，同註4，p. 46。

[46] Mulayim, S., Lai, M., & Norma, C. (2014)，同註4，pp. 48-49。

傳遞者，而是積極介入，擔任起文化的橋樑，這樣做可能會干擾偵詢的效果。此外，通譯這麼做也僭越了其他專業人員負責的範疇，例如偵詢人員、社工……等。對此，Eric Shepherd認為，必須從初次見面就讓通譯知道，即便不懂受詢問人所說的語言，偵詢人員仍是整個偵詢活動的控制者。他也建議，偵詢之前警方應向通譯簡報，確定出預期目標及工作規則；而通譯也不應該代表受詢問人發言或與受詢問人私下交談，如果對警方或犯嫌的陳述有疑義，應向警方反映。

(2) 向警方就受詢問人的回答做出文化背景的解釋

通譯所擁有的文化及背景知識，並非要用來對詢問人或被詢問人提供任何關於文化上的建議。在許多國家，這些工作會交給經過訓練、認證的特定人士。通譯不應該因任一方請求或自願提供文化背景相關資訊或建議，這些事情並不在通譯的專業範疇內。通譯可以有自信且禮貌地告訴請求協助的人，請他們直接向跟談話的對造詢問，以解決溝通上的困難，就像在使用同一語言交談那樣。有些情況中溝通管道已經崩壞，通譯也許需要表達個人意見以修補溝通機制。這時候必須加註這些是通譯的個人意見，而非基於通譯的專業角色及責任所做的評述。偵查人員必須掌控整個偵詢過程，並注意溝通可能失調的狀況[47]。

(3) 通譯給予指示或催促當事人回答

在談話中有各種不同的原因造成不懂對方所要表達的意思，例如分心、不明確的問題、特殊的俚語……等，有時候只是故意假裝聽不懂。在警詢中，受詢問人有時候會顧左右而言他，員警問此他答彼。如果這樣一份警詢筆錄錄影檔案被拿到法庭中勘驗，在場的每個人都可以各自判斷受詢問人所言是真是假，但最終仍是由法官判斷。同樣的，警詢中的主體是員警，如果有上述情況應由執行詢問的員警依其專業評估，通譯不應該介入當事人的陳述。有時候通譯會太過熱心，試圖將話題拉回原來的主題，或者提醒當事人他還沒有回答員警的問題。如果員警的問題有令當事人不清楚的地方，也應該由當事人自己主動提問。

---

[47] Mulayim, S., Lai, M., & Norma, C. (2014)，同註4，p. 51。

　　另外有些情境中，當事人選擇用點頭或搖頭代替回答，而通譯催促其回答是或不是。同樣的，應該是由詢問員警給予指示，或者催促當事人回答。而通譯面對這種肢體語言式的回答，應該告訴員警；由於使用通譯偵詢應該錄音，也可以說「他點頭同意」或者「他搖頭否認」，讓員警決定這樣的回答是否證據上可被接受，或者給予其他指示。

　　於警詢中常可見到犯嫌故意保持沉默，不願意發表意見，使得溝通停擺，甚至有證人因精神狀態不佳而歇斯底里，不管怎樣，通譯不應該把偵詢的目標及成敗扛在肩上。有時當事人會指稱他不清楚通譯所講的，此時通譯該做的就是盡可能的以容易理解的方式傳達，至於是傳譯品質不佳或是當事人藉故拖延，都是由員警評估[48]。

(4) 對兩造當事人給予差別待遇

　　「不能對談話的兩造有任何偏袒」，於警詢中執行業務的通譯應該將這個原則銘記在心。如果不能公平、公正、對等的對待雙方當事人，會使雙方對通譯失去信任。偏袒的情況例如給予建議、隱藏資訊、故意誤譯……等。警察或者當事人都有可能會要求通譯給予建議或者幫助，例如警方可能希望通譯幫忙取得犯嫌的自白或者想得到的證詞，通譯應該嚴正地拒絕這些請求。處理這種狀況，通譯可以向雙方表明，他們所說的每句話，包含這些請求，都會被傳譯。如果他們不希望這些話被翻譯出來，最好的方法就是不要講[49]。

(5) 通譯處理確認與澄清

　　即使在同一語言的溝通中也會對另一方所說的話有不理解的時候，在透過通譯的雙語溝通也是一樣。通譯對警方與當事人的說法有時必須進行確認，甚至必須替兩造相互澄清彼此的說法。例如美國員警對講中文的當事人提問「What does your uncle call you?」，此時「uncle」在中文裡面可能是舅舅或者叔叔伯伯，通譯在傳譯前就必須向員警確認。國外學者認為，較好的方式是向當事人簡短說明他必須向員警確認問題，然後再詢問

---

[48] Mulayim, S., Lai, M., & Norma, C. (2014)，同註4，pp. 77-78。

[49] Mulayim, S., Lai, M., & Norma, C. (2014)，同註4，pp. 49-54。

員警。這樣的做法可以降低員警與當事人不對等的狀況,也不會讓當事人感覺員警與通譯在密謀[50]。而在向當事人確認的情況,通譯同樣必須獲得員警的許可。在有錄音錄影的情況,可說明現在通譯正向當事人確認語意。

簡單來說,通譯必須把握基本原則,即員警為偵詢的主體,同時不應忽略當事人的基本權利。如此方能在不影響偵詢目的的前提下,使溝通順利進行。

2. 語言傳遞面的問題

對於通譯的問題討論,大部分都集中在其角色定位,而對於語言傳遞層面並不太多。這是因為除非精通欲檢驗的兩種語言,否則一般人很難覺察翻譯是否恰當。比較起來,要發現通譯介入或提出自己的問題則簡單的多。以警詢為例,除非有其他雙語人士在場,否則很難發現語言傳遞有何錯誤。這也是為何使用通譯的偵詢必須錄音錄影,如此方能在未來進一步的檢驗。在警詢中「說了什麼」很重要,「怎麼說」也很重要,犯嫌回答的神態、語氣、眼神……等都是員警評估的重要依據。所以如果通譯能重現講話者的語調與神態,對偵詢來說很有幫助。而在字詞選擇在偵詢也是很重要的問題,例如說「I killed him.」未必翻成「我殺了他」,也可以翻成「我害死了他」,例如發生交通事故而致人於死。翻譯時字詞的選擇會造成截然不同的法律效果。以下介紹幾個警詢中通譯語言傳遞面的問題:

(1) 處理偵詢人員建立關係(rapport-building)之策略

許多偵詢技術中都會強調偵詢人員與受詢問人建立關係的重要性,在溝通時表現出同理心是建立關係的一種方法,可以透過語言或肢體動作表示,例如點頭或者拍肩。而透過語言表示認同時常常會使用一些別人看來是多餘的語句,卻能讓對方感受到認同。在透過偵詢時,這些技巧必須依靠通譯重現,不瞭解警方偵詢技巧的通譯可能會直接忽略。

員警:這對你來說一定難熬,發生這種事情我覺得很難過。你並不想傷害
　　　她,對吧?

---

[50] Mulayim, S., Lai, M., & Norma, C. (2014),同註4,pp. 83-86。

受詢問人：I don't understand what he said.（我不懂他說甚麼。）

通譯：You didn't want to hurt her, did you?（你並不想傷害她，對吧？）

　　上述情境中，員警在主要問句前加上一些迂迴的語句，其目的在於表現出同理心，並藉此與受詢問人建立關係，然而通譯卻忽略了主要問句以外語句。這樣可能會使得警方的偵詢策略效果有所減損。有時員警會表現出積極聆聽，其目的同樣在於與受詢問人建立關係[51]。

受詢問人：他拿著槍指著我，要求我這麼做。

員警：拿著槍？所以你也不是自願的，對吧？

　　上述情境裡，員警重複受詢問人描述的狀況，會讓他感覺受重視，進而更願意吐實。然而由於非主要問題，可能會被通譯省略。所以，這些員警用以建立關係的策略應該在開始偵詢前的簡報中就必須跟通譯說明，以避免偵詢效果被減弱[52]。

(2) 單字或詞彙的誤譯

　　先前章節曾提到，不同的語言間未必有能相對應的詞彙，有時必須用別的方式表達。而同樣一句話，也可能有數種表達方式，例如「違規穿越馬路」英文可用單字jaywalking，也能譯為crossing the road unlawfully。對通譯來說，詞彙的選擇都是當下很短暫的判斷。此外，通譯在聆聽時未必能長時間保持注意力的集中，又或者講話者的發音與通譯認知出現出入，這些都可能造成單字或詞彙的錯誤。在司法通譯中，一字之差所造成的法律效果可說是天壤之別。這種錯誤如果發生在語句中的命題意義（propositional meaning）就會非常明顯，而且後果嚴重。

員警：最近你是否有和你前妻接觸。

通譯：Have you talked to your ex-wife recently?

當事人：No.

通譯：沒有。

---

[51] Hale, S. B. (2007). Community Interpreting. Palgrave Macmillan, p. 72.

[52] Mulayim, S., Lai, M., & Norma, C. (2014)，同註4，pp. 61-62。

上述情境中，員警可能已掌握當事人有傳遞數封簡訊予其前妻，通譯將「接觸」（contact）譯為「講話」（talk）會讓員警認為當事人說謊且不願意配合。通譯這樣的錯誤是不能被接受的，因為已經根本改變談話的意思。通常單字與詞彙的誤譯是源自未能精確理解，而非選擇字詞錯誤。所以，在使用通譯的警詢之中，員警應使用較淺顯易懂的字彙，以降低通譯理解上的困難與錯誤。

(3) 文法結構的誤譯

以英文為例，文法結構或者量詞、性別、時態……等，都是構成一個句子的重要元素，對意思會有重大影響。如果通譯未能使目標語言（target language）完整重現來源語言（source language）文法架構中的含意，後果可能就如同誤譯一般。英文常見的文法結構錯誤有：

① 主、被動語句結構：在警詢中，應該更謹慎的進行主、被動語態的轉換，因為表面上意思雖然相同，聽者卻會因聚焦在不同的位置而有不一樣的判斷。例如一樣詢問某甲是否被某乙攻擊，「Were you attacked by him that night?」與「Did he attack you that night?」，前者可能比較會聚焦在「被攻擊的當事人」，後者則更強調攻擊的「他」。通譯在傳譯的過程，可能會因為目標語言的特性，將原本的主、被動語態逕自轉換。例如「The mission has been done by him.」，中文不太會譯為「這件任務被他完成了」，而是「他完成這件任務」。通譯應該盡可能的按照來源語言的句型結構，給員警、法官……等人據以評斷。

② 定冠詞（definite article）、不定冠詞（indefinite article）：根據世界語言結構地圖（World Atlas of Language Structures）網站顯示，世界上有45種語言僅有不定冠詞而無定冠詞，另有198種語言兩者皆無，另有377種語言使用定冠詞及不定冠詞，包含英語[53]。對中文來說，冠詞的功能常被量詞取代，這方面的概念較為薄弱。所以當遇到使用冠詞的語系時，通譯應特別注意，因為冠詞的意義沒有

---

[53] http://wals.info/feature/37A#4/38.96/92.07，最後瀏覽日期：2015年12月8日。

翻出會造成意思上的落差。

3. 語言以外的問題

　　警察偵詢是一種被預先規劃（staged）、目標導向（goal-oriented）且充滿目的性（purposeful）的司法活動[54]。一旦警方有相當的理由認定犯嫌有罪，此時偵詢的目的就在於取得自白。然而犯罪嫌疑人當然不可能全面接受警方指控，會選擇否認與反抗。有學者認為，警方與犯嫌對待證事實有各自的版本，而偵詢即是此兩種不同版本間的對抗以重建事實。警方會透過許多偵詢策略，例如阻斷否認，以確立自己的事實版本[55]。口譯包含警察偵詢中的專業人員、口譯員、當事人的對話是輪流的，會形成一種特殊的講話次序。這種特性可能會給通譯帶來一些傳譯上的困難。員警與犯罪嫌疑人在對抗時，可能會相互打斷對方談話，這也會給通譯帶來挑戰。

(1) 處理輪流發言（turn-taking）

　　在一般同一語言的談話中一樣存在著輪流講話的狀況，而且是很自然地進行。轉換的時機大致是依照語言內容（例如語句完成與否），或者附屬語言（例如聲調提高或降低、完全靜默），以及肢體語言（例如眼神接觸或身體姿勢）去判斷這些轉換。但在通譯介入的對話中，這種轉換變得比較複雜，因為兩個主要對話者的發言次序中間必須插入通譯的發言。正常的情況中，說話者會很快的掌握談話節奏，以停頓或者手勢……等各種方法給予通譯接手的指示。然而在警詢這種具有對抗性質的對話中，雙方可能會運用不同策略，使得對話又有更多變化，讓通譯在執行任務上更加困難。舉例來說，員警可能會設法獲取更多資訊。

員警：事件發生的那個晚上王大明給了你什麼？

犯嫌：沒有。（停頓數秒）幾包東西……其實我們很久沒有見面了。

員警：什麼東西？

　　上述情境中，當犯嫌回答「沒有」之後，員警選擇不承接發言權的

---

[54] Nakane, I. (2014). Interpreter-mediated Police Interviews: A Discourse-Pragmatic Approach, Palgrave Macmillan, p. 9.

[55] Nakane, I. (2014)，同上註，p. 34。

轉換而保持靜默，犯嫌進而自願透露更多的資訊，員警便隨著這新的資訊提出下一個問題。當這個情境中有通譯在場，如果他選擇在犯嫌回答「沒有」後即選擇承接，那可能員警就必須提出下一個問題，而無法獲得較多的資訊。員警以外的當事人發言中也可能會出現類似的情況。

員警：你的鄰居説昨天晚上八點有聽到你對你太太大吼。

犯嫌：是的。（停頓數秒）但是那是因爲他承認有外遇。

　　假如通譯選擇在停頓即選擇承接發言權，而警方也獲得滿意的回答，很可能就鋪陳下一個問題，使得當事人沒有進一步解釋的機會。對此，通譯應該在短期記憶乘載量許可的前提下，盡可能的讓說話者完整的表達意見。執行偵詢的員警也應密切觀察，如果他們希望受詢問人提供更多資訊，可在通譯介入時直接指示受詢問人。

　　另外，國外有許多學者認為，受詢問人自願且以敘事方式陳述的可信度較高[56]。然而，即使員警讓受詢問人就事件始末連續陳述，他所認知的重點與員警所認知的會有出入。特別是在偵詢這種相互對抗的情境，員警必然會設法從偵詢中建構出自己所偏好的事實版本。此外，在使用通譯偵詢的情況中，讓受詢問人完整陳述必然會超出通譯短期記憶所能處理的量，無可避免的必須分段進行。而且國外有針對這種通譯機制進行研究，結果發現對於講者敘事的流暢度存在損害風險，聽者也可能斷了頭緒[57]。這種輪流發言的機制於使用通譯的警詢中是必要的，但卻也給員警在每個段落就有質疑的機會。依據我國刑事訴訟法第96條，被告或犯罪嫌疑人如有辨明，在詢問中員警應命其就始末連續陳述。員警不應因為使用通譯偵詢的特性，而剝奪犯嫌此權利。

(2) 處理發言重疊（overlapping）

　　在司法情境中常會發生同時發言的情形，可能是為了反駁，有時候是訴訟技巧，也許只是同時想到某些觀點，又或者是員警阻斷犯嫌說謊是一種偵詢策略。不管如何，當談話的各方發言重疊時，於通譯的工作來說是

---

[56] Nakane, I. (2014)，同上註，p. 65。

[57] Nakane, I. (2014)，同上註，p. 66。

一個大挑戰。特別在司法程序中，通譯有責任忠實的傳譯的責任。這與通譯精準傳譯的能力無關，而是在同時發言時，技術上根本無法進行[58]。警詢中，通譯必須懂得處理說話者不願意按照輪流次序發言的狀況。

國外學者認為，由於通譯不可能在同一時間為兩人以上翻譯，當遇到這種情形有以下選擇：

① 制止一方並讓另一方繼續發言。

② 暫時忽略重疊的狀況，接續針對較先開始的發言傳譯，次依照記憶翻譯重疊的發言。

③ 忽略整個重疊的發言

④ 暫時忽略重疊的發言，當翻譯到一個段落後，詢問雙方是否有談話被忽略了[59]。

這些狀況在國外學者Hale於法庭的研究中十分明顯，他發現證人、通譯、律師、檢察官……等都在爭奪發言的權利。另有學者認為，司法程序有錄音的談話中如果通譯恣意地忽略這些重疊發言是非常危險的，因為這狀況等同通譯自行判斷談話內容的重要性而隨意翻譯，禁不起日後的檢驗。而且如果只翻譯一造的內容而忽略另一造，又有不公平對待的問題[60]。對此國外學者Russell也提出兩種選擇，制止一方發言以利完整傳譯，或者讓他繼續發言，即便知道有些談話內容會從譯者記憶消逝。這兩種選擇都會對整個過程產生影響。Hale則提出，最好的方法可能是事前強調遵守發言次序的重要性，如果有一方違反規則時使用手勢制止，直到另一方的談話傳譯結束。這個策略不一定有效，但是談話的當事人如果不遵守此規則，那產出的結果也不再是通譯的責任[61]。

(3) 處理偵詢前對犯嫌權利告知

警察對犯罪嫌疑人進行偵詢前，為了符合法律上的要求，必須對其告

---

[58] Hale, S. B. (2007)，同註51，p. 75。

[59] Hale, S. B. (2007)，同註51，p. 75。

[60] Mulayim, S., Lai, M., & Norma, C. (2014)，同註4，p. 80。

[61] Hale, S. B. (2007)，同註51，p. 76。

知其相關權利,包含告知罪名、保持緘默、選任辯護人、請求調查有利之證據[62]。在其他國家同樣有類似的規定,一般稱為米蘭達告知(Miranda warning),詳細的內容各有差異,但原則與精神是相通的。由於這個程序是每次對犯嫌偵詢皆必須進行的,所以對警察來說,充分瞭解其意義並落實執行是很重要的。國外有學者認為,員警有責任確保犯嫌對權利告知所使用的語意及產生的法律效果都能充分瞭解。由於這項權利告知背後蘊含複雜的法律意義,要精確的以另一種語言傳譯可說非常困難。所以,員警應該知道這點,並且懂得如何以簡單的中文[63]解釋權利告知的內容[64]。

一般通譯除非有特別接受相關訓練,深入瞭解這項權利告知的意義,並且反覆揣摩最精確的傳譯方式,否則當他們到警察單位執行任務時很難充分傳達。國外學者Russell在其研究中發現,這些權利告知的傳譯對通譯帶來一些難題。其研究對象在偵詢的其他部分都能很有效且確實的傳譯,就像在談話一般的水準(discourse-level),但是在傳譯權利告知時,卻降低成為逐句翻譯的品質(sentence-level)。對此Russell建議,可將權利告知的翻譯標準化,以克服這個困難。此外,他也建議,警方可安排通譯接受訓練。這樣可以讓警方與通譯互相瞭解彼此的需要,同時藉由這樣的交流,可以建立起夥伴關係[65]。

參、結論

國外學者認為,通譯的功能係為使存在語言障礙的當事人與法院間的溝通成為可能[66],有部分學者將司法通譯的概念限縮於法庭活動之中。但

---

[62] 刑事訴訟法第95條。

[63] 原文爲「explain in plain English」,爲適用於我國情境,故譯爲「以簡單的中文解釋」。

[64] Hale, S. B. (2007),同註51,p. 77。

[65] Hale, S. B. (2007),同註51,p. 79。

[66] Mikkelson, H. (2000). Introduction to Court Interpreting. Routledge, p. 1.

另有學者則認為，應涵蓋整個刑事訴訟程序中的通譯活動[67,68]，本文也採同樣的立場，司法通譯之概念並非僅侷限於法院，警察利用通譯進行刑事案件偵查亦屬之。國內外文獻多將司法通譯與司法口譯畫上等號，但口譯為通譯的其中一種形式，最普遍而最具代表性。又依其傳譯的方式可分為書面翻譯（筆譯）、口頭翻譯（口譯）、手語翻譯，當翻譯中的源語和譯語都是口語時則稱為口譯（interpretation）。在司法通譯領域中，最常見的做法是逐步口譯（consecutive interpretation）。所謂逐步口譯係指講者說了一句或者一段談話後，由口譯員將他的意思用另外一種語言說出來。雖然較同步口譯（simultaneous interpretation）浪費時間，但通譯有較多時間思考，結果也較精準，更適合十分要求正確性的司法領域。

　　通譯的角色定位決定其應如何執行任務，有人主張通譯應積極介入，亦有人主張通譯應謹守語言傳遞者的本分，避免影響談話；關於這點，學界未有定論。然而，在司法領域中，國外有學者認為通譯應儘量避免參雜自己的意見與解釋[69]。以警詢為例，警方想蒐集的是受詢問人的陳述而非通譯的，對這些陳述的真偽價值做判斷的也是警察，或者檢察官與法官，通譯並無此權責。當員警與受詢問人有不明白對方所講述的內容時，應由他們自行向對方提問；就像使用相同語言談話也會有不明白對方意思的時候，我們也是自己向對方確認[70]。此外，了解通譯傳譯的過程對警察也很有幫助。一般人往往認為，只要精通兩種語言就能擔任它們之間的通譯。然而，有別於外顯的「聽與說」，通譯可細分為聽、分析與理解、記憶與提取、表達等四個階段，每個階段都有各自所要求的條件與能力。所以，通譯是一個極為專業的領域，優秀的通譯養成需要紮實的訓練與經驗的累積。警方對此領域有基本認識，更能互相尊重彼此專業，有助雙方關係良性發展。

　　警察需要通譯協助的情況有很多，刑事案件偵詢是較常遇到的情

---

[67] Hale, S. B. (2007)，同註51，p. 65。

[68] Mulayim, S., Lai, M., & Norma, C. (2014)，同註4，p. 27。

[69] Mulayim, S., Lai, M., & Norma, C. (2014)，同註4，p. 16。

[70] Mulayim, S., Lai, M., & Norma, C. (2014)，同註4，p. 51。

況，也因為所得到的資訊影響警方偵查方向與後續的司法程序，相較其他狀況顯得格外重要。偵詢是為釐清與偵查案件有關事實的法律活動，必須在符合法律規範的前提下達成目的，刑事訴訟法與警察偵查犯罪手冊對於各項程序有詳盡的規定。然而，目前我國警詢通譯並沒有一個完善的制度，使得員警與通譯都沒有一套準則可供依循。雖然兩公約施行法通過後，警詢中的犯罪嫌疑人如不懂程序中所使用的語言，即應免費為其準備通譯，但現行其他法規皆未更進一步具體的保障這項權利，使得兩公約淪為裝飾品。經參考國內外文獻及他國規定發現，唯有建立一套完整的制度及明確的流程，方能使員警與通譯明白自己的責任與權利。這不僅是在保護受詢問人的權利，也是在保障員警與通譯，因為警詢是一種會帶來法律效果的行為；對受詢問人來說，其陳述將受檢察官與法官的審查，對員警與通譯來說，不當執行或程序錯誤都可能帶來行政或刑事處罰。

此外，實際執行時也會遭遇許多問題。因為警詢是一富有目的性且帶有法律效果的行為，為了遂行偵詢的目的，員警會利用各種不同的偵詢技巧，偵詢的目的即在於取得自白。藉由偵詢環境的營造、警詢行為、警詢話題、警詢技巧……等，增加受詢問人說謊的不安，降低其對後續法律風險的感知，促使其作出自白。這些技巧相當多元，例如：保持眼神接觸、採用黑白臉策略、阻斷受詢問人的否認……等，許多技巧是建立在語言的基礎之上，而透過通譯傳達後無可避免的會使其效果減損。因此，找出可能發生的問題與可行的策略是必要的。國外學者Sedat Mulayim等人將警詢使用通譯的問題分為三個面向，即業務執行面、語言傳遞面、語言以外的問題，本文先前也介紹許多狀況。對於這些面向的問題，可以歸納出兩個原則：

（一）員警為偵詢的主體，應掌控整個程序，通譯不應在未得到員警同意，逕自介入偵詢。例如通譯向受詢問人提出自己的問題、催促受詢問人回答……等。

（二）通譯於傳譯時，應盡可能保留說話者的內容、句型結構、詞彙、甚至語氣。不論說話者是員警或者受詢問人，每一個字都可能有其意義，通譯不應逕自判斷其重要與否而匿、飾、增、減。就員警而言，說話

的內容可能是其偵詢技術的鋪陳；至於受詢問人，可能會影響員警、檢察官或法官對其證詞的評價。國外研究指出，如果通譯能依講者的方式與內容傳譯，並不太會改變他人對陳述內容的評價[71]。

　　一份針對國內警詢狀況的研究指出，我國目前欠缺一套系統化警詢模式，各偵查人員進行警詢工作，大多藉著前輩傳承的技巧或是自己透過偵辦案件所累積的經驗而操作，國內也缺乏警察詢問工作現況調查的相關研究[72]；通譯協助下的警察偵詢本質上屬於警詢的一環，這樣的描述當然也符合警詢通譯的現況，而且情況可能更加嚴峻。同樣的，國外學者也認為在各項文獻中，警詢通譯受到的注意十分有限[73]。由此可知，不論從犯罪偵查學或翻譯學的角度觀之，警詢通譯都缺乏關注，實有必要對此議題進行全面性的探討。職此，本文從實務工作者的觀點出發，深入分析員警與通譯於警詢通譯中的困境，並參酌通譯民間組織的意見，所提相關建議期望能供實務參考。

---

[71] Hale, S. B. (2007)，同註51，pp. 221-223。

[72] 林燦璋、施志鴻、盧宜辰、郭若萱，同註17，頁61。

[73] Mulayim, S., Lai, M., & Norma, C. (2014)，同註4，p. 30。

參考文獻

一、中文

1. 呂昀叡，刑事被告通譯協助權利之探討——以歐洲法為中心，國立台灣大學法律研究所碩士論文，2011 年。

2. 林燦璋、施志鴻、盧宜辰、郭若萱，國內刑事警察使用萊德（Reid）偵詢技術現況之調查，中央警察大學警學叢刊，第 44 卷第 1 期，2013 年。

3. 張懿萱，同步口譯與字幕翻譯簡化策略之研究，國立台灣師範大學翻譯研究所碩士論文，2011 年。

4. 許春金，犯罪學，中央警察大學出版，2011 年 5 版。

5. 陳子瑋，社區口譯——台灣口譯研究新領域，編譯論叢，第 4 卷第 2 期。

6. 陳允萍，涉外案件通譯初論，中央警察大學外事警察實務學術研討會論文集，2005 年。

7. 陳允萍，台東縣外語通譯協會培訓外語通譯人才講習課程內容彙編，2007 年。

8. 楊金滿、葉念雲、沙信輝，通譯人才資料庫使用平台執行情形之研究，內政部入出國及移民署自行研究報告，2010 年。

9. 劉敏華，逐步口譯與筆記，書林出版有限公司，2008 年。

10. 劉章遠，詢問與筆錄製作要領，載於莊忠進、呂明都、劉章遠、王連成合著，犯罪偵查學，台灣警察專科學校，2010 年。

11. 鄭家捷、戴羽君，法庭通譯 ABC，司法改革雜誌，第 61 期，2006 年。

12. 龐林淑蓮，傳譯的種類與標準。載於劉靖之主編，翻譯工作者手冊，台灣商務印書館，1993 年。

13. 內政部警政署 103 年 3 月 7 日警署外字第 1030067479 號函。

14. 監察院 101 年 4 月 11 日 101 司正 0003 號糾正案。

二、外文

1. Hale, S. B. (2007). Community Interpreting. Palgrave Macmillan.

2. Mikkelson, H. (2000). Introduction to Court Interpreting. Routledge.

3. Mulayim, S., Lai, M. & Norma, C. (2014). Police Investigative Interviews and Interpreting: Context, Challenges, and Strategies. CRC Press.

4. Nakane, I. (2014), Interpreter-mediated Police Interviews: A Discourse-Pragmatic Approach, Palgrave Macmillan.

5. Perez, I. A., & Wilson, C.W.L. (2004). Interpreter-mediated police interviews Working as a professional team. In Wadensjo, C., Dimitrova, B. E., & Nilsson, A. L. (ed.). The Critical Link 4: Professionalisation of interpreting in the community.

6. Wakefield, S. J., Kebbell, M.R., Moston, S., & Westera N. (2014). Perceptions and profiles of interviews with interpreters : A police survey. Australian & New Zealand Journal of Criminology, Vol. 48(1).

三、網路資料

1. 萊德組織網站，https://www.reid.com/educational_info/r_tips.html?serial=114126001720531。

2. 維基百科，https://zh.wikipedia.org/wiki/%E5%B0%8F%E5%A7%90，最後瀏覽日期：2015 年 10 月 6 日。

3. http://www.humanrights.moj.gov.tw/mp200.html。

4. http://wals.info/feature/37A#4/38.96/92.07，最後瀏覽日期：2015 年 12 月 8 日。

5. National Agreement on Arrangements for the Use of Interpreters, Translators and Language Service Professionals in Investigations and Proceedings within the Criminal Justice System, available at http://webarchive.nationalarchives.gov.uk/20100920143552/http://frontline.cjsonline.gov.uk/_includes/downloads/guidance/race-confidence-justice/National_Agreement_on_Use_of_Interpreters-August_2008.pdf, latest visit: 2015-11-21.

11
德國刑事照護私有化之發展介紹

盧映潔[*]

[*] 國立中正大學法律系教授

目　次

壹、前言——刑事照護協助私有化之背景說明

　　在德國所謂「刑事照護協助私有化」的議題通常是指的兩個範疇的事項，一方面是有關觀護協助（Bewährungshilfe）事務以及法庭協助（Gerichtshilfe）事務的私有化；另一方面是有關犯罪人協助（Straffälligenhilfe）事務，諸如那些被稱為新興事務領域，亦即為避免替代自由刑監禁之公益勞動（gemainnütziger Arbeit zur Vermeidung von Ersatzfreiheitsstrafen）[1]、社會訓練課程（soziale Trainingskursen）、犯罪人與被害人的修復和解（Täter-Opfer-Ausgleich）[2]，以及性犯罪人之醫療

---

[1] 有關德國避免替代自由刑監禁之公益勞動制度介紹，請參見盧映潔，德國替代自由刑之公益勞動（Gemeinnützige Arbeit）制度及其實務運作介紹——兼及我國易服社會勞動制度之說明與比較，中正法學集刊，第36期，2012年，頁1-55。

[2] 有關德國犯罪人與被害人的修復和解制度介紹，請參見盧映潔，犯罪被害人保護在德國法中的發展——以犯罪被害人在刑事訴訟程序中的地位以及「犯罪人與被害人

門診治療（ambulante Sexualstraftätertherapie）等等，交由私人（或私人機構）加以承擔。「刑事照護私有化」的議題在德國當然不是一個嶄新的問題，因為從19世紀開始在德國的許多地區就有一些慈善機構、私人團體或私人協會組織的成立，長期以來對於從監獄釋放出來的犯罪人提供相關協助。在1953年建立的觀護協助制度便將觀護協助者（Bewährungshelfer）正式納入國家的司法工作人員中，而榮譽無給職的觀護協助者（Ehrebamtliche Bewährungshelfer）同時也自1956年明文於刑事法律之中，例如刑法第56條d等五項[3]規定，觀護協助者的工作可由專職者或者榮譽無給職者進行之；少年法院法第24條第1項第二句[4]則規定，若顯示符合教育目的之原因下，法官可將青少年交由榮譽無給職的觀護協助者為監督與引導最長達兩年的觀護期間。惟惜，榮譽無給職的觀護協助者在司法實務上的意義與功能在德國一直是欠缺實証的數據與研究，而官方的統計也僅止於專職的觀護協助者。而德國各地原本即有許許多多的慈善機構或私人團體組織成為犯罪人協助之自願工作者（Frei Straffälligenhilfe），接受官方委託而承擔了犯罪人協助的事務[5]。

　　不過，近期有關「刑事照護私有化」在德國的討論並非是過去那種無給職志工之奉獻參與，或者只是私人志願工作者的社會服務承擔，而是聚焦於將刑事照護的事務外包予某私人機構（或者企業）去承擔執行為探討主軸。這樣的趨勢有其背景因素存在，亦即，專職的觀護協助者的工作量在近年來明顯地上升。下列圖11-1是德國自1963至2005年，依刑法及少年

均衡協商暨再復原」制度爲探討中心，台大法學論叢，第34卷第3期，2005年，頁165-276。

[3] 德國刑法第56條d等五項原文爲：Die Tätigkeit der Bewährungshelferin oder des Bewährungshelfers wird haupt- oder ehrenamtlich ausgeübt.

[4] 德國少年法院法第24條第1項原文爲：Der Richter unterstellt den Jugendlichen in der Bewährungszeit für höchstens zwei Jahre der Aufsicht und Leitung eines hauptamtlichen Bewährungshelfers. Er kann ihn auch einem ehrenamtlichen Bewährungshelfer unterstellen, wenn dies aus Gründen der Erziehung zweckmäßig erscheint.

[5] Dessecker, Alex, Privatisierung in der Strafrechtpflege: Einführung und Überblick, in Dessecker, Alex (Hrsg.): Privatiserung in der Strafrechtpflege, Wiesbaden 2008, S. 15.

法院法給予緩刑與假釋而應交予觀護協助者的案件數量發展狀況，可以見到的是成年人緩刑的數量不斷急劇攀升。又依圖11-2是德國自1995至2006年的十年期間，受刑人與交付觀護協助之人的人數發展狀況，從圖11-2的數據可見到，在1995至2000年間受刑人的人數增加30%；2000至2006年間再度增加5.5%；在1995至2000年間交予觀護協助之人的人數增加14%；2000至2006年間則是再度增加15%。然而專職的觀護協助者的人員配置在近幾年是普遍性的停滯，依聯邦統計局的估計，以全德國在2006年約有共2,500個專業的專職觀護協助者為計算，平均的照護比例是：一位專職觀護協助者有70件交付觀護協助案件；一位專職觀護協助者需照護58位受觀護協助之人[6]。這是全德國的平均值，在許多地區，照護比例會差距更大[7]。

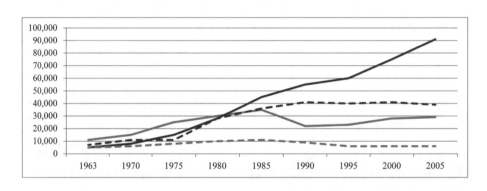

圖11-1　1963至2006年在過去聯邦地區置於觀護協助下的各種可能性之發展
（**Entwicklung der verschiedenen Möglichkeiten der Unterstellung unter Bewährungshilfe im früheren Bundesgebiet, 1963-2006**）

說明：（灰實線）少年法院法的緩刑（Strafaussetzungen JGG）
　　　（黑實線）刑法的緩刑（Strafaussetzungen StGB）
　　　（黑虛線）少年法院法的假釋（Restaussetzungen StGB）
　　　（灰虛線）刑法的假釋（Restaussetzungen JGG）

資料來源：Dessecker, Alex, Privatisierung in der Strafrechtpflege: Einführung und Überblick, in Dessecker, Alex (Hrsg.): Privatiserung in der Strafrechtpflege, Wiesbaden 2008, S. 16.

---

[6]　由於交付觀護協助案件會有重複的情形，所以案件數量會多於人數。

[7]　Dessecker, Alex, a.a.O. (Fn. 5), S. 16.

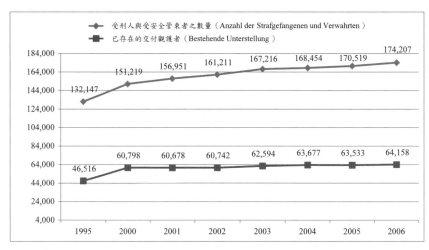

圖11-2　1995至2006年的受刑人與觀護交付
（**Strafgefangene und Bewährungsunterstellung, 1995-2006**）

資料來源：Stelly, Wolfgang/Thomas, Jürgen, Veränderungsdruck durch Privatisierung: Entwicklungstendenen in der Freien Straffälligenhilfe, in Dessecker, Alex (Hrsg.): Privatiserung in der Strafrechtpflege, Wiesbaden 2008, S. 99.

　　另外，針對刑事照護事務中監禁與釋放諮詢協助（Haft-und Entlassungsberatungshilfe），德國各邦所支付給犯罪人協助之自願工作者組織（Frei Straffälligenhilfe）的預算經費也是一個觀察指標。依下列圖11-3顯示的是北萊因——西發里亞邦（Nordrhein-Westfalen）、下薩克森邦（Niedersachsen）、薩克森——安哈特邦（Sachsen-Anhalt）、巴登、符騰堡邦（Baden-Württemberg）四個邦，自1995至2006年對於刑事照護事務所支出的預算經費發展狀況。明顯可見到的是，這四個邦當中有三個邦，自2000年預算經費支出是下降的，這與不斷上升的受刑人人數以及應受觀護的人之人數顯然是不相對應的。

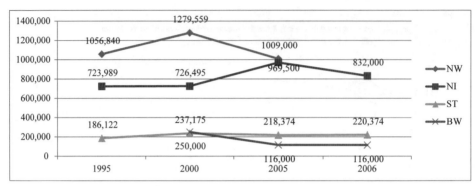

圖11-3　1995至2006年在Nordrhein-Westfalen、Niedersachsen、Sachsen-Anhalt、Baden-Württemberg邦之犯罪人協助之自願工作者的監禁與釋放諮詢協助之經費補助發展

　　（**Entwicklung der Zuwendungen für Haft-und Entlassenenberatung an die Frei Straffälligenhilfe in Nordrhein-Westfalen、Niedersachsen、Sachsen-Anhalt、Baden-Württemberg, 1995-2006**）

資料來源：Stelly, Wolfgang/Thomas, Jürgen, Veränderungsdruck durch Privatiserung: Entwicklungstendenen in der Freien Straffälligenhilfe, in Dessecker, Alex (Hrsg.): Privatiserung in der Strafrechtpflege, Wiesbaden 2008, S. 101.

　　基於上述背景因素，在巨大的公共支出必需縮減的壓力下[8]，德國的一些聯邦開始對於與非營利性的企業合作之做法產生高度興趣。本文以下亦將針對德國刑事照護私有化的發展與現況加以說明介紹。

---

[8]　在2006年之前的幾年間，巴登、符騰堡邦就有數百萬歐元的公共預算流入犯罪人協助的新興任務與計畫，例如在2004年有20萬歐元的邦補助金支付給性犯罪人的治療（Sexualsstraftätertherapie）以及心理治療與觀護基金（Fonds Psychotherapie und Bewährung）；在五年內邦支付了1,200萬元給予受刑人釋放後的照護網絡，而每年都支付大約100萬元給執行公益勞動的自願者組織。Stelly, Wolfgang/ Thomas, Jürgen, Veränderungsdruck durch Privatiserung: Entwicklungstendenen in der Freien Straffälligenhilfe, in Dessecker, Alex (Hrsg.): Privatiserung in der Strafrechtpflege, Wiesbaden 2008, S. 105.

貳、德國刑事照護協助私有化之發展

　　如前言中所述，德國的一些聯邦在刑事照護事務方面，開始對於與非營利性的企業合作之做法產生高度興趣，而走向刑事照護私有化的發展。其中，最積極的是巴登、符騰堡邦，該邦在2004年修改了「觀護協助、法庭協助與司法執行之社會服務」邦法律（Landesgesetzes über die Bewährungs-und Gerichtshilfe sowie die Sozialarbeit im Justizvollzug，簡稱LBGS）第8條第1號的規定，明文可以將觀護協助者、法庭協助者以及司法社會服務領域的受僱者之法律地位，透過合約方式移轉給私人。其後巴登、符騰堡邦在全歐洲公告招標，而由NEUSTART公益有限公司得標，此即德國所稱「NEUSTART概念」（NEUSTART KONZEPT）的開展[9]。其實，位於奧地利的NEUSTART協會自1957年已在奧地利提供了觀護協助（Bewährungshilfe）、犯罪人協助（Straffälligenhilfe）、法庭外的犯罪修復和解（aussergerichtliche Tatausgleich）以及各式各樣的社會工作服務（soziale Dienstleistung），甚至在1994年，作為監獄行刑中法律明定的社會工作服務之例外，NEUSTART協會與奧地利的司法部簽訂一項一般性合約，以提供監獄行刑中的社會工作服務。在2004年NEUSTART協會在德國司徒加特（Stuttgart）成立了NEUSTART公益有限公司（NEUSTART gemainnützige GmbH），而在2005及2006年與巴登、符騰堡邦簽訂合約，在司徒加特（Stuttgart）及杜賓根（Tübingen）執行一項引航計畫（Politprojekt），亦即，將觀護協助及法庭協助事務外包給該公益公司執行，並且自2007年開始整個巴登、符騰堡邦（Baden-Württemberg）的成年人觀護協助、法庭協助以及犯罪人與被害人的修復和解等事務全部外包由NEUSTART公益有限公司執行。該公司與巴登、符騰堡邦簽訂的一般性合約期限是至2016年。因此，「刑事照護私有化」在德國已

---

[9] Zwinger, Georg, Durchführung der Bewährungsund gerichtshilfe in freier Trägerschaft für das Land Baden-Württemberg, in Dessecker, Alex (Hrsg.): Privatisierung in der Strafrechtpflege, Wiesbaden 2008, S. 85.

經不是要不要採用的問題，而是如何評估由自願工作者組織、也包括外包予私人企業的模式來執行刑事照護事務之成效及其所產生的效應等等問題。所以，自2006年底開始，位於巴登、符騰堡邦的杜賓根大學犯罪研究所 動了一項「變革壓力下的犯罪人協助」（Straffälligenhilfe unter Veränderungsdruck）長期性的研究計畫，該研究計畫的目標在於探討德國近年來由私人組織執行犯罪人協助事務對於刑事政策及社會政策之發展所產生的效應影響。相對地，巴伐利亞邦（Bayer）則是刑事照護私有化之明示反對者。不過，在觀護協助與法庭協助領域不斷增加業務承擔量的情形下，巴伐利亞邦近幾年採取了一些改革措施，以加強觀護協助任務完成的效率。因而，巴伐利亞邦的經驗也值得觀察介紹（見下述）。

國家公共任務的私有化是這幾年全德國相當熱門的話題，蓋因在21世紀初期德國的公共任務之政府預算，也包括社會工作範疇都遭遇到節約的壓力，甚至於已在立法中進行預算縮減。國家公共任務的私有化一方面是否意味著像德國這樣標榜著法治國與社會國的國家任務型態之日落西山？另一方面這是否又能形成挽救國家財政的魔法良方？這些討論也在屬於國家權力的核心事務，諸如司法權力之相關事項上開始發酵[10]。德國的社會發展乃至於刑事政策，在80年代是以人性化（Humaniserung）與自由化（Liberalisierung）為主要潮流；相較之下，90年代在政治上與公共意見上則要求對犯罪進行更多的壓制（Repression）、監禁（Inhaftierung）與管束（Verwahrung）。但無論如何，這些潮流不論在學術上的辯論或立法上的形成，都沒有著眼於「費用」（Kosten）此一角度。惟獨「費用的真相」（Kostenwahrheit），在立法的強迫縮減預算下，從強調營利的私人領域開始席捲至公共事務領域。因而，對於刑事政策而言，私有化已經不是信念的問題，而是變成效率與品質的問題[11]。

這對於從事犯罪協助之社會工作者的角色與自我認知形成了重大的變化。申言之，長期以來社會工作者在專業訓練上著重的是社會教育

---

[10] Zwinger, Georg, a.a.O. (Fn. 9), S. 86.

[11] Zwinger, Georg, a.a.O. (Fn. 9), S. 86.

（Sozialpädagogik）與社會工作（Soziale Arbeit），但是現在社會工作者對於自身職業上的認知更著重在工作的方法學（Methodik der Arbeit），諸如個案管理（Case-Management）上的方法發展。另一個趨勢的呈現是，愈來愈明顯地在社會工作領域上引入並踐行企業經營的商業邏輯，也就是工作的效率（Effizienz）與有效性（Effektivität）、透明度的建立（Herstellung von Transparenz）以及顧客導向（Kundenorientierung）等等關鍵字眼被凸顯出來。這種與商業邏輯連結的情形當然也是來自於政府對於公共事務資源分配策略改變的結果，亦即在公共財政緊縮之下，政府行政部門開始踐行控管機制（Steuerungsinstrumente），特別是在犯罪人協助的事務上，公部門與私人機構簽訂的工作合約皆明定要求業務執行的品質與數量，在換合約時也是以此為考量。在這樣的控管機制與資源分配的型式下，導致的結果就是私人機構被迫進行內部結構的改造，另一個對於從事社會工作機構的整體影響就是，機構之間的關係開始走向競爭而形成穿越市場化（Durchmarktung）效應，也就是公部門可以在各個提供社會工作的機構之間進行選擇[12]。

其次，從事社會工作的人對於自己工作的目標設想也產生了改變。從事犯罪人協助事務的社會工作者從原本認為自己是幫助犯罪人解決問題的角色，轉變成為處理犯罪現象之一般社會代理機構（eine allgemeine Sozialangentur zur Bearbeitung von Kriminalität）。尤其是那些新興事務的承擔，亦即前述提及的公益勞動、社會訓練課程、犯罪人與被害人的修復和解以及性犯罪人之治療，使得社會工作已經不再是純粹協助者的角色，而是成為控制（Kontroll）以及部分的刑罰制裁或者替代制裁措施的運作，從而必需與司法連結而產生正式的監督與報告義務。過去從事社會工作的人之五個工作信念準則：「適時性」（Rechtzeitigkeit）、「暢通性」（Durchgängigkeit）、「完全性」（Ganzheitlichkeit）、「自願性與選擇性」（Freiwilligkeit und Wahlfreiheit）以及「緘默性」（Verschweigenheit），現在由於其對司法的監督與報告義務，至少

---

[12] Stelly, Wolfgang/Thomas, Jürgen, a.a.O. (Fn. 8), S. 103-104.

在「自願性與選擇性」以及「緘默性」的工作信念準則即無法加以遵循。自從70年代在德國興起許多的犯罪人協助之自願工作者組織，諸如「Sozialpolitische Arbeitskreise」或者「Freien Hilfen」，即逐漸產生一種批評的聲浪，就是這些自願工作者組織是將犯罪人的再社會化當作是一種強制貫徹的照護義務在運行。而自80年代開始在犯罪人協助事務上有關幫助（Hilfe）與控制（Kontroll）之衝突的相關討論，在原理原則方面以及理想意識型態方面這樣的爭論卻逐漸消失，但是自願工作者與官方協助者所扮演的角色仍然有區別差異。例如學者Maelicke就曾指出兩者在工作角色及自我意識上的區別[13]如表11-1所示。不過，自從刑事照護私有化之後，尤其是在私人機構承攬起犯罪人協助之新興事務後，自願協助者與官方協助者之角色區別已經日益模糊。

表11-1　自願協助者與官方協助者之角色區別

Freie Straffälligenhilfe（犯罪人協助之自願者）	Justizförmigen bzw. Staatliche Straffälligenhilfe（司法型式及國家的犯罪人協助者）
keine Ausrichtung auf einen Strafzweck（不以刑罰目的為設置方向）	spezialpräventive Ausrichtung（特別預防為設置方向）
Leistung von sozialen Hilfen（社會協助為工作內容）	Leistung von justizförmigen Sozialkontrolle und soziale Hilfe（司法型式之社會控制與社會協助為工作內容）
einfaches Mandat seintens der Probanden（單純為受協助方之委託）	doppelte Mandat seintens der Justiz und der Probanden（為司法及受協助方之雙重委託）
Freiwilligkeit（自願性）	Zwangsunterstellung（強制交付安置）
keine Ermittlungs-und Kontrollaufgaben/ keine Berichtpflichten（沒有通知與控管的任務／沒有報告義務）	Kontroll-und ermittlungsaufgaben/ Berichtpflichten（控管與通知的任務／報告義務）

---

[13] Stelly, Wolfgang/Thomas, Jürgen, a.a.O. (Fn. 8), S. 109.

　　依此，德國在「刑事照護私有化」的運用上，以巴登、符騰堡邦的「NEUSTART模式」為最知名。因此，本文以下先介紹巴登、符騰堡邦「NEUSTART模式」的運作狀況。其次，在德國反對「刑事照護私有化」最強烈的是巴伐利亞邦，但巴伐利亞邦司法部在過去幾年進行了改革的步驟，故接而介紹巴伐利亞邦的模式。

參、巴登、符騰堡邦「NEUSTART模式」運作狀況介紹及其後續問題

一、「NEUSTART模式」運作狀況

(一)「NEUSTART公益有限公司」的組織與工作目標

　　NEUSTART公益有限公司的組織是有一位針對商業事務的業務負責人，另一位是針對社會服務工作及機構設置的業務負責人，其僱用的人員分別有電腦資料處理（EDV）、市場分析（Marketing）、人力資源（Personal）、法律（Recht）及社會工作（Sozialarbeit）方面的專業。

　　由於巴登、符騰堡邦原本執行觀護協助與法庭協助工作的機構是支離破碎地散布於各個小小的組織單位，因而引入「NEUSTART模式」時即希望在每一個區域建構一個中心組織，再設置分支單位。區域的選擇應配合巴登、符騰堡邦的發展規劃，並考量公家機關所在地、居民數量以及交通便利性，而且為了讓受協助者可以容易獲得照護協助，還要設置分支單位（Abteilung），在分支單位下再設置外部單位（Aussenstelle），每一位分支單位的領導人必需負責兩個外部單位。而中心組織的領導人要對於所有任務承擔的執行加以負責，也就是其應負責任務的分配與品質的擔保。中心組織的領導人由法官與檢察官作為其諮詢對話的夥伴（Ansprechpartner），中心組織的領導人也必需與區域所屬的檢察機關、邦法院或區域法院的首長進行持續性及一般性的接觸會談。

　　為此，NEUSTART公益有限公司開始組織的改造，自2007年7月在

巴登、符騰堡邦九個區域，即Stuttgart、Ulm、Ravensburg、Karlsruhe、Freiburg、Mainheim、Heilbronn、Rottweil、Reutlingen，設置了九個中心組織以及十五個分支單位，其公司的組織設置如下列圖11-4所示。至於人員的聘任程序較複雜，其聘任的人員絕大部分都是過去在觀護協助及法庭協助工作的人員。至2008年4月該公司接收了過去作為觀護協助及法庭協助使用的空間及建築物，同時建置新的電腦資料處理中心，並做成接受協助者的個人檔案記錄[14]，以及完成設立會計與人事行政單位。

　　巴登、符騰堡邦當初移轉刑事照護事務的目標設定，是希望能在觀護協助、法庭協助及加害人與被害人修復和解等事項上建立一個統一的專業標準流程。而依巴登、符騰堡邦與NEUSTART公益有限公司簽訂的一般性合約，NEUSTART公益有限公司的任務內容則涵蓋至2007年底為止的觀護協助（包含引導監督[15]）、法庭協助、轉介公益勞動以及加害人與被害人修復和解的事務範疇。此外，由於無給職榮譽觀護協助者在德國是公民參與社會的重要元素，其多半具有實際的人生經驗與其他方面的專長，而且在財政預算合併與人事縮減上不受影響。因而，巴登、符騰堡邦希望借鏡於奧地利的經驗，改造無給職榮譽觀護協助者而納入組織中成為特別專業人士，並且成為照護受協助者之人員基礎。所以，自2008年2月起「NEUSTART公益有限公司」有31位無給職榮譽觀護協助者之團隊領導人完成訓練，帶領無給職榮譽觀護協助者進行專業訓練並納入照護事務中。在2008年4月時共有80位無給職榮譽觀護協助者被納入。

---

[14] 社會工作的品質確保端賴監督與評估，而這需要有良好的電腦資料系統支撐的個人檔案記錄為基礎。而且個人檔案記錄可作為社會服務工作進行的証明，以及照護內容的訊息來源。在NEUSTART公益有限公司建置的電腦個人檔案記錄包含：(1)社會服務工作的相關資訊與目標形成之情況分析、(2)所記錄的目標之整體工作概念，以及具體的工作進展、(3)與受協助者的接觸之訊息與過程，所協助的主題以及下一次會面的目標。這些電腦個人檔案記錄在2008年夏季已建置完成。

[15] 有關德國引導監督制度的介紹，請見盧映潔，犯罪與被害——刑事政策相關問題之德國法制探討，2009年，頁124-145。

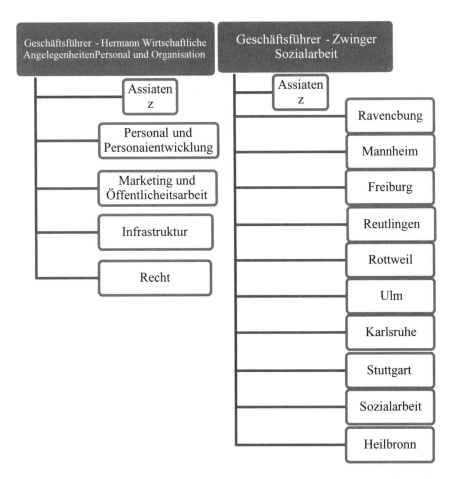

圖11-4　Baden-Württemberg邦的NEUSTART股份有限公司的組織架構
（**Aufbauorganisation von NEUSTART GmbH in Baden-Württemberg**）

資料來源：Zwinger, Georg，Durchführung der Bewährungsund gerichtshilfe in freier Trägerschaft für das Land Baden-Württemberg, in Dessecker, Alex (Hrsg.): Privatiserung in der Strafrechtpflege, Wiesbaden 2008, S. 91.

（二）NEUSTART公益有限公司的照護密度（Betreuungsintensität）與案件數量

巴登、符騰堡邦與德國其他邦近似，每一個專職的觀護協助者的照護案件數量大約是在100件以下。是以，巴登、符騰堡邦在移轉刑事照護事

務予NEUSTART公益有限公司時的一般性合約中即要求，必須把巴登、符騰堡邦的受觀護協助之總案件量自2005年的2萬2,000個案件降低至1萬6,500個，而且不能減少經費支出運用。從而，「NEUSTART概念」之改革目標是要降低每位工作人員的照護案件數量，並且進行分類以達到優先照護之功能[16]。

　　因此，NEUSTART公益有限公司提出逐步解決這個問題的方案是，將透過對於每一個接納的受協助者進行澈底的分類調查。亦即，首先，在分類調查的會談中必需把受協助者的過去歷史以及現在狀況，包括工作、居住、經濟、健康、心理狀態及犯行的訊息完整蒐集。分類調查人員是一個基本的決是機制，俾以為受協助者選擇適當的觀護協助者（不論是專職的或者無給職的榮譽觀護協助者），以及評估有意義的照護階段。在分類調查的過程中是暫時先由一位可以處理所有觀護協助事務的專職社會工作者進行照護。其次，連結分類調查程序的是案件的分配，此必需以專業的角度以及受協助者所需要的照護密度為考量。照護密度分列是對於生活事務上有現實問題的受協助者給予每個月至少2.5次的照護訪視，對於較無嚴重問題的受協助者則是依法院的要求或受協助者自己的要求給予相應的照護訪視[17]。

　　過去經常遭到強烈批評的是有個別觀護協助者承擔大量的照護案件，卻沒有付出努力讓案件可以走向終結，反而自稱是自願擔負起上百件的照護案件。所以NEUSTART公益有限公司建構了一套對於受協助者的犯罪行為、社會狀況及個人問題之分析系統，作為定期的標準評估檢驗，其以社會工作的角度來評估繼續接受照護協助是否必要且合理，或者應該終結。這項評估檢驗應該每六個月進行一次，或者超過安置照護期間的一半時間就必需進行，當然，這項評估的結果並不是要用於建議法官給予終止觀護協助的指示。至2007年為止NEUSTART公益有限公司已將受觀護協助之總案件量降低至2萬500件，而在逐步引入無給職榮譽觀護協助者之後，預期在2016年可以降至每一個專職的觀護協助者承擔65位受協助者之

---

[16] Zwinger, Georg, a.a.O. (Fn. 9), S. 91-92.

[17] Zwinger, Georg, a.a.O. (Fn. 9), S. 91-92.

比例[18]。

(三) 監獄行刑階段的延展

依觀護協助的經驗得知，對於一個甫從監獄釋放出來的人之觀護協助，都會發生許多時間上的延宕以及面臨資訊不充足的狀況，原因來自觀護協助階段沒有與監獄行刑階段做好足夠的連結。然而對於再犯危險性愈高的人，社會工作者介入協助的時間點愈早就愈有功效，惟惜，在向來的程序中社會工作者因欠缺權限而無從接觸即將被釋放的受刑人。實則，巴登、符騰堡邦的「執行觀護協助、法庭協助與司法之社會服務」邦法律有明文，參與司法各個程序階段的社會工作人員應該相互交換在工作上所獲得的理解認識。因而，巴登、符騰堡邦與NEUSTART公益有限公司簽訂的一般性合約中提出一項有關釋放前準備的新概念，目標在於縮短對受協助者為分類調查的時程，俾使受協助者能夠更即時進入照護之中[19]。

NEUSTART公益有限公司對此提出的改善方法是，對每一個即將被釋放的受刑人在監獄中先進行接觸，以獲得規劃觀護協助所需相關訊息，而且最遲在釋放後的一星期內觀護協助者就必需進行第一次的觀護訪談。這也就是NEUSTART公益有限公司所稱的個案管理模式（Case-Management），從監禁到臨床照護的直接合作接觸，由監獄行刑中負責的社會工作人員與NEUSTART公益有限公司的人員共同合作，為此，NEUSTART公益有限公司在2007年秋季設立一個工作小組來承接這項事務。當然，這樣的共同合作必需立基於一個一致性標準流程，其內容包括服刑階段、釋放階段與觀護協助階段的社會工作內容以及應顧及的資料與訊息傳遞。並且為實際運行這項模式，監獄的社會工作部門與NEUSTART公益有限公司各應指派一位協調師，雙方每個月進行會談，以蒐集並交付相關資訊。自2008年第二個下半年度這項模式已開始實際運行[20]。

---

[18] Zwinger, Georg, a.a.O. (Fn. 9), S. 92.

[19] Zwinger, Georg, a.a.O. (Fn. 9), S. 94-95.

[20] Zwinger, Georg, a.a.O. (Fn. 9), S. 96.

二、「NEUSTART模式」的後續相關問題

　　關於巴登、符騰堡邦的「刑事照護私有化」的事宜，巴登、符騰堡邦的審計局（Rechnungshof）針對巴登、符騰堡邦與NEUSTART公益有限公司簽訂自2007年2月至2016年的合約進行調查，在2010年7月19日發布新聞聲明。其中指出，巴登、符騰堡邦希望透過此一委託合約達到增加效能、節約支出至10%至15%為目標，並提升品質。但事實上是，此合約期間經由私人承擔完成觀護協助任比起那些自己承擔此一事務的邦來得更昂貴，多支出了接近4,600多萬歐元。巴登、符騰堡邦的審計局首長Max Munding甚至不諱言地說，巴登、符騰堡邦司法部當初主張透過委託私人的分配解決之道（Vergabe-Lösung），可以比起由邦自己承擔觀護協助事務更經濟實惠的說法是沒有實現的，巴登、符騰堡邦應該終止與NEUSTART公益有限公司的合約，或者至少應將約定的金額降低[21]。

　　依照巴登、符騰堡邦審計局2010年的報告[22]，巴登、符騰堡邦與NEUSTART公益有限公司簽訂的合約總費用金額是2億5,000萬歐元，NEUSTART公益有限公司可僱用306位工作人員，而審計局認為在此合約期間巴登、符騰堡邦將多支出4,680萬歐元是基於幾個因素交錯組合而成的。首先，橫向連繫任務費用與事務費用的基本給付金額達2,300萬歐元是高估的，而且司法部在上一個年度承諾要節省的50萬歐元並未實現，況且針對已無必要而刪減的橫向連繫任務，巴登、符騰堡邦應該可以節省2,870萬歐元，蓋因這些費用NEUSTART公益有限公司已經由基本支出中取得，但該邦並沒有達到節約的目標。其次，對於要釋出的該邦僱員之額度費用達1,400萬歐元也是算在邦的預算支出中，一方面是對位每個位置

---

[21] 此新聞聲明刊登於德國雜誌「Bild-Zeitung」2010年7月19日，http://www.dbh-online.de/unterseiten/themen/soziale.php?id=282，最後瀏覽日期：2014年5月9日。

[22] RECHNUNGSHOF, Auszug aus Denkschrift 2010 zur Haushalts- und Wirtschaftsführung des Landes Baden-Württemberg: Beitrag Nr. 10 Übertragung der Bewährungs- und Gerichtshilfe auf einen freien Träger, S. 77ff. 有關巴登、符騰堡邦審計局的報告全文以及來源請見下列網址：http://www.bewaehrungshelfer-online.de/site/uploads/LandesrechnungshofBW2010Denkschrift-KostenPrivatisierungBwH.pdf，最後瀏覽日期：2014年5月9日。

的補償費用計算過高，另一方面則是對於安排晉用的人員數額又高估了，這些人員有許多是屬於NEUSTART公益有限公司尚未承接的業務。而且在過去兩年NEUSTART公益有限公司從巴登、符騰堡邦獲得的基本給付有1,550萬歐元，但卻有700萬歐元的「盈餘」，以致於NEUSTART公益有限公司放棄了100萬歐元，並且額外僱用40名工作人員。還有其他的花費是1,000萬歐元，用來作為安排住宿、無給職榮譽觀護人的改造以及領航計畫等相關支出。巴登、符騰堡邦司法部在上一個年度原本預測要節約250萬歐元，但卻反而產生500萬歐元的支出。總而言之，審計局確認巴登、符騰堡邦支付高估的金額給NEUSTART公益有限公司。

對此審計局的報告，巴登、符騰堡邦的司法部部長Ulrich Goll加以反擊而表示[23]，巴登、符騰堡邦的觀護協助制度是無可避免地必需進行改革，交由NEUSTART公益有限公司運行觀護協助事務並沒有比較貴，審計局的估算是立基於一種臆測性的比較，其沒有顧及到改善的電腦資料系統建置、沒有顧及到原本觀護協助者絕望地抱怨案件的負擔量、沒有顧及到觀護協助組織結構的改善、沒有顧及到無給職榮譽觀護協助者投入的意義。隨即，NEUSTART公益有限公司在2010年7月21日也發表聲明文件[24]，提出幾點說明：

（一）關於有利於改善受觀護人照護方面，巴登、符騰堡邦的司法部對NEUSTART公益有限公司的首要要求就是，一直到2016年為止必須持續降低觀護協助者的案件負擔量為1：60，蓋因在2006年巴登、符騰堡邦的觀護協助者的案件負擔量為1：96，這樣的案件負擔量明顯無法保證合宜的觀護協助品質。NEUSTART公益有限公司自合約簽訂後在三年半的

---

[23] 相關報導請參照巴登、符騰堡邦的司法部網頁，http://www.jum.baden-wuerttemberg.de/pb/,Lde/Startseite/SERVICE/Bewhrungs--und-Gerichtshilfe-in-freier-Trgerschaft-in-Baden-Wrttemberg---Justizministerium-und-NEUSTART-ziehen-positive-Zwischenbilanz---Goll-Ein-Erfolgsmodell/?LISTPAGE=1146519，最後瀏覽日期：2014年5月9日。

[24] NEUSTART公司的聲明文件來源請見下列網址：http://www.neustart.at/Media/PM_04_2010_Mittelverwendung_der_NEUSTART_gGmbH.pdf，以及http://www.bewaehrungshelfer-online.de/site/uploads/LandesrechnungshofBW2010Denkschrift-KostenPrivatisierungBwH.pdf，最後瀏覽日期：2014年5月9日。

時間中已經顯著降低觀護協助者的案件負擔量至1：77，並提高觀護協助的照護密度達20%，而且在2009年沒有增加原本預期的40個位置的人力。至於作為「NEUSTART模式」中有加分作用結構之無給職榮譽觀護人，對於觀護協助工作的改善也有大量的投入，自2007年起巴登、符騰堡邦全邦的無給職榮譽觀護人加速地進行改造，迄今NEUSTART公益有限公司大約有400位無給職榮譽觀護人支持照護超過670位受協助者。

　　（二）關於觀護協助的效率及費用減少方面，NEUSTART公益有限公司的社會工作部門主管Georg Zwinger表示，良好的觀護協助可作為監禁的替代選擇，不僅僅是對於社會安全維護有所作用，同時也能夠降低政府的經費支出。換言之，倘若目前在觀護協助下的人有25%比例的人是進入監禁中達半年時間，依平均監禁日費（Tageskosten）約85歐元為計算，邦政府就必需支出超過800萬歐元的預算。因而，對於改善觀護協助品質的金錢投入，諸如NEUSTART公益有限公司增加40名工作人員，並且改造無給職榮譽觀護人的組織與訓練，是有意義的投資支出。而且在2009年交付觀護協助的案件有80%以上是有成果地加以終結；因為再犯或嚴重違反法院觀護指令，被撤銷假釋或緩刑而必須重回監獄服刑的比例是19.78%。再者，根據觀護協助的經驗，受刑人在剛出獄時由於不穩定的生活狀況以及對於未來的困惑懷疑，此時是高度的再犯危險。因此，NEUSTART公益有限公司與巴登、符騰堡邦的司法社會工作部門合作，採取了有效的措施，確立離開監禁後就直接的連結觀護協助工作。此外，NEUSTART公益有限公司執行了刑事訴訟程序外的犯罪人與被害人修復和解事務，有效地避免了後來的刑事程序與民事程序，而達到節約成本的效益。自從NEUSTART公益有限公司承擔起犯罪人與被害人修復和解事務，完成了超過1,111個案件，是過去兩倍以上的數量。

　　（三）關於觀護協助工作的改造方面，NEUSTART公益有限公司在三年半的時間中，將巴登、符騰堡邦的觀護協助工作進行了澈底的革新改造。NEUSTART的照護階段模式是將社會工作打造成為以目標與成果為引領之新取向的事務，並且持續顧及受觀護人必要的監督控制以及照護需求，還有照護可能性與照護能力的考量。這些作為照護的前提要件

在NEUSTART模式中獲得實現，即使是在案件量居高不下的情形，但是NEUSTART公益有限公司仍然成功地完成改革。自從NEUSTART公益有限公司承接了觀護協助工作，觀護協助的品質明顯提升，因應受觀護人實際需求的照護密度提高，從巴登、符騰堡邦的受觀護人緩刑與假釋被撤銷的比例是低於全德國聯邦的撤銷率可以看到成果。所以，對觀護協助工作的改造所投入的金錢是有計畫地被運用。NEUSTART公益有限公司的經濟事務部門主管Volkmar Körner表示，效率不是以費用的大小來衡量，而是基於投入的金錢對於想達成的目標是否有成果地加以實踐。NEUSTART公益有限公司在過去的幾年對於再犯的防止以及社會內部安全的貢獻不是單單金錢可以度量的。

　　除了上述的爭論外，巴登、符騰堡邦的綠黨（GRÜNEN）與社會民主黨（SPD）在2011年提出了2011至2016年的聯合協定（Koalitionsvertrag）[25]，其中有關於監獄行刑與觀護協助部分所提出的政策，對於將觀護協助事務委託由私人企業運作的方式明白表達了全面的批評態度。該聯合協定中如此陳述：「我們支持現代化的法治國，其高權任務有效且謹慎地運作。司法與法律照護是國家高權中核心的任務，所以不能交由私人之手為之。我們將盡所有的努力反對將司法之任務私有化」（Wir stehen für einen modernen Rechtsstaat, der seine hoheitlichen Aufgaben effektiv und zuverlässig wahrnimmt. Justiz und Rechtspflege zählen zu den Kernaufgaben staatlicher Hoheitsausübung, die deswegen auch nicht in private Hände gegeben werden dürfen. Wir treten allen Bestrebungen entgegen, Aufgaben der Justiz zu privatisieren）[26]。因此，綠黨與社會民主黨要求巴登、符騰堡邦重新評估檢視與NEUSTART公益有限公司簽訂的合約，甚

---

[25] Der Wechsel beginnt. Koalitionsvertrag zwischen BÜNDNIS 90/DIE GRÜNEN und der SPD Baden-Württemberg,Baden-Württemberg 2011–2016. 有關此聯合協定所有內容可參照：http://www.dbh-online.de/unterseiten/themen/soziale.php?id=343，最後瀏覽日期：2014年5月9日。

[26] Der Wechsel beginnt. Koalitionsvertrag zwischen BÜNDNIS 90/DIE GRÜNEN und der SPD Baden-Württemberg, Baden-Württemberg 2011–2016, S. 62 ff.

至應評估終止合約或者將合約條件更優化的可能性。

在這些爭議紛擾中，德國聯邦憲法法院卻在2011年6月12日對於巴登、符騰堡邦的Sigmaringen行政法院所提出的一項聲請，予以不受理（unzulässig）宣告。本件起因於一位任職於Sigmaringen地區社會局而擔任觀護協助工作的男士，針對巴登、符騰堡邦將觀護協助事務上的指示與監督權力（Weisungs-und Aufsichtsrechten）以及其他職務上掌握的權限移轉予NEUSTART公益有限公司一事，主張為違法而向Sigmaringen行政法院對巴登、符騰堡邦提出訴訟。Sigmaringen行政法院在2008年6月28日決議將程序停止，向聯邦憲法法院聲請對於兩個問題加以決定：（一）巴登、符騰堡邦2004年7月1日訂定的「觀護協助、法庭協助與司法執行之社會服務」邦法律（Landesgesetzes über die Bewährungs-und Gerichtshilfe sowie die Sozialarbeit im Justizvollzug，簡稱LBGS）第8條第1號規定，是否不符合公務員法制匡架法（Beamtenrechtsrahmengesetz，簡稱BRRG）第123條a第2項的規定？亦即，正如目前巴登、符騰堡邦透過職務履行移轉合約（Dienstleistungsüberlassungsvertrag），將身為觀護協助者及法庭協助者之公務員的職務交由私人承擔者去履行是否違法？（二）「觀護協助、法庭協助與司法執行之社會服務」邦法律第8條第1號第1段有關授權私人承擔者執行專業監督與專業指示權力的規定、第8條第2號有關賦予私人承擔者的組織裁量權限的規定，以及第8條第6號有關公務員給予私人承擔者之指令的成果履行義務的規定，是否與基本法第33條第5項牴觸？然而，聯邦憲法法院表示，第一個問題欠缺以憲法法院判決加以說明的重要性，第二個問題則沒有足夠的說明以說服該法律具有違憲性，因此不受理此聲請案。

肆、巴伐利亞邦（Bayer）模式介紹

一、巴伐利亞邦的觀護協助近況描述

依巴伐利亞邦在2008年的邦預算所規劃的法院與檢察署之社會工作者

位置，共有288個位置是觀護協助者，另有8個位置是法庭協助者，而監獄中的社會工作者位置則有125個。而巴伐利亞邦有關觀護協助的業務量，由下列圖11-5可以看到在近三十年來是不斷攀升，例如在2006年，相較於前一年，交付觀護協助的案件量增加了2.58%，也就是全邦達到了2萬9,450件；同時，受觀護人則是增長了1.7%，全邦達到了2萬3,253人。而至2006年底為止，全邦共有280.95個觀護協助工作人力在崗位執行職務，依此數量計算，平均每個觀護協助工作人力承擔的業務量是82.77位受觀護人。下列圖11-6是巴伐利亞邦自1993至2006年為止，每個觀護協助者平均承擔的受觀護人人數之發展趨勢，可以見到的是，在2000年之後就已經到達75人，此後幾乎是不斷地上升，巴伐利亞邦的觀護協助者平均承擔的比例，在全德國各邦的比較中是屬於中間偏高的情形。

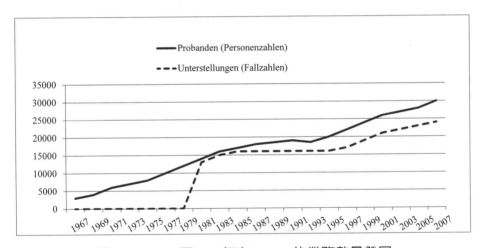

圖11-5　1967至2007年在Bayern的業務數量發展
（**Entwicklung der Geschäftzahlen von 1967-2007 in Bayern**）
說明：（黑實線）受觀護人，依人數〔Probanden（Personenzahlen）〕
　　　（黑虛線）交付觀護協助，依案件數〔Unterstellungen（Fallzahlen）〕
圖表來源：Beß,Konrad/Koob-Sodtke,Gertraud, Die Strukturreform der Bewährungshilfe in Bayern, in Dessecker, Alex (Hrsg.): Privatiserung in der Strafrechtpflege, Wiesbaden 2008, S. 73.

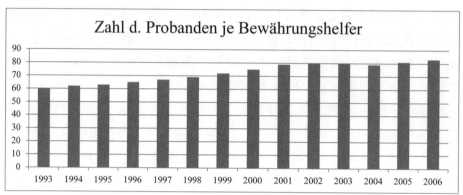

圖11-6　Bayern邦每一個觀護協助者的受觀護人數量之發展
（**Entwicklung der Probandenzahlen je Bewährungshelfer in Bayern**）

資料來源：Beß, Konrad/Koob-Sodtke, Gertraud, Die Strukturreform der Bewährungshilfe in Bayern, in Dessecker, Alex (Hrsg.): Privatiserung in der Strafrechtpflege, Wiesbaden 2008, S. 74.

二、巴伐利亞邦之改革措施

由於近年來巴伐利亞邦的觀護協助者的個案承接量已瀕臨可以承受的界線，使得巴伐利亞邦司法部在過去幾年進行了改革的步驟，包括組織改造、品質促進、科技設備運用、人力增加與標準流程建置等方面，說明如下[27]。

(一) 組織改造方面

巴伐利亞邦司法部自2002年12月起設置了觀護協助之協調中心（zentrale Koordinierungsstelle Bewährungshilfe），其組織上隸屬邦高等法院（Oberlandgericht），又分別在München、Bamberg及Nürnberg三個邦高等法院設置人事與專業委員會（Personal-und Fachreferat），其組織請見下列圖11-7。觀護協助之協調中心由一位法律專家擔任負責人，並可將任務委託給一位負責領導的觀護協助者。觀護協助之協調中心的專業監督則由巴伐利亞邦司法部為之。

---

[27] 以下有關巴伐利亞邦的觀護協助改革的說明，請見Beß, Konrad/Koob-Sodtke, Gertraud, a.a.O. (Fn. 10), S. 75-79.

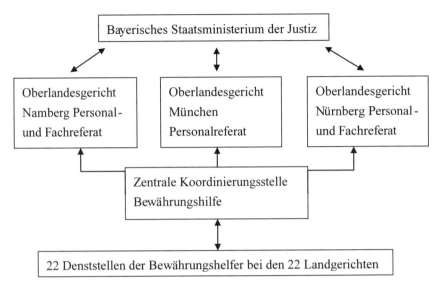

圖11-7　Bayern的觀護協助組織
（**Organisation der Bewährungshilfe in Bayern**）

圖表來源：Beß, Konrad/Koob-Sodtke,Gertraud, Die Strukturreform der Bewährungshilfe in Bayern, in Dessecker, Alex (Hrsg.): Privatiserung in der Strafrechtpflege, Wiesbaden 2008, S. 76.

　　觀護協助之協調中心負責統籌巴伐利亞邦全邦有關觀護協助事務的諸多事項，包括觀念建立、意見諮詢、溝通協調等。凡是各地的觀護協助與法庭協助工作單位之人員有任何問題，都能夠相當信任地與高等法院首長、地方法院首長、高等檢察署、地方檢察署以及負責領導的觀護協助者進行共同地合作。

（二）觀護品質促進方面

　　為了促進觀護協助的專業品質，自1989年巴伐利亞邦在每一個地方法院皆設置一位負責領導的觀護協助者，其為該區所有觀護協助者及服務人員（Sevicekraft）的專業上級。其次，上述的觀護協助之協調中心在該邦預算之內，每年都為觀護協助者辦理增進專業能力的在職進修課程，此等課程涵蓋觀護協助者對於受觀護人進行照護與監督工作的深入與支持。再者，觀護協助之協調中心也建立有關觀護協助之業務監督檢查指南，使得

全邦有一致的監督檢查標準，並且由高等法院進行定期的業務檢查，而觀護協助之協調中心亦跟隨至所有的工作單位，以確保符合法規要求的任務完成以及促進其品質。

(三) 科技設備運用方面

自2000年春季開始巴伐利亞邦投注了1,200萬歐元的費用，為整個邦的所有觀護協助者及協助人員建置電腦資料處理系統「RESODAT」及其聯網的電腦伺服器。「RESODAT」不但可以支持觀護協助工作站的任務，可讓工作的執行與統計直接形成而無紙化，亦有文獻資料之圖書館般的功能，另外又可當作各別觀護協助者的工作平台，觀護協助者可以透過其電腦網路與政府機關所有的網路連結，並使用E-Mail往來溝通，還可以獲取巴伐利亞邦的監獄受刑人的監禁資料。透過這些較新的資訊與溝通科技設備之運用，可以減輕觀護協助者及協助人員在文書事務及行政事務的工作量。

(四) 人力增加方面

巴伐利亞邦在2003及2004年的邦預算共增加了20個新的社會工作人員的位置，10名人員於2003年10月到職，另10名於2004年10月到職。此外，除了上述觀護協助者透過電腦資料處理系統減輕其文書及行政業務負擔而更能專注於法律要求的核心任務，即受觀護人的再社會化包括法院的要求或指令的執行監督，為了能夠給予觀護協助者更多的支持，巴伐利亞邦司法部要求各個地方法院（Landgericht）每6個觀護協助者至少配置1位服務人員（Servicekraft），服務人員隨時接受觀護協助者的指示為工作上的協助。而且在巴伐利亞邦的每一個觀護協助工作單位也引進設立一個現代化的一致性服務組織型式。

(五) 標準流程與研究工作小組建置方面

在90年代末期巴伐利亞邦開始討論建立有關觀護品質確保與發展之標準流程。在2003年觀護協助之協調中心提出並公布一項對於整個邦具拘

束力的標準流程概念，自2003年秋季至2007年秋季運作執行，並且有伴隨性的研究計畫對於觀護協助之新的專業品質標準進行探討，即「觀護協助之品質標準」計畫（das Projekt Qualitätsstandarts in der Bewährungshilfe in Bayern）。這個標準流程計畫的發展、引入及推展是觀護協助之協調中心的首要任務。此外，巴伐利亞邦委託Eichstätt大學社會學系Klug教授及其具有社會教育碩士學位的研究助理Schaitl，自2001年10月至2004年1月在München第一區的地方法院對觀護協助者組成多個工作小組（Arbeitsgruppe），以研究探討觀護協助之組織重建、工作流程、領導結構、社會工作的各階段連繫網絡以及觀護協助觀念與方法之發展等等。這個研究計畫的另一個目標是發展觀護協助品質確保的標準，以及針對有特別問題的受協助者之照護與監督事務上的最佳化提升。

三、反對觀護協助私有化之論點

　　巴伐利亞邦的司法部部長曾在2005年發表反對「刑事照護私有化」之論點[28]，大致是：（一）巴伐利亞邦認為，觀護協助的私有化並不能成為節省預算支出的潛在良方，蓋因政府仍然必需支付給自願者機構所有的經費；（二）巴登、符騰堡邦宣稱觀護私有化提升效率至10%至15%，但明顯的是其目標在於如何贏得效率，而忽視品質的損失；（三）觀護協助工作的品質擔保是最重要的事，而觀護協助者對於受觀護人的工作乃涉及社會內部安全的維繫，倘若政府將原本由觀護協助者運行的社會控制與再社會化事項交給私人，將使得公眾對法律安定性以及公共安全產生質疑；（四）倘若將觀護協助與法庭協助工作交給私人，司法當局對於照護事項的執行影響力將式微，如何確保其品質將成隱憂。

---

[28] Bess, Konrad/Koob-Sodtke, Gertraud, Die Strukturreform der Bewährungshilfe in Bayern, in in Dessecker, Alex (Hrsg.): Privatisierung in der Strafrechtpflege, Wiesbaden 2008, S. 79.

伍、結論

德國近幾年有關觀護照護、法庭協助與新興領域私有化的影響下,對於德國的刑事照護協助工作,有文獻[29]歸結有下列幾個發展方向,說明如下以作為本文結論:

(一)經由原本屬於國家的刑事照護協助者及其任務的私有化,所提供的經費財源促使了在刑事照護領域新的企業形成。這樣的發展造就了刑事照護領域的市場化走向(Durchmarktung)。

(二)刑事照護的私有化,並沒有造成刑事照護領域的企業之惡性競爭。不過卻導致了刑事照護領域的工作類別與資源分配之重新洗牌。

(三)新的企業與新創設的事務之競爭,導致已建立的企業更緊密的共同連結。

(四)自主刑事照護協助者則是轉型,亦即經由司法形成的任務,諸如制裁措施的轉向、被害人保護工作、對犯罪人的協助設施以預防犯罪等,轉變成犯罪問題上的一般社會工作仲介者。

(五)自主刑事照護協助者之新的工作事務改變了刑事照護的合法性基礎,並且改變了自主刑事照護協助者的自我理解。

(六)自主刑事照護協助者面臨了在犯罪問題上的一般社會工作仲介者更多、更專業的融合發展,而不再是過去榮譽刑事照護協助者的投入而已。

---

[29] Stelly, Wolfgang/Thomas, Jürgen, a.a.O. (Fn. 8), S. 111.

參考文獻

一、中文

1. 盧映潔，德國替代自由刑之公益勞動（Gemeinnützige Arbeit）制度及其實務運作介紹——兼及我國易服社會勞動制度之說明與比較，中正法學集刊，第 36 期，2012 年。
2. 盧映潔，犯罪與被害——刑事政策相關問題之德國法制探討，2009 年。
3. 盧映潔，犯罪被害人保護在德國法中的發展——以犯罪被害人在刑事訴訟程序中的地位以及「犯罪人與被害人均衡協商暨再復原」制度為探討中心，台大法學論叢，第 34 卷第 3 期，2005 年。

二、德文

1. Bess, Konrad/Koob-Sodtke, Gertraud, Die Strukturreform der Bewährungshilfe in Bayern, in Dessecker, Alex (Hrsg.): Privatiserung in der Strafrechtpflege, Wiesbaden 2008.
2. Dessecker, Alex, Privatisierung in der Strafrechtpflege: Einführung und Überblick, in Dessecker, Alex (Hrsg.): Privatiserung in der Strafrechtpflege, Wiesbaden 2008.
3. Stelly, Wolfgang/Thomas, Jürgen, Veränderungsdruck durch Privatiserung: Entwicklungstendenen in der Freien Straffälligenhilfe, in Dessecker, Alex (Hrsg.): Privatiserung in der Strafrechtpflege, Wiesbaden 2008.
4. Zwinger, Georg, Durchführung der Bewährungsund gerichtshilfe in freier Trägerschaft für das Land Baden-Württemberg, in Dessecker, Alex (Hrsg.): Privatiserung in der Strafrechtpflege, Wiesbaden 2008.

12
以實證分析白領與卡其領犯罪之異同性比較——以貪污案件爲例

許華孚*、劉育偉**

祝壽文

謹以本文獻壽　祝賀廖正豪教授

輔世長民・晉爵延齡・壽域宏開！

* 國立中正大學犯罪防治學系暨研究所所長兼系主任、台灣青少年犯罪防治研究學會理事長、台灣藥物濫用防治研究會副理事長、亞洲犯罪學學會理事、本文指導教授兼通訊作者。
** 國立中正大學教育學院犯罪防治研究所博士、台灣青少年犯罪防治研究學會研究發展組組長、國立中正大學犯罪研究中心副研究員。

目　次

壹、前言

　　卡其領犯罪，語意源自於早期美國陸軍之土黃色制服，在1979年Bryant經由其著作：Khaki-Collar Crime: Deviant Behavior in the Military Context正式公開發表Khaki-Collar Crime一詞的產生，使「卡其領犯罪」（Khaki-Collar Crime）此一名詞做為軍人犯罪的代表，名詞上雖有別於白領犯罪、藍領犯罪，但於2010年國內學者將其列入「白領犯罪」之一環（許春金，2010）[1]，並認為如同許多職業與工作一樣，軍事機構也是一個工作體系，因而會有特殊的犯罪及偏差行為，卡其領犯罪也應屬一種職業上的犯罪行為，益證該犯罪型態於學術界逐漸受到重視。如果將犯罪學視為一幅拼圖，那麼有關卡其領犯罪這個領域就猶如是這個拼圖的一塊缺口；犯罪學與刑事法律最大核心價值之不同在於：「尋求刑事制裁以外解決犯罪的方法」（周愫嫻、曹立群，2007），犯罪學理論雖可套用於社會各種犯罪現象之解釋，惟在研究是類犯罪類型時，在法律層面上，或有軍事法益不同於一般法益之考量，實務上亦內含特殊環境所造就出之特質、特徵，殊有研究價值，冀透由本文實證研究成果，除欲喚醒國家、社會及

---

[1] 國內學術領域對於卡其領犯罪的重視，首推許春金教授，其2010年9月所出版之犯罪學（修訂6版），係國內首部以中文將卡其領犯罪（軍人犯罪及軍事司法）列入犯罪學專書中，益證其逐漸受到學術界的矚目。

學術界對卡其領犯罪的重視外，仍期能提供相關領域之先進後續研究的敲門磚，並盡力呈現對此類犯罪特徵之基本全貌，進而對其他軍人犯罪的延伸研究達到拋磚引玉的效果，建構出一套符合國軍現況之卡其領犯罪理論模式及軍人犯罪專門化的溫暖學術環境；繼而對建軍備戰而言，建立提早防範之因應，落實領導幹部在內部管理、法紀要求、教育訓練、人才培育及犯罪預防上之參考，並可提供審檢機關在認事用法上之借鏡，考量個別化裁量之空間，對整體社會在犯罪預防上之成效而言，不乏有直接而且正面的助益及展精。

或許有些人認為，研究卡其領犯罪之範圍較為狹隘、學術地位價值及對社會貢獻之程度不高。但事實上，從研究價值、批判犯罪學的角度審視，卡其領犯罪在犯罪學領域上探討者甚少，且基於研究不易，故仍屬於一塊值得開發的處女地；至於對社會貢獻而言，軍人也是人，是穿著軍服的公民（陳新民，1999），無論是服志願役或義務役之男子或女子，將來遲早都會面臨退伍的命運，一旦退伍後，原本所負有的特別法律權利義務關係也隨之卸除，回復於社會。同時，軍中亦是個封閉的小社會，能自己自足，若能以風險管理的角度提早犯罪預防於軍中，不可謂研究軍人犯罪對社會無任何效益。因此，不論從學術或對社會的發展為出發點論之，研究卡其領犯罪亦不失為一種學術性的創新，是為本文的研究動機。

貳、文獻探討

一、有關卡其領犯罪或軍人犯罪之犯罪學領域議題，除國內甚少探討外，國外之「當代」研究亦甚少能「直接命中」刑事犯罪主題，進行深入探討。許春金教授前於2010年9月所出版之犯罪學（修訂6版）中將Bryant所述卡其領犯罪，以「軍人犯罪及軍事司法」專章，簡潔有力地歸納如下（Bryant, C. D. 1979）：

（一）軍事犯罪具有社會性及互動性質，軍人犯罪往往因不同「情境」（social setting）下，也就是軍事系統運作或軍事文化的特殊環境，

而有犯罪類型、動機、環境及被害者類型互有不同。

（二）軍事職業內部之犯罪（Intraoccupational Military Crime，即犯罪者與被害者均為軍人）：軍隊大體由低階層、中低階層背景之年輕、單身男性組成（亦有例外，如前述之女性卡其領犯罪），渠等當中是敏感的、衝動的、反社會性，容易擴張陽剛氣概，另軍隊也提供犯罪機會，尤其軍隊的非正式文化強調一種只求目的，不擇手段，經過扭曲的道德、無謂的順從及偏差行為。

1. 侵害人身之犯罪：軍隊的社會組織係依賴長官與部屬以權力關係及命令之發布為基礎而建立的互動關係。因此，侵害人身犯罪即是對上級的暴力及攻擊行為，尤其美軍在越戰期間可謂高潮，另種族間之緊張關係也是不同階級間暴行的另一原因；有時甚至在訓練時，亦有以下犯上或以上欺下情事。

2. 侵害財產之犯罪：包括奪取、誤用、擅用、毀損、盜賣軍事物資等情。

3. 違反軍人紀律之犯罪：軍紀是軍隊的命脈，尤其軍人舉止有辱軍人武德之犯罪類型，這種型態的犯罪尤其叛國及投降最為嚴重。

（三）軍事職業外部之犯罪行為（Extraoccupational Military Crime，即犯罪者為軍人，被害者是百姓，軍人也可能是間接被害者）：

1. 侵害人身之犯罪：縱使軍隊有嚴格的社會控制，但部分犯罪行為仍係因受軍事訓練者過分獨斷所致；此外，軍隊駐紮在一陌生環境，緊張及壓力接踵而來，正式及非正式社會控制隨之減弱，戰爭時期武裝衝突的法律問題亦將如影隨形。

2. 侵害財產之犯罪：當軍隊在國外時，由於其特殊軍事文化及本國文化背景，常與盟國或敵國百姓產生文化衝突；甚至亦會認為敵國百姓為「不友善次人類」（unfriendly subhuman），而將戰時犯罪合理化。此外，戰時軍隊社會控制執行較為鬆散，百姓也較易成為財產犯罪被害者。

3. 違反軍人紀律之犯罪：堅持軍人對友（敵）軍之百姓應有較嚴謹行，是對軍隊較為有利的。軍人保持守序形象，獲得公眾支持，

是提升與平民友好及合作的關鍵，有時甚至以企圖減低與百姓間
的過分密切的互動，避免衝突。

（四）軍事職業互相間之犯罪行爲（Interoccupational Military
Crime，即主體是雙方軍事單位或人員）：戰爭有時是一種令人尊敬及尊
崇的社會過程。而戰爭的急迫性及每位軍人均有獨立運作的價值觀，使得
戰時犯罪的問題，日趨受到重視。

　　1. 侵害人身之犯罪：戰爭是有規範的，並非為達目的不擇手段，無
　　　論戰爭的方式（技術）、俘虜（戰犯）的對待等，均有分別受海
　　　牙公約、日內瓦公約及其議定書之拘束，講求「依法而戰」、
　　　「人道主義」，否則即受國際法庭之戰時審判。

　　2. 侵害財產之犯罪：近世紀的戰爭環繞著政治動機而產生，將士是
　　　為戰利品而戰，尤以掠取陣亡軍人財物或敵軍紀念品為主，也有
　　　些則是基於實用而非象徵性的觀點而取之，均為武裝衝突法所禁
　　　止之規範。

　　3. 違反軍人紀律之犯罪：軍人最大的職責為殺敵，或被殺，軍中的
　　　規訓有時甚至到達不講理的地步，這是嚴肅軍紀、打贏勝仗，
　　　不得已的自由及人道的犧牲，即便面臨生死交關，仍應使命必
　　　達，這就是軍事法益被保護的核心價值，也是傳統「特別權力
　　　關係」、亦即現在的「特別法律關係」所要強調的——特殊「義
　　　務」的履行。

（五）綜上，從Bryant對卡其領犯罪的研究中，多集中於解釋軍人
「戰『時』」的犯罪，也就是著重於軍人戰爭時期這個時間點及戰爭提供
了犯罪的「機會」，並藉由機會創造犯罪的「環境」。對於軍人承平時期
的犯罪反而較少著墨，此亦為本文所欲補正Bryant不足之處，揭示本研究
所承擔的使命。

二、卡其領與白領犯罪之關聯及區別

卡其領既然在國內被學者框列於白領犯罪之一環，其來有自。茲從白
領犯罪在文獻探討研究限制上之原罪、在白領犯罪的類別歸屬、地位及對

解釋白領犯罪上之犯罪學理論,在卡其領犯罪領域是否亦能一體適用進行探究。

(一)白領犯罪研究限制上的原罪

蘇哲蘭(Sutherland)將白領犯罪定義為:「受人尊敬及社會高階層之人,在其職業活動過程中所從事的犯罪行為」(Sutherland, 1949, 1940),但即便如此,有關白領犯罪的意涵及觀念,仍有模糊、存疑空間。Geis及Meier(1977)甚至將白領犯罪界定為「知識的夢魘」;而Hirschi及Gottfredson(1989)則認為那是一個「沒有歸途的獅穴」;根據Meier(1986)之觀察,自Sutherland以降,研究白領犯罪學者均未提出廣為接受之定義,Wheeler(1983)也提到:「有關白領犯罪的觀念『非常』雜亂」,Geis(1974)更不客氣地說,白領犯罪的概念根本是「一團亂」(a mess)。其主要原因不外乎下列三點(孟維德,2011):

1. 白領犯罪名詞或其相關別名[2]過於雜沓。
2. 大多數的白領犯罪較不易產生偏差行為的自我認定或生活型態(Benson, 1984),但有些學者研究白領犯罪時,偏愛使用「偏差行為」(deviance)[3]。
3. 白領犯罪定義不清。定義清晰化可謂係建構白領犯罪解釋理論的先決條件。

基於上揭困擾,美國「白領犯罪國家研究中心」(National White Collar Crime Center)於1996年擬定共識性的白領犯罪定義迄今:「由個人或機構所從事之有計畫的詐騙性違法或非倫理行為,通常是社會上層或受人尊敬之人為了個人或機構利益,在合法的職業活動過程中違反受

---

[2] 白領犯罪別名甚為繁雜,有些不同名詞代表了相同行為,有些情形下,不同名詞也代表了不同行為,例如經濟犯罪、商業犯罪、企業犯罪、市場犯罪(marketplace crime)、消費者犯罪、上層人士犯罪、套房犯罪(suite crime)、精英犯罪(criminal elite)、政治犯罪、政府犯罪、公司犯罪、職業犯罪、科技犯罪、員工犯罪、業餘犯罪、電腦犯罪、民俗犯罪(folk crime)等(孟維德,2011)。

[3] 本文研究與傳統以「偏差行為」所為之研究不同,本文係以「違法行為」為定義。

託人責任或公共信用的行為[4]」有鑑於此，為何國內學者許春金教授參照
Bryant所著「卡其領犯罪」一書中，將其歸類於白領犯罪之一環，美國對
軍人的待遇、福利、資源等相當優渥，該國對於職業軍人的地位亦相當崇
敬，軍人亦以身著軍裝為榮，配件光亮齊全，整肅儀容參與活動或出入公
共場合，從上開白領犯罪定義以觀，卡其領犯罪確實有白領特徵，或許犯
罪手段或違法類型不同，但仍有「受人尊敬」、「職業活動」、「受人信
賴」等特徵存在。

　　綜上，足見白領犯罪研究上的困難程度，顯現白領犯罪在研究限制上
的原罪，矧白領犯罪尚有隱密性、技術性、專業性及非難的薄弱、高犯罪
黑數、接觸不易等複雜、多面因素，使得白領犯罪研究不易，非單一學科
所能詮釋，更何況軍中保守封閉，更突顯具有白領特徵之卡其領犯罪也同
樣存在著如同白領犯罪一般在研究限制上的原罪。無怪乎白領犯罪著名研
究學者J. W. Coleman（2002）表示：「諸如像蘇哲蘭等研究白領犯罪問題
先驅，他們投入的生命就猶如是在遼闊原野中所發出的一絲聲息，充其量
僅喚醒學術同儕對於白領犯罪問題的關注。」

(二)卡其領在白領犯罪之類別歸屬

　　國內學者孟維德教授（2011）參照Friedrichs（2004）的分類將白領
犯罪區分為五種類型：
1. 公司犯罪：公司管理者或員工為增進公司及個人利益所從事之非
   法或損害行為。形式包含公司暴力（corporate violence）、公司竊
   取（corporate theft）、公司違法操縱金融、公司違法干涉或腐化
   政治等。
2. 職業上的犯罪：為獲取經濟利益，在合法、受人尊敬的職業脈絡
   中從事非法或損害行為。形式包含零售業犯罪（retail crime）、服

---

[4] 此定義原文為：Planned illegal or unethical acts of deception committed by an individual or organization, usually during the course of legitimate occupational activity by persons of high or respectable social status for personal or organization gain that violates fiduciary responsibility or public trust.

務業犯罪（service crime）、專業人士犯罪及員工犯罪。

3. 政府犯罪：政府機關或政府人員所實施之非法或損害行為，形式包含犯罪的國家機關、政府性的組織犯罪（state-organized crime）及政治性白領犯罪。

4. 混合型白領犯罪：是政府犯罪及公司犯罪的結合體，及公司犯罪與職業上犯罪的綜合體。形式包含政府性的公司犯罪（state-corporate crime）、金融犯罪及科技犯罪。

5. 殘餘型白領犯罪：屬於較邊緣的白領犯罪類型，包含：

   (1)組織與白領結合型犯罪：涉及組織犯罪及合法商業活動的合作性企業（corperative enterprise）活動。

   (2)常業與白領結合型犯罪：假借合法商業活動之外貌所從事的詐騙活動。

   (3)業餘型白領犯罪：白領工作者在其機構或職業脈絡之外所從事之違法行為。

本文認為白領犯罪隨著時代進步，犯罪手法日新月異，似難將白領犯罪硬區分為何種類，有可能一種白領犯罪者擁有多種特質，而成為「複合體」，若以卡其領犯罪者之主體特質——為軍人以觀，依上揭分類方式，似為職業上犯罪中的專業人士犯罪。畢竟軍人入營服役後，無論志願役或義務役均有其專長訓練，取得專長後，方能依專長派職，派職後即有職稱，既有職稱即有職責，故陸海軍刑法在其分則處罰類型中，才有所謂「違反國家『職責』」罪章（第一章）、「違反『職役』『職責』」罪章（第二章）、「違反長官『職責』」罪章（第三章）及「違反部屬『職責』」罪章（第四章），故卡其領犯罪在白領犯罪之類別歸屬上之定位，應屬職業上犯罪中的專業人士犯罪。

事實上，Quinney是第一位確認「職業上犯罪」（occupational crime）觀念之學者，伊與Clinard將職業上犯罪定義為：「發生在合法職業活動過程中的違法行為」（Clinard&Quinney, 1973）。但Coleman（2002）認為專業人士犯罪是最未被研究，同時也是最未被瞭解的白領犯罪類型，重點就在於這些專門知識（技能），非一般人所能參析，突顯出

要掀開卡其領犯罪這層神秘面紗的困難。

(三)卡其領犯罪與白領犯罪仍有區別

　　縱使卡其領犯罪與白領犯罪間，在源頭上有其共通性，惟其特徵上之突顯，仍似應與傳統白領犯罪有所區別。依國內白領犯罪研究翹楚孟維德教授（2011）專書之見解，伊將白領犯罪特徵區分為「信用」、「尊敬」及「風險」三類。

1. 信用（trust）

　　信用，是當代社會之所以能持續存在的一個重要觀念，更是商業職場上，比金錢更具價值的無形資產。蘇哲蘭將白領犯罪描述成「授予或隱含信用的違背」；S. P. Shapiro（1990）更強力主張白領犯罪之「核心特徵」就是信用違背，而蘇哲蘭的傑出弟子——D.R. Cressey（1980）也曾表示若要降低白領犯罪機會，而去抑制商業關係中的信用擴張，將會嚴重損及合法商業關係及其相關之人際交易行為，甚至動搖國家經濟體制（賴美譯，2005），而且要成功起訴在「套房」門後的信用違背事件是極為困難的，甚至極需勇氣地挑戰與政府或國家結合之利益，並不讓社會全體的組成份子感到受害（周東平，2003），並具有衍生生產、合作間的不信任後遺的擴張，這種「殺人不用刀」的犯罪方法及行為，是極為卑劣，而且又陰暗的一面；很難想像光鮮亮麗的背後，隱藏著一把殺人不眨眼的刀。

2. 尊敬（respectability）

　　尊敬，一向為白領犯罪要素的緊密的關連。蘇哲蘭（1940）早就將白領犯罪描述成「發生在受人『尊敬』者或至少是被『尊敬』之企業或專業人士所構成之上層階級或白領階層中的犯罪」，但尊敬與情境、生活脈絡息息相關，從一些個人或個人以外的特性，可辨識該人被尊敬的程度，且受尊重的程度往往與信任成正比，與犯罪成反比：即一個人愈受他人尊重，則其被信任的可能則愈高；一個人愈受他人尊重，則其被懷疑犯重罪的可能就愈低，即便進入刑事司法程序，相對地，也能獲得較為優渥的證

據或待遇[5]（廖福村，1996；孟維德，2000a、2000b）。

3. 風險（risk）

許多的白領犯罪均具有一項特徵，就是缺乏造成特定傷害的特定意圖（孟維德，1999）。或許是真的不知會造成傷害，也或許是即便造成傷害，也不違反其本意，更或許是反正造成傷害，也不會有人知道。但無論如何，在講求風險管控及「成本—利益分析」（cost-benefit analysis）之風險分析前提下，涉及風險的決策有可能逾越法律界線而成為一種犯罪行為，也就是——「白領犯罪」。

上述為傳統白領犯罪的三項特徵，其核心特徵為「信用」；惟卡其領犯罪雖在特徵上有其類似性，但並非完全相同，茲區別如下：

1. 信任（trust）

與白領犯罪之「信用」類似，但不同者，信用為商業利益的無形保障，卡其領之「信任」是戰時攸關生命、平時為命令與服從間之長官部屬間的信賴，違反這種信任的信賴依存關係，輕則造成個人（生命、財產）法益的侵害，重則造成社會、國家法益的損失。

2. 尊敬（respect）

與白領犯罪之特徵相同，是卡其領犯罪特徵中與白領犯罪同質性最高的一種特徵，但這種尊敬來自於軍中傳統文化——「階級」制度。因階級而產生授人尊敬的地位，不管是形式尊重也好，還是實質尊敬也罷，環境、情境及同儕影響卡其領犯罪因位階所產生的特徵——尊敬，可謂與商業模式相同，甚至可謂與階級影響劃上等號。

---

[5] 刑事司法機構對於白領犯罪處罰過於寬鬆，而且大部分判決有罪者，入獄率亦偏低，都以賠償、罰金、緩刑、或警告了事。綜觀學者對於白領犯罪者是否產生烙印化之羞慚心理，意見不一。一般而言，高階層主管人員咸自認其行為違法，但非犯罪，因而甚少承受烙印化之影響。部分機構個人或公司低層次工作個人之犯罪，遭受影響較大。由於中上階層主管人員易於參與立法及政治性活動，足以影響法律制訂。復因法令之複雜性，不易制裁特殊類型之白領犯罪，造成刑事司法機構處理此類犯罪時，運作鬆弛。同時，社會大眾尚未充分瞭解白領犯罪的惡性與嚴重性，導致缺乏監控效果。再者，部分型態之白領犯罪極具專業特性，被查獲時，多以非正式方式處理。上述原因造成刑事司法機構難以有效嚇阻白領犯罪（廖福村，1996）。

3. 職務（duty）

卡其領犯罪與傳統白領犯罪最大不同處，在於犯罪者並非全然為位高權重之人，低階者亦因所從事之職務或業務而衍生出白領犯罪，這種「低階化的白領犯罪」是卡其領犯罪中之特有現象，或因與高階者為共犯，或因長官信賴其服役前之專門智識（如服役前職業為律師、醫生或會計師等），也或因透由本身之專業，洞悉體制防弊制度之不足，致使有機可趁等；不論如何，以職務之便所從事之卡其領犯罪，以貪污犯罪為代表甚為明顯，同時也為卡其領犯罪之白領特徵突顯出有別於一般白領犯罪之特徵。

4. 權勢（power）

權勢，亦因階級所衍生而出之直接特徵，但並非純粹受到階級而左右。其中最重要者，係摻雜「職務」之元素，白話言之，也就是說權勢特徵可能受到階級的影響，也可能受到職務影響所致，在卡其領生態圈中，行使職務時之身分有時可能逾越階級[6]限制；因此，在本文所指之權勢特徵，在卡其領犯罪之白領特徵中，係受「階級」及「職務」影響所致[7]。

綜上，卡其領犯罪之白領特徵仍有別於傳統白領犯罪特徵。至為何「風險」特徵未列入卡其領犯罪之白領特徵中之原因，主要係目前軍中保守風氣，均在「依法行政」前提下，任何事項恪遵所謂標準化的作業流程，這種SOP（Standard Operation Procedure）流程，能以確保「安全」（safe）為優先；畢竟，軍中保守風氣與企業積進競爭，亟待風險控管的需求程度不同。軍隊並非營利事業企業，長官要的是部屬安分守法，求得是「安全下莊」。因此，風險元素在卡其領生態圈中所扮演的角色，固然重要，但並非絕對重要；需要！但也是相對性需要，故而未列入卡其領犯

---

[6] 例如：營區大門衛、哨兵依實務通常由士官或士兵擔任，縱使進入營區者身分為比渠等階高之軍官，倘違反營區門禁管制，一樣受限。又，再以憲兵為例，縱然為士兵士官，倘行使軍司法警察（官）之職務時，階高者亦受其職務影響而就範。

[7] 至尊敬特徵，為何未有職務元素之原因，在於階低者職務縱使再高，或許擁有因職務所賦予之權力，但未必然受人敬重；畢竟軍中是講究階級的社會，階級是上命下從之根本，也是軍事法益保障下之產物。

罪之白領特徵中；同時，也突顯出與白領犯罪相異之處，並在後續實證研究發現處，分析卡其領犯罪之核心白領特徵為何。

參、研究發現

　　本文透由書類裁判管理系統蒐集自1999年至2014年1月符合研究樣本之貪污判決計425件（分析樣本人數計472人），並將所有蒐集到之樣本投入解析，藉以印證卡其領與白領犯罪之差異處，並透由實證訪談強化研究發現如下。

一、量化印證

　　藉助電腦統計軟體SPSS（第19版）進行K-Means集群分析法，依照研究假設取四個集群。最終由電腦配適卡其領貪污犯罪白領特徵集群分析結果的人數，如表12-1所示。集群四人數最多，有161人（34.1%），次多為集群二（126人，26.7%），然後為集群三（100人，21.2%），集群一所占人數較少（85人，18.0%）。

　　事實上，在集群的分類上，在依電腦將同質性相類似的類別區分後，即可命名；惟為求周延及客觀在此先實施卡方檢定，凸顯各集群之顯著性，藉以方便後續之命名。是以，在此部採用卡方同質性檢定，若卡方值大於臨界值（即p < 0.05），表示不同白領特徵集群在特徵變項不同類別之間的次數分配有顯著差異。透過卡方檢定，瞭解集群分析結果所得在人口特徵、行為特徵及訴訟特徵變項上之歸類情形，進而針對各個集群在上開三大特徵上之特性，將其歸屬為尊敬、信任、權勢或是職務何種為主

表12-1　卡其領貪污犯罪白領特徵集群分析結果分群人數摘要表

集群一	集群二	集群三	集群四
N = 85	N = 126	N = 100	N = 161

表12-2　卡其領貪污犯罪白領特徵集群分析結果整理表

集群一：尊敬（N=85）	集群二：職務（N=126）	集群三：權勢（N=100）	集群四：信任（N=161）
1.戰鬥單位或職稱 2.任職任官期間長 3.薪資所得高 4.竊取或侵占公有財物或職務詐欺 5.營內犯案 6.無共犯 7.利用他人對自己畏怖或尊敬而犯案 8.由憲兵緝獲 9.刑期重	1.後勤單位或職稱 2.受士官教育或階級為士官士兵 3.任職或任官期間偏向資淺 4.薪資級距偏低 5.犯罪方法以竊取或侵占公有財物或違職收賄較多 6.貪污治罪條例第4條定罪 7.無隨附他罪 8.利用職務之便或是利用制度設計瑕隙（即防弊機制未臻周延）進行犯罪	1.任職或任官期間 2.較資深 3.多軍官階級 4.薪資所得高 5.中央機關或後勤單位或職稱 6.非三軍軍種 7.有共犯 8.隨附無被害者犯罪 9.主要利用職務之便犯案 10.職務詐欺收賄或主管圖利 11.犯貪污治罪條例第6條或第5條 12.較其他集群可能在營外犯案 13.較其他集群可能在被警察查獲	1.陸軍多 2.戰鬥單位 3.薪資所得偏低至中等 4.軍官階級 5.主管圖利或職務詐欺犯案 6.較可能營內犯案 7.利用職務之便與獲他人信賴之便犯罪 8.犯貪污治罪條例第6條 9.所得為金錢 10.由憲兵緝獲 11.羈押狀況不明 12.刑期較輕

＊各集群特徵傾向。

的犯罪白領特徵，並進行集群命名（如表12-2）。量化結果發現集群命名上，「權勢」及「職務」為卡其領犯罪有別於白領犯罪所無之白領特徵。

二、質性印證

質性訪談計取6位學經歷豐富之資深軍法官（性別：男性5員、女性1員；階級：上校4員，中校1員及少校1員，即編碼編號A至編號F）實施半結構式訪談，藉以印證並補充卡其領白領特徵——即尊敬、職務、權勢及信任四集群與白領犯罪之異同。

以貪污犯罪為例之卡其領犯罪白領特徵，均具有尊敬、信任、權勢及職務等四集群類別特徵，結果如下：

尊敬：編號A、E，均認尊敬集群隨著階級高低而受影響，亦即階級愈高，受尊敬程度也愈大。

　　信任：編號A、D、E，認為長官信任部屬，部屬也信任長官，兩者間信任關係的存續，成就卡其領犯罪白領特徵之一。

　　權勢：編號A、D、F，強調卡其領犯罪，重視長官權勢所為之命令，也成為低階係「奉命行事」，在法庭訴訟上常見之辯詞。

　　職務：編號A、B、C、D、E、F，所有受訪者均認為卡其領貪污犯罪與白領特徵之職務有顯著關聯，利用職務犯罪，是卡其領犯罪中常見類型，也由於印證數量高於前三者，並透過編號A至F之訪談內容成果，查知「職務」可謂卡其領白領特徵之代表，為卡其領犯罪之核心特徵。其次為權勢、信任，最後為尊敬，同時「職務」、「權勢」變項為一般白領犯罪特徵所無者。

肆、異同性驗證

一、差異性印證

　　卡其領白領特徵雖是取自於白領犯罪特性形式上之文字意義分類，但事實上是與白領犯罪的特徵是有某種層次上不同的。換言之，也就是卡其領白領特徵不等於白領犯罪的特徵，此部分雖於判決書中之實證無法察知，但可藉由訪談加以補充，茲對卡其領白領特徵與白領犯罪之差異，印證如下：

　　（一）白領犯罪的預防特別重視內部管控，或自我控制，尋求體制內解決程度大於循外力（特別是司法）介入；惟卡其領犯罪則不同，外力介入的需求勝於體制內解決，可能的原因，除軍隊風氣封閉，易引起大眾對封閉體制下的誤會，再加上媒體的不當渲染，致認需要強大的監督、調查機制介入，此部分與白領犯罪亟需仰賴內部機制之制衡或預防措施不同。

　　編號A：

　　「軍中貪污常為集體犯罪，就內部而言，需要關鍵證據方法之突破，外部而言，則需要強大的監督、調查機制介入。」

令人諷刺及值得玩味的是，白領犯罪對於內控機制的預防是相當重要的；但對於卡其領犯罪的貪污犯罪而言，內控機制有時成為辦案的障礙。

編號A：

「軍事單位之『行政監督機制』過於『兩極化』。首先，是行政機制之緊密，常有接獲陳情、告發、媒體報載案件時，即大張旗鼓之開始行政調查，透過指揮鏈，快速、滲透力極強的切入案件核心，覓得相關證人或行為人，然而，另一方面，則因軍事長官多重視行政權之行使，調查之發動、過程與認定結果，均具有封閉性質，因此，在刑事偵查中，若無明快、直接、完整行政調查後之卷證移送，往往發動刑事偵查時，囿於行政調查之橫互，常使得刑事偵查開啟後，所面對的人證、物證，均已非第一手之直接證據，人證間亦有勾串或證言顧慮之虞。此為軍中貪污案件之特色之一即是行政調查之兩極化，直接快速，但最後又形成刑事偵查之窒礙。尤其當軍事長官欲以行政責任認定時，移送刑事偵辦，則轉變為處置猶豫而情況渾沌的境況。」

（二）軍人強調軍人武德，突顯於軍事上之特性為服從，強調軍事特性、具不成文、潛規則性之軍中倫理，為傳統白領犯罪最大區別處。

編號A：

「軍中貪污犯罪常因軍事指揮、隸屬關係之框架，長官與部屬間，常有其基於職務相對關係所為之辯解。」

編號C：

「以承辦案件來說，案件中如涉及高階與低階混合共犯，通常會針對高階的指示或教唆行為究責，即便是單純共犯，無指示或教唆行為，但亦會考量軍中階級倫理制度，評予高階人員較重的罪責。」

（三）白領犯罪特色，行為人或機構具有崇高地位性、此犯罪手腕因具特殊專長，故具複雜性及抽象性，不但蒐證困難，且具有較高犯罪黑數，並常與他罪牽連而混淆；惟卡其領犯罪型態「普遍」單純、大多與採購、小額侵占或詐取為主，相較於傳統白領犯罪具隱密性、複雜性、犯罪黑數高之特色迥異。

編號A：

1.「軍人收入穩定，認知上較少有長期的結構型，或大規模的貪污，常見貪污案件多是爲一己之私，貪圖小利或便宜行事，或是因業務或求績效需要金錢花費，而鑽營規定及作業流程之漏洞。」

2.「……軍中貪污案件，另有『犯罪金額不高』，且與『僞造文書相牽連』之特性。在『公款私用』類型（侵占、利用職務機會詐取財物、藉勢借端勒索等），接觸過之實務案件，犯罪所得數萬不等，常有金額甚低之情形（例如公務車輛私用，計算減省之油錢作爲貪污所得，不過區區數百元不等）……。」

編號B：

「軍中貪污案件多數好辦，因爲軍人之貪污案件，相較於一般公務員之貪污，多屬小利，且事證明確，如：浮報價額、收取回扣或以不實單據申請休假補助費等，因均有結報資料及申請人或承辦人之簽名、蓋章，當事人多不會否認。」

編號C：

「軍中貪污案件的類型，不外乎工程收賄、圖利廠商、詐取財物、經費不實結報、盜賣或侵占公有財物等類，相較於司法機關的貪污案件類型單純……。」

（四）雖然卡其領犯罪，以貪污犯罪程度而言，「普遍」單純；惟嚴重者，相較白領犯罪，卡其領白領特徵動輒具有動搖國家或軍事安全之機敏性，影響及嚴重程度深遠，高於一般白領犯罪。

編號B：

「有些貪污案件事涉國家機密、軍事機密或國防秘密，偵辦時必須非常低調，並全程保密，以免造成國家安全及利益之重大損害，如牽涉軍事情報之掩護機構與情報人員名單或情報機密預算之使用等……。」

編號D：

「所辦理的貪污案件中，間諜洩密案讓我深刻。當事人為尉官。該案涉及本國退役人員遭吸收為共諜，繼而為大陸情報人員在台發展組織，邀請軍中同學、部屬及其眷屬赴海外旅遊，並在海外介紹或告知旅遊費用係由大陸某廠商，甚而安排大陸官方人員招待，返回後，趁機向渠等探詢軍中情資後轉交，案內有關招待情節及對於大陸情報人員身分之確認。」

編號E：

「（問：辦理軍人貪污，事涉高階（將、校階）時，有無什麼不能說的秘密？）答：此問題太過敏感，懇請暫予保留。」

編號F：

「……軍人貪污，事涉高階（將、校階）時……涉及高度機敏性專案事項……。」

（五）貪污犯罪依貪污治罪條例，對於公務員而言，係普通刑法之特別法，除規範類別特別外，法定刑度亦較為重，往往均以終審為救濟途徑；相較於一般白領犯罪，卡其領犯罪突顯於貪污犯罪上之白領特徵，在訴訟上當事人心態呈現既希望「速戰速決」，又希望上訴提起救濟至終審的「持久戰」矛盾心態。

編號E：

「有『一審重判、二審減半、三審豬腳麵線』傳言，案件非打到三審不可」、「不論有罪無罪，希望速審速結，以免因案件擔誤其晉升或進修」。

因此，藉由質性的訪談補充，卡其領與白領犯罪之差異性除前述「權勢」及「職務」外，尚有以上其他差異性特徵，雖然學界將其歸類於白領犯罪之一環，本文亦與予以尊重，惟不可否認的是：仍有不同之處。透由本文研究發現，拋磚引玉，喚起將來無限可能的研究空間及發展能量。

二、同質性印證

（一）證據的重要性：雖然卡其領犯罪與白領犯罪上揭殊多不同處，惟共同特徵均為「強調證據」之重要性，畢竟「舉證之所在，敗訴之所在」，幾乎所有受訪者均強調證據的重要性。

編號B：

「不論辦理軍人或民人貪污案件，最重要的訣竅是找到職務與對價的鐵證，也就是必須先確認軍人有職務上或違背職務之行為，進而有收受賄賂或不正利益之證據，才能以貪污罪起訴或判決，不能單以推測或合理懷疑作為論述基礎，否則多會以無罪收場。因此，辦理貪污案件需要細心蒐證、分析，才能確認犯罪事實。」

編號C：

「……司法機關受理檢控的案量多，且類型複雜，證據一旦不足自難成罪。」

編號D：

1.「階低者多會坦承，然階高或屬於指揮層級者，通常不會認罪，除非有確切之證據。」

2.「犯罪成立與否之判別，在於證據蒐集是否完備，得否形成有罪判決之心證……。」

編號E：

「貪污案件最初證據掌握非常重要（如帳冊、賄款流向），常有發現檢調機關第案件發生第一時間疏於證據保全，造成後端審理時喪失直接證據認定被告犯罪……。」

編號F：

「營區內發生任何案件，其實都有跡可循，而各種法令及表報（含休請假及早晚點名紀錄）等資料。」

（二）成罪比例高：透由訪談研究發現，事實上，卡其領貪污犯罪成罪率非常高，至刑期部分則基於法官自由心證所影響，未有一定標準，但可透由司法機關文獻分析可知，也大多是量刑較輕，惟量刑輕重不能成為

預防犯罪之唯一基礎；量刑重，不代表貪污犯罪就少，相對地，量刑輕，亦未必能達嚇阻犯罪之效果，惟卡其領貪污犯罪成罪率高，且受訪者大多支持嚴刑峻罰，提高處罰程度，對警惕、教育面而言，是有幫助且有其必要的。

編號A：

1.「以個人經驗，少校以上軍官涉犯貪污案件而言，經檢察官起訴，並經法院判決有罪；特別是將官案件，容易受到媒體或社會大眾之矚目，幾乎都是列入偵字案起訴，法院判決有期徒刑，成罪比例還滿高的。」

2.「從宣導防制貪污面而言，威嚇雖然傳統，但以目前國人操守程度，雖是古老，但仍是有效方法。」

編號B：

1.「個人認爲軍中貪污犯罪的成罪率超過八成……，因爲軍中多數貪污案件金額較低且事證較明確，因此定罪率高，而司法檢察署近年對於貪污案件均要求檢察官要有明確證據才能起訴，與以往動輒以貪污罪名起訴，最後卻遭無罪判決或以僞造文書罪輕判之情形大不相同。」

2.「實務上貪污案件之求刑與量刑常有極大差異……檢察官之起訴，通常是社會認定被告犯罪的最初印象，因此檢察官仍樂於運用求刑方式，以教育、警惕大眾及所有公務員……多數法官會選擇給被告自新的機會，既然如此，就應該修正貪污治罪條例第4條至第6條之分類及刑度，以切合實務發展，避免讓不懂法律的人民，誤以爲法院縱容犯罪。」

編號C：

1.「……成罪率應較司法高，因軍中多經單位內部行政調查認定有貪污事實後，始移送偵查單位……。」

2.「嚴刑峻罰是應報刑角度，也雖然應報刑思考，在先進國家是落伍的，但觀諸現今司法未獲國人信任前提下，似乎『亂世用重點』才是王道。」

編號D：

1.「……階高或屬於指揮層級者，通常不會認罪，除非有確切之證據。」

2.「軍中貪污犯罪之成罪率較司法高，乃因軍中環境相對於民間較為單純，一般而言，軍人之邏輯思考較為直接，不易有複雜的手法；又各單位持續宣導違犯貪污之刑責，以及如因行政疏失遭懲處重，影響日後服役權益；養成教育中，要求必須誠實；軍中文書有層層管制，各單位各司其職，作假手段易遭發覺，犯罪事實較易建構、還原。」

編號E：

1.「因貪污治罪條例為刑法之特別法，若干案件為求定罪率，寧從寬解釋捨棄適用貪污治罪條例，改以普通刑法第134條及其他罪名定罪，使刑期得以降低取得被告認定，實已喪失貪污治罪條例立法用意。」

2.「軍中貪污犯罪的成罪率或者是上訴維持率，比起司法機關一向較高，原因在於軍中貪污犯罪案件少，可投入全副精神仔細查證，反映在判決上，認事用法自然較少出現錯誤，上訴維持率必然較高；其次，軍中貪污犯罪類型單純，不若司法機關犯罪類型繁多，遇有相同貪污犯罪模式可循類案處理，成罪率自然提升。」

3.「至有關貪污犯罪提升處罰問題，畢竟仍有救濟管道，且法定刑均有上、下限度之範圍，即便提升，法官仍可秉持自由心證，或為當事人尋求從（減）輕其刑的方法，因此，我個人認為提高刑罰刑度，是支持的。但可預期性的是，效果可能不高。」

編號F：

1.「……軍法機關辦理軍中貪污案件定罪率應較司法機關為高。」

2.「軍中貪污案件一經媒體批露，易致輿論及民意撻伐，對國軍士氣及軍譽影響甚鉅，通常軍事檢察官在個案上會求處較重之刑罰，但是個人從事審判實務工作多年，還是會依照官兵階級、職務、貪污所得及不法手段等情節客觀量刑。」

3.「目前國人會受媒體影響，而對司法結果產生誤解，似乎一定要嚴懲重判，才能符合國人期待，雖此風不可長，但無疑的是，在預防效果上，威嚇仍有其功能。」

因此，量刑政策向來是刑事政策備受爭議的話題，除強調以貪污犯罪為例的卡其領犯罪強調各種犯罪都重視的「證據」（evidence）外，也說

明了在訴訟特徵中，量刑過輕不符國人期待，即便嚴刑峻罰也有救濟途徑可以作爲後盾，但無可否認的，亂世用重點在教育上發揮「殺雞儆猴」的警惕效果，對於犯罪預防的方法上，雖然有限，但至少或許不無小補。

伍、結論

孟維德（2011）認爲對於白領犯罪有效回應的第1步，就是要提升對它的「認知」。也就是說，白領犯罪有效回應的難題之一，就在於如何提升社會大眾對於白領犯罪的真實認知；相對地，卡其領犯罪也具有相同問題，特別是在「新聞製造犯罪學」（Newsmaking Criminology；孟維德，2011；Barak, 1994）的問題上特別嚴重。

又刑罰是最嚴厲的國家制裁手段，此即刑法的最後手段性，也就是刑罰之謙抑思想。因此，Ayres及Braithwaite（1992）曾提出對白領犯罪「整合性的防治政策」，採取所謂金字塔式的執法順序，分爲：勸導（說服）、警告、損害賠償／罰鍰、刑罰、吊扣執照（暫停營業）、撤銷執照（解散或停止營業等）（孟維德，2011）；然而，以貪污犯罪爲例的卡其領犯罪，並非屬於企業犯罪類型，也非公司犯罪，故Ayres及Braithwaite（1992）所建議方法未必全然適用。雖然防治模式大同小異，但基於卡其領犯罪自身之獨特性——也就是「軍事法益」，即領導統馭之「紀律罰」優於一切，帶有「懲罰性質」的制裁制度[8]，對於卡其領犯罪防治而言，仍爲主流，又在顧及於刑事法律謙抑性思想前提下，而有「『改良式』卡其領犯罪防治金字塔」，參見圖12-1。

---

[8] 「『改良式』卡其領犯罪防治金字塔」的頂端前三層，分別爲各項身分、福利或權益剝奪、刑罰及行政懲罰，或許名稱、本質或防治手段上不盡相同，惟就其性質（無論係人事行政處分、刑事處罰，抑或行政罰），均帶有「懲罰性質」之意謂。

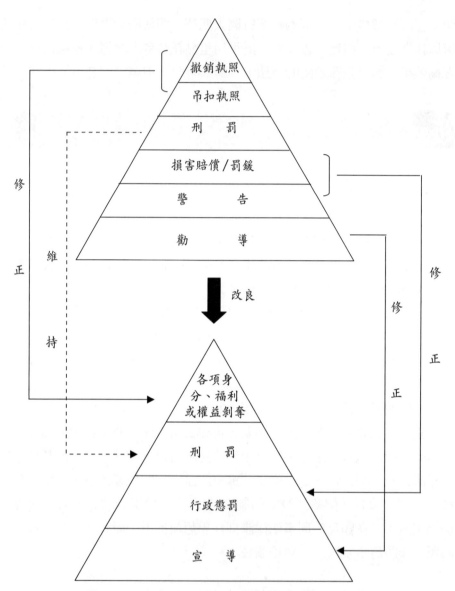

圖12-1　改良式卡其領犯罪防治金字塔示意圖
資料來源：Ayres & Braithwaite (1992)；孟維德，2011。

也就是將勸導改良為「宣導」（金字塔底部防治作為）、將警告及損害賠償／罰鍰修正為「行政懲罰」，透由非刑事制裁之手段達到警惕及告誡功能之發揮，接下來復進入刑事處罰（即刑罰階段），最後則藉由刑罰所引發之身分（喪失榮民身分）、福利（如退伍金剝奪）或權益上（褫奪公權）之剝奪，較為符合具政府犯罪之公務員犯罪的卡其領犯罪防治作為。

承上，藉由「改良式卡其領犯罪防治金字塔」，透由現行實務運作，各面向之實務建議作為，應從人事、財務、採購（工程）紀律、喚起軍人武德認知、砥礪法治品德情操即持恆法治教育等方面強化預防作為，並結合教育訓練職能與學界研究資源，共同提出並延續法源依據之建置，除欲喚醒國家、社會對卡其領犯罪的重視外，仍冀提供相關領域之先進對此類犯罪基本全貌之呈現，繼而對其他軍事犯罪的延伸研究達到拋磚引玉的效果，建構出一套符合國軍現況之軍事犯罪理論模式及軍事犯罪專門化的溫暖學術環境。

參考文獻

一、中文

1. 周東平，論受害人未覺察的犯罪——以白領犯罪為中心，法令月刊，第54卷11期，頁50-55，2003年。

2. 周愫嫻、曹立群，犯罪學理論及其實證，五南圖書，2007年。

3. 孟維德，白領犯罪的本質與意涵，中央警察大學學報，第35期，頁411-448，1999年。

4. 孟維德，白領犯罪與管制，中央警察大學學報，第1期，頁265-295，2000a。

5. 孟維德，白領犯罪的相關法律議題，中央警察大學法學論集，第5期，頁109-154，2000b。

6. 孟維德，白領犯罪，五南圖書，2011年。

7. 許春金，犯罪學，三民書局，2010年。

8. 陳新民，軍事憲法論，揚智文化，1999年。

9. 廖福村，白領犯罪處罰之探討，警專學報，第2卷第1期，頁81-91，1996年。

10.賴美 譯，美國掃蕩白領犯罪 英國執行長打哆嗦，商業周刊，第913期，頁192-194，2005年。

二、外文

1. Ayres, I. & Braithwaite, J. (1992). Responsive Regulation: Transcending the Deregulation Debate. Oxford, UK: Oxford University Press.

2. Barak, G. (1994). Media, Process and the Social Construction of Crime. New York: Garland Publishing Co.

3. Bryant, C. D. (1979). Khaki-Collar Crime: Deviant Behavior in the Military Context New York, Thee Free Press.

4. Clinard, M. B. & Quinney, R. (1973). Criminal Behavior Systems: A Typology. New York: Holt, Rinehart & Winston.

5. Cohen, Lawrence E. and Marcus Felson. (1979). Social Change and Crime Rate Trends: A Routine Activity Approach, American Sociological Review, 44: 588-608.

6. Coleman, J. W. (2002). The Criminal Elite. New York: St. Martin's Press.

7. Cressey, D. R. (1980). Management Fraud, Control, and Criminological Theory. Pp.117-147 in R. K. Elliott and J. T. Willingham (eds.), Management Fraud: Detection and Deterrence. New York: Petrocelli.

8. Friedrichs, D. O. (2004). Trusted Criminal: White Collar in Contemporary Society. New York: Wadsworth Publishing Company.

9. Geis, G. (1974). Avocational Crime. Pp. 275-287 in D. Glaser (ed.). Handbook of Criminology. New York: Rand McNally.

10. Geis, G. & Meier, R. F. (1977). White-Collar Crime. New York: Free Press.

11. Hirschi, T. & Gottfredson, M. (1989). The Significance of White-Collar Crime for a General Theory of Crime. Criminology 27: 359-371.

12. Meier, R. F. (1986). Review Eassy: White CollarBooks. Criminology 24: 407-426.

13. Shapiro, S. P. (1990). Collaring the Crime, Not the Criminal: Reconsidering the Concept of White-Collar Crime. American Sociological Review 55: 346-365.

14. Sutherland, E. H. (1940). White- Collar Criminality. American Sociological Review 5: 1-12.

15. Sutherland, E. H. (1949). White Collar Crime. New York: Holt, Rinehart & Winston.

16. Weir, F. (2002). In Russia, An Army of Deserters. United States: Christian Science Monitor.

17. Wheeler, S. (1983). White Collar Crime: History of an Idea. Pp.1647-1654 in S. Kadish (ed.) Encyclopedia of crime and Justice. New York: MaCmillan & Free Press.

13

台日少年事件處理程序與矯正設施之比較[*]

陳慈幸[**]

祝壽文

在我內心的印象，廖部長是一位學術、實務兼備的巨人，學習刑事法過程，部長對於社會的大愛與對於非行少年的關懷，長存我心。

多數學術人總認為自己的研究歷程，是孤獨的。我常想，以廖部長如此巨人的高度，想必也歷經多少風，也歷經了無人知曉的雨，然而，部長卻依然春風如煦，吹拂著這個紛亂的社會，直到如今。

迎向廖部長大壽，謹以少年程序與矯正比較法之作祝福。

部長，生日快樂，您對社會的貢獻與大愛，如此無限，謝謝您。

[*] 本文一部分曾於2015年12月國立台灣大學犯罪矯治研討會上發表，並得致學術與實務專家指導修正完成，在此深深致謝。

[**] 日本中央大學法學博士、司法官學院講座、國立中正大學犯罪防治學系教授、日本比較法研究所囑託研究員、南京大學犯罪與控制預防研究所特聘研究員、中國暨南大學少年及家事法研究中心研究員。

壹、前言

　　我國少年事件處理相關法官與少年矯正措施，深受日治時期日本內地影響，關於日本少年事件相關法規歷史演革，本文將於後續說明，然而，根據日本學理資料，日本內地正式實施少年法與矯正院法，主要是大正天皇時期之1922年，當時之日治台灣伴隨著日本本土，實施台灣總督府感化院官制，並實施台灣總督府感化院規則，同時並成立台灣總督府成德學院[1]。我國多數學理與實務皆闡述我國少年事件處理法草擬時期為1955年，此可參閱下述學理資料，「……少年事件處理法草案，由前司法行政部（現稱法務部）於1955年草擬，同年草擬完成，並提出行政院會議審查。……迄1962年1月20日使經立法院院會三讀通過，並於同年1月31日由總統令公布……[2]」，然可以確定的是，我國於日治時期已有相當程度規模之少年法制與少年矯正設施。

　　然而，我國少年法制與矯正制度雖於日治時期已有相當程度之規範，其中因日治時期結束，直至1962年國民政府制定少年事件處理法後，又因法規承襲之故，又與日本少年法有相當程度類似之程序，除此之外，受日治時期與日本少年法承襲之故，我國少年矯正保留了一部分與日本相

---

[1] 山田美香，日本植民地‧占領下の少年犯罪：台湾を中心に，成文堂，2013年，頁5。

[2] 劉作揖，少年事件處理法，三民書局，2007年，頁11。

似之處，然又根據學者、司法實務界之努力，我國少年事件處理法歷經了多次修法，隨著修法之更迭，少年矯正措施也歷經多次轉變，從增添保護處分中之安置輔導，創設矯正學校、廢除少年監獄等，實質上我國少年事件法與矯正措施雖承襲日本法制，然歷年來卻可見我國少年事件與矯正措施改革對於本土化之努力。

呈此，本文擬就以文獻探討方式，探討以下二個問題：其一、以實務觀點比較日、台兩國少年事件處理程序有何相異，其二、日、台兩國少年矯正設施之比較。並從此二點討論當中除呈現我國與日本對於少年法制與矯正之比較法承襲相異論點外，並從以上二者之討論當中，對照出我國少年司法與矯正未來之重要改革趨向。

貳、日、台兩國少年事件處理程序有何相異

承前述所言，我國承襲日本少年法制，故以下特針對日本與我國少年事件處理程序進行說明。

我國與日本少年法制，皆是主張非如同成人刑事程序之檢察官先議權，而是主張「法官先議權」，法官先議權與檢察官先議權最大差別乃在於非以偵察犯罪為主要原則，而藉以司法評估與調查官調查，使得少年之非行行為得以受到調查與保護，符合少年事件處理法第1條維護兒童及少年健全成長之宗旨。承此，日台少年法制如下列程序（參圖13-1～圖13-3）所示，以保護程序先啟，歷經調查官調查後製作調查報告，法官再啟動審理程序，此時，若評估有刑事處分之必要者，再移送檢察官起訴，此部分我國實務稱為：移檢程序，而日本則稱為「逆送」。

根據筆者之前所彙整之資料舉出日本少年法有幾項特點，分別是為以下論點[3]：

---

[3]　以下三點日本法之特徵，可同時參閱陳慈幸、蔡孟凌，少年事件處理法：學理與實務，元照出版，2013年2版，頁30-31。

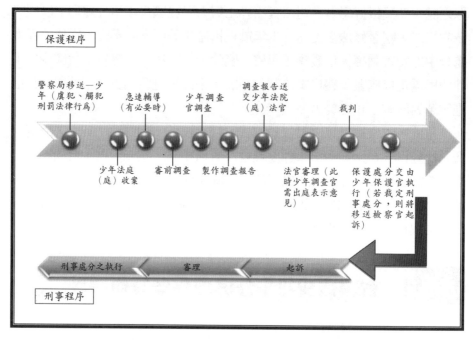

圖13-1　日台少年事件處理程序圖[4]

　　其一，在年齡限制上主要是指未滿二十歲之人，並無年齡下限，但該當於日本少年法當中之「少年」分成三種，也就是滿十四歲以上觸犯刑責，處以刑事處分者，叫做「犯罪少年」，未滿十四歲觸犯刑責者，稱為「觸法少年」，未滿二十歲有犯罪之虞者，稱為「虞犯」少年[5]。在此部分，日本之區分跟我國大致相同，僅有名稱稍有不同。

---

[4]　本國部分資料來源：司法院資料，http://www.judicial.gov.tw/work/work08/03%E5%B0%91%E5%B9%B4%E4%BA%8B%E4%BB%B6%E5%AF%A6%E5%8B%99%E8%99%95%E7%90%86%E6%B5%81%E7%A8%8B.doc，最後瀏覽日期：2009年3月12日。作者並針對前述網頁內容，加入日本程序自行繪圖。

[5]　「犯罪少年（滿14歲以上で罪を犯した少年），(2)触法少年（滿14歲未滿で(1)に該当する行爲を行った少年—滿14歲未滿の少年については刑事責任を問わない），(3)ぐ犯少年（保護者の正当な監督に服しない性癖があるなど，その性格又は環境に照らして，将来，罪を犯し，又は刑罰法令に触れる行爲をするおそれがあると認められる少年）に別されます。……」參考日本檢察署官方資料：http://www.kensatsu.go.jp/gyoumu/shonen_jiken.htm，最後瀏覽日期：2016年1月22日。

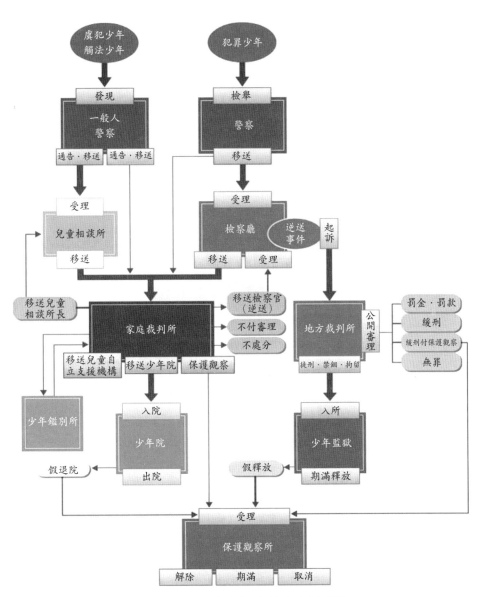

圖13-2　日本少年事件處理流程[6]

6　此外也可參考，日本檢察署官方資料：http://www.kensatsu.go.jp/gyoumu/shonen_jiken. htm，最後瀏覽日期：2016年1月16日。

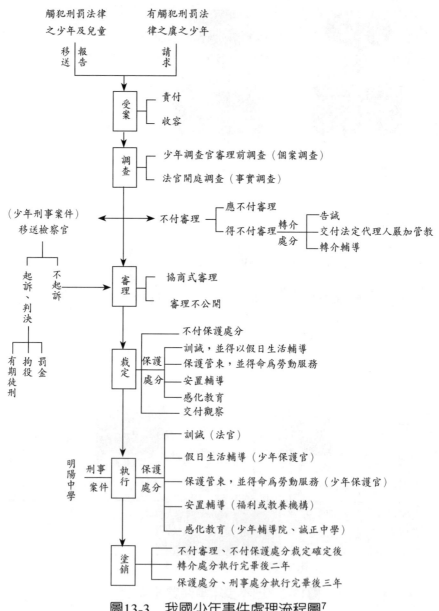

圖13-3 我國少年事件處理流程圖[7]

7 引用自高雄少年法院部落格，http://ksy.judicial.gov.tw/blog/more.asp?name=1312&id=181，最後瀏覽日期：2009年2月13日。

其二，日本並無少年事件專責法院，而是以家事法院處理少年事件。而依照學理之意見，日本家事法院享有先議權，並處理保護處分之少年，若於家事法院之調查程序中，發現有以刑事處分為適當者，將移送至地方法院刑庭之檢察署，由檢察官起訴[8]。

需說明的是，上述日本家事法院所謂的調查程序，與我國少年事件程序當中之審前調查幾乎相同，此外依據學理之綜合意見，日本少年法制與我國類似者，除法規內容外、在於程序層面，例如收案來源、先議權[9]、審前調查、留置觀察[10]、不付審理、保護觀察[11]、審判不公開等，都頗為相似[12]。

雖日本少年程序與我國大致相同，然確有部分相岐，以下舉出幾個重要相岐部分，

其一、日本少年法中有規定警察如何處理少年事件，我國卻無，我國警察處理少年事件法令，主要依據「警察機關防處少年事件規範」與「少年法院（庭）與司法警察機關處理少年事件聯繫辦法」等。

其二、我國少年事件處理程序，所謂「移送檢察官（移檢）」之程序後，少年刑事事件開庭主要是少年家事法院（庭）之刑事庭負責，然日本之程序主要是移送至一般法院之少年刑事庭（參圖13-2）。

其四、我國少年保護處分分訓誡、假日生活輔導、保護管束、安置輔導與感化教育，而日本少年保護處分有則是合併兒童保護處分，分有：移

---

[8] 陳文霜，京都家庭裁判所少年事件處理簡介，司法週刊，第981期，2000年5月24日；陳慈幸，日本少年犯罪現狀分析，中輟學生與青少年犯罪問題研討會論文集，中華民國犯罪學學會，2000年12月26日，頁149-164。

[9] 日本有所謂的全案送致主義，是指即使檢察官認為保護處分和刑罰都沒有必要時，也不能根據自己的判斷，不向家庭裁判所送致案件，等同我國的「先議權」概念。

[10] 日本有所謂的中間處分，即試驗觀察，等同於我國的交付觀察，把少年暫時放置於適當處所，來輔導並觀察這個少年的狀況，再由法官依其結果裁定之。

[11] 日本的「保護觀察」相同於我國的「保護管束」。

[12] 此部分彙整陳文霜（京都家庭裁判所少年事件處理簡介，司法週刊，第981期，2000年5月24日）、陳慈幸（日本少年犯罪現狀分析，中輟學生與青少年犯罪問題研討會論文集，中華民國犯罪學學會，2000年12月26日，頁149-164）等之學理意見。

送兒童自立支援機構（兒童保護處分）[13]、保護管束（少年保護處分）與感化教育（少年保護處分）。

其五、承前「其四」之部分，日本保護處分當中，有分兒童保護處分之日本兒童自立支援設施，以及少年保護處分：保護管束與感化教育，此主要是因日本兒童自立支援設施主要是公立機關，故程序是置入於一般少年、兒童保護程序，我國少年兒童保護處分則與民間單位合作，依據法務部資料，目前我國兒童保護機構有桃園兒童學苑、彰化兒童學苑、台南李秀英、花蓮凱歌園四處[14]。

其六、我國少年程序於保護處分充分顯示出對於少年保護之精神，並設有訓誡、假日生活輔導、保護管束以及感化教育，其中，感化教育當中除了傳統少年輔育院以外尚設有矯正學校，刑事處分之部分則廢除少年監獄改為少年矯正學校。承前「其五」，少年保護處分則有保護管束與感化教育，日本感化教育之收容處所少年院，日本刑事處分收容機構則是少年監獄等。

從以上之歸納，可發現我國少年事件程序，雖承襲於日本少年法制，然我國近年隨著社會對於兒童、少年保護之重視，近年來根基於承襲日本法制之主要架構，內容上已因應各國法制優點以及我國民情與實務需要，近年已呈現與日本少年法制部分程度之相歧風貌。

---

[13] 日本兒童自立支援機構可參考：http://www.geocities.jp/boys_hill/list.html，最後瀏覽日期：2016年1月29日。

[14] 此部分可參考法務部網站，收容與安置：http://www.moj.gov.tw/fp.asp?xItem=353673&ctNode=30839&mp=001，最後瀏覽日期：2016年1月26日。
四處兒童保護機構可參考以下：
桃園兒童學苑：http://library.taiwanschoolnet.org/cyberfair2005/···/news.html、http://tyd.judicial.gov.tw/···/%E6%9C%AC%E9%99%A2%E5%90%88%E4。
彰化兒童學苑：http://www.ho-family.org/news/film.html、http://www.chc.moj.gov.tw/ct.asp。
台南李秀英：http://mimicat333.pixnet.net/blog/post/249638633。
花蓮凱歌園：http://www.vsg.org.tw/vsg/vsg_inedx.asp、http://www.gomaji.com/p56665.html、http://www.vita.tw/2000/03/blog-post_5465.html。

參、日、台兩國少年矯正設施之比較

　　對於少年事件程序而言，除法理程序之完備外，輔應之矯正設施之改善與政策建構，亦對於少年非行行為改善之重要因素。筆者認為，矯正設施之所以可論證為「矯正」，其內涵不僅只有對於收容人之一時之禁錮，近代矯正設施並已隨著國家之進步，成為一個協助少年偏差行為矯正之重要場所。

　　我國與日本之少年矯正機構各具特色，我國少年事件處理法主要承襲於日本少年法，故少年矯正機關早期亦受到日本法之影響，設有與日本少年矯正機關相仿之少年院、少年觀護所與少年監獄。惟隨著時代發展，我國少年矯正實務為更符合少年事件處理法第1條之兒童及少年健全成長與貫徹教育刑之概念，於1965年於新竹少年監獄、桃園少年輔育院、彰化少年輔育院及高雄少年輔育院下設置補校，惟後續因成效不彰等問題，後於1994年制訂少年矯正學校設置相關法規，並於1997年5月6日完成少年矯正學校設置及教育實施通則，後於1999年成立高雄、新竹兩所矯正學校[15]。從此，我國少年矯正機關正式走向教育刑為主之概念，矯正與教育雙重面向之矯正學校之設置，除為我國少年矯正制度之一大重點特色外，亦使得原先承襲日本法之我國少年法與矯正體制，有著不同之面貌。相對上而言，日本少年矯正機關主要為少年鑑別所（相當於我國少年觀護所）、少年院與少年監獄等三種，我國則有少年觀護所、少年輔育院與兩所矯正學校，雖我國於矯正學校設置之點上與日本法上有著部分相岐，然少年觀護所與少年輔育院則與日本雷同度較大。相較於我國，日本少年矯正處遇，隨時代迴流歷經數個法律改革之歷史變遷，終形成現代矯正處遇體系。

　　日本少年與矯正相關法規之改革，依據筆者資料彙整，主要有圖13-4所示之六個期間，主要分為，第一期：黎明期之德川刑律時期；第二期：

---

[15] 參教育部教育百科資料，http://pedia.cloud.edu.tw/Entry/Detail/?title=%E5%B0%91%E5%B9%B4%E7%9F%AF%E6%AD%A3%E5%AD%B8%E6%A0%A1&search=%E6%95%99%E8%82%B2，最後瀏覽日期：2015年11月22日。

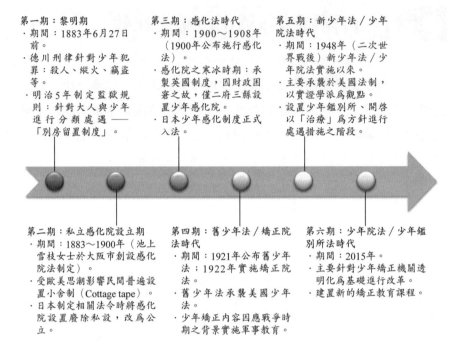

第一期：黎明期
· 期間：1883年6月27日前。
· 德川刑律針對少年犯罪：殺人、縱火、竊盜等。
· 明治5年制定監獄規則：針對大人與少年進行分類處遇——「別房留置制度」。

第三期：感化法時代
· 期間：1900～1908年（1900年公布施行感化法）。
· 感化院之寒冰時期：承製英國制度，因財政困窘之故，僅二府三縣設置少年感化院。
· 日本少年感化制度正式入法。

第五期：新少年法／少年院法時代
· 期間：1948年（二次世界大戰後）新少年法／少年院法實施以來。
· 主要承襲於美國法制，以實證學派為觀點。
· 設置少年鑑別，開啟以「治療」為方針進行處遇措施之階段。

第二期：私立感化院設立期
· 期間：1883～1900年（池上雪枝女士於大阪市創設感化院法制定）。
· 受歐美思潮影響民間普遍設置小舍制（Cottage tape）。
· 日本制定相關法令時將感化院設置廢除私設，改為公立。

第四期：舊少年法／矯正院法時代
· 期間：1921年公布舊少年法；1922年實施矯正院法。
· 舊少年法承襲美國少年法。
· 少年矯正內容因應戰爭時期之背景實施軍事教育。

第六期：少年院法／少年鑑別所法時代
· 期間：2015年。
· 主要針對少年矯正機關透明化為基礎進行改革。
· 建置新的矯正教育課程。

圖13-4　日本少年及矯正法規歷史沿革示意圖[16]

　　私立感化院時期；第三期：感化院法時期；第四期：大正天皇時代之舊少年法／矯正院法時期；以及第五期：昭和天皇時代之新少年法／少年院法時期；第六期之平成時代之少年院法／少年鑑別所法之時期等六期。關於前述五個時期之相關介紹，讀者可參閱拙著之「日本少年矯正處遇政策歷史與變遷」[17]，此不再贅述。

　　承上圖，至第四期為止，日本少年事件與矯正法規事實上皆處於一種變動較大之狀況，直至二次世界大戰後，第四期雖將少年事件法制化，然此時期少年法制因承襲德國法制採檢察官先議權制，與第六期之採美國法制之法官先議權之新少年法有相當程度之迥異，筆者認為，若要論述日本

16 筆者自繪。同上註，頁1-19。

17 陳慈幸，日本少年矯正處遇政策歷史與變遷，月旦法學雜誌，第220期，2013年6月，頁1-19。

少年法制，傳統上仍以第五期之新少年法／少年院法為主要理論根基，我國少年法制亦是承襲於第五期新少年法進行修正。

於日本傳統多數說認為，少年矯正處遇所主張的，主要為「除去反社會性」與「再社會化」，第五期新少年法／少年院法起，矯正教化主要以學科教育、職業訓練為重點[18]。此種以學科教育、職業訓練為主之矯正教育模式，成為目前日本矯正教育的基本主流，此與台灣矯正實務發展狀況，相當一致。需注意的是，第二次世界大戰後至60年代，日本少年矯正伴隨少年人口之增加，於矯正教育上，有著較大之轉變，文獻指出，日本少年矯正於60年代為止進行以下改革：

「其一、因應少年收容人口增加，開始採用多人收容制度。

其二、個別輔導之矯正教育模式並無特別成效。

其三、承其二、矯正教育導入集團主義教育理論，並針對少年個人人際關係點著手，進行生活教育指導[19]。」

承此，可得知日本60年代為止之少年矯正設施除了混居之多人收容制度外，並側重復歸社會為首要之人際關係之建構，然而，筆者之前所調查之資料發現，當60年代為止之矯正教育輔導當中主要有生活教育輔導外，尚有升學輔導教育，然而，恐因當時國家經濟或其他因素，升學輔導教育並無普及於所有收容人，僅有升學志願之收容人可接受升學輔導教育[20]。

60年代後至2012年代，日本少年矯正教育致力於分類制度，此種分類制度主要是因應收容學生年齡與身心狀態進行生活輔導教育與學科教育，於日本少年院之部分，依據2012年實務資料共有53所，實施集團生活式機構性處遇[21]。日本實務資料顯示，為依據少年年齡與身心狀況，分為初等（收容身心無顯著問題之十五歲以上十六歲未滿之少年）、中等（收

---

[18] 中島武二，少年矯正施設の今日的課題：エレホンを探しあぐねて，九州矯正，第30 第四号，1975年5月，頁27。

[19] 保木正和、岩岡正、境克彥，少年矯正施設における生活指導，特殊教育研究，第6卷第1期，1968年10月，頁7。

[20] 陳慈幸，同註16，頁1-19。

[21] 參坂本敏夫，少年院、少年刑務所，二見文庫，2003年，頁113。

表13-1　2012年日本少年院矯正教育課程[22]

	對象	處遇課程
特修短期處遇 （四月以內）	早期改善可能性較大之少年	適合開放性處遇之少年
一般短期處遇 （六月以內）	早期改善可能性較大之少年	短期教科教育課程短期生活訓練課程
長期處遇 （二年以內）	不適合短期處遇之少年	生活訓練課程、職業能力開發課程、學科教育課程、特殊教育課程、醫療處遇

容身心無顯著問題十六歲以上未滿二十歲之少年）、特別（收容身心無顯著之問題，卻有犯罪傾向之十六歲以上未滿二十三歲者）與醫療（收容身心有顯著問題之十四歲以上未滿二十六歲者）等四種少年院，至於少年應裁定至何種少年院，由家事法院而為決定。此外除醫療少年院外，其餘皆男女分別收容，另少年院之矯正教育依據少年之非行狀況，分一般短期處遇、特修短期處遇及長期處遇。一般短期處遇與長期處遇會針對少年之問題與教育之必要性設置矯正教育課程，並配合就業輔導相關計畫[23]。特針對日本實務上在於少年院之矯正教育課程狀況整理如表13-1所示。

　　日本少年矯正政策看似以分類制進行矯正教育達至較為完善之效果，然而，日本於2009年廣島少年院收容少年受暴案件[24]，此案件後，日本政府針對少年矯正政策進行大規模之檢討，依據日本法務省資料，日本於2010年陸續召開各種少年矯正政策檢討政策與會議，例如2010年之「少年矯正再思考會議」、2012年再犯防治對策之實施，以及2013年「世界

---

[22] 同上註。

[23] 參日本法務省資料，http://www.moj.go.jp/kyousei1/kyousei_kyouse04.html，最後瀏覽日期：2012年12月1日。

[24] 2009年4月2日廣島少年院內四名職員涉及了一百多件院生受暴事件被揭發，本案中現職法務教官以特別公務員暴行凌虐罪被逮捕、起訴，並有21名職員遭到行政處分。參日本法務省資料，http://www.moj.go.jp/content/000023213.pdf，最後瀏覽日期：2015年11月28日。

最安全國：日本」等之各項會議之討論[25]。2015年日本歷經多次審議後於
6月1日正式實施新少年院法・少年鑑別所法[26]，新少年院法及少年鑑別所
法修正之重點誠如前述重點，亦即針對矯正教育之再改革，實施符合少年
特性之計畫性、體系性、組織性之矯正教育，推動機關透明化與社會大眾
之公開，同時也防治少年再犯、再非行行為等，詳言之，新少年院法・少
年鑑別所法針對矯正教育之部分，本次進行了最大之改革，主要是廢除以
年齡區分之少年院類別、矯正教育目的、內容、方法等之明確化，實施符
合少年特性之計畫性、體系性之矯正教育（參圖13-5）。

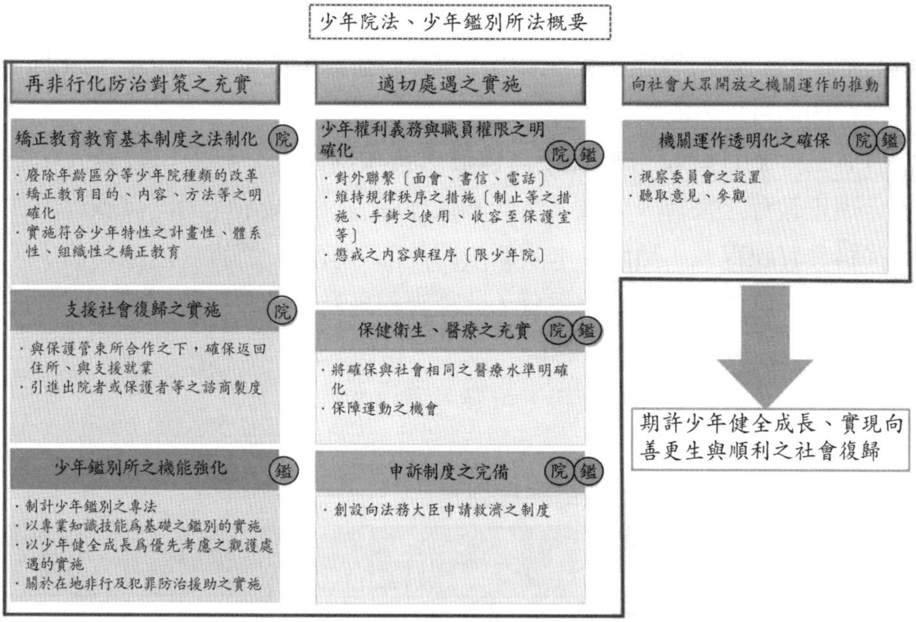

圖13-5　2015年少年院法・少年鑑別所法之主要內容（作者改繪）[27]

---

[25] 參日本法務省資料，http://www.moj.go.jp/kyousei1/kyousei03_00019.html，最後瀏覽日期：2015年11月23日。

[26] 2014年第186次國會審議案通過。

[27] 同註25。

　　根據2015年6月25日日本法務省所出版之矯正報告書內指出，根據新法，日本少年院將少年院分成四類分別實施矯正教育，主要教育之重點在於：

　　「……其一、將原來特殊教育課程改為支援教育課程，將尚未達到智能障礙、情緒障礙或發展障礙（pervasive developmental disorders）門檻，也就是以智能障礙、情緒障礙或發展障礙（pervasive developmental disorders）門檻邊緣的的少年為對象所設置之支援教育課程III：N3課程。

　　其二、對於早期矯正可能性之少年，一般而言，矯正教育有分為「特修短期處遇」與「一般短期處遇」，本次新法將此種區分廢除，改為：短期義務教育課程（SE）與短期社會適應課程（SA），一般來說，收容標準期間是六個月，惟於家事法院裁定付短期間勸告之少年，原則上是進行四個月以內的矯正教育。

　　其三、過往除特殊教育或需醫療處置類別外之一般少年收容人，為符合矯正教育之宗旨，分成「生活訓練課程」、「職業能力開發課程」、「學科教育課程」。然而，本次新法將此部分廢除，將實施因應每個少年的問題所實施之多面向矯正教育，此種課程稱為：社會適應課程，並分成I～V級（A1~A5）[28]。……」

　　關於上述分類之詳細資料，可參考表13-2。

表13-2　2015年少年矯正教育課程列表[29]

少年院種類	矯正教育課程	代號	在院者之類型	矯正教育重點內容	標準期間
第1種	短期義務教育課程	SE	原則上14歲以上尚未完成國民義務教育者之中，其所涉之問題較為單純且輕微、早期矯正可能性較高者	以中學學習指導綱要為基準，短期集中進行學科指導	6月以內之期間

---

[28] 2015年日本少年矯正報告書，http://www.moj.go.jp/content/001157357.pdf，最後瀏覽日期：2015年11月27日。

[29] 同上註。

表13-2 2015年少年矯正教育課程列表（續）

少年院種類	矯正教育課程	代號	在院者之類型	矯正教育重點內容	標準期間
第1種	短期義務教育課程	SE	原則上14歲以上尚未完成國民義務教育者之中，其所涉之問題較為單純且輕微、早期矯正可能性較高者	以中學學習指導綱要為基準，短期集中進行學科指導	6月以內之期間
	義務教育課程Ⅰ	E1	尚未完成國民義育者之中，處於已滿12歲之日起算至最初3月31日之間之人（指3/31之前[30]）	以國小學習指導綱要為基準進行學科指導	2年以內之期間
	義務教育課程Ⅱ	E2	尚未完成國民義務教育者之中，滿12歲且已過最初3月31日完成義務教育之人（指3/31之後）	以中學學習指導綱要為基準進行學科指導	
	短期社會適應課程	SA	完成國民義務教育者之中，其所持之問題較為單純、輕微、早期改善可能性較高者	為使出院後生活規劃明確化所進行之各種指導	6月以內之期間
	社會適應課程Ⅰ	A1	完成國民義務教育者之中，於就業、就學、生活環境調整上等等，有社會適應上之問題，而不屬於其他課程類型者	為使充分適應社會所進行的各種指導	
	社會適應課程Ⅱ	A2	完成國民義務教育者之中，有反社會性價值觀、行動傾向、自制力低落、認知偏差等，資質上有需要矯正之特別問題者	提升自制力，養成健全價值觀、培育腳踏實地之生活習慣所進行之各項指導	2年以內期間
	社會適應課程Ⅲ	A3	外籍人士等，需與日本人進行不同處遇上之顧慮者	加強理解日本文化、生活習慣等之同時，為培養健全社會人士所必要之意識與態度之各種指導	

---

[30] 日本學期末為每年3月31日。

表13-2 2015年少年矯正教育課程列表（續）

少年院種類	矯正教育課程	代號	在院者之類型	矯正教育重點內容	標準期間
第1種	支援教育課程Ⅰ	N1	智能障礙或疑有智能障礙者及準用其情形者，需要處遇上的特別顧慮	養成社會生活所必要之基本生活習慣、生活技能之各種指導	2年以內期間
	支援教育課程Ⅱ	N2	情緒障礙或發展障礙（pervasive developmental disorders）或疑有或疑有上述障礙以及準用其情形者，需要處遇上的特別顧慮	爲因應障礙之特性，進行適應社會生活之生活態度與人際關係等之各項指導	
	支援教育課程Ⅲ	N3	完成義務教育者之中，對於有認知能力的制約、人際關係對應較爲稚拙、非社會性行動傾向，需要處遇上的特別顧慮	養成人際關係技能、適應生活習慣等之各種指導。	
第2種	社會適應課程Ⅳ	A4	特聚焦於再非行防治之指導及有身心訓練之必要者	養成健全價值觀、以及養成腳踏實地之生活習慣的各種指導	
	社會適應課程Ⅴ	A5	外籍人士等，需與日本人進行不同處遇上之顧慮者	加強理解日本文化、生活習慣等之同時，爲培養健全社會人士所必要之意識與態度之各種指導	
	支援教育課程Ⅳ	N4	智能障礙或疑有智能障礙者及準用其情形者，需要處遇上的特別顧慮	養成社會生活所必須之基礎生活習慣、生活技術之各項指導	
	支援教育課程Ⅴ	N5	情緒障礙或發展障礙（pervasive developmental disorders）或疑有或疑有上述障礙以及準用其情形者，需要處遇上的特別顧慮	爲因應障礙之特性，進行適應社會生活之生活態度與人際關係等之各項指導	

表13-2　2015年少年矯正教育課程列表（續）

少年院種類	矯正教育課程	代號	在院者之類型	矯正教育重點內容	標準期間
第3種	醫療措施課程	D	具有身體疾患、身體障礙、精神疾患或精神障礙者	因應身心疾患、障礙等之各種指導	2年以內期間
第4種	受刑在院課程	J	受刑在院者[31]	特別針對特殊個案之各種指導	—

　　從以上分類可查知，2015年日本新少年院法新修正後，相較於60年代後至2014年之所實施之少年矯正教育內容差距甚大，以下日本各少年院所實施上述課程分類之一覽表，需說明的是，日本少年院於2013年5月的資料當中，已減少為52所[32]。

表13-3　日本各少年院矯正教育課程一覽表[33]

	機關名	所實施矯正教育課程														
		SE	E1	E2	SA	A1	A2	A3	N1	N2	N3	A4	A5	N4	N5	D	J
1	帶廣少年院						○		○	○		○		○	○		
2	北海少年院			○		○					○						
3	紫明女子學院	○		○	○	○			○	○	○			○	○		
4	月形學園	○															
5	盛岡少年院			○		○	○				○						
6	東北少年院					○											
7	青葉女子學園	○		○	○	○	○		○	○	○			○	○		
8	置賜學院	○			○												
9	茨城農藝學院					○					○						
10	水府學院					○											
11	喜連川少年院					○											

---

[31] 此部分主要是指依據日本少年法第56條第3項之規定，少年院所收容之依據國際受刑者移送法第16條第1項各款所列爲執行外國刑而於少年院收容之受刑人。

[32] 日本法務省資料，http://www.moj.go.jp/kyousei1/kyousei_kyouse16-04.html，最後瀏覽日期：2015年11月28日。

[33] 同註28，最後瀏覽日期：2015年11月28日。

表13-3　日本各少年院矯正教育課程一覽表（續）

	機關名	所實施矯正教育課程														
		SE	E1	E2	SA	A1	A2	A3	N1	N2	N3	A4	A5	N4	N5	D	J
12	赤城少年院		○	○		○		○									
13	榛名女子學園					○	○	○	○	○	○	○	○	○	○		○
14	市原學園				○												
15	八街少年院						○										
16	多摩少年院					○											
17	關東醫療少年院															○	○
18	愛光女子學園	○		○	○	○					○						
19	久裡濱少年院						○	○				○					
20	小田原少年院					○					○						
21	神奈川醫療少年院								○	○				○	○		
22	新潟少年學院					○											
23	有明高原寮	○			○												
24	駿府學園	○															
25	湖南學院					○											
26	瀬户少年院			○		○					○						
27	愛知少年院						○			○							
28	豊岡學園	○			○												
29	宮川醫療少年院								○	○				○	○		
30	京都醫療少年院															○	○
31	浪速少年院					○											
32	交野女子學院	○		○	○	○	○		○	○	○	○		○			○
33	和泉學園		○	○		○		○									
34	泉南學寮	○			○												
35	加古川學園					○					○						
36	播磨學園				○												
37	奈良少年院						○					○					○
38	美保學園	○			○												
39	岡山少年院						○			○							
40	廣島少年院			○		○					○						
41	貴船原少女苑	○	○	○	○	○	○	○	○	○	○	○	○	○	○		
42	丸龜少女之家	○		○	○	○	○	○	○	○	○			○	○		

表13-3　日本各少年院矯正教育課程一覽表（續）

	機關名	所實施矯正教育課程														
		SE	E1	E2	SA	A1	A2	A3	N1	N2	N3	A4	A5	N4	N5	D	J
43	四國少年院			○		○					○						
44	松山學園	○			○												
45	築紫少女苑	○		○	○	○	○		○	○	○	○		○	○		
46	福岡少年院			○		○											
47	佐世保學園	○			○												
48	人吉農芸學院					○					○						
49	中津少年學院									○	○			○	○		
50	大分少年院						○						○				
51	沖繩少年院	○		○	○	○	○				○						
52	沖繩女子學園	○		○		○	○		○	○	○	○					

　　從前述分類來看，於2015年新少年院法‧少年鑑別所法實施之前，2014年當時日本少年院所實施矯正教育（可參考表13-3），再以2015年新少年院法‧少年鑑別所法進行比較，筆者認為可歸納出以下幾個重點：

　　其一、2014年當時之少年院矯正教育，主要以年齡與身心狀況進行分類，其分類有初等、中等、特別與醫療等四種。

　　其二、2015年新少年院法‧少年鑑別所法之矯正教育，主要將2014年少年矯正教育之年齡分類方式摒除，主要以義務教育年齡與修學年限（學年末為3月31日）進行劃分，此種劃分方式更為貼近教育體系之年齡層劃分，此亦方便學生銜接學校教育。

　　其三、2014年矯正教育主要以特修短期處遇、一般短期處遇、長期處遇等劃分，2015年新少年院法‧少年鑑別所法將矯正教育分類更為細緻化，少年院種類劃分為四類，矯正教育課程再細分為短期義務教育課程、教育義務課程、短期社會適應課程、社會適應課程、支援教育課程、醫療措施課程、以及受刑在院者課程等。

　　從以上之重點整理後，可得知日本少年現今矯正教育除維持傳統之優點外，並澈底重視銜接義務教育之部分，進行了更細緻化的分類，並貫徹以教育為優先之矯正處遇的真諦。

肆、結論

　　本文擬就我國與日本少年法制與少年矯正設施進行比較性說明，從前述之研究目的，筆者依序提出結論性之見解：

　　其一、於日本少年法制與我國少年法制之部分，我國少年法制雖承襲於日本少年法制，惟可能於立法當初之討論與我國當地風土民情之權衡下，我國少年法制近年與日本實施上有部分之相岐。雖我國近年少年事件處理已於學者與實務專家之討論下有相當完善之制度，然筆者認為，我國少年法制未來可思考少年警察程序入法化。此主要是日本少年法當中明確訂有警察程序處理，我國少年事件警察處理程序卻是另以警察機關防處少年事件規範與其他相關法規進行處理，此部分未來可思考我國少年事件處理法修正時，將警察程序入法化，以利保護兒童、少年程序。

　　針對日本新少年法・少年鑑別所法進行重點之介紹，從前述之歸納當中，可得知日本少年矯正教育近年不斷改革，特別是少年院之矯正教育之課程，實際上進行最大幅度之修正。

　　其次，我國與日本少年矯正設施之觀察上，我國近年二所少年矯正學校之實施以為我國少年矯正實務當中頗具特色之一。然相較於2015年日本新少年院法・少年鑑別所法將學制順利轉銜之處，尚可為我國少年矯正學校於學制轉銜上之借鏡。我國少年矯正教育主要以教育為宗旨，有二所矯正學院與二所少年輔育院，其矯正教育之實施，大致與日本少年矯正教育架構相似，主要分為學科指導、職業輔導、生活與體能教化等；惟相較於我國，日本2015年新少年法・少年鑑別所法實施前後，日本矯正教育主要著重在分類，特別是2015年新少年法・少年鑑別所法實施後，少年院矯正課程從過往的四種分類，延伸至十六種分類，可對於各種需要高度關懷之少年，給予更多之支持。

　　我國與日本矯正實務皆重視少年矯正教育，根據兩國矯正歷史之演革，足見以教育、少年健全成長之少年事件處理法之宗旨深刻定著於日台二國之矯正政策上，雖後續發展有些略不同，卻可使需高關懷之少年，得

到政府最大輔助。然而，矯正教育之定位與屬性著重於少年未來教育之銜接，關於此點，2015年日本新少年院法‧少年鑑別所法已有著墨，日本細緻化的矯正教育的分類與課程規劃設計，可提供我國未來修正的參考。除此之外，我國少年矯正教育當中，各種矯正課程之實施或規劃，或可以比照教育體系之課程規劃方式進行全方位之課程設計與評估。

　　矯正政策之實施，原是輔助收容人再社會化之協助，此主要是逸脫於傳統純禁錮之應報刑罰思維，因應1955年聯合國被拘禁者處遇最低基礎原則與1973、1987年歐洲刑事規則側重收容人之處遇與人格尊嚴而來[34]。長久以來，對於犯罪人處以相對之刑罰雖是刑事程序之重點，然而，透過矯正教育之實施，收容人可收到最多學習經驗，此亦會使得他們對於自己人生的規劃，有著更多的選擇。故未來矯正政策之實施，仍須以有系統課程規劃與編排，以及配合於未來復歸社會後，所面臨社會防衛之壓力與偏見，以及如何對於被害人傷害之修復式教育，亦得一併規劃於矯正教育當中。

　　矯正教育屬性之特殊性，在於與一般教育不同的是對於加害人之修正與改善，故筆者認為少年矯正教育所應加強之點，除了一般學科教育與職業訓練外，所面臨社會防衛之偏見如何應對如何自我增強社會復歸、更生之信念，以及被害人對應之修復式教育課程，有其導入之必要性，關於此部分相信我國矯正教育亦有朝向此種狀況逐步進行中。希冀未來我國對於少年矯正能基於目前實務界之努力，逐步修正更完善之矯正教育，如此給予少年一盞美麗的光，就是給予他們更多的選擇與希望。

---

[34] 陳慈幸，刑事政策：概念的形塑，元照，2013年初版，頁128-129。

參考文獻

一、中文

1. 陳文霜，京都家庭裁判所少年事件處理簡介，司法週刊第 981 期，2000 年 5 月 24 日。

2. 陳慈幸，日本少年犯罪現狀分析，中輟學生與青少年犯罪問題研討會論文集，中華民國犯罪學學會，2000 年 12 月 26 日。

3. 陳慈幸，日本少年矯正處遇政策歷史與變遷，月旦法學雜誌，第 220 期，2013 年 6 月。

4. 陳慈幸，刑事政策：概念的形塑，元照出版，2013 年。

5. 陳慈幸、蔡孟凌，少年事件處理法：學理與實務，元照，2013 年 2 版。

6. 劉作揖，少年事件處理法，三民書局，2007 年。

二、日文

1. 山田美香，日本植民地・占領下の少年犯罪：台湾を中心に，成文堂，2013 年。

2. 中島武二，少年矯正施設の今日的課題：エレホンを探しあぐねて，九州矯正，第 30 卷第四号，1975 年 5 月。

3. 坂本敏夫，少年院、少年刑務所，二見文庫，2003 年。

4. 保木正和、岩岡正、境克彦，少年矯正施設における生活指導，特殊教育研究，第 6 卷第 1 期，1968 年 10 月。

14
我國可疑交易報告申報現況評析

場景拉回1995年7月的赴美國進修前夕，奉當時擔任調查局局長的廖先生召見。廖先生除恭喜外，叮嚀進修期間不要忘記到處走走擴大自己視野。赴美不久廖先生即榮陞法務部部長。1997年返國後，自忖層級差距過大，未前往法務部向廖先生報告學習成果。在廖先生離開公職後，透過移民署謝立功前署長安排前往向廖先生報告學習及工作情形，並表達有意報考中正大學犯罪防治研究所博士班。因爲過去與國內犯罪學領域並無接觸，廖先生推薦我前往旁聽中正大學犯防所蔡德輝老師的課，成就後來進入中正大學博士班成爲蔡老師的學生，開始眞正接觸學術殿堂。「洗錢防制法」（以下簡稱「本法」）係廖先生擔任法務部部長時，通過的重要刑事特別法。本法自施行以來長期存在的問題──可疑交易申報數量與外國相比明顯偏低，長期以來未見針對此問題原因的研究，或主管機關策進作爲。2016年適逢廖先生七十華誕，謹就我國現行可疑交易報告申報現況撰文評析，不僅爲廖先生祝壽，同時感謝廖先生積極推動本法的通過奠定台灣洗錢防制的基礎，並祝福廖先生政躬康泰。

* 中正大學犯罪防治學系博士、現職銘傳大學社會與安全管理學系副教授兼系主任。

目　次

壹、前言

　　2001年美國發生「911事件」，恐怖主義的攻擊就如同夢魘般威脅著全球各國的國家安全，今天沒有遭受恐攻，不能保證明天恐怖主義組織不會找上門。恐怖主義攻擊無論是人員、組織，甚至武器都必須有鉅額的經費做為後盾。從「蓋達組織」（Al-Qaeda）到「伊斯蘭國」（Islamic State, IS）皆然。故能否有效「反資恐」（Combating the Financing of Terrorism, CFT）攸關打擊恐怖主義組織的成敗。爰「911事件」後，全球防制洗錢（Anti-Money Laundering, AML）即與反資恐密切結合。

　　行政院於1995年4月27日提出洗錢防制法草案[1]，送請立法院審議。立

---

[1] 行政院（84）年台84法字第14460號函。

法院於同年5月9日交付審查。司法、財政兩委員會於1996年6月6日審查完竣，該院院會於1996年10月3日三讀通過，總統於同年10月23日公布，並自公布後6個月施行。綜觀國際發展及各國立法例，防制洗錢之法律，不外由兩個方向著手，一為「洗錢罪之確立」，即將洗錢予以罪刑化；二為「預防性規定」，即在建立金融機構的申報制度。本法第11條將洗錢罪予以罪刑化，第7條、第8條則賦予金融機構行政責任，分別就達到一定金額的現金交易（或稱通貨交易）、可疑交易必須向法務部調查局（簡稱「調查局」）申報。

回顧當年立法目的，本法除「防制洗錢，追查重大犯罪」外，還希望成為我國成為亞太營運中心的基石[2]。1997年4月23日迄今，指顧之際十八載已過，這個成為亞太營運中心的遠景似成黃粱一夢。昨日夢已遠也就罷了，當防制洗錢身軀已成長，但洗錢防制機制的核心工作──可疑交易的申報卻依然停留在「哩哩啦啦」（台語發音）的階段時，真讓人擔心，我們洗錢防制工作的缺失，是否會替國家帶來恐怖主義組織攻擊的惡夢，或讓我們成為恐怖主義組織洗錢的管道？而威脅國家安全。

本文對我國防制洗錢中可疑交易申報規定、現況與其他國家進行相比較，並說明金融機構在防制洗錢中應有角色，以及利用實證研究分析彼等未能履行申報義務的原因，以檢視我國現行可疑交易申報制度的缺失。

貳、金融機構定義

赫氏法律辭典（Black's Law Dictionary）將金融機構（Financial institution）定義為經營管理金錢、信用或資金的商業、組織或公司，例如銀行、信用合作社、儲貸組織、證券商、當鋪，以及投資公司等（A business, organization, or other entity that manages money, credit, or capital, such as a bank, credit union, savings-and-loan association, securities broker or

---

[2] 立法院，洗錢防制法案，法律案第214輯，1997年，頁3。

dealer, pawnbroker, or investment company）。

金融監督管理委員會組織法第1條規定，該委員會成立係為健全金融機構業務經營，維持金融穩定及促進金融市場發展。同法第3條關於該會職掌，包括金融機構之設立、撤銷、廢止、變更、合併、停業、解散、業務範圍核定等監督及管理，以及金融機構的檢查。同法第2條規定，本會主管金融市場及金融服務業之發展、監督、管理及檢查業務。準此，金融機構應為金融服務業所包攝；同條第2項規定，金融服務業包括金融控股公司、金融重建基金、中央存款保險公司、銀行業、證券業、期貨業、保險業、電子金融交易業及其他金融服務業。

本法第5條第1項，本法所稱金融機構，包括下列機構：銀行、信託投資公司、信用合作社、農會信用部、漁會信用部、辦理儲金匯兌之郵政機構、票券金融公司、信用卡公司、保險公司、證券商、證券投資信託事業、證券金融事業、證券投資顧問事業、證券集中保管事業、期貨商、其他經財政部指定之金融機構。[3]

參、外國法規範

一、美國法規定

美國為全球最早防制洗錢的國家，要求金融機構對交易報告進行申報，始於銀行秘密法（Bank Secrecy Act, 1970）。該國與防制洗錢相關法律，依時間序如下：1. Bank Secrecy Act 1970；2. Money Laundering Control Act 1986；3. Anti-Drug Abuse Act of 1988；4. Annunzio-Wylie Anti-Money Laundering Act 1992；5. Money Laundering Suppression Act 1994；6. Money Laundering and Financial Crimes Strategy Act 1998；7. Uniting and Strengthening America by Providing Appropriate Tools Required to Intercept

---

[3] 詹德恩，金融犯罪成因及防制對策之研究——以司法、金融監理及金融機構人員之觀點為核心，中正大學犯罪學系博士論文，2006年，頁9。

and Obstruct Terrorism Act of 2001 (USA PATRIOT Act)；8. Intelligence Reform & Terrorism Prevention Act of 2004。

　　Annunzio-Wylie Anti-Money Laundering Act 1992係授權美國財政部可以要求金融機構申報可疑交易報告（Suspicious Activity Reports, SARs）[4] 並且訂定內部防制洗錢標準作業[5]的法案。該法以SARs取代過去Bank Secrecy Act, 1970 & Money Laundering Control Act, 1986時代所使用的Criminal Referral Form，財政部並於1996年4月1日，對金融機構要求正式實行此可疑活動報告[6]。

　　該法在美國洗錢防制政策上有下列特別的意義，即是將洗錢防制法執行實施重心轉向金融機構，並且加重對彼等的監督管理。該法案具有三個特色：（一）增加了違反洗錢防制法的處罰金；（二）將銀行秘密法的適用範圍增加；（三）將銀行秘密法下管理控制的職責交予金融機構。

　　同時設立安全港法則（safe harbor）在於免除金融機構從業人員因申報可疑交易而受民事責任。31 U.S.C. 5318 (g)：任何對可能違反法律或規章的行為或根據本分節或任何規定進行申報的金融機構，以及該機構的任何董事、高級管理人員、雇員或代理人都不會因申報未能通知交易當事

---

[4]　Annunzio-Wylie Act, Pub. L. No. 102-550, §1517, 106 Stat. 4044, 4-59-60 (1992), codified at 31 U.S.C. §5318 (g) (1995). In an August 1996 Advisory, FinCEN provided a brief sketch of the focus of the SARs and, indeed, the readjusted focus on the U.S. money laundering laws in general: The Congress and the Treasury have carefully crafted anti-money laundering laws and regulations to focus on the reporting of suspicious transactions by financial institutions. That focus recognizes that it is representatives of financial institutions, rather than an enforcement, who see the money launderers first; illicit proceeds are almostal ways moved through some form of financial institution. The focus also recognizes that the commercial precautions and expertise financial institutions use to protect themselves from fraud, theft, and misuse equips those institutes to recognize what is or is not suspicious.
U.S. Dept. of the Treasury, Financial Crimes Enforcement Network, Court interprets "Safe Harbor" Provision, FinCEN Advisory, Vol. 1, issue 5, available at http://www.treas.gov/treasury/bureasu/fincen/advis.html, latest visit: 2014-12-12.

[5]　Annunzio-Wylie Act, Pub. L. No. 102-550, §1517, 106 Stat. 4044, 4059-60 (1992), codified at 31 U.S.C. §5314 (h) (1995).

[6]　31 C.F.R. §103 (1996).

人，或該申報所涉及的關係人員而承擔美國法律所課的責任。

又在美國法上因承認公司及法人的犯罪能力，金融機構若違反申報義務，得為犯罪主體，構成刑事犯罪。甚至為避免通報有漏洞，在洗錢罪之外還有處罰「規避通報義務」的行為，即在不同金融機構利用多個不同帳戶進行轉帳。[7]

二、日本法規定

日本對於可疑交易報告的申報規定，依據「犯罪による収益の移転防止に関する法律」（Act on Prevention of Transfer of Criminal Proceeds, Act No. 22 of 2007）[8]，該法第2條係對特定事業（specified business operator）予以定義，包括銀行、保險公司、信託公司（trust company）、信用公司（credit cooperative）等。特定事業單位（包括其中的負責人及從業人員），進行可疑交易申報（Reporting of Suspicious Transactions），不能將相關資訊洩露予客戶或關係人。[9]

該法第4條規定特定事業必須執行「認識客戶」（Know Your

---

[7] 林志潔，防制洗錢之新思維——論金融洗錢防制、金融監理與偵查權限，檢察新論第3期，2008年1月，頁272。

[8] JAFIC(2014), Japan financial Intelligence Center Annual Report 2014, at 48, available at http:// www.npa.go.jp/sosikihanzai/jafic/en/nenzihokoku_e/data/jafic_2014e.pdf, latest visit 2015-12-12.

[9] (1) A specified business operator (excluding those listed in Article 2, paragraph 2, items (xliii) to (xlvi)) shall, when property accepted through specified business affairs is suspected, in consideration of the results of verification at the time of transaction and other conditions, to have been criminal proceeds or a customer, etc. is suspected to have been conducting acts constituting crimes set forth in Article 10 of the Act on the Punishment of Organized Crime or crimes set forth in Article 6 of the Anti-Drug Special Provisions Law with regard to specified business affairs, promptly report the matters specified by a Cabinet Order to a competent administrative agency, pursuant to the 12 provisions of a Cabinet Order.
(2) A specified business operator (including the officers and employees thereof) shall not divulge the fact that he/she is intending to make or has made a report under the preceding paragraph (hereinafter referred to as a "report of suspicious transactions") to the customer, etc. pertaining to the said report of suspicious transactions or persons related to the customer etc. .

Customers, KYC），第5條免除特定事業因執行申報而有的相關責任，第6條規定特定事業必須留存確認客戶的紀錄，第7條規定，必須保留交易紀錄。

該法第9條第1項規定，特定事業單位（第2條第2項第43號至第46號列舉之特定事業者除外），在交易時確定結果，以及酌量其他的情況，特定業務（對於）收受的財產（有）在收益上有犯罪之嫌疑，另外關於特定業務的客戶等，有被確認為組織傾向犯罪處罰法第10條之罪行或者是麻藥特例法第6條罪行之嫌疑之場合，應當迅速，按照政令之規定，政令規定之事項必須向行政廳提出申報。受理金融機構申報的金融情報中心（Japan Financial Intelligence Center, JAFIC）目前為設立在日本警視廳（National Police Agency）下的刑事警察局（Criminal Investigation Bureau）。

同法第23條規定違反可疑交易報告申報義務，或是未能執行KYC、留存確認客戶身分資料、交易紀錄者，得處兩年以下有期徒刑並予強制工作，（或）併科300萬日圓以下罰金。[10]

三、韓國法規定

韓國關於防制洗錢的法律有兩個，「金融交易報告法」（Financial Transaction Reports Act, FTRA）和「犯罪收益法」（Proceeds of Crime Act）。兩個法律實有相輔相成的果效。

「金融交易報告法」第1條揭櫫，防制犯罪及維護金融體系的透明度係立法目的。同法第3條賦予設置韓國FIU的法律依據。第4條規定，符合同法第2條所訂金融機構，例如銀行、信託公司、保險公司等之從業人員基於下列情況必須向FIU申報：（一）通過金融交易所收受的資金與犯罪資產、客戶可能進行洗錢、或資金可能違反公共安全，且其金額超過「總統執法令」（Presidential Enforcement Decree）所規定金額；（二）客戶

---

[10] A person who has violated an order issued under Article 16 shall be punished by imprisonment with work for not more than two years or a fine of not more than three million yen, or both.

故意將資金分散交易，以避免達到Presidential Enforcement Decree申報門檻；（三）交易符合「犯罪收益法」第5條第1項，或是「防制資助違反公共安全法」（Prohibition of Financing for Offence of Public Intimidation）第5條第2項[11]者。「犯罪收益法」第5條第3項規定，違反申報義務之人，將處以二年以下有期徒刑，或韓圜1,000萬元以下罰金。

韓國金融情報中心（Korea Financial Intelligence Unit, KoFIU）依據金融交易報告法及該法的執法令（Enforcement Decree）而設立，該法涵蓋KoFIU組織架構、規定金融機構必須申報現金交易報告、可疑交易報告體系、金融交易資訊的保密性要求及相關豁免條款和罰則，並要求KoFIU院長每年向國民議會例會報告KoFIU工作進展情況。

KoFIU隸屬於財政經濟部，考慮其獨立性和政治中立性，其正式人員數目、組織和運作等由Enforcement Decree of the FTRA決定，院長屬於副部長層級。約半數人員來自財政經濟部（Ministry of Finance and Economy），其餘的分析人員全部借調自不同的執法機構，如司法部（Minisitry of justice）、國家警察總署（National Police Agency）、國稅署（National Tax Service）、關務署（Korea Customs Service）和金融監督委員會（Financial Supervisory Service）。非政府組織也有借調人員在韓國金融情報機構工作，如金融監管院和韓國銀行。目前負責分析工作的副院長借調自檢察機關。借調的分析人員兩年輪換一次，來自財政經濟部的人員則可隨時在財政經濟部的不同部門之間調動。

四、瑞士法規定

瑞士素有避稅天堂之稱，為儲戶保密，成為瑞士銀行業的金牌法則：早在1934年，瑞士就制定了西方第一部銀行秘密法，使之成為瑞士銀

---

[11] Employees of reporting entities shall report, without delay, to the competent law enforcement agency notwithstanding any other legal provision, when they come to the knowledge that the funds that they received are funds for public intimidation offences, that a restricted person is conducting a financial transaction or making a payment or taking a receipt without an approval referred to in Article 4 Paragraph ③, or that the customer is committing an act that constitutes an offence under Article 6 Paragraph ①.

行的立業之本。該法規要求，對違反保密原則的銀行職員給予嚴厲懲罰。銀行僱員一旦被發現有違反銀行秘密法的行為，將面臨著六個月的監禁和高達3.3萬美元的罰金。

瑞士為客戶保密的做法，雖然成為其經濟發展的核心動力，但是也成為各國政府對其不滿的重要理由，按照Organization for Economic Co-operation and Development（OECD）的定義，稅收優惠政策與保密制度是判斷一個國家或地區能否被視為避稅天堂的兩個先決條件。

2005年的Financial Action Task Force（FATF）對瑞士相互評鑑報告批評「其調查機關在防制打擊資助恐怖主義之方法及技巧方面，毫無建樹可言」，主要就是因其銀行秘密法的保密制度讓其他國家判定，瑞士是該國人民非法避稅和隱匿資產的天堂。所以很多打擊逃稅行為的國家呼籲瑞士不要再為外國客戶保守帳戶資料，比如美國和瑞士政府早在2009年8月19日就宣布，兩國已就查稅爭議正式簽署協議。根據協議，瑞士銀行向美國財政部國庫署（IRS）提供一份4,450名美國客戶名單，這些人涉嫌開設秘密帳戶以逃避稅收。

據英國金融時報2014年5月7日報導，瑞士在2014年歐洲財長會議上承諾，將自動向其他國家交出外國人帳戶的詳細資料。這個簽署的客體是在全球範圍內針對所有在瑞士有離岸資產的國家的公民，這無疑是對全球打擊逃稅和洗錢以及隱匿鉅額不明資產的最大進步。[12]

瑞士「洗錢防制法」（Federal Act on Combating Money Laundering and Terrorist Financing in the Financial Sector），是一部架構性法律，其規定內容僅及於反洗錢機制的原則，至於詳細的具體規範，則委諸相關行政法規及各種自律性規範。此種立法方式，使得金融監理當局在此從事監督金融機構的業務活動時，得以保持更多彈性。

該法共分七章，首章為總則（general provisions），規定適用範圍和對象；第二章規定金融機構應負之義務（duties of financial intermediaries）；第三章規定金融監理機構之監督權責（supervision）；

12 http:// gb.cri.cn/42071/2014/05/07/2165s4532464.htm，最後瀏覽日期：2014年5月7日。

第四章規定洗錢防制機關間之協調互動（administrative assistance），包含與外國金融情資機關間之協調互動；第五章規定個人資料之處理（processing of personal data）；第六章為罰則（criminal provisions and procedure）；第七章為法律效力規定（final provisions）。而其他反洗錢之規範，則另由瑞士金融市場監督當局（Financial Markets Supervisory Authority, FINMA），以指令、政令、通告、函釋的方式，進一步落實。[13]

該法第2條對於金融機構予以定義；第37條第1項規定，若第2條所規範者，對於符合第9條定義的可疑交易未盡申報義務，最高可處50萬瑞士法郎罰金；第2項規定，若係過失犯處15萬元以下罰金；第3項規定，若為五年內之累犯，則處1萬元以上瑞士法郎罰金。

五、中國法規定

中國於2007年頒布中華人民共和國反洗錢法，銀行業是一種承擔社會資金存儲、融通與轉移的金融機構，因此使其成為洗錢犯罪份子主要渠道。基於此，中國開始從銀行業入手，建構銀行業反洗錢監管機制。中國人民銀行根據中華人民共和國反洗錢法、中華人民共和國中國人民銀行法等法律，頒布金融機構反洗錢規定。

該規定第6條賦予人行設立「中國反洗錢監測分析中心」負責收集、整理、識別並保存大額交易和可疑交易報告，對收集整理之大額交易與可疑交易報告進行研究、分析，研究分析洗錢犯罪的方式、手段及發展趨勢，配合相關單位進行調查，提供反洗錢情報線索予執法機關處理，承擔與國外金融情報機構交流與合作。[14]

2009年10月中國更提出了「反洗錢戰略」，其目標和行動要點如下：（一）完善反洗錢刑事法律；（二）建構國家反恐怖融資網路；（三）提升反洗錢監管有效性；（四）建立特定非金融行業反洗錢制度；

---

[13] 蔡秋明，瑞士防制洗錢法制，檢察新論，第14期，2013年7月，頁207-208。

[14] 魏武群，兩岸銀行業防制洗錢之可疑交易申報比較評析，台灣金融財務季刊，第12輯第1期，2011年3月，頁109。

（五）加強國內部間交流合作；（六）培養高素質反洗錢隊伍；（七）積極參與國際合作；（八）標準制制定全力追償境外犯罪收益等。[15]

值得我們參考的是，中華人民共和國反洗錢法自第30條至第32條對於違反該法行政責任的處分，對於金融機構長期對可疑交易報告申報偏低的情況下，或有參考價值。

未按照規定報送大額交易報告或者可疑交易報告的；未按照規定履行客戶身分識別義務的；未按照規定保存客戶身分資料和交易記錄；與身分不明的客戶進行交易或者為客戶開立匿名帳戶、假名帳戶等情事，責令機構限期改正；情節嚴重的，處20萬元以上50萬元以下人民幣罰款，並對直接負責的董事、高級管理人員和其他直接責任人員，處1萬元以上5萬元以下人民幣罰款（§32Ⅰ）。

若金融機構未申報可疑交易報告，而真發生洗錢後果，將對金融機構處50萬元以上500萬元以下罰款，並對直接負責的董事、高級管理人員和其他直接責任人員處5萬元以上50萬元以下罰款；情節特別嚴重的，反洗錢行政主管部門可以建議有關金融監督管理機構責令停業整頓或者吊銷其經營許可證（§32Ⅱ）。

對有前兩款規定情形人員，反洗錢行政主管部門可以建議有關金融監督管理機構依法責令金融機構給予紀律處分，或者建議依法取消其任職資格、禁止其從事有關金融行業工作，亦即剝奪金融機構負責人、經理人及從業人員工作權（§32Ⅲ）。

肆、可疑交易申報現況

我國現行申報制度就通貨交易而言，金融機構每年向調查局申報數量超過百萬件。因其採媒體申報，亦即透過內控程式，只要某個特定帳戶交易達一定金額即會予以示警，從業人員據以申報。以2014年為例，調查局

---

[15] 同上註，頁111。

接獲金融機構申報之通貨交易達410萬7,745件[16]，準此，通貨交易報告申報之運作尚屬正常，亦非本文探究之範圍。

　　本法第8條規定，金融機構對於犯疑似犯第11條之罪之交易，應確認客戶身分及留存交易紀錄憑證，並應向法務部調查局申報。惟查，金融機構對於可疑交易報告申報情形長期偏低。以2014年為例[17]，銀行業（包含本國銀行、外國銀行、信用合作社、農會信用部、郵政機構）合計申報6,781件，詳如表14-1。證券業（包括證券商、證券集中保管事業、證券投資事業、證券金融事業、證券投資顧問事業）合計申報31件，詳如表14-2。不僅不同產業出現極端不尋常為差異，銀行業6,781件、證券業31件。縱屬同一產業，因行業別不同亦有明顯落差，例如銀行業中本國銀行6,389件、農漁會信用部15件。證券業中119家的證券商6件、僅有1家的證券集中保管事業21件[18]。

表14-1　2014年銀行業疑似洗錢交易申報統計

行業別	申報件數
本國銀行	6,389
外國銀行	22
信用合作社	34
農漁會信用部	15
辦理保證金匯兌之郵政機構	355
合計	6,781

---

[16] http://www.mjib.gov.tw，最後瀏覽日期：2015年12月12日。

[17] 同註16。

[18] 證券商在2014年時有119家，從業員工人數超過36,000人。集中保管事業僅有1家。http://www.fsc.gov.tw，最後瀏覽日期：2015年12月12日。

表14-2　2014年證券業疑似洗錢交易申報統計

行業別	申報件數
證券商	6
證券集中保管事業	21
證券投資事業	4
證券金融事業	0
證券投資顧問事業	0
合計	31

　　綜上，金融機構對於此種洗錢防制法所賦予行政義務長期匱於實踐的情況，主管機關卻無所作為，這種現象是主管機關的怠惰或縱容，實在令人難以理解。分析整理法務部調查局2004年至2014年的洗錢防制年報，將不同業別的金融業申報疑似洗錢交易情形整理詳如表14-3[19]。另將美、日、韓金融機構在可疑交易報告申報情形說明如下，或可顯現此一問題的嚴重性及急迫性。

　　美國受理可疑交易報告（Suspicious Activity Report, SARs）機關為財政部（Department of Treasury）所屬的金融犯罪調查局（Fincinal Crime Enforcement network, FinCEN）。FinCEN在2012年3月以前，傳統金融機構（money service business）、賭場，以及證券期貨業所使用的可疑交易報告是不同的[20]。2012年3月1日以BSARs（Form 111）取代原有的申報表。當年由業者自行選擇採新表或舊表申報，採新表申報之申報數為9萬3,545件，2013年有127萬6,950件，2014年達172萬6,971件，2015年統計至10月計有91萬6,709件[21]。

---

[19] 同註16。

[20] 使用下列三種表格：FinCEN Form 109 (Money Services Business), FinCEN Form 102 (Casinos & Card Clubs), and FinCEN Form 101 (Securities & Futures Industries).

[21] FinCEN (2015), SAR Stats Technical Bulletin at 2, available at http://www.fincen.gov/news_room/rp/files/SAR02/SAR_Stats_2_FINAL.pdf, latest visit: 2015-12-12.

表14-3　2004年至2014年不同業別金融業疑似洗錢交易申報一覽表

年度	2004年	2005年	2006年	2007年	2008年	2009年	2010年	2011年	2012年	2013年	2014年
本國銀行	4,496	653	958	983	1,053	1,454	4,060	6,927	5,579	5,648	6,389
外國銀行	104	90	74	79	87	69	41	30	17	25	22
信用合作社	23	14	12	15	7	18	68	80	78	44	34
農漁會信用部	25	17	13	14	16	9	11	19	5	14	15
證券商	5	2	1	0	8	4	0	8	4	3	6
辦理儲金匯兌之郵政機構	15	6	8	358	347	184	207	376	403	458	355
期貨商	4	7	2	0	1	0	1	0	1	5	0
證券集中保管事業	17	236	162	227	108	87	125	54	21	34	21
保險公司	0	4	50	63	15	18	19	18	20	31	41
信託投資公司	0	0	1	0	0	0	0	0	0	0	0
票券金融公司	0	1	0	0	0	0	0	0	1	0	0
信用卡公司	0	2	0	2	1	1	3	1	5	2	3
證券投資事業	0	2	0	0	0	1	1	1	3	2	4
證券金融事業	0	0	0	0	0	0	0	0	0	0	0
證券投資顧問事業	0	0	0	0	0	0	0	0	0	0	0

日本防制洗錢機制受理金融機構申報的金融情報中心（Japan Financial Intelligence Center, JAFIC）為設立在日本警視廳（National PoliceAgency）下的刑事警察局（Criminal Investigation Bureau）。該機關近五年受理可疑交易報告數量如后：2010年有29萬4,305件，2011年有33萬7,341件，2012年達36萬4,366件，2013年計34萬9,361件，2014年共37萬7,513件。[22]

韓國金融情報中心（KoFiu）隸屬韓國財政委員會（Financial Service Commission），韓國開始施行金融機構申報可疑交易報告為2002年，當時全國僅有275件，但2003年即達1,744件。近五年情況如下：2008年有9萬2,093件，2009年為13萬6,282件，2010年23萬6,068件，2011年計32萬9,463件，2012年共29萬241件。[23]

中國係由中國人民銀行反洗錢監測分析中心受理金融機構申報可疑交易，2009年該中心計收到4,293萬3,000件可疑交易報告，其中來自銀行有4,251萬3,000件，來自證券業計18萬5,181件，源於保險業達23萬4,876件。[24]

綜上，我們可發現台灣的金融機構相較於外國並未善盡本法所賦予行政申報責任，其原因為何？查我國現有對洗錢領域的研究文獻中，多偏重研究構成要件、介紹外國法制及國際組織，以及凍結沒收的相關研究。或有研究金融機構的義務，但對於金融機構在申報可疑交易報告嚴重偏低的原因，卻未見相關研究。與本法有涉的政府機關如中央銀行、法務部，或是金管會，亦未見其探討此一問題的研究報告。

---

[22] JAFIC(2014), Japan financial Intelligence Center Annual Report 2014 at 48, available at http://www.npa.go.jp/sosikihanzai/jafic/en/nenzihokoku_e/data/jafic_2014e.pdf, lastest visit: 2015-12-12.

[23] KOFIU (2012), 2012 Annual Report, at 16, available at http://www.kofiu.go.kr/eng/sub1/1.jsp, latest visit: 2015-12-12.

[24] 中國人民銀行反洗錢局，2009年中國反洗錢報告，中國人民銀行，2010年初版，頁15-16。

表14-4　2010年至2014年美日韓可疑交易申報數量

	美國	日本	韓國
2010	1,326,606	294,305	236,068
2011	1,521,227	337,341	329,436
2012	1,582,879	364,366	290,241
2013	1,276,509	349,361	N/A
2014	1,726,971	377,513	N/A

伍、金融機構在防制洗錢的角色

　　2001年美國發生「911事件」後，防制洗錢（Anti-Money Laundering, AML）與打擊恐怖主義資金（Countering the Financing of Terrorist, CFT）結合。「打擊清洗黑錢財務行動特別組織」（Finacial Action Task Force, FATF）在1996年公布的「四十項建議」（40 Recommendations）第14至19項即是對於金融機構規範，「要求金融機構盡更大努力對付洗錢活動」。2001年通過「防制資助恐怖活動八項特別建議」（Special Recommendations on Terrorist Financing）第4項規定，負有防制洗錢義務之金融機構或企業、團體，發現資金疑似或有合理理由懷疑與恐怖活動、恐怖活動組織或提供恐怖活動資金有關時，應要求儘速向權限機關申報。2012年FATF公布「國際防制洗錢及資助恐怖活動與擴散標準」（International Standard on Combating Money Laundering and the Financing of Terrorism & Proliferation）第20項已明列，「應有法律規範要求金融機構懷疑或有合理懷疑資金源自犯罪所得或與恐怖份子相關時，必須向金融情報中心申報」（If a financial institution suspects or has reasonable grounds to suspect that funds are the proceeds of a criminal activity, or are related to terrorist financing, it should be required, by law, to report promptly its suspicions to the financial）[25]。可見金融機構對於可疑交易報告在國際標準已是一種義務，而非選項。

　　因為金融機構遭利用為洗錢管道的風險高，防制洗錢及打擊恐怖主義資金必須在金融機構建立有效的組織體系，特別是對於大筆、密集移動的資金應予有效監控，如果對於前述資金進行有效分析，或可發現洗錢行為。因為犯罪嫌疑人或被告，無論其所得來自詐欺、貪污，或是毒品犯罪，彼等多會透過傳統的商業行為將資金匯入金融機構以掩飾原始來源、最終受益者，所以金融機構通常是洗錢的中介者（intermediary）。犯罪嫌疑人或被告會將不法資金，使用人頭帳戶透過金融機構進行多次提存，或是在不同金融機構間移轉、存放，其目的在於替不法所得創造一個合法的外貌。[26]

　　巴塞爾銀行監理委員會（Basel Committee on Banking Supervision, BCBS）1988年公布「防止犯罪份子利用銀行系統洗錢」，某種程度上承認金融機構有為犯罪集團利用為洗錢管道之虞。但卻是預防銀行遭利用的重要作為，故BCBS分別在確認客戶身分、法律規範、嚴格遵守道德標準和當地法律法規、不違反客戶隱私保密前提下，加強與國內執法機構全力合作、員工培訓，以及記錄保存和審查等項目制定各種原則。[27]

　　1997年BCBS的「有效銀行監理核心原則」（Core Principles for Effective Banking Supervision），為全球金融監理機構提供基本原則。「銀行業監管者必須確定銀行制定了充分的政策、實施方法和各種程序，其中包括嚴格的KYC策略，從而在金融行業提高道德和職業標準並防範銀行被犯罪利用之虞」，這些原則同時督促各國接受FATF的四十項建議。

---

[25] International Standard on Combating Money Laundering and the Financing of Terrorism & Proliferation at 19, available at http://www.fatf-gafi.org/media/fatf/documents/recommendations/pdfs/FATF_Recommendations.pdf, latest visit: 2015-12-12.

[26] Turner, Jonathan E., Money Laundering Prevention: detering, detecting, and resolving financial fraud, 47-48 (2011).

[27] 詹德恩，金融犯罪的剋星：金融調查，三民書局，2011年，頁301-302。

　　隨著1997年亞洲金融海嘯發生，銀行監理發生重大變化，各個國家累積實施「核心原則」的經驗，對監理法規制度有調整必要，故2006年對前開核心原則評估方法予以修正。其中第18項原則，濫用金融服務（Abuse of Financial Service）建議在KYC策略中應包含下列機制：

（一）必須建立對客戶及其商業往來關係的確認機制。

（二）客戶身分必須予以確認審核，其中包含其最終受益人、風險評估的更新。

（三）建立對於非尋常或是可疑交易的確認機制。

（四）將負有決策的資深經理人帳戶與PEP帳戶一樣，列為高風險帳戶管理。

（五）制定對於客戶身分、交易資料確認、保存的相關法規，前揭紀錄至少應保留五年。

　　前述原則2012年版已精進至銀行必須執行「客戶評估」（Customer Due Diligence, CDD），並將此評估與防制洗錢及打擊恐怖主義資金結合，成為金融機構的義務，列為風險評估的項目。[28]

　　金融機構在本法的角色，分別在第6條、第7條及第8條。第6條規範，金融機構應訂定防制洗錢注意事項，內容包括防制洗錢之作業及內部管制程序、指派專責人員負責協調監督本注意事項之執行等。第7條規定「金融機構對於達一定金額以上之通貨交易，應確認客戶身分及留存交易紀錄憑證」，第8條明文「金融機構對疑似犯第11條之罪之交易，應確認客戶身分及留存交易紀錄憑證」，交易未完成者亦同。前該兩種交易應向法務部調查局申報，違反第7條者處新台幣（以下同）20萬元以上100萬元以下罰鍰。違反第8條義務者處20萬元以上100萬元以下罰鍰，但該金融機構如能證明其所屬從業人員無故意或過失者，不罰。

---

[28] Basel Committee on Banking Supervision, Sound management of risks related to money laundering and financing of terrorism at 3, available at http://www.bis.org/publ/bcbs275.pdf, latest visit: 2015-12-12.

陸、金融機構匱於申報原因探討

一、本法第8條恐有法律不明確性之嫌

民法第1條：「民事，法律所未規定者，依習慣；無習慣者，依法理」，故在民法領域中實無需明確性原則，但在行政法與刑法領域，因其屬上對下的法律關係，規範政府與人民之間的關係，違反者或需受行政罰，更甚者可能招致刑事罰，爰自需將何者可為，何者不可為以法律清楚明白的界定，讓人民行為有所準據，此乃法治國的基本原則。

查本法第8條規定，金融機構對「疑似犯第11條之罪之交易」應確認客戶身分及留存交易紀錄並向法務部調查局申報。金融機構本以營利為主要目的，將防制洗錢的第一線工作賦予申報行政責任，本就係一種社會責任的概念。刑事法中如何界定該該當性、有責性及違法性本即一項重大工程，對許多學法律者尚非易事。對於以營利為目的的金融機構，以及要求多數不具犯罪偵查專業、敏感及權限的金融機構從業人員「認定」何種交易「疑似犯第11條之罪」實屬對於人性可期待性及現實可能性的高估。[29]

針對本法第8條，金管會雖以行政命令發布「金融機構對達一定金額以上通貨交易及疑似洗錢交易申報辦法」[30]第7條對於何種交易為疑似洗錢交易予以規範，就其發布機關來看，為金管會銀行局，審其內容皆屬對於銀行業的規定，故「疑似犯第11條之罪之交易」就證券業、保險業而言，仍屬不確定的法律概念。又「基於法治國家之基本原則，凡涉及人身自由之限制事項，應以法律定之；涉及財產權者，則得依其限制之程度，以法律或法律明確授權之命令予以規範。惟法律本身若已就人身之處置為明文之規定者，應非不得以法律具體明確之授權委由主管機關執行之。至主管機關依法律概括授權所發布之命令若僅屬細節性、技術性之次要

---

[29] 林漢堂，論金融機構及其從業人員防制洗錢之法律責任，成大法學，第18期，2009年，頁235。

[30] 行政院金融監督管理委員會97年12月18日金管銀（一）字第09710004460號函。

事項者，並非法所不許。」[31]雖目前各種不同行業別的金融機構，包括銀行、信用合作社、農（漁）會信用部、證券商、人壽保險、期貨商、票券商、信用卡的同業公會，請有「○○○防制洗錢及打擊資助恐怖主義注意事項範本」報請金管會備查，但這種以自律公會訂定的規範是否符合「主管機關依法律概括授權所發布之命令」恐有疑義。次查，本法第5條規範的「金融機構」，如證券投資信託事業、證券金融事業、證券投資顧問事業、產物保險，以及依本法第5條第1項第18款指定為洗錢防制法第5條第1項所稱之金融機構的保險經紀人公司及保險代理人公司[32]，甚至連上述的範本尚闕如，若期彼等善盡本法賦予之行政責任，恐緣木求魚。

當何謂「疑似犯第11條之罪」，亦即可疑交易的概念不明確時，不僅金融機構及其從業人員難認據以有效判斷，主管機關欲據以對個案做權責認定時，亦不免遭到挑戰與質疑[33]。

二、金融機構將洗錢防制工作流於形式

金融機構對於洗錢工作內在動力不足，主要呈現在金融監督管理過程來看，金融機構在陳報的數據有錯報、漏報及遲報的現象，當這些情形出現時，金融機構防制洗錢的工作人員不能合理解釋數據之間的勾稽關係，對於報表中各種指標無法認真理解。次為金融機構從業人員在對KYC的工作流於形式，僅在身分證件上予以查核。在大額交易和可疑交易報告多數透過自行開發系統進行篩選，未就可疑交易報告予以人工過濾，讓可疑交易報告流於形式，致多數報告成為金融情報中心無用資料。[34]

三、基於成本及回饋考量

金融機構經常報怨對於防制洗錢必須投入成本，工作壓力大，卻少有

---

[31] 司法院釋字第559號解釋。

[32] 金融監督管理委員會101年3月5日金管保理字第10102541951號令。

[33] 林漢堂，同註29，頁237。

[34] 李煥福、孔秀杰，金融機構反洗錢工作內在動力不足問題研究，內蒙古財經學院學報，第10卷第2期，2012年2月，頁119。

獎勵回饋。金融機構在履行防制洗錢行政責任,要付出一定成本,並且可獲得一定的收益。成本和收益的分析包括兩個層面,一是私人層面,二是社會層面。

金融機構在執行防制洗錢至少增加六種成本,包括建立反洗錢內部政策、程式和控制措施之「制度成本」、培訓之「人事成本」、為執行內部檢查所需硬體設備及人員差旅的「檢查成本」、流失客戶、保存帳戶資料及交易紀錄之「檔案成本」及開發、維護反洗錢交易監測機制與預警系統之「技術投入成本」等。這些都是屬於「私人成本」(C1),在付出私人成本後,金融機構可以得到哪些「私人收益」(V1)?主要係指金融機構在執行洗錢防制業務後,獲得的潛在利益和減少的風險。金融機構積極履行防制洗錢工作可以避免為主管機關處罰,此部分可以稱為避免受處罰的收益,同時在履行防制洗錢行政責任過程中不斷自我改善內控機制,加強內部管理,降低經營風險,甚至因為防制洗錢工作著有成效,使得企業品牌形象予以提升。但是以上收益皆屬金融機構長期的或有收益,就短期而言,金融機構很難得到直接收益。

防制洗錢的「社會成本」(C2)來自於機會成本,防制洗錢的社會機會成本,即防制洗錢在預防重大犯罪,維護社會公正,保障金融秩序同時可能造成某些方面的效率損害,例如減少熱錢匯入。這種負面效應相當於不採取這種制度下的機會收益。

執行防制洗錢工作的「社會收益」(V2)來自於金融秩序的穩定、社會公正正義得以維繫。一方面,防制洗錢有利於消除洗錢替金融機構帶來潛在法律風險,穩定金融市場秩序,防止熱錢湧現造成經濟假象。另一方面,防制洗錢可以產生威嚇效果,預防洗錢及相關的重大犯罪,保障社會安定。

從對以上各成本和收益項目分析,發現C1 > C2而且V1 < V2。

金融機構防制洗主要成本由金融機構承受,但收益主要卻在體現社會收益,這種成本與社會不對等情形就金融機構而言自屬矛盾,此一矛盾當

然是金融機構匱於申報可疑交易的原因之一。[35]

四、主管機關事權不統一

依FATF四十項建議中第26項，各國應設立Finacial Intelligence Unit（FIU）作為統一受理、分析及提供可疑交易報告及其他可能與洗錢、資助恐怖活動資金有關的情報蒐集的行政機關。國際防制洗錢組織艾格蒙聯盟（Egmont Group）將FIU定義，打擊洗錢犯罪，經法律授權的中央層級負責受理、分析、處理，以及運用金融機構所申報可疑交易報告的機關。[36]

FIU屬性可分為行政型（Administrative-type）、執法型（Law-enforcement-type）、司法型（Judicial or prosecutorial-type），以及混合型（Hybrid）。將前述分類略述於后，行政型，即FIU設在行政部門，例如財政部、中央銀行，美國、澳洲、加拿大、中國、韓國屬之。執法型，即FIU設在警察機關、或司法警察機關，例如日本、台灣。司法型的FIU係設在司法部門（含檢察機關），例如塞普路斯（Cyprus）、盧森堡（Luxembourg）。混合型的FIU通常設在行政部門，但（司法）警察機關可以派人加入。[37]當然每一類型的FIU各有其優缺點，依本法，法務部調查局的洗錢防制處現為我國的FIU。

本法所規範賦有申報義務者係金融產業，其目的事業主管機關為金管會，但FIU卻設在法務部調查局，前者為行政機關，後者為執法機關卻又有情報機關的屬性，不僅彼此組織特性、文化大不相同，就實務面而言，金融機構必須向FIU申報可疑交易報告，但其在何種交易下進行申報、何種交易應該申報卻未申報，只有金融監理機關透過金融檢查或可發現。FIU只能在重大案件發生後，回溯檢視有無金融機構進行可疑交易申報，

---

[35] 陳慧玲、安怡芸、呂佳陵，淺析洗錢犯罪——兼論兩岸金融業防制洗錢之法律責任（七），法務通訊，第2389期，2008年第5版。另見前註30，頁226；前註35，頁119-120。

[36] 魏武群，同註14，頁108。

[37] IMF, World Bank, Financial intelligence units: an overview 9-17 (2004).

或是透過資金清查發現有無應申報卻未申報的交易，果真有應申報卻未申報只能函轉金管會予以處分，易言之，現行我國FIU在對金融機關是否申報可疑交易報告，只是一隻無爪老虎。

大數據（Big Data）時代來臨，誰有資訊，誰就取得發言權。FIU自18年前即取得其在掌權執政者前的發言權。1996年9月24日立法院針對本法草案審查案，立法委員姚立明調略以，第8條規定，金融機構對疑似洗錢之交易，應……，並應向指定機構申報，此指定機構就是在調查局經濟犯罪防制中心，本席認為假如調查局要對本席作政治上的監督與偵查的話，就可以……，通知所有銀行要申報本席的銀行往來紀錄，如此會造成擾民及政治迫害。[38]

姚立明委員當時的憂慮並非杞人憂天，法務部調查局在2008年即發生前局長隱匿應送交檢方之洗錢犯罪情資及相關極機密公文，並洩漏及交付予不應知悉之人，遭判刑並經監察院彈劾；2015年亦發生洗錢防制處同仁將可疑交易報告資料任意交付第三人遭台北地檢署起訴在案。

回顧本法立法過程，FIU究竟設在那一個單位，原有財政部金融局、法務部調查局兩個選項[39]，結果係當時金融局局長陳木在排斥FIU設在該局，當時法務部部長廖正豪願意承接，故設在法務部調查局。已過十八年，FIU是否設在司法警察機關是最好的選項，其實是該可以討論的時間了。

五、主管機關難以有效處罰未申報者

金融機構對於疑似洗錢交易報告應為行政責任不履行時，依洗錢防制法第8條當為20萬至100萬元罰鍰，惟金管會自2004年7月1日成立迄今僅裁罰五案，詳如表14-5。

---

[38] 同註2，頁212。

[39] 同註2，頁172。

表14-5 2004年至2014年違反洗錢防制法第8條裁罰案件統計表

時間	件數	行業別
2009	2	銀行業（本國銀行、信用合作社）
2010	1	本國銀行
2011	1	本國銀行
2013	1	外國銀行

資料來源：個人整理自金管會提供資料

　　什麼原因不予裁罰，個人難予推斷，或許如前述，因為對於可疑交易的認定標準不明確，主管機關欲據以對個案做權責認定時，亦不免遭到挑戰與質疑。但從裁罰案件皆屬銀行業，以及表14-3所呈現十年來金融機構申報情形以觀，似可推論，主管機關對於金融業者的態度，會影響彼等申報可疑交易報告的產出。又目前第8條係對金融機構處罰僅20萬至100萬元的罰鍰，此種處罰金額對於年營業數以十億、百億的金融機構實難有威嚇警惕之效，而該金融機構如能證明其所屬從業人員無故意或過失者，不罰。金融機構從業人員本無調查權，縱特別注意交易，但無從實際調查資金來源是否不法，自然很難構成故意或過失而受罰[40]。「徒法不能以自行」，現行規定實徒有條文但難以執行。

六、公司政策影響可疑交易申報

　　個人曾於2012年以決策實驗室分析法（DEMATEL）進行證券從業人員法規遵循認知研究[41]，針對12位在證券業從業十年以上之資深專業經理人進行專家問卷，透過DEMATEL分析，發現影響證券商從業人員法規遵循認知的關鍵因素，並分析其因果關係。

　　得到證券業從業人員對法規遵循認知衡量構面之完整關係矩陣T，如表14-6所示。其中1代表曝險認知，2代表作業風險認知，3代表風險評估

---

[40] 林志潔，同註7，頁272。

[41] 詹德恩，證券從業人員法規遵循認知研究，會計與財金研究，第5卷第2期，2012年9月，頁51-67。

表14-6　證券業從業人員對法規遵循認知衡量構面關係矩陣T

	1	2	3	4	5	6	7	8	9	10	11	12	13	14
1	0.57	0.66	0.58	0.56	0.60	0.60	0.64	0.72	0.68	0.70	0.71	0.64	0.57	0.62
2	0.61	0.53	0.54	0.52	0.55	0.56	0.60	0.66	0.66	0.64	0.67	0.60	0.56	0.59
3	0.55	0.53	0.43	0.50	0.51	0.50	0.54	0.59	0.59	0.58	0.59	0.54	0.49	0.51
4	0.47	0.47	0.45	0.36	0.45	0.44	0.47	0.52	0.51	0.51	0.52	0.46	0.42	0.43
5	0.56	0.55	0.48	0.45	0.45	0.50	0.55	0.63	0.59	0.59	0.60	0.55	0.49	0.54
6	0.42	0.43	0.40	0.40	0.42	0.35	0.48	0.48	0.46	0.47	0.48	0.44	0.39	0.43
7	0.58	0.57	0.52	0.49	0.52	0.52	0.52	0.65	0.62	0.65	0.65	0.60	0.54	0.59
8	0.55	0.53	0.47	0.45	0.47	0.47	0.56	0.53	0.59	0.59	0.62	0.58	0.50	0.53
9	0.59	0.60	0.52	0.50	0.55	0.54	0.57	0.65	0.57	0.64	0.68	0.63	0.55	0.59
10	0.56	0.57	0.52	0.51	0.54	0.54	0.56	0.62	0.61	0.55	0.62	0.58	0.53	0.57
11	0.66	0.65	0.57	0.55	0.62	0.61	0.68	0.75	0.72	0.72	0.66	0.70	0.61	0.67
12	0.56	0.56	0.50	0.48	0.52	0.51	0.56	0.62	0.60	0.61	0.62	0.51	0.51	0.56
13	0.66	0.66	0.61	0.57	0.63	0.61	0.66	0.74	0.70	0.71	0.75	0.68	0.54	0.65
14	0.59	0.58	0.52	0.49	0.53	0.52	0.58	0.67	0.63	0.65	0.67	0.59	0.53	0.51

政策，4代表風險型態分類，5代表業務單位自評品質，6代表曝險應變程序，7代表認識客戶，8代表高金融犯罪曝險人員辨識，9代表非傳統交易流程曝險，10代表法規熟悉程度，11代表風險警覺程度，12代表個人能力認知，13代表機構責任認知，14代表個人責任認知。第一列代表「曝險認知」對其他構面的影響強度，例如：「曝險認知」對自己的影響強度為0.57，對「作業風險認知」的影響強度為0.66；第一行代表「曝險認知」被其他構面的影響強度，例如：「曝險認知」被自己影響的強度為0.57，被「作業風險認知」的影響強度為0.61。

　　證券業從業人員對法規遵循認知強度之相關計算，如表14-7所示，由表中可知專家認為，「機構責任認知」之D-R值為1.94，為最大且正，在整體衡量指標中最為顯著，且影響別的指標比被其他指標影響還多，為影響其他指標的重要「觸媒」，其可歸類為「因群組」。除此之外，曝險認知（0.89）、作業風險認知（0.38）、風險評估政策（0.34）、風險警覺

表14-7　證券業從業人員對法規遵循認知衡量構面D+R與D-R統整表

名稱	關聯度D+R	影響度D-R
曝險認知	16.79	0.89
作業風險認知	16.16	0.38
風險評估政策	14.56	0.34
風險型態分類	13.32	−0.34
業務單位自評品質	14.86	0.20
曝險應變程序	13.29	−1.27
認識客戶	15.95	0.07
高金融犯罪曝險人員辨識	16.27	−1.39
非傳統交易流程曝險	16.71	−0.35
法規熟悉程度	16.51	−0.73
風險警覺程度	18.01	0.33
個人能力認知	15.86	−0.34
機構責任認知	16.42	1.94
個人責任認知	15.85	0.27

程度（0.33）、個人責任認知（0.27）、業務單位自評品質（0.20）與認識客戶（0.07），亦為影響其他指標比被影響還多，亦將其歸納為「因群組」中。因此，若能增加證券業從業人員對法規遵循認知中的「機構責任認知」，能有助於提升整體之核心能力，甚至改善「因群組」中其他指標，即透過「機構責任認知」的提升，能增進證券業從業人員對法規遵循認知及其他因素，進而提高整體核心能力。而「風險警覺程度」的D+R值為18.01為最大，即表示「風險警覺程度」深受衡量證券業從業人員對法規遵循認知中其他指標的影響，可由此觀察到「風險警覺程度」是整體核心能力改變的主軸部分。

使用DEMATEL因果關係圖，如圖14-1，可以直接顯示每個指標間其影響關係。當Tij為Ci影響Cj之值，若Tij < 0.70即不畫線；當Tij為Ci影響Cj之值，若0.70≦Tij < 0.74即以細線箭頭表示其關係；當Tij為Ci影響Cj之

值，若Tij≧0.74即以粗線箭頭表示其關係。由圖14-1可看出，「風險警覺程度」會影響「法規熟悉程度」、「高金融犯罪曝險人員辨識」等其他因子，亦會受「機構責任認知」、「曝險認知」等因子所影響，故為整體構面之重要樞紐。而「機構責任認知」為影響其他證券業從業人員對法規遵循認知中主要因子，即可視為構面中的「觸媒」。

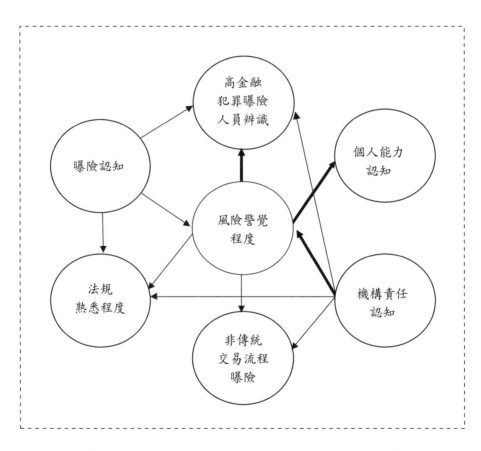

圖14-1　證券業從業人員對法規遵循認知衡量DEMATEL因果關係圖

註：$T_{ij} < 0.48$：不畫線

　　　$0.48 \leqq T_{ij} < 0.52$：

　　　$T_{ij} \geqq 0.52$：

柒、代結論

　　犯罪嫌疑人或被告若進行洗錢，金融機構可能是地點、中繼，或是終點。巴黎恐攻以後，美國歐巴馬總統2015年11月22日在馬來西亞吉隆坡舉行的第27屆東亞高峰會（27th ASEAN Summit）上演說，重申將聯合盟邦致力對抗全球的恐怖行動，合作對象包括亞太地區各國和台灣。歐巴馬說，他利用出席高峰會的部分時間和聯合對抗伊斯蘭國（IS）的成員會商，這些成員包括澳洲、加拿大、日本、馬來西亞、新加坡、南韓和台灣，美國建立並領導約65國組成對抗IS的聯盟，這些國家的貢獻攸關聯盟的成功[42]。在我國成為反恐聯盟成員後，洗錢防制應是該聯盟要求的核心工作之一。

　　當然，金融機構申報疑似洗錢交易報告多並不代表不會遭利用為洗錢管道，但個人可以大膽推論金融機構申報疑似洗錢交易報告少，其遭利用為洗錢管道風險必定提高。亞太防制洗錢組織（Asia Pacific Group on Money Laundering, APG）將2001年、2007年曾分別對台灣進行第一、二輪相互評鑑，預訂2018年對台灣進行第三輪的相互評鑑。在前兩輪評鑑即存在的金融機構申報可疑交易報告意願偏低情形，在前述反恐聯盟成立後，可能成為相互評鑑所關注議題。

　　現有文獻缺乏對金融機構未能善盡申報責任因素進行實證研究，研究為善盡國際社會責任，也為對症下藥，國內學術界實有必要對金融機構從業人員在可疑交易認知及申報意願的因素進行研究，以發現真正原因並提出對策供主管機關參考。

---

[42] http://www.aseam.org/news，最後瀏覽日期：2015年12月10日。

參考文獻

一、中文

1. 中國人民銀行反洗錢局，2009年中國反洗錢報告，中國人民銀行，2010年。

2. 立法院，洗錢防制法案，法律案第 214 輯，立法院，1997 年。

3. 詹德恩，金融犯罪的剋星：金融調查，三民書局，2010 年。

4. 詹德恩，金融犯罪成因及防制對策之研究——以司法、金融監理及金融機構人員之觀點為核心，中正大學犯罪學系博士論文，2006 年。

5. 李煥福、孔秀杰，金融機構反洗錢工作內在動力不足問題研究，內蒙古財經學院學報，第 10 卷第 2 期，2012 年。

6. 林志潔，制洗錢之新思維——論金融洗錢防制、金融監理與偵查權限，檢察新論，第 3 期，2008 年。

7. 林漢堂，論金融機構及其從業人員防制洗錢之法律責任，成大法學，第 18 期，2009 年。

8. 陳慧玲、安怡芸、呂佳陵，淺析洗錢犯罪——兼論兩岸金融業防制洗錢之法律責任，法務通訊，第 2389 期，2008 年。

9. 詹德恩，證券從業人員法規遵循認知研究，會計與財金研究，第 5 卷第 2 期，2012 年。

10. 蔡秋明，瑞士防制洗錢法制，檢察新論，第 14 期，2013 年。

11. 魏武群，兩岸銀行業防制洗錢之可疑交易申報比較分析，台灣金融財務季刊，第 12 輯第 1 期，2011 年。

二、外文

1. Basel Committee on Banking Supervision, Sound management of risks related to money laundering and financing of terrorism, 3 (2014).

2. FATF, International Standard on Combating Money Laundering and the Financing of Terrorism & Proliferation, 19 (2012).

3. FinCEN, SAR Stats Technical Bulletin 2 (2015).

4. Turner, Jonathan E., Money Laundering Prevention: detering, detecting, and resolving financial fraud, 47-48 (2011).

15

論社區矯正與機構處遇的銜接

鄧煌發[*]、丁榮轟[**]

[*] 中華民國犯罪學學會理事長、中央警察大學犯罪防治系教授。
[**] 法務部保護司科長、文化大學法律系兼任助理教授。

目　次

壹、前言

近年來，我國民粹主義意識高漲，民眾漠視刑事司法專業領域，透過媒體過度干預以致嚴重影響刑事司法正常運作，導致矯正機構收容超額收容程度愈益嚴重（林文尉，2015；黃徵男，2014；楊士隆、林健陽，1996；林健陽、楊士隆，1994；林茂榮、楊士隆，1993）；在犯罪零容忍政策（Zero-tolerance policy）[1]引導下，我國步向「流刺網」[2]的司法制度，「法網擴張」（Net-widening）結果，形成「專抓小魚，大魚掙脫」的窘境，加上我國民眾普遍的鴕鳥心態，認為將「所有」犯罪人關入監牢之中，社會就得到和平的天真想法。把不應關押的微罪犯關起來，問題就解決了嗎？事實是，當他們被關押之後，他們的家庭、子女、學校、職場……的問題才剛開始；本身對未來希望的幻滅，如此大而不當的「教訓」，留下的惡害，勢將永不止歇……。

本文所稱之「關押」泛指經刑事司法系統，以拘留、拘禁、羈押、監禁為手段，暫時剝奪、限制其自由之謂，不必然專指監獄之監禁。將以法務部（2015）法務統計資訊網提供之官方統計資料，進行進一步之統計分析之次級資料分析法（Secondary data analysis），以及蒐集相關文獻探討（Literature review）方式，容不再贅述社區處遇的優點（鄧煌發，2013a），因其優點早已有如天上繁星般；特針對當前我國民粹或刑事司法重刑化後對社會滋生的後果，從機構處遇進入社區矯正當下，提出一些

---

[1] 零容忍政策不單針對刑事司法系統，警察、法官等對犯罪人的看法，對學校教育、行政管理等均可適用。西方國家，尤其美國對此政策之負面批評甚多，可參閱 Racino（2014）、Khan（2014）、Robinson（2002）、Rowe & Bendersky（2002）、Marshall（1999）等。

[2] 流刺網係一種用於捕撈迴游性魚類的方法，一般將漁網張設於接近海平面的位置，等待魚類游入而被網目纏住，而被纏住的魚就像刺的掛在網上，因故得名。其對魚類殺傷力極大，不論大魚、小魚都全部落網，尤其台灣常見的小目流刺網，往往造成小魚掛網，大魚衝破漁網的結果，此即為筆者隱喻者。此一極不人道的流刺網捕魚方式，常造成海洋生態的浩劫，歐盟及其他各國均陸續透過國際公法立法禁用。

橋接的作法；主題圍繞在「他們」如何出來，以及「他們」出來之後的處遇。撰文的主要目的非常單純，一為降低再犯，另一則為社區祥和；前者係刑事司法的消極目的，後者則為其積極目的。

貳、陰霾籠罩：遭重刑化民粹踩躪後的社會

曾幾何時，一向治安良好的台灣，竟一連串發生幾件重大社會治安事件，其中以發生於1996年11月21日桃園縣長劉○友血案，導致九死一傷，1997年4月14日陳○興綁架了台灣知名藝人之女白○燕撕票案，以及2014年5月21日台北捷運車廂內發生的鄭○隨機殺人，導致四死二十餘人受傷的結果，有人形容最後一案是台灣社會「天真」、「美好」時代的結束，該事件開啟了台灣犯罪治安史「嶄新」的一頁（鄧煌發，2014），意謂台灣社會自此爾後將面臨更密集發生、更冷血殘酷犯罪事件的摧殘！會嗎？

每當台灣發生隨機殺人慘案之後，筆者均會語重心長地為文表示，當前台灣社會充斥著對立、衝突、矛盾、不滿、憤怒、仇恨、分離、互斥……等負能量，將可能是壓垮美好治安，締造下一波重大慘案的「最後一根稻草」（鄧煌發，2009、2011、2013b、2014）。

誠如本文前言，近年來，台灣立法機關受重刑化民粹主義的影響，除在假釋政策上，有重大之變革外，壓迫刑事司法系統加強打擊犯罪，鎖定打擊之標的為：毒品犯罪、不能安全駕駛罪。分析近二十年來假釋政策的變化及法務部相關統計資料後，即可獲得下列明證：

一、我國近二十年間假釋法定門檻修正之重刑化趨勢

從我國近年來自1994年起在刑法假釋政策有三次之較大的修法[3]，其趨勢可以明顯看出我國假釋政策方面的變化與加重之情形（如表15-1），

---

[3] 1994年修法之前提報假釋之門檻：刑法第77條：「受徒刑之執行，而有悛悔實據者，無期徒刑逾十年後有期徒刑逾二分之一後，由監獄報請法務部，得許假釋出獄。但有期徒刑之執行未滿一年者，不在此限。」

表15-1　我國近年來之假釋政策修訂情形

修訂年度	有期徒刑提報門檻	無期徒刑提報門檻
1994年	執行逾三分之一	執行逾10年
1997年	初、再犯執行逾二分之一 累犯執行逾三分之二	初再犯執行逾15年 累犯逾20年
2006年	初、再犯執行逾二分之一 累犯逾三分之二	執行逾25年

尤其是1997年更將1994年之較寬鬆之假釋門檻大幅度的從嚴修正，並特別將犯罪人之假釋條件分為二類，即初再犯與累犯受刑人，而其中之累犯受刑人部分，其假釋提報門檻更從原來的執行逾二分之一提高到逾三分之二始可提報。無期徒刑徒原先的逾十年可提報假釋，修正為無期徒刑逾十五年（指初再犯）、累犯逾二十年。2006年更受美國「三振法案」[4]之精神影響，無期徒刑均需逾二十五年始可提報假釋。

　　而上述重刑化之假釋政策趨勢所造成犯罪人在監執行期間延長，下列之提報及審核假釋配套措施的改變，導致監獄受刑人擁擠的情形也更加嚴重：

　　（一）因重刑化之政策，假釋核准率降低，受刑人在監時間增加。

　　（二）假釋提報門檻提高，執行率相對增加。

　　（三）引入美國三振法案之重刑化假釋政策，不得假釋受刑人數增加。

二、判決有罪者以觸犯毒品罪與不能安全駕駛罪者最多

　　根據法務部（2015）統計資料（詳如表15-2與圖15-1）顯示，2014年我國各地方法院檢察署執行判決有罪的人數為18萬8,557人，在觸犯之罪

---

[4] 美國近來為防制犯罪，而有對於累犯重罪者加重刑罰之立法，稱之為「三振法案」，即參酌「Three strikes and you are out.」的棒球術語稱之。係於1994年9月16日由美國總統柯林頓所簽署，其全名係「暴力犯罪控制暨執行法」（Violent Crime Control and Law Enforcement Act），主要內容為：對於前已犯二次重大犯罪之重罪犯，或前曾犯一次以上重大犯罪之暴力重罪犯，或一次以上之重大犯罪之煙毒犯，當其再犯時，將被處終身監禁，不得假釋，可參閱徐昀（1995）。

表15-2　近十年（2005～2014）我國地方法院檢察署執行裁判確定有罪人數

罪名	2005	2006	2007	2008	2009	2010	2011	2012	2013	2014
公共危險罪	20,106	28,282	35,815	28,050	23,358	43,333	43,911	47,476	48,231	70,938
竊盜罪	13,061	13,499	14,117	15,550	14,514	21,271	21,392	20,468	19,462	19,930
毒品罪	13,191	13,511	11,856	12,677	14,640	35,460	36,440	36,410	36,096	34,672
總計	122,076	128,453	127,127	131,680	115,181	180,081	175,300	173,864	168,595	188,557

資料來源：依法務部（2015）資料再行統計而得。

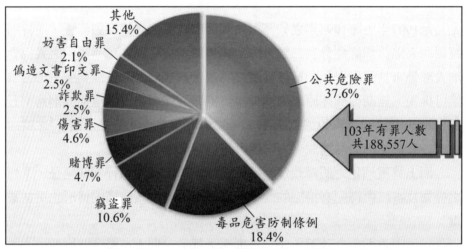

圖15-1　2014年我國地方法院檢察署執行裁判確定有罪主要罪名方塊圖
資料來源：法務部（2015），法務統計資訊網。

名中，以公共危險罪為最多（7萬938人，占37.6%），違反毒品危害防治條例者次之（3萬4,672人，占18.4%），竊盜罪居第三位（1萬9,930人，占10.6%），合計此三大主要犯罪類型高占所有罪名的六成六（合計12萬5,540人）。

乍看之下，公共危險罪為暴力犯罪類型之一，其實其中絕大部分（超過九成）均係因酒駕致不能安全駕駛者，此一罪名與毒品罪常被歸為惡性較輕之無被害者犯罪（Victimless crime），甚至歸屬為物質濫用／成癮者（Substance abusers/addicts），也常被學術界歸為除罪化（Decriminalization）之類型；而占一成強之竊盜罪，雖屬最古老之傳統

犯罪類型，與唯一進入主要犯罪之列的暴力犯罪，亦即位居第五的傷害罪（4.6%）相較，其惡性亦屬輕微，而觸犯賭博、詐欺、偽造文書印文等罪者，其所占之比例亦均不高。若依當今重刑化民粹思潮，觸犯這些罪名的犯罪人，無論其惡性，最終均應令入監獄執行機構處遇，恰當否？

若將時間推展至近十年（2005～2014）裁判確定有罪的三大罪名之中，歷年均以公共危險罪為最多，且自2010年衝破4萬人大關伊始，逐年增長至2014年的7萬938人達最高峰。毒品罪與竊盜罪方面，兩者在前五年（2005～2009）人數相近，其間差距極微；惟自2010～2014年五年間，竊盜罪人數雖顯較前五年有所增長，惟其人數維持在每年2萬人左右，而毒品罪卻從2009年的1萬4,640人突暴增兩倍多至3萬5,460人，而後每年維持在3.6萬人以上，2014年則下降至近五年之新低人數（3萬4,672人）。同樣地，近十年裁判有罪之總體人數的轉捩點也同樣發生在2010年；2009年有11萬5,181人，2010年暴增至18萬81人，然後在2014年再創近十年之最高點，該一年之中即有18萬8,557人獲判有罪；換言之，當年每10萬名台灣人之中，約有8,198人是獲判有罪之人。

三、新入監服刑者亦以毒品罪與不能安全駕駛罪者最多

監獄係刑事司法系統之最後一環，受檢察系統指揮，代表國家執行刑罰權；其所收容之對象（受刑人），應係法院判決有罪且應有隔離社會之必要者，觸犯罪名應屬重罪者，觸犯一般輕罪者應盡可能排除適用。然而，我國監獄卻充斥著這些非屬重罪者。

依表15-3統計資料並搭配圖15-2，可以瞭解近十年（2005～2014）我國各監獄入監受刑人的主要的三大罪名之分配與發展趨勢概況。

表15-3　近十年（2005～2014）我國各監獄新入監受刑人罪名

罪名	2005	2006	2007	2008	2009	2010	2011	2012	2013	2014
公共危險罪	2,882	3,344	4,043	7,138	6,855	5,377	5,549	6,384	7,585	10,168
竊盜罪	6,278	6,822	6,799	9,279	6,934	6,110	6,066	5,557	4,937	4,601
毒品罪	10,988	12,419	10,093	14,492	12,440	11,247	11,474	10,971	10,434	9,681
總計*	33,193	37,607	34,991	48,234	42,336	37,159	36,459	35,329	34,167	34,385

註：*係指所有罪名入監服刑之人數，非僅只上列之三項罪名。
資料來源：依法務部（2015）資料再行統計而得。

　　相關資料顯示，無論從總體或分項罪名來看，我國新入監受刑人人數受2007年的減刑措施影響極大。因公共危險罪而入監服刑之受刑人，從2005年的最低點（2,882人），然後逐年升高至2008年的7,138人，其後轉為下降趨勢，直至2010年的5,377人，之後則呈逐年上升之趨勢，至2014年破萬人之最高點，當年即有1萬168人因公共危險罪被關押在監獄服刑。傳統之竊盜罪則呈現緩和先升後降的趨勢，以2008年之9,279人最多，2014年的4,601人最少，其餘均5～6千人左右。

　　入監服刑後，因著刑期與在間考核表現而出獄，送往迎來，受刑人出入現象是監獄常態，惟監獄擁擠問題常受學術界重視。取近十年（2005～2014）年底在各監獄服刑之總人數與法定容額差額所得之超額收容比例，

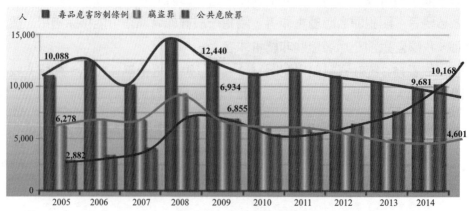

圖15-2　近十年（2005～2014）我國新入監受刑人主要罪名比較圖
資料來源：法務部（2015），法務統計資訊網。

可大致看出我國監獄擁擠程度之嚴重性，其所引發的受刑人基本人權的問題，值得吾人注意。

四、超額收容導致機構處遇成效難以彰顯

依圖15-3資料顯示，矯正機構處遇場所以監獄為主，其收容人數較多，除2007年中受減刑措施影響外（為4萬1,475人），其餘各年底在監服刑人數均在5.5萬左右；以2012年之5萬9,315人最高，與2013年相近，均幸未破6萬人大關。其他機構（看守所、觀護所、技能訓練所、戒治所、輔育院、矯正學校等）收容人數較少，惟前三年（2005～2007）收容人數呈現上升趨勢，且總收容人數均破萬人以上，之後即呈現逐年降低趨勢。

2007年因執行減刑措施，矯正機關超額收容之比率最低，接近法定容額外，其他各年之超額收容均在15.1%以上。惟2007年的減刑措施僅只有短暫效應，次（2008）年人數隨即攀升，至2012年最高，超額收容之比率高達21.1%；隨後之兩年，逐年下降至16.2%。此是否意味著2013、2014年，接受社區矯正處遇的犯罪人增加？將留待稍後再行探究。

Agnew（2005）認為執法人員在執行逮捕、羈押、感化教育、戒治等手段時，應盡量減少對當事人生涯領域（Life domains）的負面影響（鄧煌發、李修安，2015；鄧煌發，2007、2008）。筆者認為，當關押在監獄

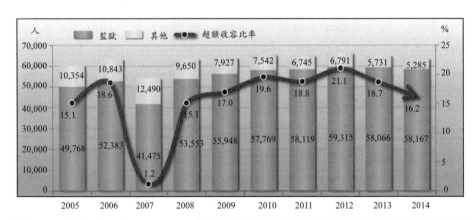

圖15-3　近10年（2005～2014）我國矯正機關收容人數暨超額收容趨勢圖
資料來源：法務部（2015），法務統計資訊網。

內的受刑人並非殺人、強盜、擄人勒贖等暴力犯罪類型的「大魚」，卻充斥著毒品犯、醉酒致不能安全駕駛的「小魚」，其所滋生的嚴重問題絕非當下所能見者，在十年、二十年後，我們必會嚐到刑事司法系統執意執行民粹重刑化刑事政策的惡果。舉2013年接近萬人係因醉酒致不能安全駕駛的例子說明。

五、醉酒致不能安全駕駛者入監服刑的四面楚歌

　　首先衝擊的是上萬個家庭的功能喪失殆盡，直接受害者高達近4萬人[5]。觸犯公共危險罪中之不能安全駕駛者，除須具一定責任能力外，本身必須擁有機車、汽車等一般國民廣泛通用之交通工具，且多在應酬（多屬職業之常態）之後，進而觸犯者；此外，這些人多屬擔負家庭經濟大權者，一旦入獄服刑，家庭經濟頓失依靠，將從中產階級墮落為社會底層；另因家庭頓成為破碎家庭，配偶關係轉趨不良，即無法履行完整之親職，或惡劣之親子關係將促使其子女教養不全，進而產生偏差人格，待其長大成人後，形成犯罪家庭的惡性循環之起始。

　　其次衝擊的是子女的人格發展。不論上述因教養不全導致之惡果，往往在因案服刑期間（短刑期），為了家族顏面，家長往往以撒謊[6]理由搪塞，甚至教導子女不誠實，因此而喪失基本之誠實倫理，將嚴重阻礙其子女未來健全之人格發展。

　　第三，另一衝擊是來自親朋好友負面的標籤烙印。因醉酒案入監服刑，從有為青年變成階下囚，一般世俗對犯罪人的負面觀感，除讓行為人因此形成負面自我形象，並產生自甘墮落的惡害外，對於家庭，甚至對家族所有成員的不良標籤，將嚴重遏阻原有的正常發展，逐漸與親朋好友疏

---

[5]　2014年之醉酒駕車者計9,631人，多為成年且有職業之中產階級，且大多已成家生子；依台灣目前每個家庭成員數平均4人（含受刑人本身）推估，間接受害者約達3萬8,524人。

[6]　依講究面子的台灣人，對於因案服刑家人，往往為了面子問題而強迫子女說謊，例如：「爸爸要到中國大陸做生意，要3個月後才會回家」；「媽媽跟朋友到中南美洲旅遊，過年後才會回來」等欺騙親友之說詞，將嚴重子女未來健全人格之發展。

離，最後甚至與整個社會疏離。

　　第四是對台灣國際形象的負面衝擊。一如2012年之兒少犯罪狀況，該年我國兒童少年觸犯傷害罪名（屬暴力犯罪）者，首度超過竊盜罪名（屬財產犯罪），成為兒少犯罪之首位；2014年入監服刑之成人犯，又以公共危險罪名（屬暴力犯罪）最多，如此之窘況，台灣人無論是兒童、少年，抑或成年人，均充滿著暴戾的氣息，不但嚴重斲傷「台灣最美的是人」的形象，更使不明究理的外國投資廠商望之卻步。

　　曾國藩曾說：「社會大亂之前，必有三前兆：（一）無論何事，均黑白不分。（二）善良的人，愈來愈謙虛客氣；無用之人，愈來愈猖狂胡為。（三）問題到了嚴重的程度之後，凡事皆被合理化，一切均被默認，不痛不癢，莫名其妙地虛應一番。」的確，尤其在每逢大選之前，當前台灣社會充斥著的重刑化民粹，透過掌控選票優勢，壓制為政者（含各級民意代表），違背三綱五常，問政不論是非善惡，摒棄中華傳統文化、道德倫理，一味牟取政治利益，導致當今台灣「魑魅魍魎」橫行，而廣大善良之士「噤若寒蟬」的亂世局面。

參、曙光乍現：司法系統的力挽狂瀾

　　即使台灣社會顯現出亂世之跡象，筆者依然相信仍有一群有識之士，默默的在工作崗位上盡力維護著搖搖欲墜的中華傳統文化價值。深入探究法務部（2015）法務統計資訊網站所提供之各項統計資料，除直接引用外，亦根據論述之需要，再予以統計，依此檢視我國刑事司法系統從偵查終結、起訴、定罪、判刑、入監服刑、觀護處分（僅以保護管束為之）等過程中，最後產出之效果，有無如前述之重刑化傾向。

一、不起訴、緩起訴處分等寬鬆政策逐年成長

　　運用法務部蒐集自各地方法院檢察署偵查終結後的處理，予以再整理分析後之結果如表15-4所示。在偵查終結人數方面，近十年有呈現緩和

上升趨勢，從前兩（2005、2006）年的未滿50萬人，至2007年破50萬人，之後雖有消長情況，每年均維持在49.5～52.6萬人之間。這些偵查終結之刑事案件再經檢察官依法起訴者，前兩（2005、2006）年之人數較少，至2007年則從2006年約19萬人躍升至22萬1,486人，之後數年均維持在20萬人以上，並呈現緩和趨勢；其中以2008年的23.2萬人最多，2012年的20.4萬人最少；至關起訴率之趨勢方面，容後討論。

　　在寬鬆的刑事政策方面，獲檢察官依法予以不起訴或緩起訴處分，其中以不起訴比例較大。首先在不起訴的人數方面，整體觀之，呈現出先上揚再緩和下降之趨勢，從2005年的13.5萬人，逐年上升至2010年，達到最高點（17萬8,689人），其後緩和下降至2013年低點（17萬3,679人），2014年再回升至17萬5,650人；在相對概念的不起訴率方面，這些年呈現極平穩之狀態發展，數值介於2007年的31.44%至2012年的35.36%之間。相較於不起訴處分，緩起訴處分人數顯著較低；即使如此，無論在人數或比例方面，近十年（2005～2014）來，受緩起訴處分者有逐年上升的態勢，一路從2005年的2萬8,462人，逐年上揚至2014年的5萬1,427人，幾呈翻倍之成長；緩起訴率亦一路從2005年的最低點（6.67%），逐年上升至2014年的最高點（10.06%），此良善之結果著實令筆者深感欣慰。

表15-4　近十年（2005～2014）我國地方法院檢察署偵查終結後之效果

項　目	2005	2006	2007	2008	2009	2010	2011	2012	2013	2014
偵查終結(A)	426,546	474,688	506,648	526,143	518,747	523,887	508,257	494,883	496,964	511,049
起訴(B)	158,817	189,943	221,486	231,813	216,540	218,443	211,783	203,760	208,262	219,121
起訴率*	37.23	40.01	43.72	44.06	41.74	41.70	41.67	41.17	41.91	42.88
不起訴(C)	134,965	154,805	159,291	167,633	172,462	178,689	177,726	174,998	173,679	175,650
不起訴率**	31.64	32.61	31.44	31.86	33.25	34.11	34.97	35.36	34.95	34.37
緩起訴(D)	28,462	32,729	35,075	36,977	39,387	44,514	49,442	48,884	48,747	51,427
緩起訴率***	6.67	6.89	6.92	7.03	7.59	8.50	9.73	9.88	9.81	10.06

註：*起訴率＝(B/A)×100；**不起訴率＝(C/B)×100；***緩起訴率＝(D/C)×100。
資料來源：依法務部（2015）資料再行統計而得。

二、保護管束之觀護處遇成效獲肯定

上述對於如毒品、醉酒致不能安全駕駛等輕微犯罪恣意執行關押處遇的諸般負面衝擊，當是目前台灣重刑化民粹所未考量者。然而，令人欣慰的是，依表15-5資料顯示，遭有罪判決卻未入監服刑之人數有逐年上揚之趨勢；從2005年的8萬8,883人逐年增長至2007年的9萬2,136人，之後連續兩年減至歷年之最低點（7萬2,845人），隔年（2010）再翻倍至14萬2,922人，其後再稍微下降，至2014年再爬升至歷年最高點，高達15萬4,172人未進入監獄服刑。未入監獄服刑就代表轉向（Diverse）至開放之社區執行另類之處遇，亦可能進入其他非監獄之閉鎖式的機構處遇，其處境亦令人擔憂。

如表15-5所示，另一令筆者更欣慰的，是我國各地方法院檢察署執行社區矯正最大宗之保護管束新收人數逐年升高，受惠者從未滿萬人的2005年最少，以及次少的2008年，其他均達萬人以上，2014年達最高，當年計有1萬7,590人蒙受保護管束之處遇；而順利終結而未遭撤銷者之人數，除2008年之9,168人最少外，之後各年逐年升高，至2014年的1萬6,370人最高；此趨勢顯示在當下重刑化潮流中，社區矯正的執行及其成效，依然受到重視與肯定。

再進一步對照圖15-3矯正機構超額收容比率，近五年（2010～2014）以2014、2013、2011等三年之比率最低之前三位，恰與表15-4所列之保護管束新收人數之最多者相契合，除表示近年來司法專業人員有重視社區矯正之可能性外，另亦表示如保護管束之社區矯正確實具有舒緩監獄擁擠之窘境，此即為其一顯著明證。

表15-5　近十年（2005～2014）我國未入監服刑與接受保護管束人數

項　　目	2005	2006	2007	2008	2009	2010	2011	2012	2013	2014
未入監服刑之人數	88,883	90,846	92,136	83,446	72,845	142,922	138,841	138,535	134,428	154,172
新收	8,798	12,493	10,889	9,528	12,743	14,259	16,304	15,517	16,350	17,590
終結	11,280	11,314	11,980	9,168	10,018	12,433	14,356	15,579	15,890	16,370

資料來源：依法務部（2015）資料再行統計而得。

三、定罪數與比率均有逐年上揚之趨勢

接著探討之內容，除以判刑確定有罪人數、入監服刑之人數等絕對值概念說明外，尚納入相對的統計概念所得之定罪率[7]、「關押率」[8]等數值之概念加以論述，並將表15-6之相對統計值繪製成圖15-4，以方便說明近年來我國刑事司法系統是否有重刑化取向。

從表15-6相關數據，不管是偵查終結人數、起訴人數、定罪人數，抑或是入監服刑人數分配情況，似乎都多少受到2007年7月16日減刑措施的短暫影響。有關歷年來之偵查終結人數、起訴人數與起訴率之變化情況，已於前面討論過，在此其資料仍留在該表中，以方便與定罪人數（定罪率）、入監服刑人數（「關押率」）相對照。在法院判決確定有罪之人數方面，前五年（2005～2009）似乎未受2007年減刑之影響，定罪人數約在11～13萬之間，自2010年開始，經法院判決有罪者卻突增至18萬人以上，而以2014年的18萬8,557人為最高點。

再結合圖15-4之趨勢圖，檢視相對之定罪率數值發現，我國近年的定罪率之發展趨勢呈現出高低起伏幅度甚巨之現象；自2005年的76.87%逐年下降至2009年的最低點（53.19%），次年即陡升至82.44%，其後數年呈現緩和上升態勢，至2014年再次攀升至歷年之最高點（86.05%）。此結果似乎透露出法院法官對檢察官起訴之案件均予以判決有罪之比例頗高（約為八成），此一定罪率發展趨勢似有一直重刑化之傾向。

---

[7] 在此所稱之定罪率，係指法院對於檢察機關起訴之刑事案件中之被告，援引適當刑法罪名予以判決有罪的比例。在某些情況下，有可能表示每10萬人口中，遭法院定罪之人口數，此類似「犯罪人口率」的概念。

[8] 此與一般所稱之「監禁率」不同，每10萬人口中，進入監獄接受犯罪矯正處遇之人數而言；此「關押率」係純為論文題目「關押之後呢？」與探討主題：社區矯正相對之機構處遇概念（包括感化教育、矯正教育、戒治、技能訓練等閉鎖性之矯正處遇）而發。惟此「關押率」純僅為經法院判刑確定而由檢察機關指揮入監服刑的百分比例。

表15-6　近十年（2005～2014）我國定罪率與關押率之發展趨勢

項　目	2005	2006	2007	2008	2009	2010	2011	2012	2013	2014
偵查終結	426,546	474,688	506,648	526,143	518,747	523,887	508,257	494,883	496,964	511,049
起訴(A)	158,817	189,943	221,486	231,813	216,540	218,443	211,783	203,760	208,262	219,121
起訴率	37.23	40.01	43.72	44.06	41.74	41.70	41.67	41.17	41.91	42.88
確定有罪人數(B)	122,076	128,453	127,127	131,680	115,181	180,081	175,300	173,864	168,595	188,557
定罪率*	76.87	67.63	57.40	56.80	53.19	82.44	82.77	85.33	80.95	86.05
入監人數(C)	33,193	37,607	34,991	48,234	42,336	37,159	36,459	35,329	34,167	34,385
關押率**	27.19	29.28	27.52	36.63	36.76	20.63	20.80	20.32	20.27	18.24

註：*定罪率＝(B/A)×100；**關押率＝(C/B)×100。
資料來源：依法務部（2015）資料再行統計而得。

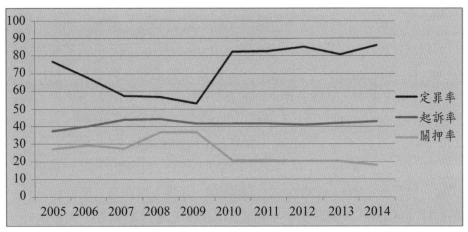

圖15-4　我國近十年（2005～2014）來之刑事司法效果趨勢
資料來源：依表15-6資料自行繪製而成。

四、易服社會勞動制度的推動，減少六月以下受刑人入監

　　法務部自2009年9月1日起，為避免短期自由刑弊端、落實輕罪犯彌補錯誤、回饋社會之良法美意，只要宣告刑在六個月以下，均可以社區服務來代替入監執行之刑罰，也就是所謂的「易服社會勞動制度」。

　　主要係由各地方法院檢察署積極結合當地資源推動專案執行並輔以多元輔導教化課程，提升社會勞動人之法治認知及人文素養，為弱勢族群、也為社區環境盡一分心力，使社會勞動人能於勞動同時，也感受公益服務的成就感，彰顯易服社會勞動執行效益。2009年9月至2014年10月底止，全國共有8萬3,650人參與，出動350萬9,277次，提供勞動服務共計2,449萬3,365小時，若以103年基本工資每小時115元計算，至少創造28億1,673萬6,975元產值[9]。而有關2009年9月1日起易服社會勞動制度推動迄2014年之每年新收件數如表15-7所顯示之人數，每年有1萬4千人至1萬9千人執行易服社會勞動，減少此一六個月以下之短期自由刑受刑人入監服刑之情形，也亦大大降低監獄擁擠之情形。

五、入監服刑人數與比率均有逐年下降之趨勢

　　犯罪人經判決有罪之最後階段，進入監獄服刑之情況又如何？同樣以表15-5及圖15-4之數值為分析依據，在法院判決定罪後的入監服刑人數方面，除減刑後的兩年（2008、2009）新入監總體人數最高，分別約達4.8、4.2萬人之譜，其餘各年平均約為3.5萬人左右。因毒品罪名新入監服刑者，以2008年的1萬4,492人最高，其後幾年有緩和下降趨勢，直至2014年的9,681人，創十年之最低點，其餘各年均達萬人以上。

　　圖15-4之「關押率」的高低起伏幅度亦大，起伏幅度僅次於前節之定罪率。前五年（2005～2009）之「關押率」呈現上揚趨勢，至2009年達到最高峰（36.76%），減刑次年，亦即2008年則為歷年之次高者（36.63%），

表15-7　2009～2014年易服社會勞動年新收案件數

年度	2009年	2010年	2011年	2012年	2013年	2014年
件數	9,542*	18,488	14,600	14,357	13,683	17,238

註：*我國易服社會勞動始自2009年9月1日起。
資料來源：法務部（2015），法務統計資訊網。

---

[9] 引自法務部全球資訊網重要措施之易服社會勞動制度執行況與成果：http://www.moj.gov.tw/ct.asp?xItem=369389&ctNode=37168&mp=001。

表示這兩年每100名獲判有罪之人中,將近有37人進入各監獄服刑。其後的五年(2010～2014)當中,「關押率」顯著地逐年下降,直至2014年達到最低點(18.24%)。

此顯示我國司法裁判機關對於判決有罪之定罪率,似乎具有重刑化之取向;而弔詭的是,判刑入監服刑的「關押率」卻有著極大之差異存在。可見我國係處在高定罪率與低「關押率」之尷尬狀態;而兩者之間的差距,亦即前面表15-4,未進入全台各監獄服刑,每年有超過10萬的犯罪人,他們到底被分配到哪兒了?當然,遭法院判刑確定之大部分犯罪人,依法律規定進入包括:戒治所、技能訓練所、輔育院、矯正學校等矯正機構關押接受各類處遇為大宗;部分犯罪人則依法接受開放性之社區處遇,如緩刑、罰金、工作刑等。這些受社區矯正之犯罪人,接受保護管束之觀護處遇者應為多數,此即為本文深入探討之重點。

肆、機構處遇與社區矯正面臨的橋接困境

犯罪矯正機構代表國家行使刑罰權,問題是:應該關押的是哪些人?前文已就當前我國非專業的重刑化民粹過度干預專業的刑事司法系統,導致法院法官對於檢察署檢察官之起訴案件中之八成,終為有罪之判決;其中以毒品罪與不能安全駕駛罪為最;單這兩類人,就占了監獄人口的一半以上。應該關押他們嗎?不然該怎麼辦?這是所謂的「前門策略」[10]問題;另一即是「後門策略」[11]的問題;當「門前清」之後,仍還會有一部分的人應接受機構處遇者,他們該如何出來?出來之後應如何進

---

[10] 一般包括緩起訴、緩刑、保護管束、易科罰金、易服勞役、社區勞動服務等;事實上,對於賦予警察適當的自由裁量權等,犯罪事件在警察相關規範限制下,針對某些微罪的「轉向」處理,筆者認為在避免關押產生的不良標籤烙印與提升刑事司法系統效能更具實質之意義。

[11] 泛指犯罪人接受關押機構之矯正處遇之後的相關觀察保護措施,包括期滿釋放、大赦、特赦、減刑、假釋、縮短刑期制度(亦稱善時制度,good time system)等措施。

入社區之中？

一、重刑化民粹主義引領「犯罪零容忍」思潮

(一)過度正義

　　台灣當前社會普遍存在一般市井小民心中的所謂「鄉民正義」[12]，扼要描述其內容，亦即他們存在著「寬容犯罪＝縱容犯罪＝鼓勵犯罪＝犯罪合理化＝犯罪合法化＝正義滅亡」的邏輯思考，此亦為「犯罪零容忍」思維下引發的的結果。事實上，孔子（一說子夏）曾說：「大德（節）不逾矩（閑），小德（節）出入可也。」法國社會學家涂爾幹也認為犯罪具有抒解社會緊張壓力的正向功能。因此，脫離罪刑均衡、罪刑比例原則，不分輕重犯罪，一律關押處理；有學者研究指出，此一極力壓制偏差的「過度正義」（over-justice），卻可能反而是引發社會動蕩不安的亂源，可能也是造成當前台灣社會普遍存在著對立、敵視、不滿、憤恨、分離等負面情緒的現象，可能成為引發未來重大刑事案件負面能量的蓄積。

(二)立法嚴峻

　　各級民意代表來自民主選舉結果，其中以立法機關居最高位階，對於行政機關提出的立法、修法議案具有決定性的影響。經過專家、學者長期、審慎、縝密研議之後所得之立法、修法議案，立法機關理應尊重，或為小幅修正後議決通過，往往落入忽視「多數卻沈默」的大眾，為了迎合「少數卻大聲」、非理性、非專業的偏見，卻能博得媒體鏡頭眷顧的機會，以謀得再當選的票源，遂形成筆者形容的「專抓小魚而縱放大魚」的

---

[12] 此詞原出自台灣導演林世勇所執導的木偶人動畫電影版「BBS鄉民的正義」，緣由係深入網路事件對個體與社會的影響。「鄉民」對某些社會脫序行為人或加害者（擴及特定族群），咸認不應享有人權，反對無體罰與免試教育，崇拜明星學校，相信嚴刑峻法及合法的國家暴力有利於社會，有時會利用網路的匿名性與便於動員的優勢，恣意行使集體公審式的排外行動，使中產階級意識形態脫離既有的人道主義和自由主義，其非理性、狂熱、仇恨的程度，甚至與納粹德國時代標舉的法西斯主義不謀而合，因此有人形容其為「偽人道」主義，甚至稱之為「法西斯主義的還魂／復辟」。

「流刺網」式的法網，結果將造成刑事司法系統沈重的負擔。

(三) 執法嚴格

匯聚民眾、媒體、民意代表、「流刺網」式的法網等之「犯罪零容忍」態度與作為後，隸屬行政機關的刑事司法系統內的犯罪偵查、起訴、刑罰執行等機構，除假釋政策之從嚴規定，提報條件更形嚴苛，在監執行時間更加延長之外，針對毒品罪、致不能安全駕駛罪等如過江之鯽的「小魚」，難以避免地必須貫徹上級交代任務，傾全力查緝施用毒品，威力取締酒駕勤務，進而提高對此兩罪的追訴能力。各地方法院理應不受任何政治、輿情等之干預，而獨立行使審判權，然而從上述統計分析結果，審判機關對於檢察署偵查終結的刑事案件，可說「照單全收」，終以確定有罪判決者，近十年來平均約有八成之定罪率；另本文前面分析結果指出，檢察機關在近幾年的起訴率並未顯著增減，依法執行入監服刑的比例甚至有下降趨勢，惟近年來新入監服刑者之罪名卻多為毒品罪與不能安全駕駛罪者。

二、民眾對社區矯正效能仍有極大疑慮

相對於關押的機構處遇，社區矯正屬於寬鬆的刑罰方式；尤其犯罪人依然「自由自在」地在社區活動，是嚴重妨害社會安全防衛的措施。尤其社會偶發之假釋犯、減刑犯再犯罪的事件，經過大眾傳播媒體重複、誇大事實的戲劇性報導，犯罪被害恐懼感更烙印在一般民眾心中，並如影隨形地圍繞在日常生活中，因此形成民眾採取嚴苛的反制犯罪的心態，不容自己及他人對待犯罪人一絲的寬容。

此外，我國對於社區矯正效能的研究，多停留在文獻探討，幾無科學化評估研究。在講求證據導向（evidence-based）的當代社會，致令一般民眾較傾向重關押之機構處遇，而輕社區矯正的態度。

三、現有觀護人力與架構難堪社區矯正大任

國內外刑事司法學者對於法務部矯正署下轄51個監所（院、校），

6,000多名職員管理6萬3,452名收容人,在超額收容達二成之窘境下,能有此穩定之囚情表現,咸認不可思議;更令人嘖嘖稱奇的是,法務部保護司,竟以寥寥數人掌理全國司法保護業務,稱之「天方夜譚」不為過;而且執行實質觀護勤、業務的基層,係屬地方法院檢察署之下,全國目前計有225名觀護人,除保護管束案件外,自2002年新增緩起訴處分案件,2005年新增附條件緩刑案件,2009年則新增易服社會勞動案件,成人觀護案件量大量增加。職司6萬2,101件[13]之觀護案件,日常行政業務與社會資源協調聯繫工作,工作負荷之大不言可諭。

　　世界先進國家,把犯罪人接受國家各類刑罰制裁之後的銜接處遇制度,概稱為社區矯正(Community corrections)或以社區為基礎之處遇(community-based treatment),均列為犯罪矯正之範疇,以利於犯罪人改過向向,適於社會生活。因此,我國現行對於犯罪矯正切分為機構處遇與社區處遇兩部分,並由矯正署、保護司分別掌理,長期以來各行其道,實難以貫徹犯罪處遇之整體性與專業性的目標。

伍、建構機構處遇與社區矯正橋接機制

　　本文已原引相關文獻,並運用法務部相關統計資料,予以再次之統計分析之後,發現我國當前普遍存在難於忍受犯罪人在社區自由執行刑罰的制度,主要存在普遍的應報、誤解等客觀條件,以及欠缺專法、人力之主觀條件,限制了機構處遇轉向處遇與關押後之社區矯正的適用。尤其針對兩者原同為矯正一體的橋接困境,提出管見如下:

---

[13] 係2014年成年觀護案件終結數。該年,觀護人負責保護管束(16,370件)、易服社會勞動(15,856件),以及緩起訴(25,785件)、緩刑(4,090件)等社區矯正勤、業務,個案負擔量極大。有關觀護工作之辛酸,可參酌林順昌(2009)著書,頁20-21。

一、應先從平復被害人、加害人敵對心理著手

　　Armour（2006）、Marshall（2005）、Parker（2005）等多項文獻指出，在刑事司法運作過程中，將被害人納入其中並勸服積極參與，對某些類型的犯罪人可以產出顯著降低再犯的效果（引自Hurley，2012:112）。其中值得一提的是所謂的被害人全架式計畫（Victim Wrap Around program）。

　　此計畫為被害人服務措施之一，美國司法部（U.S. Department of Justice, 2012）稱之為被害人全架式法律服務（Wraparound Victim Legal Assistance）者，屬於修復式司法（Restorative justice）之加害人－被害人協商會議（OVC）的範疇。透過官方及民間機構的積極作為，以降低被害人對加害人復歸（re-entry）社會的擔心程度；具體作為包括矯正機構針對即將復歸社會的收容人相關權利與義務，並通知管轄之檢警執法單位，其內容包括：復歸的確切時間、矯正期間的表現，以及住居所、將從事之職業、家庭概況等；檢警可向矯正機構回應被害人之訴求、生活概況等，使收容人有所準備，並應即通知並設法安撫被害人不安情緒，承諾極力保護其安全，甚或協助至社福機構安置，並協助執行其法定之損害賠償等。待復歸作業程序底定，可仿效美國部分法院作法，在執法機構監督下，委由民間組織召集社區（學校、職業、兩造雙方家庭等）、被害人、加害人、觀護人、警勤區佐警等，進行面對面的協商會議（蔡德輝、楊士隆，2012，415）。此一機制除可一面保護被害人，一面增能（empower）加害人外，更能消除當前台灣之被害人與加害人間的敵對態度，以增進社區安寧祥和。

二、營造社會大眾理性看待犯罪人處遇的氛圍

　　一向以監獄為刑罰執行主要場所的我國，在歷經多次刑法修正與刑事政策之改革後，若按兩極化刑事政策之理想，應盡可能地讓觸犯輕罪者執行寬鬆之刑事政策，而讓觸犯重罪之累犯經歷更嚴峻之刑罰，才是兩極化刑事政策之目標。然而，我國社會瀰漫著的「一律重刑化」的民粹主義，

卻不時以極不道德的「高道德」標準，亦即以「犯罪零容忍」態度與作為抗制犯罪，形成「專抓小魚而縱放大魚」的流刺網式的法網，致令當前社會充斥著不安、衝突、矛盾、憤恨、不滿、怨懟等負面壓力滿載狀態，不時以光怪陸離、令人乍舌的重大犯罪行為來舒壓，若不適時加以改善，預測在不久的將來，台灣必定會發生更勝於2014年5月21日北捷隨機殺人，或2015年2月11日高雄監獄受刑人挾持典獄長等之重大事件。

犯罪不會平白發生；一個錯誤的人，在錯誤的時間，到錯誤的地方，遇到另一個錯誤的人，犯罪（被害）即發生。剖析此一簡單論調，一般人並不會追究被害人的錯誤，在憐憫的人性下，反而同情被害人，若過度同情而未檢討其過失，終將導致重複被害（Repeated victim）（Mendelsohn, Sparks，鄧煌發、李修安，2015）；加害人之所以為加害人，是在一連串錯誤的家庭、學校、社會等環境下成長，迫使他在錯誤的情境下，抓住機會而實施犯罪行為。因此，扭轉社會大眾普遍的「復讎」、「應報」心理，甚至以預防其再犯的包容心看待犯罪人，建構社區矯正的友善環境，待時機成熟後，社區矯正必能克竟其功。

根據美國之相關研究指出，告知民眾有另外替代關押的方法時，民眾即大幅降低「除惡務盡」敵視犯罪人，或一定入監服刑的看法，其中對於酒駕（Drunk driving）持應入監服刑的態度，從先前的15%降至告知有另外替代刑時的3%；甚至對持槍械搶劫的重罪，也從原先的75%下降至47%（Doble & Klein, 1989; Doble & Immerwahr, 1991）。因此，Roberts（1998）認為政治人物提出重刑化的壓制犯罪的政見，其實是對大部分沈默卻支持社區矯正的社會大眾的內心解讀錯誤所致，選後證明許多當選者，卻未提出支持重刑化的政見。

三、落實防治毒品／酒駕犯罪平台法制規範與功能

在毒品防治工作方面，2010年是我國關鍵年，以非機構性的社區網絡戒毒模式正式取得法律賦予的地位與職責，地方依法成立毒品危害防制中心（簡稱毒防中心）；因此又修正毒品危害防制條例第2條之1內容，律定直轄市、縣（市）政府為各項毒品防制工作執行機關。

　　依筆者個人經常性的接觸經驗，我國各地方毒防中心成立迄今已滿四年，依法定執行之業務多著重於顯而易見的消極管制措施，亦即以採驗尿液、查訪、轉介戒癮治療、追蹤等勤業務，對於家庭關係重整、心理輔導、職業訓練、就業（學）服務、社會救助等積極性措施，常因效果不易彰顯而遭忽略；從上述相關統計顯示，台灣毒品犯罪依然氾濫嚴重，法制化的社區矯正機構（亦即毒防中心）似乎未能發揮其法定職能。若再向機構內詳細檢視，將可發掘諸多尚待解決之問題，例如：地方政府首長的忽視（預算、人員編制不足），人員的專業能力不夠，欠缺機關橫向溝通機制（含執法機關配合意願不高、未整合醫療資源等）等。

　　至於在防治醉酒致不能安全駕駛罪方面，法務部早已著手規劃將酒駕不能安全駕駛輕刑犯施以更新的電子監控取代短期刑，限制酒駕前科者之活動，阻斷外出喝酒之機會；或結合汽車科技偵測器材，若偵測駕駛飲酒超標即無法啟動汽車。這些或可行之對策，卻受限於民粹重刑化形成「酒駕三振條款」[14]，或受新竹、台中偶發之假釋犯剪斷電子腳鐐脫逃事件影響而停留在研議階段。

　　事實上，若依18世紀犯罪古典學派（Classical School）主張規範犯罪行為之「刑法法典」（Criminal Code）的真義而言，對於未致生任何損害之不法行為，應予不罰處分；後該學派納入19世紀犯罪學實證學派（Positive School）部分論點後，新古典學派（Neo-Classical School）崛起，至20世紀末葉，再形成所謂犯罪當代古典學派（Contemporary School），對於酒駕可能致生未來危險結果之行為者納入刑法處罰之列，本文不論其究係抽象危險犯抑或具體危險犯，亦不管提高其罪責、刑罰是否具嚇阻效果，筆者認為在學者提出「刑罰化不必然是最妥當的選擇」共識下，如果能先納入前面「醉酒致不能安全駕駛者入監服刑的四面楚歌」內容考量之，或盡可能以中庸性制裁措施，甚至以下節所稱之包容性社會控制措施，或可兼收減少其害及嚇阻犯罪之雙效（吳憲璋等，2011，248）。

---

[14] 仿效美國「三振方案」（Three strikes and you are out!）精神，亦為評斷刑罰嚴屬性之指標。目前我國法律規定，因酒駕三犯者不能施以緩刑，亦不可適用替代勞役，非得入監服刑不可。

四、廣泛運用多元化之包容性社會控制措施

從前面統計分析內容，面對我國逐年比例增長且數量龐大之不起訴、緩起訴、保護管束等現象，加上優質的觀護成效，卻在一般社會大眾對寬鬆刑事政策的疑慮，以及觀護人力限縮等主客觀條件環境限制下，本文提出應從「廣泛運用多元化之包容性社會控制措施」上著手，或是當前可行之方向。

Cohen（1985）以政治與經濟等社會條件作為分析基礎，從正常、自由之社會環境為中心的觀點，將社會控制大致分為排除性策略（Exclusionary strategies）與包容性策略（Inclusionary strategies）等兩類；後者又可再分為內在空間（Inner space）與社會空間兩類。社會空間之策略則以監控（Surveillance）為核心，針對危險性之偏差行為人（At-risk for deviants）施以先發式（Preemptive）措施，針對犯罪人則施以反應式（reactive）措施，具體措施包括資料庫（Data banks）、經由環境設計促進犯罪預防（Crime prevention through environmental design, CPTED）、電子監控（Electronic monitoring）、秘密機構[15]（Secret agents）、線民[16]（Informers）、誘捕技巧[17]（Decoys）等，其目的在於有效掌控導致犯罪或偏差行為之任何可能因素（Cohen, 1985: 221）。

筆者曾於2007年赴美國佛羅里達州立大學刑事司法暨犯罪學學院（College of Criminal Justice and Criminology, Florida State University）擔

---

[15] 秘密機構如明代之錦衣衛，當今俄國之KGB，我國之情報局、調查局、國安局等單位。另，台灣因受日本統治五十年之影響，檢警負責地方治安事務，事實上，解析「治安」一詞有「維護君王統治局面之安定」的味道。1911年開始，我國為民主國家與日本君王制不同，實不宜再以「治安」等同於警察執行犯罪偵防職務。警察在民主國家，應擺脫明代之錦衣衛，或與情報局、調查局、國安局等單位劃上等號。

[16] 「線民」即提供犯罪情資之人，一般稱為「告密者」，台灣賤稱之為「抓耙仔」，警察機構為利於犯罪偵防工作之推展，將之稱為「情報布建對象」或「情報諮詢對象」，此類人常遊走於法律邊緣，有時甚成為危害社會治安之首謀；美國「911」首謀賓・拉登（Osama bin Laden）即是顯例。

[17] 如前註，檢警為達犯罪偵防之確定性、時效性，常以各種方法達成；誘捕技巧以臥底（Undercover）為最常見，亦屬遊走法律邊緣之方法。

任訪問學者，期間蒐集之相關資料，發現該州於十年前的情況與目前台灣發展現況極為接近。故而據此提出相關建議如下：

(一) 靈活運用各種以社區爲基礎的監控措施

包容性社會控制之典型代表為對犯罪人施以社區為基礎的監控措施，例如重罪觀護（felony probation）、居家監禁（home confinement）、電子監控之居家監禁（home confinement with electronic surveillance）、行政觀護（administrative probation）、毒品犯觀護（drug offender probation）、性罪犯觀護（sex offender probation）、審前介入措施（pretrial intervention）、毒品犯審前介入措施（drug offender pretrial intervention）等，均是當年佛州廣泛實施的社區處遇類型（鄧煌發，2008）。

根據統計，接受上述社區觀護之犯罪人數，自1985年的7萬3,866人，至2005年增加2倍達14萬1,471人，同時期之監禁人口亦大幅提昇；然而，1985～2004年，佛州整體之犯罪指數（rate of index crime）卻下降至38%（Blomberg & Hay, 2006；鄧煌發，2008）。對照本文前述之我國刑事司法運作之效果現況，是否亦與該州非常符合？因此，當前對於部分重刑犯放寬假釋條件，或對部分財產犯、毒品犯，以及醉酒致不能安全駕駛罪者，實施審前介入或轉向處遇，或施以行政觀護，亦為當前台灣處境之可行方向。

(二) 結合電子監控設施與居家監禁於輕微犯之處遇

1987年，佛州開始對高危險性之居家監禁的犯罪人附加無線電頻率（radio-frequency, RF）電子監控系統設備[18]，以加強監控與流程管理效

---

[18] 受該處分之犯罪人必須穿戴電子安全儀器，另端與住所電話連接，兩端在一定距離內維持連續性頻率之收發，外加主動式中子反應警報系統（active tamper-alert devices），所有受處分人之訊號均連結至佛州矯正局的中央電腦系統；犯罪人奉准離家上班，只要核對電腦之記錄與上班時間是否符合，即可得知有無違反觀護條件。當受處分人離開其住居所之後的下落，中央電腦根本無法獲得，是RF系統的最大缺點。

能。一如Garland（2001）所言，近代社會與科技（social and tech）之變化帶動了刑罰趨勢之演變。1998年，佛州開始引用全球定位系統（Global Positioning System, GPS），大幅增強居家監禁電子監控之效能，提供監管人員不間斷且即時掌控的優點，尤其針對性罪犯之密集監控，更能發揮社區防衛功能，確保社區居民安全之生活空間。此外，根據學者之研究發現，RF與GPS的監控設施均能發揮降低犯罪人再犯之機率，同時也大幅減少監控期間潛逃事件之發生；更可廣泛地應用在暴力、財產、毒品等各類型犯罪人之密集觀護工作領域（Padgett, Bales & Blomberg, 2006；鄧煌發，2008）；當然更適用於2014年台灣因觸犯酒駕致不能安全駕駛罪而入監服短期刑的近萬人身上，更大幅降低對其未來生涯及其家庭、社區之危害。

(三) 加入閉路電視監視系統輔助於社區矯正

先發式社會控制之設施、產品極多，尤以閉路電視（closed-circuit television, CCTV）為最普遍，可提供銀行、倉庫、辦公處所、零售市場、社區暨公寓入口、犯罪「熱點」等區域全日無休之錄影監控（Welsh & Farrington, 2004；鄧煌發，2008）。一般當作二級犯罪預防（Secondary crime prevention）措施，但同樣亦可施作在受社區矯正處分者之生活空間，依然可以收取監控使之不能犯的效果。惟浮濫使用的結果，即使滋生許多侵犯隱私、個資等法律問題，但佛州與台灣民眾對它的喜愛程度似乎未曾稍減；對此，好萊塢電影「全民公敵」（Enemy of the State）、「鷹眼」（Eagle Eyes）等，均有深入探討與發人省思之處。

(四) 將生物測定技術納入社區矯正處遇

先進科技產品應用於針對如辦公室、學校、住宅區等特定場所的出入管制等監控設備也愈趨精良，尤其近年犯罪預防實務專家運用生物測定技術（biometric techniques）於相關防制措施，有愈來愈受廣大民眾歡迎的趨勢。例如：顏面辨認（facial recognition）、聲音辨認（voice recognition）、虹膜掃瞄（iris scanning）、視網膜掃瞄（retinal scanning）

等，均將於人類日常生活空間中逐漸地普及化（Marx, 2005; Schuck, 2005; Tunnell, 2004；鄧煌發，2008）。

當然，此類的空間出入掃描之管制監控措施，也可作為入監服短期自由刑者的替代處遇措施，可以發揮即時反應受該處分者之活動範圍與定點，亦可降低社區居民對受司法處分或更生人之恐懼感。好萊塢電影描述2050年犯罪預防中心運作的電影《關鍵報告》（Minority Report）中的類此嚴密監控情境，似乎已悄悄地到來。

（五）適當運用「識別條碼」於社區矯正工作

條碼（bar code）在發明之最當初，只是為了方便一般商店控管貨品流量、防杜順手牽羊事件，最初僅止於平面、可見之簡單型式，最後卻逐漸複雜化其構造，甚至將個人之血型、指紋、照片、身高，甚至DNA組態等生理特徵、健康狀況等化為電磁條碼型式，附加入特定之證件（身分證、駕駛執照、健保卡）上，當作管制、管理、監控、犯罪預防等多樣化用途，衍生出超過原始千百倍的功能（鄧煌發，2008）。

1999年我國的「921大地震」以及隔年2001年美國紐約「911恐怖攻擊事件」之後，在災區眾多難辨的不明身分屍體，對此項產品之研發，更受世人矚目。在目前我國刑事司法系統人力難增窘境下，將所有可資即刻明辨之受社區矯正處遇之人特徵輸入電子資料庫，並結合高解析度印刷技術，製作特殊「識別條碼」於其未來規劃之「電子身分證卡」之中，並分享於特殊建築物、被害人之安全系統，即可有效降低其再犯之機會。

（六）「巨量資料」與犯罪情資、個資的統合運用

「911恐怖攻擊事件」之後，美國司法部（Department of Justice）與國土安全部（Homeland Security）斥資5億美元強化各州、地方政府，超過70萬個警察機關情報蒐集的能力，將目標鎖定在可疑之恐怖份子、幫派份子、環境保護人士等對象；同時藉此加強各州、地方警察資訊整合的容量與運算處理的速度，只要涉及詐欺、勒索、電腦駭客，以及其他可能潛在的犯罪活動，這些資訊立即被傳輸至所謂「融合中心」

（fusion center）分析處理。美國國家安全局（National Security Agency）即與三大電信業者（BellSouth, At & T, Verizon）合作，調閱全美境內數千萬通之通聯記錄，暗地運用所謂「資料挖掘」工程技術（"data mining" technology）匯集公私立部門所有資料，包括犯罪前科、結婚、離婚、財產所有權、個人財務等紀錄，統一進入各州反恐資訊交換（Multi-State Anti-Terrorism Information Exchange, MATRIX）系統即時處理，並立即轉換成個別之資料（Schuck, 2005）；後因支援經費短絀而轉由聯邦調查局、國防部、國土安全部等共同資援之區域資訊分享系統網絡（the Regional Information Sharing Systems Network, RISS. NET）以及其他秘密機構所取代（Blomberg & Hay, 2006: 18-19；鄧煌發，2008）。

近年，網際網路與電子資訊技術神速發展，繼雲端運算（Cloud computing）後，「大數據」（Big data）已在當代人生活掀起滔天巨浪，也儼然成為學術界中最熱門的潮字。「大數據」也稱「巨量資料」，隱藏著許多相關性（Unknown correlation）、潛藏模式（Hidden patterns）、市場趨勢（Market trend）等珍貴訊息；相信未來經過未來新一代的資料儲存設備及高速運算技術[19]，將會從這些目前巨量資料與犯罪人等相關資料萃取有價值的資訊，進一步統計分析後，或許會得到較目前更精確的犯罪預測模式，這些先發式的社會控制措施，均將未來社區矯正處遇所必須面對且做好必須接受心理準備者。

（七）對於服完刑期者，可繼續給予行為監督

根據我國目前法令之相關規定，對於犯罪人除非其出獄係以假釋方式核准出獄，或是停止感化教育出院（校）需交付保護管束者，依法需由觀護人或少年保護官繼續給予監督輔導外，其餘期滿出監或免予繼續執行感

---

[19] 從事犯罪行為科學研究者，對於KB、MB、GB當不陌生，近年已發展至TB（Tera，兆位元組），預測不久未來，電腦科技技術將步入PB（Peta，千兆位元組）或EB（Exa，百萬兆位元組）的儲存與運算速度時代。就筆者經驗，從第一部電腦的20MB HD容量，17.8M Hz的運算速度，進入GB儲存與運算速度的前些日子，直到當今TB儲存（運算尚在GB Hz）位元時代，不過30年光景。

化教育者，或者如假釋之受保護管束人及停止感化教育者其服完殘餘刑期或處分者，如其行為經評估尚有需要監輔導者，我國現行法規並無相關規定可以繼續約束其行為，並進行相關之監督輔導。惟此一情形亦常造成這些犯罪人再犯罪，而無法可先行介入處理之窘境。也造成許多此一再犯危險性高之犯罪人再犯，影響社會安全甚為巨大。建議可以學習德國在刑法上之行為監督之立法方式[20]，對於服刑期滿後之犯罪人，如其再犯危險性仍高者，可以在其服完刑後，仍可以對其進行行為監督，以保護社會大眾的安全。

五、推動「觀護法」之立法

　　世界各國刑事司法系統在犯罪者社區處遇的領域，幾乎皆有專門之社區處遇專法[21]；連民主法治腳步較慢的海峽對岸，也在2003年第10屆全國人大會議提出「中華人民共和國社區矯正法」立法議案，並已有85個市、375個縣、3,142個鄉（鎮）開辦社區矯正；該國司法部也在2009年4月正式起草「社區矯正執行辦法」。最近該部對外表示，該國之社區矯正法的立法條件成熟，已列入十二屆全國人大常委會五年立法規劃執行中。

　　反觀國內犯罪者處遇制度，在機構處遇方面既有「監獄組織通則」作為成立硬體矯正機關之依據，更有「監獄行刑法」、「行刑累進處遇條例」、「羈押法」等做為執行依據，惟社區處遇行為專法數十年來始終付之闕如。尤其觀護制度問世迄今一百多年，卻仍借用「保安處分執行法」中之保護管束章中為依據，除了賦予執行法源及一連串拘束性規定之外，

---

[20] 參閱德國學者Hauke Brettel（2015），Termination Custodial Sanction on the Legal Treatment of the Released，發表於2015年11月12日更生七十週年法制與實務國際學術研討會論文，頁99。

[21] 美國早在1925便公布施行「聯邦觀護法」（The Federal Probation Act）；日本相繼於1949、1954年公布施行「犯罪者更生預防法」及「緩刑者保護觀察法」；韓國於1950年公布「保護觀察法」、新加坡在1951年公布施行「犯罪者保護觀察法」（Probation of Offenders Act）；加拿大在1988年公布施行「保護管束法」（Probation Act）、南非共和國在1991年公布「保護管束服務法」（The Probation Services Act）。除我國外，當年號稱的「四小龍」均已立法施行。

有關「保護」與「輔導」隻字未提，鮮有專業元素融入，難躋現代法治國家之列。尤其是罪犯處遇一體之考量，實應迅即制訂「觀護法」做為社區矯正極其相關法規之母法，賦予觀護執行者實質的權責，得以就其心理學、犯罪學、刑事法學、輔導學、社會工作學……等知識背景，對個案作成實證經驗之客觀評價及相對處遇，甚至攸關人權、科學與倫理等界線均須納入考量，俾盡觀護實際及未來願景，順暢機構處遇與社區矯正的橋接，以降低再犯，促進社會祥和。

陸、結論

　　面對當今我國社會民眾普遍存在的重刑化民粹主義，刑事司法系統之偵查、審判、執行等三大環節均受到或多或少的影響。在整體犯罪率呈現和緩的情況下，檢警系統對於犯罪偵查終結、起訴率增加，司法系統對於判決有罪的狀況平穩，而在執行入監服刑率下降的情況下，推估大量的犯罪人蒙受觀護系統的司法保護。其中，逐年將低的關押率，卻關押了大量不應關押的犯罪人，其中尤以無被害犯罪的毒品犯，以及存有法律爭議的危險犯，醉酒至不能安全駕駛罪者。

　　對於上述兩類惡性不至入監服刑之罪者，以及大量且逐年增加的未入監服刑而接受社區矯正處遇者，顧及目前我國多數民眾難以接納社區矯正替代機構處遇，政府精簡人力、機關的施政作為，以及觀護立法曠日廢時的主客觀環境限制下，展望未來，我國的社區矯正應適時納入中庸性制裁措施，甚至結合現代科技之嚴密監控設備[22]於社區矯正多元作為。且能學

---

[22] 以嚴密監控之未來社區矯正科技，勢必受到重視並將被廣泛採用，惟切莫掉入違背人性之倫理之泥沼終無以自拔之地步。Marx：「*the surveillance appetite once aroused can be insatiable.*」（2005: 389）「監控的胃口一旦被激起，即可能永無法滿足」；我國於2010年施行個人資料保護法或可限制巨量資料之恣意發展；好萊塢電影「美國隊長：酷寒戰士」（Captain America: The Winter Soldier）已為此論下了很棒的註解：人類切莫為終結恐怖主義而大肆運用犯罪預測及高科技致差點滅絕未為任何恐怖作為之7,000萬個危險份子的生命。

習國外之先進立法觀念，仍宜考量社會大多數民眾之安全，針對刑期執行期滿者，惟其再犯危險性仍高者，採行繼續對其行為監督之立法。筆者深信，未來社區矯正雖難為，卻大有可為！

參考文獻

一、中文

1. 吳憲璋、賈孝遠、趙國瀛，矯正理念與監獄建築：探索牆裡乾坤新視界，賈孝遠建築師事務所，2011 年。

2. 林順昌，觀護法論──社會復歸與社會防衛之間的拔河，作者發行，2009 年。

3. 林燦璋、鄧煌發，社區與問題導向警政在犯罪預防策略之實證研究，警察大學學報，第 30 期，2000 年，頁 1-36。

4. 許福生，犯罪與刑事政策學，元照出版，2012 年。

5. 楊士隆、林健陽，監獄擁擠成因與疏解對策之實證研究，警學叢刊，第 26 卷 5 期，1996 年，56-72。

6. 黃徵男，泛論監獄擁擠問題與解決對策。犯罪刑罰與矯正期刊，2，2014 年，頁 1-12。

7. 蔡德輝、楊士隆，犯罪學，五南圖書，2012 年。

8. 鄧煌發，完形犯罪預防理論架構之探討與評析──引介 Agnew 一般化犯罪暨非行理論，2007 年犯罪防治學術研討會論文集，中央警察大學犯罪防治研究所，2007 年，頁 319-372。

9. 鄧煌發，高效能的警察勤務策略──以社區為基礎之犯罪預防策略的警察角色。2008 警學與安全管理研討會論文集，台灣警察學術研究學會，2008 年，頁 557-574。

10. 鄧煌發，美國嚴密社會監控之型態與文化演變。犯罪學期刊，第 11 卷第 1 期，2008 年，頁 119-144。

11. 鄧煌發，為何隨機殺人？師友月刊，第 503 期，2009 年，頁 52-56。

12. 鄧煌發，台灣會發生挪威冷血慘案嗎？師友月刊，第 531 期，2001 年，頁 76-81。

13. 鄧煌發，第一章社區處遇基本概念。載於鄭添成主編，觀護制度與社區處遇，洪葉文化，2013a，頁 1-22。

14.鄧煌發，蓄意的隨機殺人事件。師友月刊，第 548 期，2013b，頁 77-81。

15.鄧煌發，犯罪預防大家一起來！（上、下冊），中華民國犯罪學學會，2014 年。

二、外文

1. Ben-Moshe, L., Chapman, C. & Carey, A.C. (2014). Disability Incarcerated: Imprisonment and Disability in the United States and Canada. NY: Palgrave Macmillan.

2. Blomberg, T.G. & Hay, C. (2006). Visions of Social Control: Revisited, FL: Florida State University.

3. Cohen, S. (1985). Visions of Social Control: Crime, Punishment, and Classification, Cambridge: Polity Press.

4. Doble, J. & Klein, J. (1989). Punishing Criminals. The Public's View: An Alabama Survey. NY: The Edna McConnell Clark Foundation.

5. Doble, J. & Immerwahr, S. (1991). Punishing Criminals: The People of Delaware Consider the Opinions. NY: The Edna McConnell Clark Foundation.

6. Ervelles, N. (2014). Crippin' Jim Crow: Disability, Dis-location, and the School to Prison Pipeline. In Carey, A., Ben-Moshe, L., & Chapman, C., Disability Incarcerated: Imprisonment and Disability in the United States and Canada. NY: Palgrave MacMillan.

7. Garland, D. (2001). The Culture of Control: Crime and Social Order in Contemporary Society, IL: University of Chicago Press.

8. Hurley, M.H. (2012). Restorative Practice in Institutional Settings and at Release, Victim Wrap Around Programs, in Shannon, B. (ed.). Community-based Corrections, 112-118. CA: Sage.

9. Khan, D. (2014). A Plot with a Scandal: A Closer Look at "Kids for Cash" Documentary. Juvenile Justice Information Exchange.

10.Marshall, J. (1999). Zero Tolerance Policing. South Australia Office of Crime, Issue 9, March 1999.

11.Marshall, M. (2005). A Consideration of the Sycamore Tree Programme and

Survey: Results from the Perspective of a Restorative Justice Practitioner.

12. Marx, G. T. (2005). Seeing Hazily (But Not Darkly) Through the Lens: Some Recent Empirical Studies of Surveillance Technologies, Law & Social Inquiry, 30: 339-399.

13. Padgett, K. G., Bales, W. D. & Blomberg, T. M. (2006). Under Surveillance: An Empirical Test of the Effectiveness and Consequences of Electronic Monitoring, Criminology & Public Policy, 5: 61-92.

14. Petersilia, P. (1998). Community Corrections: Probation, Parole, and Intermediate Sanctions. NY: Oxford University Press.

15. Racino, J. (2014). Public Administration and Disability: Community Services Administration in the US. London: CRC Press, Francis and Taylor.

16. Roberts, V. J. (1992). American Attitudes about Punishment: Myth and Reality. Overcrowded Times. 3 (2): 1-13.

17. Robinson, M. (2002). Justice Blind? Ideals and Realities of American Criminal Justice. NJ: Prentice-Hall.

18. Rowe, M. & Bendersky, C. (2002). Workplace Justice, Zero Tolerance and Zero Barriers: Getting People to Come Forward in Conflict Management Systems, in Kochan, T. & Locke, R. (eds.). Negotiations and Change, From the Workplace to Society, Cornell University Press.

19. Schuck, A.M. (2005). American Crime Prevention: Trends and New Frontiers, Canadian Journal of Criminology and Criminal Justice, 47: 447-462.

20. Welsh, B.C. & Farrington, D. P. (2004). Surveillance for Crime Prevention in Public Space: Results and Policy Choices in Britain and America, Criminology & Public Policy, 3: 397-426.

三、網路資料

1. 法務部，法務統計資訊網，2015 年，http://www.rjsd.moj.gov.tw/rjsdweb/。

2. 林文尉，監所管理員的觀察：台灣監獄超收，值班別死人就是萬幸了。天下網路雜誌，http://www.cw.com.tw/article/article. action?id= 5065063，2015 年。

3. Armour, M. (2006). Bridges to Life: A Promising In Prison Restorative Justice Intervention, available at http://www.restoratvejustice.org/editions/2006/juneD6/2006-05-2s.6472027063.

4. Parker, L. (2005). RSVP: Restorative Justice in a County Jail, available at http://www.restoratvejustice.org/editions/2005/december05/rsvp/.

5. U.S. Department of Justice. (2012). FY 2012 Wraparound Victim Legal Assistance Network Demonstration Project, available at http://ojp.gov/ovc/grants/pdftxt/FY2012_WraparoundVictimLegalAssistance.pdf.

16

大陸地區社區矯正制度之探究
——兩岸比較與啓發[*]

> 1990年代中期，台灣地區重大刑案層出不窮，民眾對於治安、司法與獄政的改革，殷切期盼。時任調查局長的廖正豪博士出任法務部長，眾望所歸。廖部長對於當時的治安敗壞，特別是黑道猖獗與幫派橫行，力圖整治，贏得掃黑英雄之美名，另在檢肅貪瀆、經濟犯罪與毒品查緝等，著有功績。獄政改革方面，提高基層同仁待遇，爭取矯正人員尊嚴，改善人犯監禁環境與處遇品質，讓台灣的獄政步上軌道，囚情穩定，盛況空前，有目共睹。任內主導寬嚴並進的刑事政策，更是當前刑事政策的奠基者。筆者有幸，曾忝爲部長麾下一員，見證部長法務工程的銳意革新，奠定今日法務工程之百年丕基。適逢部長七秩大壽，筆者不揣，特撰本文，恭賀部長政恭康泰，身體健康，萬事如意。

[*] 謝誌：本文撰寫期間，感謝大陸上海政法學院社區矯正研究中心教授兼主任劉強博士提供許多的卓見與文獻，讓本文得以順利完成，作者在此表達誠摯的謝忱。
[**] 現任中央警察大學犯罪防治學系助理教授、美國德州聖休士頓州立大學刑事司法博士。

目 次

壹、前言

　　台灣地區對於國外社區矯正制度（community corrections）之關注，肇始於廖前部長正豪擔任法務部長時代，曾以委託研究案的方式，委請國立中正大學犯罪防治學系教授蔡德輝、楊士隆所領導之研究團隊，親赴英國考察，廣泛收集相關資料，除對於英美等西方國家所實施的社區矯正制度，介紹甚詳，發揮啟迪效果外，也對於當前台灣地區的社區矯正工作，奠定莫大的基礎工程。例如廖前部長於1997年組成「法務部檢討暨改進當

前刑事政策研究小組委員會」，邀集專家、實務界人士與學者討論刑事政策的相關議題，並於1998年提出的「兩極化刑事政策」，法務部據以研擬刑法修正草案，於2002年修正稱為「寬嚴並進的刑事政策」（為當年「刑法部分條文修正草案」之別名）[1]。無論用詞如何更迭，社區矯正一直被歸為「寬鬆刑事政策」的重要配套措施。[2]

挨諸2000年到2010年間，台灣地區立法通過實施的社區矯正制度，包含緩起訴付命於社區提供一定時數之義務勞務（「刑訴法」§253-1參照）、緩刑付命於社區提供一定時數之義務勞務（「刑法」§74II參照）、性侵害犯罪人付命密集觀護、居住指定處所、宵禁、配戴電子監控儀器（「性侵害防治法」§20III參照）以及易服社會勞動（「刑法」§41、§42-1參照）等，此一時期，可謂台灣地區社區處遇最為蓬勃發展之階段。特別是針對性侵害犯罪人，擴大引進與適用社區矯正措施，讓性侵害犯罪人的社區監控機制，呈現出多樣化的處遇型態，以完善當前非機構性處遇之不足之處，研究者曾謂此種發展乃邁向「本土化刑罰梯」[3]之建構。

正當台灣地區社區矯正之內涵呈現出多樣化處遇之發展時，在海峽彼端的大陸地區，也接受西方社會犯罪控制政策的洗禮，祭出「寬嚴並濟」的刑事政策以對，針對寬鬆的刑事政策，走向具有「中國特色的社區矯正

---

[1] 林山田，刑法改革與刑事立法政策，月旦法學雜誌，第92期，2003年1月，頁8-25。

[2] 許福生，當前犯罪控制對策之研究——兩極化刑事政策之觀點，中央警察大學印行，1998年3月，頁162-163；賴擁連，從刑法大翻修建構本土化「刑罰梯」制度——兼論期許成立「刑罰執行署」，矯正月刊，第158期，2005年。

[3] 所謂刑罰梯（Punishment ladder），係指將刑罰制度由寬到嚴綿密的、層級的建構而成，如同傳統木梯一般，從最下一層一階一階往上建構，而刑罰也由最寬鬆一層築起，愈往上則愈呈現嚴屬的刑罰制度。以現今美國為例，目前其刑罰梯可以分為十二階，由寬到嚴依序為：罰金（Fine）、沒收（Forfeiture）、觀護（Probation）、損害賠償（Restitution）、密集觀護（Intensive Probation）、在宅監禁（House Arrest）、電子監控（Electronic Monitoring）、居住社區中心（Residential Community Center）、分割判決（Split Sentence）、戰鬥營（Boot camps）、監獄（Prison）以及死刑（Death Penalty）。詳見黃徵男、賴擁連，21世紀監獄學，首席文化出版社，2015年9月，頁589-592。

制度」之建立[4]，例如界定社區矯正為刑罰執行措施之一；脫離公安部與監獄管理局，在司法部下設立社區矯正管理局，並在鄉鎮、街道層級利用1980年代以後陸續恢復設立的司法所，從事第一線社區矯正的監管與安置幫扶工作。這些努力，均以建構與完善社區矯正一條鞭為目的。換言之，與台灣地區發展方向完全不同的是，大陸地區所強調的是社區矯正制度與體系的建立，台灣地區則著重處遇內涵的擴充與多元，前者強調社區矯正外在架構的建立，後者則強調社區矯正內在處遇的精實。這樣歧異的發展，殊值探究與比較。

　　基此，本研究首先將從大陸地區社區矯正之發展沿革、現況分析、制度與實務運作，逐一介紹與評析，其次，針對兩岸社區矯正之發展，進行比較研究，最後，根據海峽兩岸社區矯正的發展與運作，提出值得台灣地區啟發與借鏡之處，供為法務與觀護部門[5]作為參考。

貳、大陸地區社區矯正之發展與現況分析

　　大陸地區1979年「刑法」與1997年的「刑法」中，均有關於社區刑罰的規定，其適用對象包含以下五種罪犯：（一）被判處管制者（亦即台灣地區過去「違警罰法」時代的拘留）；（二）被宣告緩刑者；（三）被裁定假釋者；（四）被暫時監外（保外醫治）[6]執行者；以及（五）被剝奪政治權利在社區服務者。對於此種罪犯所進行的社區刑罰並施以監督管理、教育改造，其實都有法律依據可資遵循，例如刑法、刑事訴訟法、中

---

[4] 李蓉，社區矯正程序實證研究，湘潭大學出版社，2012年11月，頁60。

[5] 此處稱觀護部門不稱社區矯正部門，係因為台灣對於矯正一詞，界定於機構性處遇，亦即矯正等於監院所校，並由法務部所轄之矯正署所統管。而社區矯正，或稱社區處遇，其實為台灣地區的觀護業務，目前法制上雖由各地檢署負責，實際上係由各地檢署所轄之觀護體系負責。換言之，大陸地區的社區矯正部門，應對接於台灣地區的觀護部門，較為貼近。

[6] 查大陸地區的保外醫治與台灣的保外醫治非常類似，為最大不同在於，大陸地區的保外醫治，服刑人員在社區服務的期間，算入刑期，與台灣地區的保外醫治，在外期間不予以計算刑期不同。

華人民共和國監獄法以及相關的法律規定與司法解釋。至於執行層面，係由公安部所屬的公安機關（即警察機關）實際執行、考察與監督，並非由司法部（即台灣地區的法務部）負責執行。換言之，當時大陸地區社區矯正工作的特色，就是公安機關的管束以及社區居民、鄰里的監督，相互結合，此為當時社區矯正的具體作為，但「社區矯正」一詞，則尚未成熟也沒有入法。[7]

由於當時社區矯正工作，係由公安部門實際負責執行社區刑罰工作，實務運作上存有以下幾點問題。首先，鑑於法律的規範過於簡單、粗糙，第一線的實務運作難以落實與操作；其次，公安機關執行其原有的治安工作與法定任務，已超過原有負擔，常常無暇顧及上述五種罪犯的社區刑罰之執行、考察和監督，使得大陸地區的社區刑罰伊始就存在著流於形式的窘境。這樣的缺失使得社區刑罰和社區矯正的優勢難以發揮，因此，社區矯正制度的改革與完善，勢在必行。[8]

20世紀末葉，西方國家所盛行的社區刑罰與社區矯正制度，在大陸學術界開始興起一波研究聲浪，並有學者（例如吳宗憲、劉強等）進行系統性的介紹與研究，主張大陸應邁向「刑事執行一體化」以及「機構性刑罰與社區刑罰接軌化」的刑罰制度。當時比較具有代表性的觀點為：（一）應該成立統一的刑事執行機構來統一行使刑罰執行權；（二）應當制定統一的刑事執行法典；（三）應該於機構性矯正外另成立機關專責執行社區矯正工作。特別是學界普遍認為，應於司法部下設立社區矯正管理機構，專門負責社區刑罰執行與社區矯正工作，這樣社區矯正的事權統一、法典統一以及執行統一，才能找到了落根之所。[9]

在這樣的共識下，2000年學界展開了在司法部設立社區矯正管理機構的行動，由此一部門專門負責社區刑罰執行和社區矯正。2003年7月10日最高人民法院、最高人民檢察院、公安部與司法部（以下稱「兩院兩

---

[7] 姜祖楨，社區矯正理論與實務，法律出版社，2010年7月，頁57。

[8] 王平，社區矯正的理想與現實，首屆海峽兩岸社區矯正論壇，2015年5月，頁38-50。

[9] 同上註，頁38-50。

部」）聯合下發表「關於開展社區矯正的通知」對試點中的社區矯正做出了定義，該定義為：「社區矯正是與監禁矯正相對的行刑方式，是指將符合社區矯正的罪犯置於社區內，由專門的國家機關、社會團體和民間組織以及社會志願者的協助下，在判決、決定、裁定確定的期限內，矯正其犯罪心裡和行為的惡習，並促進其順利的回歸社會的非監禁的刑罰執行活動」。其特點如下：（一）社區矯正的刑罰屬性是一種非監禁刑罰，亦即相對應於機構性刑罰（institutional punishment），該刑罰是在監獄外執行的一種刑罰。（二）社區矯正的執行主體為專門的國家機關與非政府性社團組織相結合的管理模式。（三）社區矯正的執行期限為法定，即由裁判、決定來規定其執行的期限。（四）社區矯正的目的為矯正犯罪人的心理及行為惡習，使其回歸社會、適應社會。

　　「兩院兩部」並隨即發布在北京、天津、上海、山東、江蘇與浙江等6個省與直轄市，著手進行社區矯正的試點工作（又稱為試點階段），拉開了大陸地區社區矯正工作的新帷幕。2005年，大陸司法部又下達通知在中西部擴大試點省份開展社區矯正試點地點達到18個。2009年10月「兩院兩部」聯合召開全國社區矯正工作會議，部署全面實施社區矯正工作於全國。截至2014年底，社區矯正工作已經在全國31個省（區、市）和新疆生產建設兵團的347個地（市）、2,879個縣（市、區）、4萬686個鄉鎮（街道）展開，實現了大陸地區所有省、地、縣、鄉四級全面開展社區矯正之目標[10]。同一時間，共累計接收社區服刑人員223.7萬人，累計解除矯正150.5萬人，現有社區服刑人員73.2萬人。其中，管制占2.7%；緩刑占73.3%；假釋占11.4%；暫予監外（保外醫治）執行占3.6%；剝奪政治權利占8.8%。2014年全年新接收社區服刑人員48萬人，解除42.9萬人，淨增5.1萬，每月平均新接收4萬人，月均解除3.5萬人，月均淨增4,267人。社區矯正工作開展以來，矯正期間再犯罪率持續控制在較低的水平，截至2014年底，社區服刑人員在矯正期間的再犯罪累計3,974人，再犯罪率為0.18%，相較於2013年的再犯罪率，表現持平，成效顯著[11]。

---

[10] 大陸司法部社區矯正管理局，司法部社區矯正管理局簡報，2015年度第8期。

[11] 同上註。

　　揆諸大陸地區在過去十餘年來所推動的社區矯正工作,將社區矯正理念從學術層面開展到實務層面,雖沒有法律規範,但已有實質的執行成效。綜合學者分析,從理念到實務運作,具有以下幾點重要發展特徵[12]:

一、從改造到矯正

　　過去大陸地區對於罪犯的制裁手段,就是改造。例如根據「中華人民共和國勞動改造條例」第1條規定,制定本條例的目的就是要懲罰一切反革命犯和其他刑事犯,並且強迫他們在勞動中改造自己,成為新人。勞動改造在本條例中是一個核心概念。但自上世紀90年代,在學者的主張與提倡下,勞動改造的字眼已漸漸轉變,取得代之的新犯罪矯正思潮所提倡之教育改造,改造的內容從政治犯的意識型態思想改造,改為對於罪犯的犯罪心理與行為的改造。但自21世紀以降,矯正罪犯或矯治罪犯的名詞使用,更加頻仍,逐漸取代教育改造的用語。而社區矯正更是創新且前瞻的新名詞,在大陸學者的鼓吹之下,自2002年開始出現在官方文件之中,逐漸地矯正、矯治與社區矯正已經取代了改造,成為刑罰執行的新用語。

二、從監獄到社區

　　教育刑理念誕生後,監獄被賦予矯正罪犯的使命,但因為機構性矯正的烙印標籤缺點與侷限性,導致機構性矯正的罪犯的成效一直不彰,因此西方國家多年來一直主張運用社區矯正取代機構性矯正。大陸地區對於國外情事脈動之掌控以及對於國內監獄矯正弊端之關注,遂也主張社區矯正作為刑罰執行的另一種方式,並曾經在2003年的「兩院兩部」「關於開展社區矯正試點工作的通知」上,說明了大陸地區對於罪犯之矯正,從機構性邁向社區性的必然性與必要性。

三、從罪犯到服刑人員

　　罪犯一語,具有貶低其地位與羞辱其身分的含意,對於這些犯罪人要

---

[12] 王平,同註8,頁38-50。

重返社會，實有其困難性。如同上述大陸地區過去十餘年間慢慢地由矯正機構取代監獄一語，淡化監獄具有懲罰與負面標籤的色彩外，罪犯或囚犯一語，也逐漸的從負面色彩，改為服刑人員的中性字樣，體現司法單位對於服刑人員人格的尊重。

參、大陸地區社區矯正制度之介紹

大陸地區的社區矯正，涉及的職能部門繁多，例如檢察機關、審判機關、公安機關、司法行政機關等，而社區矯正之執行機關，依據2003年「兩院兩部」聯合發布之「關於開展社區矯正試點工作的通知」，司法行政機關負責組織實施社區矯正，而法院、檢察、公安、司法行政等相關部門應緊密配合；2009年「最高人民法院等部門關於在全國試行社區矯正工作的意見」，司法行政部門牽頭組織，相關部門協調配合，司法所具體實施，社會力量廣泛參與社區矯正工作領導體制和工作機制；最後，依據2011年5月實施的大陸地區的「刑法修正案（八）」規定「依法實行社區矯正」，應指司法行政機關。上述三份文件均具體指出司法行政機關為社區矯正之執行機關。以下針對大陸地區社區矯正主管機關、執行單位、協助機構、監督機關與處遇內涵，分別介紹之。

一、主管機關

大陸地區之社區矯正主管機關是司法行政機關，具體執行由基層社區矯正中心、社區矯正執法大隊與司法所分攤負責，各有所司。自2003年以來，大陸地區司法行政機關從事社區矯正工作之機構發展迅速，在中央層面，2010年5月18日司法部成立社區矯正工作辦公室，負責社區矯正管理工作，2010年11月8日司法部成立社區矯正管理局，作為專門指導、管理社區矯正工作的機構；在地方層面，各地成立諸多層次之社區矯正工作機構。[13]根據文獻，目前大陸地區對於社區矯正業務的主管體系，可謂是專

---

[13] 吳宗憲、蔡雅奇、彭玉傳，社區矯正制度適用與執行，中國人民公安大學，2012年3月，頁30。

業一條鞭,中央司法部設立社區矯正管理局,各省的司法廳下設社區矯正管理處／局,直轄市與自治區的司法局也設社區矯正管理處／局,地級市的司法局下設有社區矯正管理處或局,縣與區級司法局下設社區矯正管理科／局,有些區(例如上海市各行政區)設有社區矯正中心作為區級司法局的派外單位,鄉鎮、街道則設置司法所。由於大陸地區對於社區矯正工作採取各地因地制宜政策,因此,僅將當前大陸地區社區矯正業務主管體系,嘗試整理成表16-1以供參考。

據統計,2013年底,大陸中央的司法部,設有社區矯正管理局,綜管大陸地區社區矯正事務。另有30個省、自治區、直轄市的司法廳(局)、

表16-1 大陸地區社區矯正業務主管體系表[14]

中央／地方		隸屬機關	負責業務官署名稱
中　　央		司法部	社區矯正管理局
地方一級	省	司法廳	社區矯正管理(工作)處／局
	直轄市	司法局	社區矯正管理處／局
	自治區	司法局	社區矯正管理局
地方二級	地級市	司法局	社區矯正管理處／社區矯正管理局
	縣	司法局	社區矯正管理科／社區矯正管理局
	縣級派外設施		社區矯正中心／陽光中途之家／社區矯正管理教育服務中心／社區矯正執法大隊
	區	司法局	社區矯正管理科／社區矯正管理局
	區級派外設施		社區矯正中心／陽光中途之家／社區矯正管理教育服務中心／社區矯正執法大隊
地方三級	鄉鎮、街道		司法所／社區矯正執法中隊／陽光驛站
	村居		社區矯正工作站

資料來源:作者整理。

---

[14] 雖然大陸地區對於社區矯正工作體系一元化的建立,非常積極,各級地方政府無不傾全力配合中央政策,迅速開辦相關社區矯正業務的執行官署,但在名稱上,大陸中央採取因地制宜政策,因此在官署名稱上略有不同。例如同樣是直轄市,上海市在區和縣的派外單位均設有社區矯正中心,但北京市在區和縣則設有陽光中途之家;在省方面,江蘇省在區和縣均設有社區矯正管理教育服務中心,但浙江等省則在區與縣設有社區矯正執法大隊,在執法大隊下設有中隊與司法所。

189個地（市）司法局和1,135個縣（區、市）司法局，經批准後設立了社區矯正工作機構，共計有2萬6,762個基層司法所，開展社區矯正工作。社區矯正工作團隊以司法所的工作人員為主，而地方的社會工作者和社會志願者則協助進行，建立接收、監管、教育、解除矯正等制度，社區矯正工作體系和保障機制基礎成形，並逐漸往機構專門化方向發展，預計2013年整年大陸各地社區矯正經費可達到8.43億元人民幣。[15]

二、執行單位

　　社區矯正之執行單位，係指直接對社區服刑人員展開相關工作之機構，即是社區矯正工作最基層、最直接之工作承擔者。根據規定，該執行單位分成兩類：

（一）司法所

　　司法所，又稱基層司法所，係司法行政系統最基層之職能工作部門，是縣（市、區）司法局在鄉鎮的下位機構，根據2014年7月21日發布之《司法部關於進一步加強鄉鎮司法所建設的意見》內容，要全面實行縣（市、區）司法局和鄉鎮人民政府雙重管理、以司法局為主的司法所管理體制，要繼續充實司法所工作力量，確實用好司法部下達的專項編制，進一步清理、收回空編、占編，全部用於司法所，同時繼續採取爭取政府購買公益崗位（委外業務）等做法，充實司法所工作力量。

　　司法所是1981年大陸地區司法行政機關恢復後，作為縣區法院的派出司法行政機構（類似公安部派出所的概念），主要職責包含人民調解、法制宣導、安置幫教等職責。但根據2004年司法部發布之「司法行政機關社區矯正工作暫行辦法」第9條規定，鄉鎮、街道司法所具體負責實施社區矯正，賦予履行下列職責：1.貫徹落實國家有關非監禁刑罰執行的法律、法規、規章和政策；2.依照有關規定，對社區服刑人員實施管理，會同公

---

[15] 左堅衛，緩刑制度的理論與實務，中國人民公安大學，2012年2月，頁141；李宜興，我國社區矯正工作之回顧與展望——訪談司法部社區矯正管理局局長姜愛東，社區矯正評論，第4卷，2014年6月，頁4。

安機關對社區服刑人員進行監督、考察；3.對社區服刑人員進行考核，根據考核結果實施獎懲；4.組織相關社會團體、民間組織和社區矯正工作志願者，對社區服刑人員開展多種形式的教育，幫助社區服刑人員解決遇到的困難和問題；5.組織有勞動能力的社區服刑人員參加公益勞動；6.完成上級司法行政機關交辦的其他有關工作。由此可見，司法所積極承擔了社區矯正之刑罰執行、執法監管與安置幫教工作。

(二)協助機構

　　協助機構，係指協助司法行政機關從事社區矯正工作的社會機構、民間組織。為解決司法行政機關人力欠缺、資源匱乏等問題，及增強社區矯正之社區性，故產生協助社區矯正之社會機構。亦即這些機構屬於社會福利機構，主要協助地方基層社區矯正服刑人員的輔導服務工作，然而這些機構之人員不屬於國家機關之公務人員。其中較具代表性如下：

1. 上海市新航社區服務總站

　　上海市新航社區服務總站成立於2004年2月，是上海市民政局批准註冊的民辦非企業性質的社會組織，業務主管為上海市司法局。新航社區服務總站，聘用社工400餘名，在上海市14個區縣設有工作站，並在所屬街鎮設立社工點。[16]

2. 北京市陽光中途之家

　　2008年7月8日正式成立北京市朝陽區陽光中途之家，對社區服刑人員展開「三統一兩服務」，即統一展開法制教育、統一展開社會認知教育及統一展開心理治療，為有需求者提供技能培訓服務及過渡性安置服務，取得良好成效。2010年9月，北京市決定在全市各區、縣積極推廣中途之家，強化社區矯正之基層工作。[17]

3. 江蘇省社區矯正管理教育服務中心

　　該中心設置集中教育室、溝通談心室、心理矯正室、公益勞動場所等

---

[16] 參上海新航社區服務總站，http://www.xhang.com/index.asp，最後瀏覽日期：2016年1月15日。

[17] 吳宗憲、蔡雅奇、彭玉傳，同註13，頁32。

功能區域，集中組織社區服刑人員參加思想、法制、社會公德教育活動及公益勞動，集中對社區服刑人員進行心理健康教育、提供心理諮詢及心理矯正等。幫助社區服刑人員解決基本生活等方面的困難，促使其順利回歸和融入社會。[18]

三、監督機關

人民檢察院是大陸地區之法律監督機關，依據「中華人民共和國憲法」第129條，中華人民共和國人民檢察院是國家的法律監督機關；「中華人民共和國刑事訴訟法」第265條，人民檢察院對執行機關執行刑罰的活動是否合法實行監督。如果發現有違法的情況，應當通知執行機關糾正；「中華人民共和國監獄法」第6條，人民檢察院對監獄執行刑罰的活動是否合法，依法實行監督；「中華人民共和國人民檢察院組織法」第5條，各級人民檢察院行使下述職權，對於刑事案件判決、裁定的執行和監獄、看守所、勞動改造機關的活動是否合法，實行監督。

社區矯正作為刑罰之執行，應受人民檢察院之監督，例如「社區矯正實施辦法」第2條規定：「司法行政機關負責指導管理、組織實施社區矯正工作。人民法院對符合社區矯正適用條件的被告人、罪犯依法作出判決、裁定或者決定。人民檢察院對社區矯正各執法環節依法實行法律監督。公安機關對違反治安管理規定和重新犯罪的社區矯正人員及時依法處理。」

其監督功能在於三個面向[19]：1.達到保證社區矯正機構確實落實社區矯正制度之作用。在社區矯正實踐中，極有可能存在不嚴格執行、疏於或怠於實施社區矯正，導致脫管（脫離監管）、漏管（疏漏監管）與虛管（形式監管）現象的發生，甚至再犯罪之可能。故社區矯正法律監督即是人民檢察院對社區矯正機構的執法活動及社區服刑人員的活動，進行合法性監督。2.有利於實現權力的制衡。從刑罰執行的角度而言，社區矯正是

---

[18] 同上註，頁32。

[19] 同上註，頁242。

一種行刑權，大陸地區透過制度之設置，由檢察機關行使檢察監督權來制
衡審判權及司法行政機關的行刑權，對防止權力濫用和司法腐敗具有積極
作用。3.維護社區服刑人員的合法權益。社區矯正機構為執行社區矯正工
作會依法限制或剝奪社區服刑人員之權利，但若逸脫法律授權範圍則屬不
當侵害，且憲法所保障之基本權利仍不得侵害及剝奪，故社區矯正法律監
督即是透過人民檢察院，對社區矯正機構及其工作人員之行為做監察及督
促。

四、處遇措施

　　依據2009年「最高人民法院等部門關於在全國試行社區矯正工作的意
見」社區矯正之指導核心、基本原則及內容為「教育矯正、監督管理和幫
困扶助」，其優先順序為何，應根據社區服刑人員的情況不同而定。就其
詳細之意涵，分述如下：

(一) 教育矯正

　　教育矯正，俗稱「改造」，係指利用各種方法促使社區服刑人員產生
積極之轉變，社區矯正機關透過各種教育、公益勞動措施等轉變社區服刑
人員，促使其順利回歸社會、融入社會。

　　根據2009年「最高人民法院等部門關於在全國試行社區矯正工作的意
見」論述，教育矯正包括：完善教育矯正措施和方法，加強對社區服刑人
員的思想教育、法制教育、社會公德教育，組織有勞動能力的社區服刑人
員參加公益勞動，增強其認罪悔罪意識，提高社會責任感。加強心理矯正
工作，採取多種形式對社區服刑人員進行心理健康教育，提供心理諮詢和
心理矯正，促使其順利回歸和融入社會。探索建立社區矯正評估體系，增
強教育矯正的針對性和實效性。

　　2012年之「社區矯正實施辦法」第17條規定，根據社區矯正人員的
心理狀態、行為特點等具體情況，應當採取有針對性的措施進行個別教育
和心理輔導，矯正其違法犯罪心理，提高其適應社會能力。

（二）監督管理

監督管理，亦稱「監管」，係指對社區服刑人員的服刑活動進行監督和行政管理，社區矯正機關利用多種監督管理措施，依法對社區服刑人員進行懲罰，從而實現社會正義、預防重新犯罪。

根據2009年「最高人民法院等部門關於在全國試行社區矯正工作的意見」的論述，監督管理的內容包括：根據社區服刑人員的不同犯罪類型和風險等級，探索分類矯正方法，依法執行社區服刑人員報到、會客、請銷假、遷居、政治權利行使限制等管控措施，避免發生脫管、漏管，防止重新違法犯罪。健全完善社區服刑人員考核獎懲制度，探索建立日常考核與司法獎懲的銜接機制。探索運用資訊通訊等技術手段，創新對社區服刑人員的監督管理方法，提高矯正工作的科技含量。

（三）幫困扶助

幫困扶助，係指幫助社區服刑人員解決生產、生活、未來發展困難等問題，亦可稱為「幫扶」或「幫助」。

根據2009年「最高人民法院等部門關於在全國試行社區矯正工作的意見」的論述，幫困扶助的內容包括：積極協調民政、人力資源和社會保障等有關部門，將符合最低生活保障條件的社區服刑人員納入最低生活保障範圍，整合社會資源和力量，為社區服刑人員提供免費技能培訓和就業指導，提高就業謀生能力，幫助其解決基本生活保障等方面的困難和問題。

肆、大陸地區社區矯正制度實施之評析

一、社區矯正之優點

大陸地區實施社區矯正工作，自2003年試點以來，已有13年的歷史，2011年在大陸的第十一屆全國人民大會常務委員會第十九次會議審議通過的「刑法修正案（八）」將社區矯正理論與研究的成果以及司法實踐

的經驗，納入刑法法典之中，使社區矯正制度最終在立法上得到了確認。綜觀大陸學者對於過去十餘年社區矯正的實施，彙整後計有以下幾點特色與優點說明：[20]

(一) 建構社區矯正的執法主體與職能

　　過去十餘年前，社區矯正業務，主導部門不明顯，實務運用多頭馬車，有公安部執行，也有司法部負責，成效未能彰顯。自2003年大陸地區「兩院兩部」發布「關於開展社區矯正試點工作的通知」以降，中央與地方無不積極推動社區矯正工作之推展，無論是在地方性規章的訂定與公布施行，或是相關主管部門的建立與業務執掌的分工，從中央到地方可以發現，確實完整的建構了社區矯正業務的體系、專責一條鞭的目的。特別是在基層，為落實社區矯正工作之核心重點，仿造派出所制度，在鄉鎮、街道成立司法所，將地方社區資源，挹注於此，以確保服刑人員的社區矯正日常工作能夠落實執行。實證調查也發現，司法所對於監督管理、幫困扶助與矯正教育，確實發揮莫大的功效。因此，在社區矯正執法體系的建立上，大陸地區走出自己的特色，司法所更是此一特色的核心。惟當前大陸地區的司法所，其本業因為近年來民眾滋事、擾事與衝突之事件，日益增多，維穩信訪[21]、人民調解與法制宣導已成為主要工作，而社區矯正已非核心職責，再加上司法所的編制，人單力薄，對於社區矯正需要專業團隊運作才能克竟全功的目標，有所差距。因此，近年來有一些社區矯正學者，提出司法所脫離社區矯正工作之論述與主張。[22]

---

[20] 江蘇省司法廳社區矯正工作局，江蘇省出台社區矯正地方性法觀，社區矯正評論，第4卷，2014年6月，頁7-8；馬時明、徐祖華，貫徹落實社區矯正實施辦法推進縣鄉村三級監管教育幫扶體系建設，社區矯正評論，第4卷，2014年6月，頁9-11。

[21] 信訪，係大陸地區特有名詞，係指人民、法人或者其他組織採用書信、電子郵件、傳真、電話、走訪等形式，向各級政府、或者縣級以上政府工作部門反映冤情、民意，或官方（警方）的不足之處，提出建議、意見或者投訴請求等等。為處理信訪事宜，中華人民共和國國務院辦公廳專門設立有國家信訪局，各級政府、人大及政協也設有信訪辦公室。

[22] 劉強，論我國社區矯正立法的原則——以十八屆四中全會的立法理念為視角，首屆

(二)完善社區矯正的部門協調與合作

　　過去社區矯正工作雖涉及到「兩院兩部」，但似乎都沒有好好的坐下來協商合作，以發揮社區矯正功效。但自從2003年「兩院兩部」會銜發布「關於開展社區矯正試點工作的通知」後，「兩院兩部」以及其他相關部門，按照各自的職責做好社區矯正應負責之工作，例如人民法院負責審前調查與羈押，並依法判處社區矯正的服刑人員。司法部，特別是社區矯正管理局，則依法落實社區矯正人員的矯正教育、監督管理與幫困扶助之業務，確實考核服刑人員在社會的言行舉止與改過向善的紀錄；人民檢察院則負責監督、督導各級社區矯正管理機關的業務，是否落實執行。最後，公安機關則依法阻止社區服刑人員出境、依法處理違反治安管理規定和再犯罪的社區服刑人員，並協助司法部門查找脫離監管的社區服刑人員。遇有問題時，召開協商機制，彼此間的橫向聯繫，緊密且契合，發揮政府在社區矯正工作上的整體運作效能。

(三)落實社區矯正的在地化與社會參與

　　大陸地區司法部社區矯正管理局長姜愛東博士曾謂，大陸地區社區矯正目前處於快速發展時期，但在此一快速發展的過程中，又不失去「因地制宜」原則，讓各省、市、區，發揮在地化的精神，建構具有地方特色的社區矯正機構。[23]例如在縣（區）級的派外社區矯正設施，北京市設有「陽光中途之家」、上海市設有「社區矯正中心」、江蘇省設有「社區矯正管理教育服務中心」等；在鄉鎮、街道層級，除建立司法所外，北京市還建設「陽光驛站」，浙江省還成立「社區矯正執法大隊」；在村居這個層級，有些省份成立「社區矯正工作點」或「工作站」。此外，依法規定村民委員會、居民委員會、社區服刑人員所在單位或者就讀學校代表，依法參與社區矯正工作，除服刑人員的家庭成員與監護人應該協助落實社區

海峽兩岸社區矯正論壇，2015年5月，頁19-26。

[23] 李宜興，我國社區矯正工作之回顧與展望——訪談司法部社區矯正管理局局長姜愛東，社區矯正評論，第4卷，2014年6月，頁4。

矯正措施外，社會企業團體與志願者（志工）也依法鼓勵參與與協助社區矯正工作，以擴大公私部門共同投入社區矯正工作之目的。

(四) 齊一社區矯正的規範內容與作法

　　過去社區矯正工作之內涵，規範與定義不明，導致公安機關與司法機關在進行社區矯正工作時，十分困難，莫衷一是。但自2003年「兩院兩部」聯合發布「關於開展社區矯正試點工作的通知」後，即開始制定社區矯正法的相關工作，例如在2007年確立社區矯正立法應從刑事訴訟法、刑法之修法工作中，將「社區矯正」一詞予以入法之階段，予以刑罰執行明確化；其次，制定「社區矯正法」專法之「三步走」發展。[24]之後，在「社區矯正法」立法前，大陸司法部於2011年先行制定「社區矯正實施辦法」並頒訂實施，並於2013年將官民合作撰寫研擬的「社區矯正法（草案）」共計六章六十三條，透過司法部向國務院提交，經過多次官民協調、討論與表達意見後，國務院已於2015年將全國人民代表大會提交「社區矯正法（草案）」審議，期能在2016年通過該部法律。綜觀本部法律，已明確化了社區矯正為刑罰執行手段之一外，更確認了社區矯正的內涵包含適用人員、各級政府應該設置社區矯正機構、刑罰執行內涵（調查、報到、考核、獎懲與收監程序）、監督管理與教育幫扶等，齊一標準化社區矯正作為，讓各級政府的司法單位，特別是社區矯正機構與司法所，有所遵循。

二、社區矯正之缺點

　　大陸地區社區矯正已實施十餘年，累積不少實務運作的經驗，但卻也發現這些實務運作，與法理上和理論框架上，存有部分扞格的現象，具體分析如下：

---

[24] 吳宗憲，中國大陸社區矯正法的立法進展與官民互動，首屆海峽兩岸社區矯正論壇，2015年5月，頁27-37。

(一)社區矯正之理念及執行機構之落差

　　首先，在實務運作上，特別是執行機構層面，仍存有以下幾點缺失：[25]1.服刑人員的社區生活過度被干預。社區矯正是將犯罪人置於社區之中，對其進行矯正與監督。然而在再犯率的評比壓力之下，基層的司法所害怕所監管的服刑人員可能有再犯的動機傾向，便過度的干預服刑人員的生活，除要求定期到司法所報到外，結合社區志願工作者與司法助理員對於服刑人員密集的掌控行蹤，更有甚著，在杭州市，還發展出錄影監視系統以及在浙江省還發展出手機訊息監控等。其實，這類作法已過分地干預服刑人員的日常生活，背離社區矯正的精神與目的。2.社區矯正機構重刑罰執行與監管，但輕忽教育幫扶。相較於教育幫扶，對於服刑人員的監督管控似乎比較容易得多。由於司法所的人力不足，就業幫扶的工作，甚難落實。例如根據「社區矯正實施辦法」規定，對於服刑人員應促其每月參加集中教育、個別教育和心理輔導等教育學習時間不少於八小時。由於實務運作上無法落實上述八小時的規定，因而將上述教育，委由社會志工團體協助辦理。再者，目前一般平民老百姓謀職就業均已不易，然政府官員卻要為這些服刑人員協助就業謀職，讓一般民眾忿忿不平。換言之，當前大陸地區社區矯正執行，主要重點仍落實於監督管理，教育矯正與就業幫扶似乎仍被漠視。

(二)審前調查評估及刑罰（禁止令）執行

　　根據「社區矯正實施辦法」第4條規定，審前調查評估是甄選社區矯正服刑人員適合對象的重要環節與手段，其目的有三，一方面是客觀且公正地反應社會和社區的意見，綜合考量社區安全和公共利益可能受到的威脅，也充分尊重當事人及其家屬的意見，公正地做出是否適用社區矯正提供依據；二方面是通過全面評估對於擬適用社區矯正的被告或罪犯的綜合表現，有效地阻止不適宜在社區接受矯正的人群在社區服刑，避免再犯的可能性；三方面是有助於提高風險的預見性，使社區矯正部門能提前做好

---

[25] 王平，同註8，頁38-50。

防範，減少脫管（脫離監管）、漏管（疏漏監管）與虛管（形式監管）現象的發生。

實務上審前調查係由法院啟動調查程序，但實際審前調查卻為基層司法所人員負責執行。當前所面臨的問題是，司法所內的正式工作人員，或是司法所聘用的契約人員、司法助理員、社工人員或協管員等，對於審前調查的專業知識十分欠缺，以目前所形成的調查報告內容觀之，存在著偏離主題、方法制式、內容不全等問題，進而影響調查報告的正確性與公正性，如何提供給法官做出正確的社區矯正判決？此外，審前調查程序因人員不足、調查時間冗長，經常發生法院已經判決社區矯正的判決書了，但審前調查的結果尚未送交回法院參考，造成審前調查與法院判決社區矯正存在漏洞與不協調的現象。再加上法院自身刑事審判工作已為吃重，已無暇再兼顧審前調查。根據「社區矯正實施辦法」規定，要求法院負擔審前調查工作，莫怪乎此項業務功能不彰、加重法院與司法所人員負荷，抱怨連連。[26]

(三) 監督管理、瞭解核實及脫管查找

根據「社區矯正法」草案，社區矯正三大工作為刑罰執行、監督管理與教育幫扶。其中監督管理的目的就是要掌握服刑人員在社區的一舉一動、外出行蹤與生活和就業狀態等，防止服刑人員脫管或漏管。

然實務運作仍發現，當前社區矯正機構的監管體系不健全，致使一些地方對於社區服刑人員的監管不到位。例如某個城市，脫管情形非常嚴重，列冊的監外處遇五種人，共有241位，從當地檢察機關掌握的情形觀之，有50%的服刑人員處於脫管、漏管狀態。[27]由於服刑人員脫管、漏管的情形非常嚴重，進而影響社區矯正的效能以及外界質疑社區矯正監管體系的健全性，大陸在2014年4月中旬到7月中旬間，針對社區矯正服刑人員

---

26 武玉紅，社區矯正執行的前置程序——審前調查，首屆海峽兩岸社區矯正論壇，2015年5月，頁51-62。

27 洋冰，對當前監外執行罪犯脫管漏管問題的思考，上海警苑，第5期，2010年5月，頁10。

脫管、漏管問題，展開為期三個月的專項整治活動，並在全國檢察機關集中部署開展社區服刑人員脫管、漏管專案檢察活動，凸顯出此一議題的嚴峻程度。換言之，監管體系不健全，讓少數人脫管漏管後重新犯罪，腐蝕了社區矯正實施的效益，因此，有學者主張當前應該建立一支專業化的社區矯正隊伍，加強社區矯正監管力道之不足以及對於脫管、漏管服刑人員強化適度的懲罰性，故浙江省境內的區縣，即成立社區矯正執法大隊，下又設社區矯正執法中隊，強化對於服刑人員的監管力道。[28]

(四)集團（個別）教育、心理矯治及就業指導等更生保護

　　根據「社區矯正實施辦法」第15條規定：「社區矯正人員應當參加公共道德、法律常識、時事政策等教育學習活動，增強法制觀念、道德素質和悔罪自新意識。社區矯正人員每月參加教育學習時間不少於八小時。」同辦法第17條亦規定：「根據社區矯正人員的心理狀態、行為特點等具體情況，應當採取有針對性的措施進行個別教育和心理輔導，矯正其違法犯罪心理，提高其適應社會能力。」此外，第18條規定：「司法行政機關應當根據社區矯正人員的需要，協調有關部門和單位開展職業培訓和就業指導，幫助落實社會保障措施。」亦即現行辦法規定，對於社區矯正服刑人員應施予集團（個別）教育、心理矯治，並協助其就業指導與職業培訓等。這些工作內容均涉及專業知識人員的參與始能開辦。

　　然而，實務上，目前從事社區矯正工作的專職工作人員大部分都是具有法律專業背景的人員，具有經過專業心理師知識培訓，並通過國家職業資格考試取得心理諮商師證照的社區矯正工作人員，少之又少，因而造成當前基層社區矯正工作甚難實施心理諮商與矯治工作。以目前上海市為例，該項業務即以契約方式，委託於新航社區服務總站，由該服務總站與簽契約方式，以1位社工員負責30位服刑人員的比例，負責該項業務的開辦，然而大部分的省市，其司法經費短絀的情況下，即無法開辦或落實

---

[28] 武玉紅，同註25，頁51-62。

心理諮商與集中教育的業務。[29]再者，由於相關勞動部門不願意協助，再加上技職教育系統的保守以及執法和社區民眾的刻板印象（認為罪犯怎可以協助找工作或參與技訓）的情況下，協助服刑人員就業指導與參與職業訓練的業務，成效非常不彰。此外，當前從事社區矯正有關諮商輔導業務者，大多屬於民間協助機構，基於這些民間協助機構的特性，也衍生下列問題，包含：1.人力資源不足，人員編制非專責，多由社會工作者（社工）來執行，人員培訓不足、專業能力不足。2.社工無執行力及強制力，其屬於民間組織，沒有警察部屬而缺乏公權力，僅能由獄警、公安充當。

　　綜上所述，目前大陸社區矯正工作之運作已有十餘年光景，雖然體系與運作框架均已完整的建構體現，但在實務運作上，仍有一些缺失或力有未逮之處，但整體而言，如果從再犯罪比率的角度觀之，當前的社區矯正工作，仍發揮其設計之初的效益，值得借鏡。

伍、兩岸社區矯正制度之比較

　　「他山之石，或可攻錯」。海峽兩岸自上世紀90年代開始，對於西方國家所盛行的社區矯正，興起了高度的興趣，遂派遣學者專家前往西方國家取經、考察，並大量撰文寫書，介紹西方國家所實施社區矯正的型態，提供兩岸司法當局作為參考。特別是學界緊密鼓吹、力唱社區矯正的優點之後，也獲得法務部門的迴響。自2000年起，在學界與實務界緊密合作的情況下，兩岸的社區矯正制度之發展，如火如荼，各有千秋，也有專擅。以下乃針對兩岸間，十餘年來社區矯正制度的發展，扼要性地進行比較：

一、在社區矯正的定位與屬性

　　首先，大陸地區將社區矯正視為刑罰執行之一種，屬於機構性刑罰的

---

[29] 劉克志、張賢強、吳陽，北京市豐台區社區矯正人員社會危險性評估實驗報告，首屆海峽兩岸社區矯正論壇，2015年5月，頁277-290。

另一種型態，非機構性刑罰。雖然在其「刑法」第33條所規範的刑罰種類中，並未名列社區矯正，但在2011年「刑法修正案（八）」已將社區矯正一詞立於該法之中，例如第76條有關宣告緩刑者，於緩刑期間依法執行社區矯正；第85條，對於假釋份子，於假釋期間內應依法執行社區矯正。另在「刑事訴訟法」第258條亦規定「對被判處管制、宣告緩刑、假釋或者暫予監外執行（保外醫治）的罪犯，依法實施社區矯正，由社區矯正機構負責」，充分顯示大陸地區已將社區矯正列為刑罰執行的一種型態，並歸由司法行政機關來執行，脫離公安部門負責執行，屬性上已改隸為刑事執行而非行政執行，符合先進國家之潮流。對照於此，台灣地區繼受德、日大陸法系國家，將社區矯正（即謂保護管束或觀護工作）列為保安處分諸多型態之一，處於刑罰補充制度，因此，不是屬於刑罰執行，屬於保安處分之一種。然而屬性上，傳統以來即由司法機關負責（地檢署觀護人）執行，處於刑事執行之一種。

二、專責法律規範

　　大陸地區有關社區矯正的法律，可見於「刑法」、「刑事訴訟法」以及諸多解釋函令（諸如指導、通知、提示），但主要訂有「社區矯正辦法」與「社區矯正法」草案，前者已由「兩院兩部」於2012年發布實施，後者已送入立法機關列為2016立法重點工作計畫。值得注意的是，大陸地區行政優於立法，即使社區矯正法尚未立法通過，但因為相關的「刑法」、「刑事訴訟法」已載明社區矯正，輔以相關解釋命令，更重要的是社區矯正實施辦法已載明整部「社區矯正法」草案之精髓，即使該部法律尚未立法通過，實務部門亦可以執行社區矯正工作；但在台灣地區，有關執行保護管束與觀護工作的法律與命令，多如牛毛，主要散見在「刑法」第十二章、「保安處分執行法」第六章、其他特別刑法（例如「家庭暴力防治法」、「性侵害防治法」）以及其他相關規定（例如辦理保護管束應行注意事項等），尚未有「觀護法」[30]或「保護管束法」專法，統整社區

---

[30] 法務部曾於2000年委託國立中正大學犯罪防治學系制定觀護法草案共計十二章

矯正之相關規定。

三、專責部門與體系

　　由表14-1得知，在過去學者與實務部門、中央與地方通力合作的情況下，大陸地區的社區矯正已經呈現專責一條鞭的組織架構，中央的司法部設有社區矯正管理局，省市區以下的各級地方政府均有相對接的部門，進行社區矯正的專業分工，特別是在區縣層級，設有社區矯正中心，將矯正教育、諮商輔導、就業協助與安置幫扶等資源，全部集中於此，採取以團隊運作的形式實施社區矯正，是當前大陸地區社區矯正制度的一大特色。然而在台灣地區，社區矯正的體系較為簡單，過去幾十年也未曾修正過，在中央的法務部設有保護司，統管觀護與保護管束業務（按法務部保護司統管社區矯治、犯罪防治、更生保護、被害保護與法治宣教五類），地方層級由各地檢署觀護人室實際負責各類型受保護管束者之觀護與保護管束業務。換言之，台灣地區的社區矯正工作仍依附於檢察系統，受檢察系統的指揮執行，尚未走出保護管束或觀護一條鞭之境界。

四、適用與服務對象

　　大陸地區適用社區矯正的對象（稱為服刑人員），根據「社區矯正法草案」規定有五類型，亦即判處管制、宣告緩刑、假釋與暫予監外執行的罪犯（即保外醫治者）以及法律規定的其他罪犯（例如剝奪權利的政治犯或是其他刑事罪犯）。而台灣地區的保護管束與觀護之適用對象，根據刑法與保安處分執行法之規定，包含假釋出獄者、緩刑期間內付保護管束者、機構性保安處分（如感化教育處分、監護處分、禁戒處分及強制工作處分），按其情形以保護管束代之者以及停止強制工作，停止期間付保護管束者，共計四種。由於兩岸刑事法對於刑罰制度之內容不同，適用對象也不盡相同。

　　六十七條，並送請立法院審議，根據立法院2009年審議的版本已達一百三十五條之多，惟朝野各黨尚無共識，目前本草案仍在立法院審議中。

五、處遇內容

　　根據「社區矯正法草案」規定，社區矯正機構對於服刑人員，應進行矯正教育（刑罰執行）、監督管理與幫困扶助三部分，但以監督管理為主，特別是司法所的主要工作項目與內容，就是監督管理與依法執刑。而在台灣部分，主要是輔導與監督工作[31]。輔導工作包含教養、環境改善、就業與醫療等輔導；監督則包含一般應遵守事項（「保安處分執行法」§74-2）、特別應遵守事項（例如針對不同犯罪類型的罪犯特定應遵守事項）以及其他法定應遵守事項（例如「家庭暴力防治法」§38、§39之規定）。至於幫困扶助係由台灣更生保護協會各地分會接洽各地檢署觀護人室接辦。

六、外部監督機制

　　根據2012年「兩院兩部」所頒訂的「社區矯正實施辦法」第2條規定：「人民檢察院對社區矯正各執法環節依法實施法律監督」，明確規範了社區矯正的法律監督主體是檢察機關，其目的是保證社區矯正工作的合法和公正。因此，各地方建立了不少的社區矯正監察監督機構，例如設置「社區檢察室」、「社區矯正檢察辦公室」或「社區矯正檢察官」，作為檢察派出機構對非監禁刑罰執行活動是否依法執行實施監督[32]。換言之，大陸地區針對社區矯正工作，創設外部監督機制，以監察不法的執行情事。但台灣地區，由於社區矯正（保護管束及觀護工作）隸屬檢察系統，接受檢察系統的指揮與執行，受法務部保護司的監督，至多稱為內部的監察機制，無法稱為外部監督機制。

---

[31] 查成年觀護工作僅包含監督與輔導工作，但少年觀護工作則包含對於少年虞犯的審前調查、出庭陳述意見、監督與保護工作，與成年觀護工作，大有不同，此專指成年觀護業務。

[32] 包國為，論我國社區檢察監督，首屆海峽兩岸社區矯正論壇，2015年5月，頁169-176。

七、民間參與與協助

根據大陸地區「社區矯正實施辦法」第3條第2項規定，基層司法行政機關於執行社區矯正工作時，可以根據社區矯正人員的需要，協調社會工作者與志願者，參與社區矯正工作，諸如就業幫扶、專業培訓與諮商輔導等。因此，各地方，特別是直轄市與縣層級之社區矯正部門，無不協調或扶持民間組織團體，邀請志願者參與社區矯正工作，進而發展出簽約聘請志工團體投入社區矯正有關教育幫扶的工作。例如上海市社區矯正中心，即與新航社區服務總站，簽訂購買社工服務契約，將教育矯正業務，委由新航社區服務總站於各行政區的社區矯正中心和街道的司法所開辦，以彌補社區矯正部門社會志願服務工作人力不足的困境，但對於這些服刑人員，社會志願者參與投入的人數與意願，仍然十分低落。而在台灣地區，鑑於「政府力量有限、民間資源無窮」，遂於1946年成立的「台灣省司法保護會」於1967年更名「財團法人台灣更生保護會」，由台灣高等法院檢察署檢察長擔任董事長，扮演民間資源整合平台，協助社區矯正的人員以及出獄的更生人自力更生，得以復歸社會的工作。因此，各縣市據以成立更生保護會之分會，由各地檢署檢察長擔任主任委員，整合地方社區民間資源，協助出獄人或曾受刑事司法處分之人之家扶、就業、就養與就醫等服務，定下官民合作的典範與基調[33]。換言之，相較於大陸地區的民間資源參與社區矯正工作，台灣地區具有悠久的歷史外，無論在服務項目、資源整合與志願者的參與，也均較大陸地區落實與到位。

謹將上述兩岸社區矯正重要項目之比較，整理後呈現如表14-2。

---

[33] 王添盛，為更生人找出一條道路，更生保護70週年論文集，2015年10月，頁2-3。

表14-2　大陸地區與台灣地區社區矯正之比較一覽表

	大陸地區	台灣地區
定位與屬性	與監禁刑一樣,視社區矯正為刑罰執行的一種型態。並屬於刑事執行。	「社區矯正」非刑事法正式用語,正式用語為保護管束,屬於彌補刑罰不足之保安處分的一種型態,非刑罰執行形態。[34]屬於刑事執行。
專責法律規範	雖然刑法、刑事訴訟法均有規範何種條件下可以判處社區矯正,但針對社區矯正擬有社區矯正法,雖尚未立法通過,但已率先實施社區矯正實施辦法。	有關保護管束之相關規定,散見在諸多刑事法與特別刑事法,例如刑法、保安處分執行法、家庭暴力防治法等,但尚未有觀護法或保護管束法專法,統整社區矯正之相關規定。
專責部門與體系	中央於司法部設社區矯正管理局,省司法廳設社區矯正科,直轄市司法局設社區矯正科,直轄市下個行政區設社區矯正中心,鄉鎮街道設司法所。中央到地方一條鞭。	中央於法務部保護司統管保護管束與觀護業務,地方係由各地檢署觀護人室負責執行保護管束業務,仍依附在檢察系統,換言之,尚未走向保護管束或觀護工作一條鞭。
適用與服務對象	被判處管制刑、緩刑、假釋、保外就醫以及與政治犯等五種服刑人員。	假釋出獄者、緩刑期間內付保護管束者、機構性保安處分(如感化教育處分、監護處分、禁戒處分及強制工作處分)按其情形以保護管束代之者以及停止強制工作停止期間付保護管束者,共計四種。
處遇內容	雖然有矯正教育、監督管理與幫困扶助三部分,但以監督管理為主。	包含輔導(教養、環境改善、就業與醫療)與監督(一般應遵守、特別應遵守與其他法定應遵守事項之監督)。至於幫困扶助係由台灣更生保護協會各地分會接洽各地檢署觀護人室接辦。
外部監督機制	人民檢察院	無
民間參與與協助	各省市獨立,例如上海市以新航社區服務總站最為有名。另北京市的陽光中途之家頗負盛名。	一條鞭,中央設有財團法人台灣更生保護會,受法務部指導;各縣市設有地方更生保護分會,亦受各地檢署檢察長指導。

資料來源:作者整理。

[34] 根據司法院大法官會議釋字第471號解釋,保安處分為刑罰之補充制度,為彌補刑罰不足之手段之一,但不是刑罰諸多制度之一。目前台灣地區的保安處分包含監護、禁戒、感化教育、強制治療、強制工作(此五種為拘束人身自由制度)、保護管束與驅逐出境(此兩種為限制其他自由)七種。

陸、結論——兩岸社區矯正之啓發

一、結論

　　大陸地區自1979年以來的刑法，即針對管制、緩刑、假釋、監外執行（保外就醫）以及剝奪政治權等五種罪犯，適用社區矯正，其主要理念在於社區矯正與自由刑一樣，都視為刑罰執行的一種。然過去此五種人在社區執行刑罰，係由公安部門執行，一直存有法律規範過於簡單、執行此類罪犯的刑罰工作已超過原有公安工作之負擔以及考察監督工作流於形式等弊病。因此，在1998年，繼受西方國家對於社區矯正之推崇與鼓吹，學者遂主張「刑事執行一體化」以及「機構性刑罰與社區刑罰接軌化」的刑罰政策，在政府與學界形成共識的情況下，於2000年在司法部設立社區矯正管理機構，負責社區刑罰執行和社區矯正工作，並於2003年開始試點、2005年擴大試點、2009年全國全面實施，迄今社區矯正工作在大陸地區已有累積十餘年的經驗，堪稱社區矯正制度與工作，均已完備。

　　大陸地區的社區矯正之主管機關，中央係由司法部設立社區矯正管理局綜管，省於司法廳下設社區矯正科、直轄市於司法局下設社區矯正科負責監督、督導社區矯正業務，而各縣以及直轄市所轄之區，應設有社區矯正中心負責教育矯正與幫困扶助之業務，另鄉鎮、街道則利用1981年司法行政機關恢復後逐步設立的司法所，兼負監督管理之業務。此外，除官方機構外，大陸地區的社區矯正工作也大量引進民間力量，亦為其另一特色，諸如北京的陽光中途之家、上海的新航社區服務總站等，都是長期協助官方機構，落實社區矯正對於服刑人員的教育矯正和幫困扶助之實際工作。

　　根據大陸地區相關法規命令之規定，社區矯正的基本原則與內涵就是「教育矯正、監督管理和幫困扶助」，教育矯正亦稱為「改造」，係指利用各種社區資源和方法，促使社區服刑人員產生積極的行為改變，促其順利回歸社會、融入社群；監督管理，亦稱為「監管」，係指對於社區服刑

人員的服刑活動進行監督與行政管理，以求渠等遵守相關的規範與要求，必要時可對服刑人員進行懲戒，從而實現社會正義、預防重新犯罪；幫困扶助又稱為「幫扶」，係指對於社區服刑人員協助其就業謀職、生活經濟與未來發展之困難等問題。

即使大陸社區矯正工作已發展十餘年，除具有體制健全、設備新穎與官民合作等特色，但實務運作上，仍存有幾點的缺失，例如司法與公安在業務分工上，仍有權責不明之處；基層司法所雖貴為特色，但人員多樣且不足，監管業務仍力有未逮；服刑人員的合法權益救濟措施仍不完善，導致檢察系統監督不力之窘境等，值得吾人進行比較制度時，應予重視。

二、啓發

「知己知彼，才能百戰百勝」。兩岸在上世紀90年代不約而同的興起對於西方社會所採行的社區矯正，發起高度興趣，紛紛留學考察，撰寫專書，影響執政者，最後均在本世紀初葉，形成了「寬嚴並進（濟）」的刑事政策，並將「社區矯正」列為寬鬆刑事政策的重要策略與手段。在過去十餘年間，台灣地區在原有框架下發展出多元的社區矯正方案，諸如緩起訴與緩刑付社區服務、易服社會勞動以及對於性侵害犯罪人的社區監控等。但同一時間，大陸地區則著重社區矯正體系的建構，從無到有，這樣的刑事政策與刑事執行工程，非常艱鉅，雖然尚有部分省份或地方的社區矯正體系尚未建立完善，社區矯正之內涵尚未落實，但已有以下幾點特色，值得台灣法務與觀護部門參考與借鏡：

(一)中央到地方一條鞭的社區矯正體系

有謂「工欲善其事，必先利其器」。由上文介紹得知，大陸地區在過去十餘年間，對於社區矯正體系的專責化的建構，如火如荼，這樣的體系建構，堪稱非常具有中國特色，也可得知當大陸地區立下心志欲建設一件事情時，即會傾全力建設。相較於大陸地區大刀闊斧將社區矯正系統從公安部與監獄管理局獨立出來，反觀台灣地區，目前的觀護體系，不僅沒有專責一條鞭，依舊附屬於法務部所轄的檢察系統，未能走出自己專責化的

特色，殊為可惜。其實根據目前已送在立法院審議的「觀護法」草案，中央法務部下應設觀護署，專責犯罪者社區處遇事務地方設觀護處，實際執行觀護業務。期能以大陸地區為借鏡，儘速通過該法之立法工作。

(二)成立社區矯正中心擔綱社區矯正樞紐

　　根據「社區矯正實施辦法」第3條規定：「縣級司法行政機關社區矯正機構對社區矯正人員進行監督管理和教育幫助。」可稱為社區矯正中心的法源依據。例如上海市在各行政區內設置社區矯正中心，有效地整合刑罰執行、矯正教育、監督管理和安置幫教各項工作。從縱的角度觀之，承接司法部社區矯正管理局以及市司法局社區矯正管理局以及相關法規命令之執行，並督導所轄區域內司法所有關監督管理業務之進行；在橫向方面，打破鄉鎮街道行政區域的劃分界線，根據服刑人員的數量，整合地方司法機關、民間企業與社會志願者之資源，以團隊合作的形式，共同幫助社區服刑人員順利回歸社會[35]。反觀台灣地區執行觀護工作的地檢署觀護人室，目前大抵以縣市為單位，無法深入基層社區，更無法進行每日的監管與教化工作。對於社區服刑人員的監控力道，高矮立判，殊值台灣法務與觀護部門省思保護管束的再犯率為何如此之高。

(三)規範檢察系統爲外部執法監督機制

　　大陸地區的檢察系統，在「社區矯正法」草案、「社區矯正實施辦法」以及相關的通知（例如2009年的「兩院兩部」關於在全國試行社區矯正工作的意見通知），即已明確規範檢察系統係作為社區矯正各執法部門與環節是否依法執行的監督部門，因此，各地紛紛成立「社區檢察室」、「社區矯正檢察辦公室」或「社區矯正檢察官」，本文前段已說明。反觀台灣，社區矯正業務（即觀護業務）仍隸屬於檢察體系，社區矯正部門仍設置於各地檢署，受檢察官的監督與指揮。換言之，當大陸地區的社區刑

---

[35] 朱久偉、王志亮，刑罰執行視野下的社區矯正：上海市社區矯正理論與實務叢書，法律出版社，2011年11月，頁271-289。

罰執行已脫離檢察系統，接受其外部執法監督的同時，台灣地區的保護管束與觀護業務，仍無法脫離檢察系統，實為諷刺。在面對「偵、審與執行分流」的世界趨勢，大陸地區的作法，足為台灣地區改革的借鏡。

(四)訂定社區矯正專法羈束司法行政機關

　　大陸地區為有效率的推動社區矯正工作，在2003年試點、2005年擴大試點以及2009年全區全面實施[36]。在積累幾年的社區矯正工作經驗後，遂於2012年公布了「社區矯正實施辦法」，要求各級社區矯正的司法行政機關，依法執行開展社區矯正工作。另又於2013年草擬、2015年由國務院向全國人民代表大會提交「社區矯正法」草案，期盼2016年由全國人民代表大會常務委員會通過該法[37]。雖然大陸的社區矯正專法尚未三讀通過，但在相關的通知、指示文件以及社區矯正實施辦法下，社區矯正制度與工作，已有完整的體系建構以及初步的成效。反觀我國，雖然在2000年，法務部即已有「觀護法」草案，並於2009年送請立法院審議，但六年過去了，依然躺在立法院院會，尚無進展。同樣都是二十年過去，大陸在社區矯正的法制作業雖然尚未通過，但基於「辦法先行」，即使沒有「社區矯正法」，「社區矯正實施辦法」依然為一部專法，但我國除了「觀護法」草案外，所有相關的法規命令，散見於「刑法」以及特別刑事法律，在適用上，有些疊床架屋、有些掛一漏萬，非常沒有效率。

(五)擁有低比例的社區執法人員與服刑人員

　　根據估算，大陸地區從事社區矯正工作的司法所工作人員計有近4萬

---

[36] 2003年7月，大陸地區「兩院兩部」發布社區矯正試點工作，指示北京、天津、上海、山東、江蘇與浙江等6個省市進行試點（又稱為試點階段），拉開了社區矯正工作的新帷幕。2005年，大陸司法部又下達通知在中西部擴大試點省份開展社區矯正試點地點達到18個。2009年10月「兩院兩部」聯合召開全國社區矯正工作會議，部署全面實施社區矯正工作於全國。

[37] 吳宗憲，同註24，頁27-37。

人[38]，根據最新的統計數據，大陸地區社區矯正服刑人員約為74萬人[39]，執法人員與服刑人員比例為1：18.5，比例甚低。反觀台灣地區，各地檢署觀護人需負責的保護管束與社區處遇案件量達467件，即使加上了觀護佐理員，比例大約降到1：167。[40]與大陸地區相較，相差甚多。足見台灣地區對於觀護與保護管束工作之重視程度，無法與大陸地區相比。

當然台灣地區多年來在觀護與保護管束工作的開辦與發展上，也存有一些顯著特色，可以提供大陸地區參考：

(一) 民間參與一條鞭的組織架構

台灣地區對於社會資源投入社區矯正工作與服務，歷史甚為悠久，成效斐然。特別是以財團法人的形式成立，尋求民間企業與社會志願工作者投入更生保護工作，並整合中央與地方資源，齊一標準化的服務流程與服務內容，達到社會與民間資源共享、互惠互利，即使社區服刑人員離開原住所地搬離至其他縣市，各地保護分會亦可以將其需求轉介方式至其他分會接手。這樣的發展理念，值得作為大陸地區的借鏡，以強化各地社會志願者投入社區矯正的工作與服務。

(二) 法律要立法機關通過始能執行

對於大陸地區社區矯正工作之考究後也發現，行政優於一切法律與法制作業。例如透過「兩院兩部」所頒訂的通知，即可要求各級政府實施一個新制度；透過司法部所頒訂的一個辦法（例如「社區矯正實施辦法」），即使沒有立法部門三讀通過的法律可以依托（例如「社區矯正法」），各級政府對於上級的命令，毫不打折扣地戮力完成，看似非常有效率，但其實是嚴重地違反「三權分立」的原則。對照於大陸地區的「行政獨大、立法附庸」，台灣地區雖然立法緩慢，但對於力守「三權分

---

[38] 朱久偉、王志亮，同註34，頁228。

[39] 大陸司法部社區矯正管理局編，司法部社區矯正管理局簡報，2015年度第8期。

[40] 金文昌、鄭添成，觀護制度的過去、現在與未來，觀護制度與社區處遇，洪葉出版社，2013年1月，頁23-48。

立」，實為一民主國家非常重要的精神與立國原則，亦值得大陸地區學習。

(三)社區矯正與處遇內容的多樣性

　　雖然過去十餘年來，台灣地區在觀護制度的體系與架構上，未如大陸地區走出專責化、建構事權一條鞭之途，但不可否認的，對於觀護與社區處遇內容的多樣性，為台灣地區發展之特色。例如開辦分類分級觀護（密集觀護）、引進電子監控與社區居住中心（對性侵害犯）、與地方政府的毒品危害防制中心與家庭暴力暨性侵害防治中心合作，擴大辦理毒品犯與性侵犯的社區處遇與監控工作等。換言之，相較於大陸地區仍對於服刑人員一般性的矯正教育與監管，台灣地區更聚焦於不同類型與犯行的犯罪人，施以不同層級監管與需求之治療，達到「個別化處遇」之目的，這樣的特色亦值得大陸地區學習與仿效。

　　本文系統性的對於大陸社區矯正的發展與現況、體系與制度以及工作內容與特色等，逐一介紹；再者，針對這些內容與台灣地區的觀護與保護管束工作做一簡單比較，最後提出兩岸社區矯正的特色提供彼此借鏡與參考。惟大陸地區幅員遼闊，僅能做出原則性的探究，無法一一針對各省市區細部作法，進行介紹，難免有無法完全一窺全貌之憾；而台灣地區的觀護與保護管束之內容，亦僅尋求於相關文獻之記載與引述，對於實務運作之細節，亦無法逐一求證。若有不足或缺漏之處，考量本文為一探索性之比較研究，請惠予指正為荷。

17

防制兒童及少年性剝削之現況與規範分析

蔡田木[*]

[*] 中央警察大學犯罪防治學系教授兼主任／所長。

目　次

壹、前言

• 問題背景

　　在1985年間，大眾傳播媒體持續報導少女被父母或不肖份子押賣至私娼寮的事件，另外，廖碧英也在「亞洲區婦女問題研討會」發表「色情問題：現狀報告」陳述原住民少女至華西街從娼的悲慘狀況，引起社會大眾的關心與關注，1987年以基督教長老教會「彩虹專案」、「婦女新知」為首的民間團體發起了數十個團體響應，前往桂林分局要求嚴辦人口販子，還前往司法院與法務部呈遞抗議書，希望透過修改刑法、加重人口販賣量刑的方式，達到遏阻販賣少年犯罪的效果（施慧玲、高玉泉，2006；李麗芬，2012）。從此之後「花蓮善牧中心」、「基督教勵馨園」、「婦女救援協會」皆以社區宣導、個案救助以及法律諮詢等方面從事救援行動（余漢儀，1996；林淑君，2012）。隨著各國對人權的重視及倡議，1989年

提出「聯合國兒童權利公約」及1992年發起「國際終止亞洲觀光業童妓運動」，1989年，我國施行少年福利法，針對未成年兒童及少年從事賣淫或猥褻行為者，規範適當的保護安置原則，取代少年事件處理法中對從事性交易少年施予司法矯治的處罰模式。然而，只有少年福利法並不足以納入所有必要的防制措施，特別是該法並無對於業者及嫖客的罰則。以上皆促成法案通過之迫切性與必要性的輿論壓力情境，遂提出防制兒童與少年遭受性剝削條例，以保障兒童少年的身心發展。（李麗芬，2012；林淑君，2012）

貳、兒童及少年性剝削案件現況

保護兒童及少年成長權益，依據兒童及少年性剝削防制條例規定，兒少性剝削案件由地方法院檢察署辦理，其案件來源包括：機關移送、告訴或自動檢舉，茲就近年來兒少性剝削案件發生趨勢、件數來源、查獲人數、審理終結情形、裁判確定有罪法條及安置人數分述如下：

一、發生趨勢及件數來源

根據法務部統計處統計，地方法院檢察署辦理兒童及少年性剝削防制條例之案件數，以2007年案件數最多（6,813件），之後案件數逐漸趨緩，2008年至2015年案件數均不到1,000人。在案件來源方面，大多係由警察單位移送（在83.8%～90.6%），其次為其他檢察機關移送及其他機關移送，由此可見，警察單位仍係查緝兒童及少年遭受性剝削最主要單位。

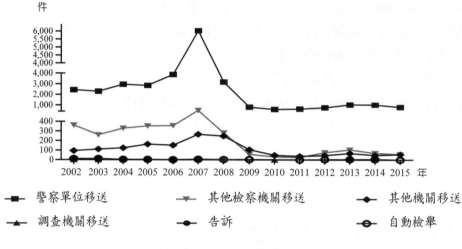

圖17-1　地方法院檢察署辦理兒少性剝削案件（2002～2015）
資料來源：法務部統計處，2016。

二、查獲兒童及少年遭受性剝削人數

　　依據內政部兒童局統計，自2010年至2014年期間，查獲兒童及少年遭受性剝削人數呈現下降趨勢（參表17-1），以2014年為例，共有263人涉案，其中女性有248人（占94.3%），男性15人（占5.7%）。有國籍方面，以本國籍女性215人最多（占81.7%），其次為原住民女性32人（占12.2%），本國籍男性15人（占5.7%）。

表17-1　查獲兒童及少年遭受性剝削人數（2010～2014）

年度		合計			本國籍				大陸籍		外國籍	
					一般		原住民					
	計	男	女	男	女	男	女	男	女	男	女	
2010年	人數	573	39	534	34	500	5	33	0	0	0	1
	%	100.0	6.8	93.2	5.9	87.3	0.9	5.8	0.0	0.0	0.0	2.6
2011年	人數	437	23	414	23	398	0	15	0	1	0	0
	%	100.0	5.3	94.7	5.3	91.1	0.0	3.4	0.0	4.3	0.0	0.0

表17-1　查獲兒童及少年遭受性剝削人數（續）

年度		合計			本國籍				大陸籍		外國籍	
					一般		原住民					
	計		男	女	男	女	男	女	男	女	男	女
2012年	人數	366	11	355	10	324	1	30	—	1	0	0
	%	100.0	3.0	97.0	2.7	88.5	0.3	8.2	—	9.1	0.0	0.0
2013年	人數	316	31	285	28	258	3	26	—	0	0	1
	%	100.0	9.8	90.2	8.9	81.6	0.9	8.2	—	0.0	0.0	3.2
2014年	人數	263	15	248	15	215	0	32	—	0	0	1
	%	100.0	5.7	94.3	5.7	81.7	0.0	12.2	—	0.0	0.0	6.7

資料來源：內政部兒童局。

三、案件終結情形

　　有關案件終結情形（參表17-2），自2010年起，起訴的比例有逐漸縮小的現象，但緩起訴處分及不起訴處分的比例則逐漸增多的趨勢，以2015年為例，全年共計950件，其中起訴272件（占28.6%）、緩起訴處分247件（占26.0%）及不起訴處分348件（占36.6%）。

表17-2　兒童及少年性剝削防制條例案件終結情形表（2010～2015）

年度		終結件數	起訴（含簡易判決處刑）		緩起訴處分		不起訴處分		裁判確定件數(%)	裁判確定有罪人數
			件數(%)	人數	件數(%)	人數	件數(%)	人數		
2010年	人數	584	229	399	169	252	144	203	287	345
	%	100.0	39.2	-	28.9	-	24.7	-	49.1	-
2011年	人數	633	219	393	163	175	203	289	201	253
	%	100.0	34.6	-	25.8	-	32.1	-	31.8	-

表17-2 兒童及少年性剝削防制條例案件終結情形表（2010～2015）（續）

年度		終結件數	起訴 （含簡易判 決處刑）		緩起訴處分		不起訴處分		裁判 確定 件數 (%)	裁判 確定 有罪 人數
			件數 (%)	人數	件數 (%)	人數	件數 (%)	人數		
2012年	人數	806	273	425	205	226	241	394	252	321
	%	100.0	33.9	-	25.4	-	29.9	-	31.3	-
2013年	人數	1,154	397	516	310	335	298	409	354	391
	%	100.0	34.4	-	26.9	-	25.8	-	30.7	
2014年	人數	1,179	326	397	308	323	442	518	394	439
	%	100.0	27.7	-	26.1	-	37.5	-	33.4	-
2015年	人數	950	272	348	247	253	348	448	296	318
	%	100.0	28.6	-	26.0	-	36.6	-	31.2	-

資料來源：法務部統計處，2016。

四、裁判確定有罪法條統計

　　根據法務部統計處資料顯示，2010至2015年期間，裁判確定有罪人數以2014年最多（439人）。在裁判確定有罪法條方面，以2015年為例，兒童及少年遭受性剝削人數以第40條最多（120人、占37.7%），係因宣傳品、出版品、廣播、電視、電信、網際網路或其他方法，散布、傳送、刊登或張貼足以引誘、媒介、暗示或其他使兒童或少年有遭受性剝削者；其次為第32條（87人、27.4%），係因引誘、容留等使兒童及少年為有對價之性交或猥褻行為者（參表17-3）。

表17-3 兒童及少年性剝削防制條例裁判確定有罪法條統計表

年度		判決確定有罪人數	第31條	第32條	第33條	第34條	第36條	第38條	第40條
2010年	人數	345	72	165	1	0	11	9	87
	%	100.0	20.9	47.8	0.3	0.0	3.2	2.6	25.2
2011年	人數	253	56	112	0	3	6	4	72
	%	100.0	22.1	44.3	0.0	1.2	2.4	1.6	28.5
2012年	人數	321	88	120	2	0	16	19	76
	%	100.0	27.4	37.4	0.6	0.0	5.0	5.9	23.7
2013年	人數	391	119	109	2	0	18	9	134
	%	100.0	30.4	27.9	0.5	0.0	4.6	2.3	34.3
2014年	人數	439	101	124	2	0	20	19	173
	%	100.0	23.0	28.2	0.5	0.0	4.6	4.3	39.4
2015年	人數	318	60	87	6	0	27	18	120
	%	100.0	18.9	27.4	1.9	0.0	8.5	5.7	37.7

資料來源：法務部統計處，2016。

五、兒童及少年遭受性剝削安置人數

依據內政部兒童局統計，自2010年至2015年兒童及少年遭受性剝削安置人數呈現穩定的趨勢（參表17-4），以2015年為例，共有312人安置於緊急收容中心，其中男性18人（5.8%），女性有294人（94.2%）。共有298人安置於短期收容中心，其中男性15人（5.0%），女性有283人（95.0%）。共有69人安置於社會福利機構，其中男性2人（2.9%），女性有67人（97.1%）。

表17-4　兒童及少年遭受性剝削安置人數　　　　　　　　單位：人數

年別	緊急收容中心			短期收容中心			中途學校			社會福利機構		
	計	男	女	計	男	女	計	男	女	計	男	女
2010	521	20	501	441	14	427	191	1	190	63	5	58
2011	404	7	397	370	4	366	109	0	109	57	1	56
2012	350	8	342	323	7	316	122	0	122	47	2	45
2013	313	32	281	289	29	260	102	1	101	49	12	37
2014	273	20	253	258	21	237	90	0	90	58	7	51
2015	312	18	294	298	15	283	93	0	93	69	2	67

資料來源：內政部兒童局、衛生福利部保護司。

參、兒童及少年性剝削規範內涵

　　由於兒童及少年性剝削案件對當事人影響甚鉅，為防制兒童及少年遭受任何形式之性剝削，保護其身心健全發展，我國於2015年2月4日特制定兒童及少年性剝削防制條例（以下簡稱兒少性剝削防制條例），茲就相關規範內容分述如下：

一、兒少性剝削定義與管理

（一）兒少性剝削定義

　　依據兒少性剝削防制條例第2條規定，所謂兒少性剝削是指一切以兒童及少年為對象的色情活動，包括：使兒童或少年為有對價之性交或猥褻行為；利用兒童或少年為性交、猥褻之行為，以供人觀覽；拍攝、製造兒童或少年為性交或猥褻行為之圖畫、照片、影片、影帶、光碟、電子訊號或其他物品；利用兒童或少年從事坐檯陪酒或涉及色情之伴遊、伴唱、伴舞等侍應工作。其中，兒童係指未滿十二歲之人，少年係指十二歲以上未滿十八歲之人。

(二) 兒少性剝削主管機關及其職責

依據兒少性剝削防制條例第3條規定，兒少性剝削主管機關分為三個等級，在中央為衛生福利部；在直轄市為直轄市政府；在縣（市）為縣（市）政府。主管機關之職責有五項，包括：

1. 應獨立編列預算；
2. 置專職人員辦理兒童及少年性剝削防制業務。
3. 內政、法務、教育、國防、文化、經濟、勞動、交通及通訊傳播等相關目的事業主管機關涉及兒童及少年性剝削防制業務時，應全力配合並辦理防制教育宣導。
4. 主管機關應會同前項相關機關定期公布並檢討教育宣導、救援及保護、加害者處罰、安置及服務等工作成效。
5. 主管機關應邀集相關學者或專家、民間相關機構、團體代表及目的事業主管機關代表，協調、研究、審議、諮詢及推動兒童及少年性剝削防制政策。有關學者、專家及民間相關機構、團體之代表，不得少於二分之一，任一性別不得少於三分之一。

(三) 兒少性剝削防制教育

為落實兒少性剝削防制教育，兒少性剝削防制條例第4條規定，高級中等以下學校每學年應辦理兒童及少年性剝削防制教育課程或教育宣導，其宣導內容亦有明確規範，應包括下列內容：

1. 性不得作為交易對象之宣導。
2. 性剝削犯罪之認識。
3. 遭受性剝削之處境。
4. 網路安全及正確使用網路之知識。
5. 其他有關性剝削防制事項。

二、兒少性剝削之救援及保護

(一)救援及保護人員：檢警需有專責指揮督導辦理人員

依據兒少性剝削防制條例第5條規定，中央法務主管機關及內政主管機關應指定所屬機關專責指揮督導各地方法院檢察署、警察機關辦理有關本條例犯罪偵查工作；各地方法院檢察署及警察機關應指定經專業訓練之專責人員辦理兒少性剝削相關事件。

(二)主管機關應提供服務之項目

依據兒少性剝削防制條例第6條規定，為預防兒童及少年遭受性剝削，直轄市、縣（市）主管機關對於脫離家庭之兒童及少年應提供緊急庇護、諮詢、關懷、連繫或其他必要服務。

(三)向主管機關報告義務之人員

依據兒少性剝削防制條例第7條規定，醫事人員、社會工作人員、教育人員、保育人員、移民管理人員、移民業務機構從業人員、戶政人員、村里幹事、警察、司法人員、觀光業從業人員、就業服務人員及其他執行兒童福利或少年福利業務人員，知有本條例應保護之兒童或少年，或知有第四章之犯罪嫌疑人，應即向當地直轄市、縣（市）主管機關或第5條所定機關或人員報告。前述報告人及告發人之身分資料，應予保密。

(四)網路、電信業者協助調查之義務

依據兒少性剝削防制條例第8條規定，網際網路平台提供者、網際網路應用服務提供者及電信事業知悉或透過網路內容防護機構、其他機關、主管機關而知有第四章之情事，應先行移除該資訊且保留相關資料至少九十天，並提供司法及警察機關調查。前述相關資料至少應包括犯罪網頁資料、嫌疑人之個人資料及網路使用紀錄。

(五) 偵查或審判時應有社工人員陪同

依據兒少性剝削防制條例第9條規定，警察及司法人員於調查、偵查或審判時，詢（訊）問被害人，應通知直轄市、縣（市）主管機關指派社會工作人員陪同在場，並得陳述意見。另外，被害人於前項案件偵查、審判中，已經合法訊問，其陳述明確別無訊問之必要者，不得再行傳喚。

(六) 偵查或審理中被害人受詢問或詰問時，得陪同在場之相關人員

依據兒少性剝削防制條例第10條規定，被害人於偵查或審理中受詢（訊）問或詰問時，其法定代理人、直系或三親等內旁系血親、配偶、家長、家屬、醫師、心理師、輔導人員或社會工作人員得陪同在場，並陳述意見。於司法警察官或司法警察調查時，亦同。前述規定，於得陪同在場之人為本條例所定犯罪嫌疑人或被告時，不適用之。

(七) 對證人、被害人、檢舉人、告發人或告訴人之保護

依據兒少性剝削防制條例第11條規定，性剝削案件之證人、被害人、檢舉人、告發人或告訴人，除依本條例規定保護外，經檢察官或法官認有必要者，得準用證人保護法第4條至第14條、第15條第2項、第20條及第21條規定。

(八) 偵查審理時，訊問兒童或少年時應注意事項

依據兒少性剝削防制條例第12條規定，偵查及審理中訊問兒童或少年時，應注意其人身安全，並提供確保其安全之環境與措施，必要時，應採取適當隔離方式為之，另得依聲請或依職權於法庭外為之。前述規定於司法警察官、司法警察調查時，亦同。

(九) 兒童或少年陳述得為證據之情形

依據兒少性剝削防制條例第13條規定，兒童或少年於審理中有下列情形之一者，其於檢察事務官、司法警察官、司法警察調查中所為之陳述，

經證明具有可信之特別情況，且為證明犯罪事實存否所必要者，得為證據：

1. 因身心創傷無法陳述。
2. 到庭後因身心壓力，於訊問或詰問時，無法為完全之陳述或拒絕陳述。
3. 非在台灣地區或所在不明，而無法傳喚或傳喚不到。

(十) 兒童及少年被害人身分資訊之保護規定

依據兒少性剝削防制條例第14條規定，宣傳品、出版品、廣播、電視、網際網路或其他媒體不得報導或記載有被害人之姓名或其他足以識別身分之資訊。另外，行政及司法機關所製作必須公開之文書，不得揭露足以識別前述被害人身分之資訊。但法律另有規定者，不在此限。前述二項以外之任何人不得以媒體或其他方法公開或揭露第1項被害人之姓名及其他足以識別身分之資訊。

三、兒少性剝削之安置及服務

(一) 兒少性剝削被害人或自行求助者之處理

依據兒少性剝削防制條例第15條規定，檢察官、司法警察官及司法警察查獲及救援被害人後，應於24小時內將被害人交由當地直轄市、縣（市）主管機關處理。前述直轄市、縣（市）主管機關應即評估被害人就學、就業、生活適應、人身安全及其家庭保護教養功能，為下列處置：

1. 通知父母、監護人帶回，並為適當之保護及教養。
2. 送交適當場所緊急安置、保護及提供服務。
3. 其他必要之保護及協助。

前述規定於直轄市、縣（市）主管機關接獲報告、自行發現或被害人自行求助者，亦應受同樣之處置。

(二) 繼續安置被害人之評估及採取之措施

依據兒少性剝削防制條例第16條規定，直轄市、縣（市）主管機關依

前條緊急安置被害人，應於安置起72小時內，評估有無繼續安置之必要，經評估無繼續安置必要者，應不付安置，將被害人交付其父母、監護人或其他適當之人；經評估有安置必要者，應提出報告，聲請法院裁定。

法院受理前述聲請後，認無繼續安置必要者，應裁定不付安置，並將被害人交付其父母、監護人或其他適當之人；認有繼續安置必要者，應交由直轄市、縣（市）主管機關安置於兒童及少年福利機構、寄養家庭或其他適當之醫療、教育機構，期間不得逾三個月。

安置期間，法院得依職權或依直轄市、縣（市）主管機關、被害人、父母、監護人或其他適當之人之聲請，裁定停止安置，並交由被害人之父母、監護人或其他適當之人保護及教養。另外，直轄市、縣（市）主管機關收到第2項裁定前，得繼續安置。

(三) 緊急安置時限之計算及不予計入之時間

依據兒少性剝削防制條例第17條規定，第16條第1項所定72小時，自依第15條第2項第2款規定緊急安置被害人之時起，即時起算。但下列時間不予計入：

1. 在途護送時間。
2. 交通障礙時間。
3. 依其他法律規定致無法就是否有安置必要進行評估之時間。
4. 其他不可抗力之事由所生之遲滯時間。

(四) 主管機關審前報告之提出及其內容項目

依據兒少性剝削防制條例第18條規定，直轄市、縣（市）主管機關應於被害人安置後四十五日內，向法院提出審前報告，並聲請法院裁定。審前報告如有不完備者，法院得命於七日內補正。前述審前報告應包括安置評估及處遇方式之建議，其報告內容、項目及格式，由中央主管機關定之。

（五）審前報告之裁定

依據兒少性剝削防制條例第19條規定，法院依前條之聲請，於相關事證調查完竣後七日內對被害人為下列裁定：

1. 認無安置必要者應不付安置，並交付父母、監護人或其他適當之人。其為無合法有效之停（居）留許可之外國人、大陸地區人民、香港、澳門居民或台灣地區無戶籍國民，亦同。

2. 認有安置之必要者，應裁定安置於直轄市、縣（市）主管機關自行設立或委託之兒童及少年福利機構、寄養家庭、中途學校或其他適當之醫療、教育機構，期間不得逾二年。

3. 其他適當之處遇方式。

前述1.後段不付安置之被害人，於遣返前，直轄市、縣（市）主管機關應委託或補助民間團體續予輔導，移民主管機關應儘速安排遣返事宜，並安全遣返。另外，直轄市、縣（市）主管機關應對第一項被害人施予六個月以上二年以下之輔導。但有第1項第1款後段情形者，不在此限。

（六）不服法院裁定得提起抗告之期限

依據兒少性剝削防制條例第20條規定，直轄市、縣（市）主管機關、檢察官、父母、監護人、被害人或其他適當之人對於法院裁定有不服者，得於裁定送達後十日內提起抗告。對於抗告法院之裁定，不得再抗告。抗告期間，不停止原裁定之執行。

（七）定期評估、聲請繼續安置及停止安置

依據兒少性剝削防制條例第21條規定，被害人經安置後，主管機關應每三個月進行評估。經評估無繼續安置之必要者，得聲請法院裁定停止安置。

經法院依第19條第1項第2款裁定安置期滿前，直轄市、縣（市）主管機關認有繼續安置之必要者，應於安置期滿四十五日前，向法院提出評估報告，聲請法院裁定延長安置，其每次延長之期間不得逾一年。但以延長

至被害人年滿二十歲為止。

被害人於安置期間年滿十八歲，經評估有繼續安置之必要者，得繼續安置至期滿或年滿二十歲。

因免除或停止安置者，直轄市、縣（市）主管機關應協助該被害人及其家庭預為必要之返家準備。

(八) 中途學校之設置、員額編制、經費來源及課程等相關規定

依據兒少性剝削防制條例第22條規定，中央教育主管機關及中央主管機關應聯合協調直轄市、縣（市）主管機關設置安置被害人之中途學校。

中途學校之設立，準用少年矯正學校設置及教育實施通則規定辦理；中途學校之員額編制準則，由中央教育主管機關會同中央主管機關定之。中途學校應聘請社會工作、心理、輔導及教育等專業人員，並結合民間資源，提供選替教育及輔導。中途學校學生之學籍應分散設於普通學校，畢業證書應由該普通學校發給。

前二項之課程、教材及教法之實施、學籍管理及其他相關事項之辦法，由中央教育主管機關定之。安置對象逾國民教育階段者，中途學校得提供其繼續教育。

中途學校所需經費來源如下：1.各級政府按年編列之預算。2.社會福利基金。3.私人或團體捐款。4.其他收入。

中途學校之設置及辦理，涉及其他機關業務權責者，各該機關應予配合及協助。

(九) 社工人員之訪視輔導及輔導期限

依據兒少性剝削防制條例第第23條條規定，經法院依第19條第1項第1款前段、第3款裁定之被害人，直轄市、縣（市）主管機關應指派社會工作人員前往訪視輔導，期間至少一年或至其年滿十八歲止。

前述輔導期間，直轄市、縣（市）主管機關或父母、監護人或其他適當之人認為難收輔導成效者或認仍有安置必要者，得檢具事證及敘明理由，由直轄市、縣（市）主管機關自行或接受父母、監護人或其他適當之

人之請求，聲請法院為第19條第1項第2款之裁定。

(十) 受指派社會工作人員對交付者之輔導義務

依據兒少性剝削防制條例第24條規定，經法院依第16條第2項或第19條第1項裁定之受交付者，應協助直轄市、縣（市）主管機關指派之社會工作人員對被害人為輔導。

(十一) 對免除、停止或結束安置無法返家者之處遇

依據兒少性剝削防制條例第25條規定，直轄市、縣（市）主管機關對於免除、停止或結束安置，無法返家之被害人，應依兒童及少年福利與權益保障法為適當之處理。

(十二) 有無另犯其他罪之處理

依據兒少性剝削防制條例第26條規定，兒童或少年遭受性剝削或有遭受性剝削之虞者，如無另犯其他之罪，不適用少年事件處理法及社會秩序維護法規定。前述之兒童或少年如另犯其他之罪，應先依第15條規定移送直轄市、縣（市）主管機關處理後，再依少年事件處理法移送少年法院（庭）處理。

(十三) 受交付安置機構得行使親權之權利義務

依據兒少性剝削防制條例第27條規定，安置或保護教養期間，直轄市、縣（市）主管機關或受其交付或經法院裁定交付之機構、學校、寄養家庭或其他適當之人，在安置或保護教養被害人之範圍內，行使、負擔父母對於未成年子女之權利義務。

(十四) 父母、養父母或監護人之另行選定

依據兒少性剝削防制條例第28條規定，父母、養父母或監護人對未滿十八歲之子女、養子女或受監護人犯第32條至第38條、第39條第2項之罪者，被害人、檢察官、被害人最近尊親屬、直轄市、縣（市）主管機關、

兒童及少年福利機構或其他利害關係人,得向法院聲請停止其行使、負擔父母對於被害人之權利義務,另行選定監護人。對於養父母,並得請求法院宣告終止其收養關係。

　　法院依前述規定選定或改定監護人時,得指定直轄市、縣(市)主管機關、兒童及少年福利機構或其他適當之人為被害人之監護人,並得指定監護方法、命其父母、原監護人或其他扶養義務人交付子女、支付選定或改定監護人相當之扶養費用及報酬、命為其他必要處分或訂定必要事項。前述裁定,得為執行名義。

(十五) 對照顧義務人之教育及處遇

　　依據兒少性剝削防制條例第29條規定,直轄市、縣(市)主管機關得令被害人之父母、監護人或其他實際照顧之人接受8小時以上50小時以下之親職教育輔導,並得實施家庭處遇計畫。

(十六) 性剝削被害人續予追蹤輔導之情形

　　依據兒少性剝削防制條例第30條規定,直轄市、縣(市)主管機關應對有下列情形之一之被害人續予追蹤輔導,並提供就學、就業、自立生活或其他必要之協助,其期間至少一年或至其年滿20歲止:

　　1. 經依第15條第2項第1款及第3款規定處遇者。
　　2. 經依第16條第1項、第2項規定不付安置之處遇者。
　　3. 經依第19條第1項第2款規定之安置期滿。
　　4. 經依第21條規定裁定安置期滿或停止安置。

　　前述追蹤輔導及協助,教育、勞動、衛生、警察等單位,應全力配合。

四、違反兒少性剝削之罰則

(一) 對剝削人、媒介人之罰則

1. 對剝削行為人之處罰

依據兒少性剝削防制條例第31條規定，與未滿十六歲之人為有對價之性交或猥褻行為者，依刑法之規定處罰之。

十八歲以上之人與十六歲以上未滿十八歲之人為有對價之性交或猥褻行為者，處三年以下有期徒刑、拘役或新台幣10萬元以下罰金。

中華民國人民在中華民國領域外犯前二項之罪者，不問犯罪地之法律有無處罰規定，均依本條例處罰。

2. 對一般性剝削仲介人之處罰

依據兒少性剝削防制條例第32條規定，引誘、容留、招募、媒介、協助或以他法，使兒童或少年為有對價之性交或猥褻行為者，處一年以上七年以下有期徒刑，得併科新台幣300萬元以下罰金。以詐術犯之者，亦同。

意圖營利而犯前述之罪者，處三年以上十年以下有期徒刑，併科新台幣500萬元以下罰金。

媒介、交付、收受、運送、藏匿前二項被害人或使之隱避者，處一年以上七年以下有期徒刑，得併科新台幣300萬元以下罰金。

前述交付、收受、運送、藏匿行為之媒介者，亦同。前四項之未遂犯罰之。

3. 對強制性剝削仲介人之處罰

依據兒少性剝削防制條例第33條規定，以強暴、脅迫、恐嚇、監控、藥劑、催眠術或其他違反本人意願之方法，使兒童或少年為有對價之性交或猥褻行為者，處七年以上有期徒刑，得併科新台幣700萬元以下罰金。

意圖營利而犯前述之罪者，處十年以上有期徒刑，併科新台幣1,000萬元以下罰金。

媒介、交付、收受、運送、藏匿前二項被害人或使之隱避者，處三年

以上十年以下有期徒刑，得併科新台幣500萬元以下罰金。

前述交付、收受、運送、藏匿行為之媒介者，亦同。前四項之未遂犯罰之。

4. 對人口販運人之處罰

依據兒少性剝削防制條例第34條規定，意圖使兒童或少年為有對價之性交或猥褻行為，而買賣、質押或以他法，為他人人身之交付或收受者，處七年以上有期徒刑，併科新台幣700萬元以下罰金。以詐術犯之者，亦同。

以強暴、脅迫、恐嚇、監控、藥劑、催眠術或其他違反本人意願之方法，犯前述之罪者，加重其刑至二分之一。

媒介、交付、收受、運送、藏匿前二項被害人或使之隱避者，處三年以上十年以下有期徒刑，併科新台幣500萬元以下罰金。

前述交付、收受、運送、藏匿行為之媒介者，亦同。

前四項未遂犯罰之。

預備犯第1項、第2項之罪者，處二年以下有期徒刑。

5. 對觀覽性剝削仲介人之處罰

依據兒少性剝削防制條例第35條規定，招募、引誘、容留、媒介、協助、利用或以他法，使兒童或少年為性交、猥褻之行為以供人觀覽，處一年以上七年以下有期徒刑，得併科新台幣50萬元以下罰金。

以強暴、脅迫、藥劑、詐術、催眠術或其他違反本人意願之方法，使兒童或少年為性交、猥褻之行為以供人觀覽者，處七年以上有期徒刑，得併科新台幣300萬元以下罰金。

意圖營利犯前二項之罪者，依各該條項之規定，加重其刑至二分之一。

前三項之未遂犯罰之。

6. 對拍攝、製造兒少性剝削媒介物人之處罰

依據兒少性剝削防制條例第36條規定，拍攝、製造兒童或少年為性交或猥褻行為之圖畫、照片、影片、影帶、光碟、電子訊號或其他物品，處六個月以上五年以下有期徒刑，得併科新台幣50萬元以下罰金。

招募、引誘、容留、媒介、協助或以他法，使兒童或少年被拍攝、製造性交或猥褻行為之圖畫、照片、影片、影帶、光碟、電子訊號或其他物品，處一年以上七年以下有期徒刑，得併科新台幣100萬元以下罰金。

以強暴、脅迫、藥劑、詐術、催眠術或其他違反本人意願之方法，使兒童或少年被拍攝、製造性交或猥褻行為之圖畫、照片、影片、影帶、光碟、電子訊號或其他物品者，處七年以上有期徒刑，得併科新台幣300萬元以下罰金。

意圖營利犯前三項之罪者，依各該條項之規定，加重其刑至二分之一。

前四項之未遂犯罰之。

第1項至第4項之物品，不問屬於犯人與否，沒收之。

7. 對犯兒少性剝削致死亡或受傷之處罰

依據兒少性剝削防制條例第37條規定，犯第33條第1項、第2項、第34條第2項、第35條第2項或第36條第3項之罪，而故意殺害被害人者，處死刑或無期徒刑；使被害人受重傷者，處無期徒刑或十二年以上有期徒刑。

犯第33條第1項、第2項、第34條第2項、第35條第2項或第36條第3項之罪，因而致被害人於死者，處無期徒刑或十二年以上有期徒刑；致重傷者，處十二年以上有期徒刑。

8. 對散播或販賣兒少性剝削媒介物者之處罰

依據兒少性剝削防制條例第38條規定，散布、播送或販賣兒童或少年為性交、猥褻行為之圖畫、照片、影片、影帶、光碟、電子訊號或其他物品，或公然陳列，或以他法供人觀覽、聽聞者，處三年以下有期徒刑，得併科新台幣500萬元以下罰金。

意圖散布、播送、販賣或公然陳列而持有前述物品者，處二年以下有期徒刑，得併科新台幣200萬元以下罰金。

查獲之前二項物品，不問屬於行為人與否，沒收之。

9. 對持有兒少性剝削媒介物者之處罰

依據兒少性剝削防制條例第39條規定，無正當理由持有前條第1項物

品，第一次被查獲者，處新台幣1萬元以上10萬元以下罰鍰，並得令其接受2小時以上10小時以下之輔導教育，其物品不問屬於持有人與否，沒入之。

無正當理由持有前條第1項物品第二次以上被查獲者，處新台幣2萬元以上20萬元以下罰金，其物品不問屬於犯人與否，沒收之。

10. 對仲介兒少性剝削訊息致生危險者之處罰

依據兒少性剝削防制條例第40條規定，以宣傳品、出版品、廣播、電視、電信、網際網路或其他方法，散布、傳送、刊登或張貼足以引誘、媒介、暗示或其他使兒童或少年有遭受第2條第1項第1款至第3款之虞之訊息者，處三年以下有期徒刑，得併科新台幣100萬元以下罰金。

意圖營利而犯前述之罪者，處五年以下有期徒刑，得併科新台幣100萬元以下罰金。

11. 對公務員或公職人員之處罰

依據兒少性剝削防制條例41條規定，公務員或經選舉產生之公職人員犯本條例之罪，或包庇他人犯本條例之罪者，依各該條項之規定，加重其刑至二分之一。

12. 對性剝削被害者父母之處罰

依據兒少性剝削防制條例第42條規定，意圖犯第32條至第36條或第37條第1項後段之罪，而移送被害人入出台灣地區者，依各該條項之規定，加重其刑至二分之一。前述之未遂犯罰之。

13. 對性剝削被害者父母之減輕罰則

依據兒少性剝削防制條例第43條規定，父母對其子女犯本條例之罪，因自白或自首，而查獲第32條至第38條、第39條第2項之犯罪者，減輕或免除其刑。犯第31條之罪自白或自首，因而查獲第32條至第38條、第39條第2項之犯罪者，減輕或免除其刑。

14. 對觀覽性剝削行為者之處罰

依據兒少性剝削防制條例第44條規定，觀覽兒童或少年為性交、猥褻之行為而支付對價者，處新台幣1萬元以上10萬元以下罰鍰。

15. 對侍應工作者之處罰

依據兒少性剝削防制條例第45條規定，利用兒童或少年從事坐檯陪酒或涉及色情之伴遊、伴唱、伴舞等侍應工作者，處新台幣6萬元以上30萬元以下罰鍰，並命其限期改善；屆期未改善者，由直轄市、縣（市）主管機關移請目的事業主管機關命其停業一個月以上一年以下。

（二）對違反應盡義務者之罰則

1. 違反通報義務者之罰鍰

依據兒少性剝削防制條例第46條規定，違反第7條第1項規定者，處新台幣6,000元以上3萬元以下罰鍰。

2. 違反網路、電信業者協助調查義務之罰鍰

依據兒少性剝削防制條例第47條規定，違反第8條規定者，由目的事業主管機關處新台幣6萬元以上30萬元以下罰鍰，並命其限期改善，屆期未改善者，得按次處罰。

3. 被害人身分資訊違反保護規定之罰鍰

依據兒少性剝削防制條例第48條規定，廣播、電視事業違反第14條第1項規定者，由目的事業主管機關處新台幣3萬元以上30萬元以下罰鍰，並命其限期改正；屆期未改正者，得按次處罰。

前述以外之宣傳品、出版品、網際網路或其他媒體之負責人違反第14條第1項規定者，由目的事業主管機關處新台幣3萬元以上30萬元以下罰鍰，並得沒入第14條第1項規定之物品、命其限期移除內容、下架或其他必要之處置；屆期不履行者，得按次處罰至履行為止。

宣傳品、出版品、網際網路或其他媒體無負責人或負責人對行為人之行為不具監督關係者，第2項所定之罰鍰，處罰行為人。

4. 對不接受親職教育輔導義務者之罰鍰

依據兒少性剝削防制條例第49條規定，不接受第29條規定之親職教育輔導或拒不完成其時數者，處新台幣3,000元以上1萬5,000元以下罰鍰，並得按次處罰。

父母、監護人或其他實際照顧之人，因未善盡督促配合之責，致兒童

或少年不接受第19條第3項規定之輔導者，處新台幣1,200百元以上6,000元以下罰鍰。

5. 對媒體傳播致生危險之罰鍰

依據兒少性剝削防制條例第50條規定，宣傳品、出版品、廣播、電視、網際網路或其他媒體，為他人散布、傳送、刊登或張貼足以引誘、媒介、暗示或其他使兒童或少年有遭受第2條第1項第1款至第3款之虞之訊息者，由各目的事業主管機關處新台幣5萬元以上60萬元以下罰鍰。

各目的事業主管機關對於違反前述規定之媒體，應發布新聞並公開之。

第1項網際網路或其他媒體若已善盡防止任何人散布、傳送、刊登或張貼使兒童或少年有遭受第2條第1項第1款至第3款之虞之訊息者，經各目的事業主管機關邀集兒童及少年福利團體與專家學者代表審議同意後，得減輕或免除其罰鍰。

6. 對剝削人、媒介人之之輔導教育

依據兒少性剝削防制條例第51條規定，犯第31條至第38條、第39條第2項或第40條之罪，經判決或緩起訴處分確定者，直轄市、縣（市）主管機關應對其實施4小時以上50小時以下之輔導教育。

前述輔導教育之執行，主管機關得協調矯正機關於行為人服刑期間辦理，矯正機關應提供場地及必要之協助。

無正當理由不接受第1項或第39條第1項之輔導教育，或拒不完成其時數者，處新台幣6,000元以上3萬元以下罰鍰，並得按次處罰。

7. 對特殊剝削人、媒介人之從重處罰

依據兒少性剝削防制條例52條規定，違反本條例之行為，其他法律有較重處罰之規定者，從其規定。

軍事審判機關於偵查、審理現役軍人犯罪時，準用本條例之規定。

肆、結論

　　兒童及少年色情問題由來已久，在1992年「國際終止亞洲觀光業童妓運動」後，將雛妓由婦女問題定義為兒童問題後，救援遭受性剝削兒童及少年得到一個新的轉機。自1992年起，勵馨基金會結合專家、學者及實務工作者與民間團體，開始發起立法工作，將雛妓問題提升為公共議題，迫使政府及相關單位面對雛妓問題，立法院院會於1992年7月13日完成三讀程序，並於同年8月11日公布施行「兒童及少年性交易防制條例」，目的在救援、安置、保護遭受性剝削之兒童及少年，期使有效防制以兒童或少年為性剝削對象之事件。該條例自1995年公布施行至今，已歷經八次修正，並再度修正內容及名稱，由「兒童及少年性交易防制條例」修正為「兒少性剝削防制條例」。

　　鑑於兒童及少年性剝削案件的層出不窮，為防制兒童及少年遭受任何形式之性剝削，保護其身心健全發展，我國於2015年2月4日特制定兒少性剝削防制條例。本次修法重點除將「性交易」正名為「性剝削」外，亦將「兒少性剝削」定義，由原條文已規範「有對價之性交或猥褻行為」外，特別增列「利用兒童或少年為性交、猥褻之行為，以供人觀覽」，以及「利用兒童或少年從事坐檯陪酒或涉及色情之伴遊、伴唱、伴舞等侍應工作」，並加重違反者罰則。另新法也明定高級中等以下學校，每學年應辦理兒童及少年性剝削防制教育課程或教育宣導，強化兒少對性剝削犯罪認識，以提高其自我保護能力。

　　在安置部分，兒童及少年本身有需求才是安置要件，安置處所更為多元化，且安置期限回歸專業評估。鑑於現行涉及性剝削案件之兒童少年，依法須強制安置，無法依受害兒少的個別狀況提供適切處遇，於新法已考量受害兒少身心狀況及家庭功能，不再一律先行安置於緊急收容中心，改採更多元之處遇模式，視個案情形交由父母、監護人保護教養；主管機關並需指派社工人員前往訪視輔導至少一年，或需至兒童及少年滿十八歲為止。此外，新法也規定，不適合交由家長保護教養之受害兒少，才能安置

於適當場所，或提供其他協助；經法院裁定受交付之中途學校或社福機構，應協助主管機關指派之社工人員，對受害兒少進行輔導，以避免受害兒少被標籤化或衝擊其親子關係。

在司法保護部分，新法也參考「人口販運防制法」，增訂兒童及少年在司法程序中之保護措施。為因應網路已成為犯罪者時常利用之犯罪工具，增訂網際網路平台提供者（ISP）、網際網路應用服務提供者（IPP）及電信事業者之責任，當知悉，或透過網際網路內容防護機構等而知悉有兒童及少年遭性剝削之情事，應先移除該資訊且保留相關資料至少九十天，並有提供司法及警察機關調查之義務。雖然目前實務操作上尚未律定相關資訊提供予執法機關調查之方式、資料格式及程序，且尚無單一受理窗口，惟兒童及少年性剝削條例第8條已明定網路業者需配合檢警調查及保留違反本法相關資料之規定，此種透過立法方式課予網際網路業者相關責任，以共同防制網路犯罪，達到保護兒少免於性剝削之目的，即為第三方治理之具體展現。

修正後之兒少性剝削防制條例，對警察執法功能影響很大，不僅犯罪態樣多元化，更加重對違法行為處罰，對於警察人員而言，需強化對案件之認定及法條適用，改變原有的觀念並強化兒少保護精神，警察機關執法範圍及查處對象包括下列八項：

（一）與兒童及少年為有對價之性交或猥褻行為。

（二）使兒童及少年為有對價之性交或猥褻行為

　　　1. 引誘、容留等使兒童及少年為有對價之性交或猥褻行為。

　　　2. 強迫、脅迫等使兒童及少年為有對價之性交或猥褻行為。

　　　3. 買賣、質押或以他法等使兒童及少年為有對價之性交或猥褻行為。

（三）招募、引誘等使兒童或少年為性交、猥褻之行為，以供人觀覽。

（四）拍攝、製造兒童或少年為性交或猥褻行為之圖畫、照片、影片、影帶、光碟、電子訊號或其他物品。

（五）散布、播送或販賣兒童或少年為性交或猥褻行為之圖畫、照

片、影片、影帶、光碟、電子訊號或其他物品，或公然陳列，或以他法供人觀覽、聽聞者。

（六）無正當理由持有兒童或少年為性交或猥褻行為之圖畫、照片、影片、影帶、光碟、電子訊號或其他物品。

1. 第一次查獲：行政罰（處新台幣1萬元以上10萬元以下罰鍰，並得令其接受2小時以上10小時以下之輔導教育，其物品不問屬於持有人與否，沒入之）。

2. 第二次以上查獲：刑罰（處新台幣2萬元以上20萬元以下罰金，其物品不問屬於犯人與否，沒收之）。

（七）以宣傳品、出版品、廣播、電視、電信、網際網路或其他方法，散布、傳送、刊登或張貼足以引誘、媒介、暗示或其他使兒童或少年有遭受第2條第1項第1款至第3款之虞之訊息者。

（八）利用兒童或少年從事坐檯陪酒或涉及色情之伴遊、伴唱、伴舞等侍應工作，處新台幣6萬元以上30萬以下罰鍰。

在實施兒少性剝削防制條例之後，警察人員在執行偵查、保護兒少遭受性剝削案件時，除嚴格取締非法外，在執法時更應保護兒童及少年免於因不法活動而遭到性剝削，任何人對兒童及少年進行性剝削或性虐待，都應遭受到處罰，兒童及少年免於遭受各種形式性剝削的權利，警察機關應針對可疑網站、處所、色情業者、非法集團等加強取締，以有效遏阻戕害兒童及少年之不法行為，落實兒童及少年身體權益之保護。

參考文獻

1. 刑事警察局，中華民國刑案統計（103 年），內政部警政署刑事警察局，2015 年。

2. 余漢儀，兒童保護服務體系之研究，內政部社會司委託研究，1996 年 7 月。

3. 李麗芬，論「兒少性交易」為何應正名為「兒少性剝削」，社區發展季刊，第 139 期。

4. 林淑君，警察機關處理兒少性交易案件現況與成效之研究，中央警察大學警學叢刊，第 42 卷第 5 期，2012 年，頁 159-191。

5. 施慧玲、高玉泉等，兒童及少年從事網路性交易問題之防制與處遇之國際比較研究，內政部兒童局委託研究報告，2006 年。

6. 范國勇、張錦麗、韋愛梅等，103 年度「婦幼安全手冊彙編」，警政署，2014 年。

7. 張錦麗、韋愛梅等，性別平等與暴力防治，台灣警察專科學校，2011 年。

8. 教育部，教育人員兒童及少年保護工作手冊，教育部訓育委員會，2009 年。

9. 黃翠紋，婦幼安全政策分析，五南圖書，2013 年。

10. 廖美蓮、丁映君等，反思與實作：兒童及少年性交易防制工作手冊，內政部兒童局，2012 年。

11. 蔡田木，兒少性交易防治篇，文刊於警政婦幼安全工作手冊與案例彙編，內政部警政署刑事警察局，2009 年。

12. 衛生福利部，兒少性剝削防制條例，衛生福利部保護服務司，2015 年。

13. 鄭麗珍、陳毓文（1998），發展台北市兒童及少年性交易防制工作模式——一個行動研究取向的初探，東吳社會工作學報，第 4 期，1998 年，頁 239-284。

14. 蕭新煌、孫志慧，「1980 年代以來台灣社會福利運動的發展、演變與傳承」，收於台灣社會福利運動，蕭新煌、林國明主編，巨流出版社，2000

年。

15. 警政署，警察機關分駐（派出）所常用勤務執行程序彙編，內政部警政署，2000 年。

廖正豪先生年表

1946年	出生於臺灣嘉義縣六腳鄉潭墘村，父為廖榮輝先生，母為廖陳桃女士
1952年	就讀嘉義縣六腳鄉蒜頭國民小學
1958年	蒜頭國民小學畢業 考入省立嘉義中學新港分部
1959年	轉學高雄縣六龜鄉六龜初級中學
1961年	初中畢業考入省立後壁高級中學
1964年	高中畢業考入國立臺灣大學法律系法學組
1966年	司法官高等考試及格（以通過高等檢定考試及格資格報考，大學二年級，時年20歲）
1967年	參加法務部司法官訓練所第八期受訓 教育部留學日本考試及格（大學三年級）（以高考司法官及格大學畢業同等學歷資格報考）
1968年	臺灣大學大學部法律系畢業 高考律師及格 考入臺灣大學法律研究所碩士班 服預備軍官役一年
1969年～1979年	執業律師
1971年	與臺灣大學法律系同班同學林麗貞女士結婚
1973年6月	取得臺灣大學法學碩士
1973年7月	考入臺灣大學法律研究所首屆博士班
1973年起迄今	中央警官學校（中央警察大學）、文化大學、銘傳大學、東吳大學、東海大學、中興大學（台北大學）、兼任講師、副教授、教授、講座教授
1978年	日本國立東京大學研究
1979年7月～1981年12月	臺灣省政府地政處主任秘書（簡任第十職等）
1981年	甲等特考普通行政法制組最優等及格
1981年12月～1984年8月	行政院法規委員會參事（簡任第十二職等）
1984年8月～1985年3月	臺灣省政府顧問兼主席辦公室主任（簡任第十二職等）

1985年3月～1986年1月	臺灣省政府法規委員會兼訴願委員會主任委員（簡任第十二職等）
1986年1月～1988年12月	行政院參事兼第一組組長（簡任第十三職等）
1986年	獲頒全國保舉特優公務人員獎勵
1988年12月～1992年8月	行政院新聞局副局長（簡任第十四職等實授）
1990年6月	取得臺灣大學法學博士
1992年3月	美國史丹佛大學訪問學者
1992年9月～1993年1月	行政院顧問（簡任第十四職等實授）
1993年2月～1995年2月	行政院副秘書長（簡任第十四職等實授）
1993年	創辦財團法人韓忠謨教授法學基金會
1995年2月～1996年6月	法務部調查局局長（簡任第十四職等實授）
1996年6月～1998年7月	法務部部長（特任）
1998年7月	辭卸法務部部長
1998年迄今	應聘擔任中國文化大學教授、講座教授
1999年	創辦財團法人向陽公益基金會 應邀至北京大學演講並應聘北京大學客座教授
2000年	創辦財團法人向陽公益基金會向陽學園（中輟生學校） 創辦社團法人中華民國身心障礙者藝文推廣協會
2001年	接任財團法人泰安旌忠文教公益基金會董事長
2002年	獨力接洽後主辦陝西法門寺佛指舍利來台巡禮，任臺灣佛教界恭迎佛指舍利委員會副主任委員兼執行長 接任財團法人刑事法雜誌社基金會董事長
2006年	創辦社團法人海峽兩岸法學交流協會 主辦第一屆海峽兩岸法學論壇
2009年起	每年主辦海峽兩岸司法實務研討會
2010年	主辦陝西法門寺地宮及陝西八大博物館院一級國寶來台展覽半年
2011年	主辦「當代刑事訴訟法之展望——海峽兩岸刑事訴訟法學交流」研討會
2015年	主辦2015年兩岸公證事務研討會

廖正豪博士著作目錄

一、論文

1. 「海峽兩岸共同打擊犯罪及司法互助協議」之實踐——一個實務與務實觀點的考察（刑事法雜誌／58 卷 4 期／2014 年 8 月）

2. 以人爲本的司法——中華法系的傳承與發揚（刑事法雜誌／57 卷 6 期／2013 年 12 月）

3. 修復式正義於刑事司法之展望——以台灣推動「修復式司法試行方案」爲中心（2013 年海峽兩岸司法實務熱點問題研究／2014 年 7 月 1 日）

4. 實現公平正義創建和諧社會——對海峽兩岸司法實務研討會的期許與祝福（刑事法雜誌／56 卷 6 期／2012 年 12 月）

5. 緩起訴制度的任務與前瞻（刑事法雜誌／56 卷 4 期／2012 年 8 月）

6. 建構更完整的刑事政策——談犯罪被害人保護的發展（刑事法雜誌／56 卷 2 期／2012 年 4 月）

7. 人權的淬煉與新生——台灣刑事訴訟法的過去、現在及未來（刑事法雜誌／55 卷 6 期／2011 年 12 月）

8. 把握司法改革契機，再造公平正義社會（刑事法雜誌／55 卷 4 期／2011 年 8 月）

9. 兩岸司法互助的回顧與前瞻（刑事法雜誌／55 卷 3 期／2011 年 6 月）

10. 健全法治司法爲民（刑事法雜誌／54 卷 5 期／2010 年 10 月）

11. 從兩極化刑事政策與修復式正義論偏差行爲少年之處遇（刑事法雜誌／53 卷 6 期／2009 年 12 月）

12. 邁向和諧，共創雙贏——從兩岸刑事政策看海峽兩岸共同打擊犯罪及司法互助協議（刑事法雜誌／53 卷 5 期／2009 年 10 月）

13. 我國檢肅貪瀆法制之檢討與策進——並從兩極化刑事政策看「財產來源不明罪」（刑事法雜誌／53 卷 4 期／2009 年 8 月）

14. 我國犯罪被害人保護法制的檢討與策進——並簡介日本「犯罪被害者等基本計畫」（刑事法雜誌／52 卷 6 期／2008 年 12 月）

15. 從「精密司法」之精神看大陸刑事訴訟法的再修改（華岡法粹／41 期／2008 年 7 月）（與廖其偉合著）

16. 「掃黑」法制與實務——宏觀政策的規劃與推動（刑事法雜誌／52 卷 3 期／2008 年 6 月）

17. 理性思考死刑制度的存廢——如何實現所有人的正義（刑事法雜誌／51 卷 3 期／2007 年 6 月）

18. 第一屆海峽兩岸法學論壇紀實（展望與探索／4 卷 12 期／2006 年 12 月）

51. 刑法與社會變遷（刑事法雜誌／20卷1期／1976年2月）
52. 妨害名譽罪立法之檢討（中國比較法學會學報／1期／1975年12月）
53. 刑法修正之建議（中國比較法學會學報／1期／1975年12月）
54. 精神障礙影響刑事責任能力規定之探討（刑事法雜誌／19卷5期／1975年10月）
55. 日本一九七二年改正刑法草案總則篇重要原則之解析（刑事法雜誌／19卷2期／1975年4月）
56. 日本一九七二年改正刑法草案總則篇重要原則之解析（刑事法雜誌／19卷1期／1975年2月）

二、專書

1. 靜言（財團法人向陽公益基金會／2011年1月2版）
2. 人人知法守法，建設美好家園（第六屆吳尊賢社會公益講座／1997年8月）
3. 過失犯論（三民書局／1993年9月）
4. 妨害名譽罪之研究（自版／1975年）

三、譯述

1. 平成三年（一九九一年）版「犯罪白皮書」特集「高齡化社會與犯罪」之概要——以受刑人之高齡化為中心，坪內宏介著，廖正豪譯（刑事法雜誌／36卷5期／1992年10月）
2. 過失犯客觀的注意之具體化，都築広巳著，廖正豪譯（刑事法雜誌／33卷3期／1989年6月）
3. 業務過失與重大過失之區別，眞鍋毅著，廖正豪譯（刑事法雜誌／32卷4期／1988年8月）
4. 現代刑法理論中學派之爭，植松正著，廖正豪譯（刑事法雜誌／29卷6期／1985年12月）
5. 刑罰論：死刑二則、其他刑罰二則，廖正豪譯（刑事法雜誌／28卷6期／1984年12月）
6. 犯罪論（9）：罪數八則，廖正豪譯（刑事法雜誌／28卷5期／1984年10月）
7. 犯罪論（8）：共犯十五則，廖正豪譯（刑事法雜誌／28卷4期／1984年8月）
8. 比較刑法研究之基礎作業，宮澤浩二著，廖正豪譯（刑事法雜誌／28卷3期／1984年6月）
9. 犯罪論（7）：共犯十一則，廖正豪譯（刑事法雜誌／28卷3期／1984年6月）
10. 犯罪論（6）：未遂犯九則，廖正豪譯（刑事法雜誌／28卷2期／1984年4月）
11. 犯罪論（5）：未遂犯五則，廖正豪譯（刑事法雜誌／28卷1期／1984年2月）
12. 犯罪論（4）：責任八則，廖正豪譯（刑事法雜誌／27卷6期／1983年12月）

13. 犯罪論（3）：責任六則，廖正豪譯（刑事法雜誌／27卷5期／1983年10月）

14. 犯罪論（2）：責任十一則，廖正豪譯（刑事法雜誌／27卷4期／1983年8月）

15. 犯罪論（1）：行為八則・違法性廿三則，廖正豪譯（刑事法雜誌／27卷3期／1983年6月）

16. 關於刑法修正，平場安治著，廖正豪譯（刑事法雜誌／26卷6期／1982年12月）

17. 學說與實務之理論的考察，大谷實著，廖正豪譯（刑事法雜誌／26卷5期／1982年10月）

18. 老鼠會、連鎖販賣方式等特殊販賣方法與刑罰法規，板倉宏著，廖正豪譯（刑事法雜誌／26卷1期／1982年2月）

19. 西德新刑法制定過程及其基本內容，內藤謙著，廖正豪譯（刑事法雜誌／22卷3期／1978年6月）

20. 結果加重犯之共同正犯，大塚仁著，廖正豪譯（刑事法雜誌／22卷1期／1978年2月）

21. 憲法理念與刑法改正動向，馬屋原成男著，廖正豪譯（刑事法雜誌／20卷4期／1976年8月）

22. 安樂死——阻卻違法事由之安樂死之成立要件，內田文昭著，廖正豪譯（刑事法雜誌／20卷3期／1976年6月）

23. 日本刑法思潮及其刑法改正事業，平場安治著，廖正豪譯（刑事法雜誌／20卷2期／1976年4月）

24. 對於刑法改正草案批判之再批判（下），小野清一郎著，廖正豪譯（刑事法雜誌／20卷1期／1976年2月）

25. 對於刑法改正草案批判之再批判（中），小野清一郎著，廖正豪譯（刑事法雜誌／19卷6期／1975年12月）

26. 對於刑法改正草案批評之再批評（上），小野清一郎著，廖正豪譯（刑事法雜誌／19卷5期／1975年10月）

27. 有關刑法之全面修正——以草案之批判為主，團藤重光著，廖正豪譯（刑事法雜誌／19卷3期／1975年6月）

28. 信賴原則與預見可能性——就食品事故與交通事故之比較，西原春夫著，廖正豪譯（刑事法雜誌／18卷5期／1974年10月）

29. 日本一九七二年改正刑法草案，廖正豪譯（刑事法雜誌／17卷6期／1973年12月）

30. 刑事訴訟上的錯誤判決，Max Hirschberg著，廖正豪；葉志剛譯（刑事法雜誌／15卷3期／1971年6月）

國家圖書館出版品預行編目資料

法務部廖正豪前部長七秩華誕祝壽論文集. 犯
罪學與刑事政策卷 / 鄧煌發, 許福生主編.
-- 初版. -- 臺北市 : 五南, 2016.07
　面 ;　公分
ISBN 978-957-11-8578-1(精裝)

1.犯罪學 2.刑事政策 3.文集

548.507　　　　　　　　　105004883

4T85

法務部廖正豪前部長七秩華誕祝壽論文集
——犯罪學與刑事政策卷

總召集人 — 蔡德輝

主　　編 — 鄧煌發、許福生

作　　者 — 丁榮轟、沈敬慈、周愫嫻、張平吾、張淵菘、
　　　　　　章光明、許華孚、許福生、陳慈幸、陳瑞旻、
　　　　　　曾正一、黃富源、楊士隆、詹德恩、廖有祿、
　　　　　　劉育偉、樓文達、蔡田木、蔡庭榕、鄧煌發、
　　　　　　鄭瑞隆、盧映潔、賴擁連、謝立功、顧以謙

執行編輯 — 廖尉均

出 版 者 — 廖正豪

封面設計 — P.Design視覺企劃

總 經 銷 — 五南圖書出版股份有限公司

地　　址：106台北市大安區和平東路二段339號4樓

電　　話：(02)2705-5066　傳　真：(02)2706-6100

網　　址：http://www.wunan.com.tw

電子郵件：wunan@wunan.com.tw

劃撥帳號：01068953

戶　　名：五南圖書出版股份有限公司

法律顧問　林勝安律師事務所　林勝安律師

出版日期　2016年7月初版一刷

定　　價　新臺幣550元